부산교통공사

관계법령

국내 최초 철도취업커뮤니티 드림레일 편저

다락원

이번에 출간하는 〈원큐패스 부산교통공사 관계법령〉은 부산교통공사 관련 분야 취업 준비생들에게 도움이 되고자 저희 드림레일에서 심혈을 기울여 기획한 교재입니다.

1. 드림레일

드림레일은 2015년에 개설된 국내 최초이자 최대의 철도취업커뮤니티 웹 사이트입니다. 철도 운영기관, 공기업, 사기업의 채용공고가 가장 빠르게 올라오는 웹 사이트이며 많은 회원들과의 정보공유를 통해 철도 관련 분야 취업 준비생들에게 도움을 드리고 있습니다.

드림레일은 "철도 취업 정보 공유"를 가장 중요한 가치로 생각하며 모든 의사결정은 "정보 공유"를 우선시하는 방향으로 운영하고 있습니다. 그렇기 때문에 회원가입을 하지 않아도 누구나 글과 댓글을 남길 수 있으며 평등하고 자유로운 분위기를 추구하고 있습니다.

드림레일을 처음 개설하게 된 계기는 드림레일이 생기기 전에는 철도 채용 관련 정보가 전무하여 많은 철도 취업 준비생들이 취업 정보를 알아보기 어려웠습니다. 저 또한 그러한 점에 공감하여 제가 직접 철도 관련 채용공고, 연봉 등 여러 가지 정보를 수집하여 많은 사람들과 공유하고 의견을 나누면서 서로에게 도움이 되었던 것에서 시작되었습니다.

제가 평생 일하게 될지도 모르는 직장 취업을 준비함에 있어 어떠한 일을 하는지, 연봉은 얼마나 받는지도 모르고 취업하는 것은 옳지 않다고 생각하였기 때문에 사이트를 개설하여 많은 철도 관련 취업 준비생들과 정보를 공유하게 된 것입니다.
철도 관련 취업 준비생들 또한 저와 같은 마음이었고 초기에 많은 어려움이 있었지만 저의 진심을 이해해 준 취업 준비생들이 있었기 때문에 드림레일이 지금까지 같이 성장할 수 있었습니다. 드림레일과 철도 관련 취업 준비생들은 하나라고 생각합니다. 취업 준비생들이 성장하여 발전해 나갈 수 있어야 드림레일 또한 같이 발전할 수 있다고 생각합니다.

드림레일을 통해서 성장하고 취업에 성공하는 철도 관련 취업 준비생들을 보면 마음 한편에 항상 뿌듯함이 있습니다.

앞으로도 드림레일은 철도 관련 취업 준비생들을 위한 길잡이이자 등대로 성장하도록 노력하겠습니다.

2. 책을 집필한 계기

드림레일을 운영하면서 철도관련법에 대하여 어려움을 느끼거나 고민을 가지는 사람을 많이 보았습니다. 모든 사람에게 동일한 퀄리티의 자료와 정보를 제공하려면 어떻게 하는 것이 좋을까 고민하던 중에 기회가 닿아 2020년 철도관련법, 2021년 철도차량 운전면허 교재를 출판하며 본격적으로 철도와 관련된 수험서 시장에 발을 내딛게 되었습니다. 또한, 2025년부터는 코레일 채용시험에 추가된 철도법령 도서인 〈원큐패스 코레일 한국철도공사 철도관련법령〉을 출판하여 철도 관련 분야 취업준비생에게 큰 힘이 되어주고 있습니다.

저희 교재들은 기존 시장에 출판되어 있는 전공 교수나 메이저의 눈높이에서 어렵게 설명한 교재와 다르게 시험을 여러 번 응시해 본 수험생의 입장에서 취업 준비생들의 눈높이에 맞추어 집필하였고 엄청난 양의 문제로 높은 적중률을 달성하여 단숨에 베스트셀러가 되었습니다.

이번에 더 많은 수험생들에게 좋은 퀄리티의 도서를 제공하기 위해 새로운 도전으로 〈원큐패스 부산교통공사 관계법령〉을 출판하게 되었습니다.
부산교통공사 취업준비에 있어 관계법령만큼은 〈원큐패스 부산교통공사 관계법령〉 한권으로 완벽하게 대비할 수 있도록 드림레일은 수험생 여러분의 앞길을 응원합니다.

마지막으로, 이 자리를 빌려 출판에 도움을 많이 주신 다락원 출판사와 철도종사자 자격준비 카페에 감사인사를 드립니다.

1 출제범위

1. 지방공기업법 및 시행령

지방공기업법	지방공기업법 시행령
제1장 총칙 제1조~제4조	제1장 총칙 제1조~제2조의2
제3장 지방공사(제1절~제5절) 제49조~제75조의6	제3장 지방공사, 지방공단 제47조~제67조
제5장 보칙 제78조~제80조의2	제4장 경영평가 및 경영진단 제68조~제75조
제6장 벌칙 제81조~제83조	제5장 보칙 제76조~제79조
	[별표1] 국제입찰의 방법으로 조달계약을 해야 하는 공사 제57조의9
	[별표2] 과태료 부과기준 제79조 ※ 법령 출제범위 해당 과태료만 포함

2. 도시철도법 및 시행령

도시철도법	도시철도법 시행령
제1장 총칙 제1조~제4조	법령 위임(근거) 조항 제1조~제29조
제2장 도시철도의 건설 제5조~제25조	[별표3] 위반행위의 종류와 과징금 금액 제24조
제3장 도시철도운송사업 등 제26조~제43조	
제4장 보칙 제44조~제46조	
제5장 벌칙 제47조~제50조	

3. 철도안전법 및 시행령

철도안전법	철도안전법 시행령
제1장 총칙 제1조~제4조	법령 위임(근거) 조항 제1조~제21조의5 제30조~제58조, 제61조~제64조 ※ 법령 출제범위 해당 부분만 포함
제2장 철도안전 관리체계 제5조~제9의5	[별표1] 안전관리체계관련 과징금 부과기준 제6조
제3장 철도종사자의 안전관리 제10조~제24의5	[별표1의2] 철도차량정비기술자의 인정 기준 제21조의2
제5장 철도차량 운행안전 및 철도보호 제39조~제50조	[별표6] 과태료 부과기준 제64조 ※ 법령 출제범위 해당 과태료만 포함

철도안전법	철도안전법 시행령
제6장 철도사고조사 · 처리 제60조~제61의3	
제8장 보칙 제73조~제77조	
제9장 벌칙 제78조~제83조 ※ 법령 출제범위 해당 부분만 포함	

2 공부방법

1. **알고 있는 철도지식에 단순 접목, 연상시켜 천천히 읽기** : 도시철도 및 철도를 이용한 경험이 있거나 매체를 통하여 본 경험이 있다면 그것을 연상시켜 법 내용을 이해하면서 천천히 읽습니다.

2. **정독 후 다시 읽을 때 숫자와 주체 유의해서 읽기** : 법령의 주체인 대통령, 국토교통부장관 등이 있을 경우 직책들이 하는 일을 정리하면서 읽고 숫자의 경우 예를 들어 "3년 이내에 ○○계획을 수립해야 한다."이면 3년 이내에 누가(주체) 무엇을 하는지 알아두는 것이 좋습니다.

3. **법령 정독과 다독 위주로 학습하기** : 1차적으로는 문제 위주의 공부가 아닌 근본적인 법령을 읽으면서 공부하는 것이 좋습니다.

4. **문제는 본인 확인용과 법을 다시 보는 계기가 될 것** : 법령을 여러 번 읽고 어느 정도 숙지가 되었을 때 본인의 수준을 평가 및 확인하는 방법으로 문제를 활용하시기 바랍니다.

5. **출제자의 입장에서 한번 더 읽어보기** : 틀린 문제는 다시 한번 법을 읽고 숙지합니다. 다시 정독할 때는 본인이 출제자라면 어떤 부분에서 출제할지를 생각하면서 학습하는 것이 좋습니다.

※ 저희 "드림레일"에서는 책에 대한 궁금한 점, 모르는 부분에 대한 질문과 응답(24시간), 정오표, 추가로 개정되는 법령 내용, 철도운영기관 채용공고 등 철도취업에 관한 정보를 무료로 제공해드리고 있으니 많은 이용바랍니다. 앞으로도 철도관련 교재에 바이블이 되도록 지속적으로 노력을 기울이겠습니다. 또한, 책에 대한 오류, 개선사항 등 독자 분들의 소중한 의견은 언제든지 드림레일로 연락주시면 감사드리겠습니다. 드림레일은 언제나 여러분들을 응원합니다.!

핵심이론

법 및 시행령 일목요연하게 정리

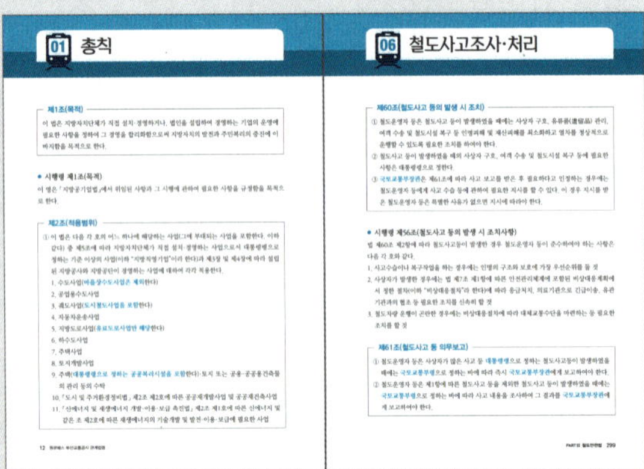

- 지방공기업법(시행령 포함)
- 도시철도법(시행령 포함)
- 철도안전법(시행령 포함)

짚고 넘어가기! OX 퀴즈

이해도 체크를 위한 핵심 포인트 복습 OX 퀴즈

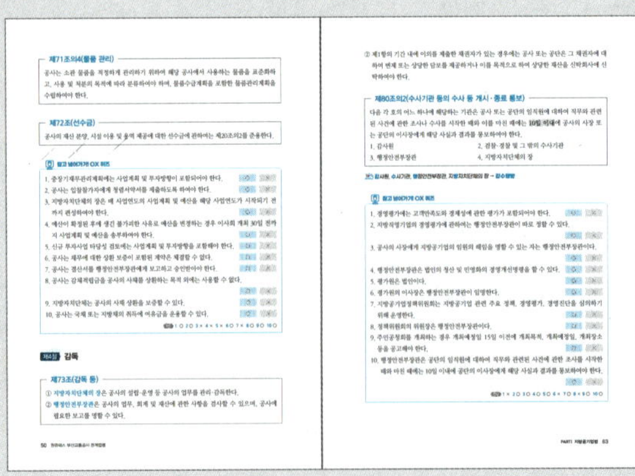

- 법조문 학습 이해도 체크를 위해 지방공기업법, 도시철도법, 철도안전법 핵심 포인트 복습 OX 퀴즈

단계별 문제

난이도에 따른 단계별 문제

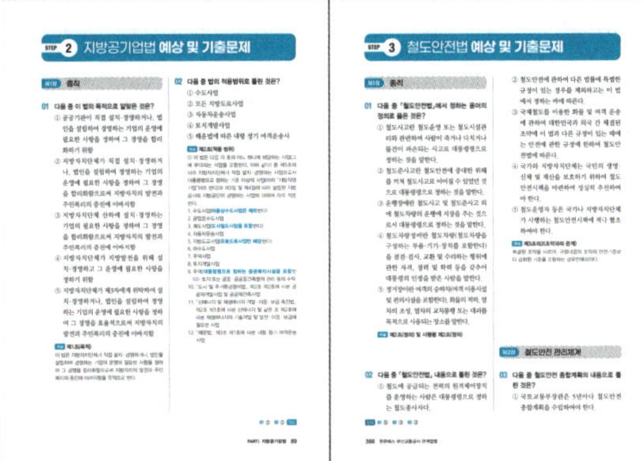

- STEP ❶ 핵심 법조문 복습문제
- STEP ❷ 예상 및 기출문제
  (난이도 하)
- STEP ❸ 예상 및 기출문제
  (난이도 중)

 부록

최종 마무리학습을 위한 실전모의고사 및 최신 기출복원문제

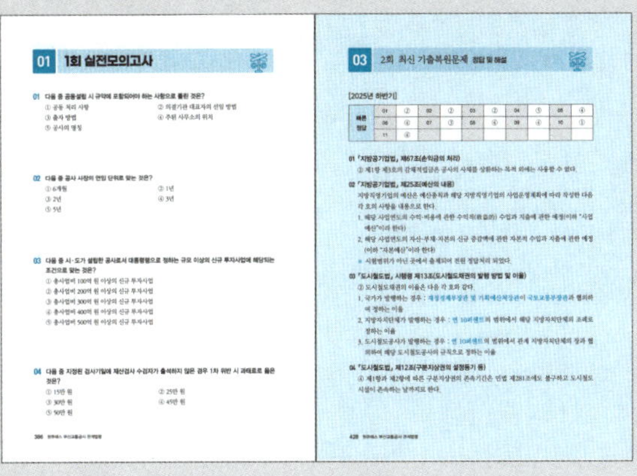

- 실전모의고사 3회
- 최신 기출복원문제 2회
- 정답 및 해설

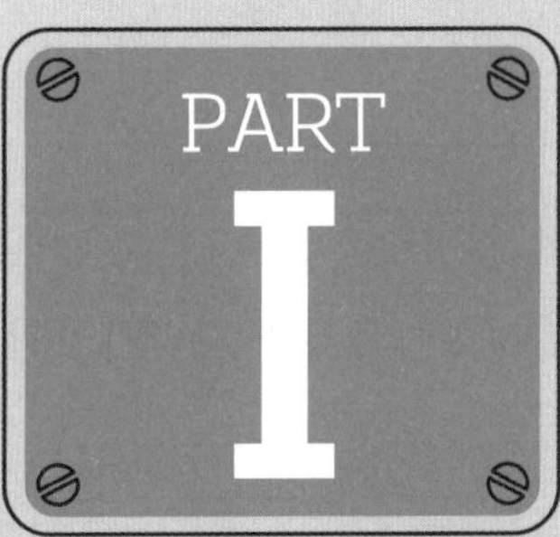

지방공기업법

지방공기업법[시행 2026. 1. 2.] [법률 제21065호, 2025. 10. 1., 타법개정]
지방공기업법 시행령[시행 2026. 1. 2.] [대통령령 제35947호, 2025. 12. 30., 타법개정]

제1조(목적)

이 법은 지방자치단체가 직접 설치·경영하거나, 법인을 설립하여 경영하는 기업의 운영에 필요한 사항을 정하여 그 경영을 합리화함으로써 지방자치의 발전과 주민복리의 증진에 이바지함을 목적으로 한다.

● **시행령 제1조(목적)**

이 영은 「지방공기업법」에서 위임된 사항과 그 시행에 관하여 필요한 사항을 규정함을 목적으로 한다.

제2조(적용범위)

① 이 법은 다음 각 호의 어느 하나에 해당하는 사업(그에 부대되는 사업을 포함한다. 이하 같다) 중 제5조에 따라 지방자치단체가 직접 설치·경영하는 사업으로서 대통령령으로 정하는 기준 이상의 사업(이하 "지방직영기업"이라 한다)과 제3장 및 제4장에 따라 설립된 지방공사와 지방공단이 경영하는 사업에 대하여 각각 적용한다.

1. 수도사업(마을상수도사업은 제외한다)
2. 공업용수도사업
3. 궤도사업(도시철도사업을 포함한다)
4. 자동차운송사업
5. 지방도로사업(유료도로사업만 해당한다)
6. 하수도사업
7. 주택사업
8. 토지개발사업
9. 주택(대통령령으로 정하는 공공복리시설을 포함한다)·토지 또는 공용·공공용건축물의 관리 등의 수탁
10. 「도시 및 주거환경정비법」 제2조 제2호에 따른 공공재개발사업 및 공공재건축사업
11. 「신에너지 및 재생에너지 개발·이용·보급 촉진법」 제2조 제1호에 따른 신에너지 및 같은 조 제2호에 따른 재생에너지의 기술개발 및 발전·이용·보급에 필요한 사업

12.「해운법」제3조 제1호에 따른 내항 정기 여객운송사업

② 지방자치단체는 다음 각 호의 어느 하나에 해당하는 사업 중 경상경비의 **50퍼센트 이상**을 경상수입으로 충당할 수 있는 사업을 지방직영기업, 지방공사 또는 지방공단이 경영하는 경우에는 조례로 정하는 바에 따라 이 법을 적용할 수 있다.

1. 민간인의 경영 참여가 어려운 사업으로서 주민복리의 증진에 이바지할 수 있고, 지역경제의 활성화나 지역개발의 촉진에 이바지할 수 있다고 인정되는 사업
2. 제1항 각 호의 어느 하나에 해당하는 사업 중 같은 항 각 호 외의 부분에 따라 **대통령령**으로 정하는 기준에 미달하는 사업
3. 「체육시설의 설치·이용에 관한 법률」에 따른 체육시설업
4. 「관광진흥법」에 따른 관광사업(**여행업 및 카지노업은 제외**한다)

③ 지방자치단체의 장은 제1항 각 호의 어느 하나에 해당하는 사업 중 같은 항 각 호 외의 부분에 따라 **대통령령**으로 정하는 기준에 미달하는 사업에 대하여 **대통령령**으로 정하는 바에 따라 제22조를 준용할 수 있다.

> **참고** **제5조(지방직영기업의 설치)** : 지방자치단체는 지방직영기업을 설치·경영하려는 경우에는 그 설치·운영의 기본사항을 조례로 정하여야 한다.

● 시행령 제2조(사업범위)

① 「지방공기업법」(이하 "법"이라 한다) 제2조 제1항에서 "대통령령으로 정하는 기준 이상의 사업"이란 다음 각 호의 기준에 해당하는 사업을 말한다.

1. 수도사업 : 1일 생산능력 1만톤 이상
2. 공업용수도사업 : 1일생산능력 1만톤 이상
3. 궤도사업 : 보유차량 50량 이상
4. 자동차운송사업 : 보유차량 30대 이상
5. 지방도로사업 : 도로관리연장 50킬로미터 이상 또는 유료터널·교량 3개소 이상
6. 하수도사업 : 1일 처리능력 1만톤 이상
7. 주택사업 : 주택관리 연면적 또는 주택건설 면적 10만평방미터 이상
8. 토지개발사업 : 조성면적 10만평방미터 이상
9. 삭제

② 법 제2조 제1항 제9호에서 "대통령령으로 정하는 공공복리시설"이란 수탁 대상 주택의 기능 발휘와 이용을 위하여 필요한 부대시설과 편익시설로서 다음 각 호의 시설을 말한다.

1. 공원·녹지·주차장·어린이놀이터·노인정·관리시설·사회복지시설과 그 부대시설

2. 문화·체육·업무 시설 등 거주자의 생활복리를 위하여 필요한 시설

③ 지방자치단체는 법 제2조 제1항 각 호에 규정된 사업으로서 제1항 각 호의 기준에 새로이 도달하게 된 사업에 대하여는 그 기준에 도달한 날부터 **6월** 이내에 그 사업에 대한 법적용을 위하여 필요한 사항을 조례로 정하여야 한다.

● 시행령 제2조의2(요금에 관한 규정의 준용)

① 법 제2조 제3항의 규정에 의하여 법 제22조의 규정을 준용할 수 있는 사업은 다음 각 호와 같다.

1. 수도사업
2. 공업용수도사업
3. 하수도사업

TIP 공통적으로 "수도" 라는 용어가 들어간다.

② 지방자치단체의 장은 제1항의 규정에 의하여 법 제22조의 규정을 준용하고자 하는 때에는 대상사업의 명칭을 그 지방자치단체의 공보에 고시하여야 한다.

제3조(경영의 기본원칙)

① 지방직영기업, 지방공사 및 지방공단(이하 "지방공기업"이라 한다)은 항상 기업의 경제성과 공공복리를 증대하도록 운영하여야 한다.

② 지방자치단체는 지방공기업을 설치·설립 또는 경영할 때에 민간경제를 위축시키거나, 공정하고 자유로운 경제질서를 해치거나, 환경을 훼손시키지 아니하도록 노력하여야 한다.

제4조(지방공기업에 관한 법령 등의 제정 및 시행)

지방공기업에 관한 법령, 조례, 규칙, 그 밖의 규정은 제3조에 따른 기본원칙에 따라야 한다.

짚고 넘어가기! OX 퀴즈

1. 「지방공기업법」은 국토교통부령이다. 　○　　×
2. 이 법은 지방자치의 발전과 주민복리의 증진에 이바지함을 목적으로 한다.
　○　　×
3. 지방공기업에는 지방직영기업, 지방공사 및 지방공단이 있다. 　○　　×
4. 「지방공기업법」을 적용하는 하수도사업은 지방자치단체가 직접 경영하는 사업으로서 1일 처리능력 10만톤 이상이 해당된다. 　○　　×

정답 1 × 2 ○ 3 ○ 4 ×

03 지방공사

제49조(설립 등)

① 지방자치단체는 제2조에 따른 사업을 효율적으로 수행하기 위하여 필요한 경우에는 지방공사(이하 "공사"라 한다)를 설립할 수 있다. 이 경우 공사를 설립하기 전에 특별시장, 광역시장, 특별자치시장, 도지사 및 특별자치도지사(이하 "시·도지사"라 한다)는 행정안전부장관과, 시장·군수·구청장(자치구의 구청장을 말한다)은 관할 특별시장·광역시장 및 도지사와 협의하여야 한다.

② 지방자치단체는 공사를 설립하는 경우 그 설립, 업무 및 운영에 관한 기본적인 사항을 조례로 정하여야 한다.

③ 지방자치단체는 공사를 설립하는 경우 대통령령으로 정하는 바에 따라 주민복리 및 지역경제에 미치는 효과, 사업성 등 지방공기업으로서의 타당성을 미리 검토하고 그 결과를 공개하여야 한다.

④ 제3항에 따른 타당성 검토는 전문 인력 및 조사·연구 능력 등 대통령령으로 정하는 요건을 갖춘 전문기관으로서 행정안전부장관이 지정·고시하는 기관에 의뢰하여 실시하여야 한다.

⑤ 공사는 해당 공사를 설립한 지방자치단체와 다른 지방자치단체 간의 상호 합의를 거쳐 다른 지방자치단체(시·도와 시·군·자치구 모두 합의한 지방자치단체로 한정한다)의 관할 구역에서 제2조에 따른 사업을 추진할 수 있다.

● **시행령 제47조(설립타당성 검토 등)**

① 법 제49조 제3항에 따른 타당성 검토에는 다음 각 호의 사항이 포함되어야 하며, 이에 따른 세부절차 및 검토기준은 행정안전부장관이 정한다.

   1. 사업의 적정성 여부
   2. 사업별 수지분석
   3. 조직 및 인력의 수요판단
   4. 주민의 복리증진에 미치는 영향
   5. 지역경제와 지방재정에 미치는 영향

② **지방자치단체의 장**은 의회의원·관계전문가 및 해당 지방자치단체의 관계공무원 등으로 심의위원회를 구성하여 법 제49조 제3항에 따른 전문기관의 타당성 검토결과와 이 영 제76조의2 제1항에 따른 주민공청회 결과를 기초로 지방공사(이하 "공사"라 한다)의 설립 여부를 심의하여야 한다.

③ 제2항에 따른 심의위원회의 구성과 운영에 필요한 사항은 해당 지방자치단체의 장이 정하되, 심의위원회 위원 중 **2분의 1 이상**은 민간위원으로 위촉하여야 한다.

④ 법 제49조 제4항에서 "전문인력 및 조사·연구 능력 등 **대통령령**으로 정하는 요건을 갖춘 전문기관"이란 다음 각 호의 요건을 모두 갖춘 기관을 말한다.

　1. 사업타당성 검토 업무에 **3년** 이상 종사한 경력을 가진 사람 **5명 이상**과 **5년** 이상 종사한 경력을 가진 사람 **2명** 이상을 보유하고 있을 것

　2. 최근 **3년** 이내에 법 제3조에 따른 지방공기업 또는 「공공기관의 운영에 관한 법률」 제4조에 따른 공공기관(이하 "공기업"이라 한다)이나 지방재정 관련 연구용역 실적이 있을 것

제50조(공동설립)

① 지방자치단체는 상호 규약을 정하여 다른 지방자치단체와 공동으로 공사를 설립할 수 있다.

② 삭제

③ 제1항의 규약에는 다음 각 호의 사항이 포함되어야 한다.

　1. 공사의 명칭
　2. 사무소의 위치
　3. 설립 지방자치단체
　4. 사업 내용
　5. 공동 처리 사항
　6. 의결기관 대표자의 선임 방법
　7. 출자 방법
　8. 그 밖에 필요한 사항

제51조(법인격)

공사는 **법인**으로 한다.

제52조(사무소)

① 공사의 주된 사무소의 위치는 정관으로 정한다.

② 공사는 지방자치단체의 장의 승인을 받아 필요한 곳에 지사(支社) 또는 출장소를 둘 수 있다.

제53조(출자)

① 공사의 자본금은 그 전액을 지방자치단체가 현금 또는 현물로 출자한다.

② 제1항에도 불구하고 공사의 운영을 위하여 필요한 경우에는 자본금의 **2분의 1**을 넘지 아니하는 범위에서 지방자치단체 외의 자(외국인 및 외국법인을 **포함**한다)로 하여금 공사에 출자하게 할 수 있다. 증자(增資)의 경우에도 또한 같다.

③ 제2항의 경우에는 공사의 자본금은 주식으로 분할하여 발행한다. 이 경우에 발행하는 주식의 종류, 1주의 금액, 주식 발행의 시기, 발행 주식의 총수와 주금(株金)의 납입시기 및 납입방법은 조례로 정한다.

④ 공사가 제2항에 따라 해당 지방자치단체가 설립한 다른 공사로부터 출자를 받거나 제54조에 따라 해당 지방자치단체가 설립한 다른 공사에 출자하는 경우에는 이를 해당 지방자치단체가 출자한 것으로 본다.

제54조(다른 법인에 대한 출자)

① 공사는 공사의 사업과 관계되는 사업을 효율적으로 수행하기 위하여 **지방자치단체의 장**의 승인을 받아 지방자치단체 외의 다른 법인에 출자할 수 있다.

② 제1항에 따른 출자를 하기 위하여 공사의 사장은 **대통령령**으로 정하는 방법 및 절차에 따라 출자의 필요성 및 타당성을 검토하여 **지방자치단체의 장**에게 보고하고 의회의 의결을 받아야 한다.

③ 제2항에도 불구하고 다음 각 호의 어느 하나에 해당하는 사업의 수행을 위한 출자 및 대통령령으로 정하는 금액 이하의 출자는 **대통령령**으로 정하는 절차에 따라 출자의 필요성 및 타당성 검토 대상에서 제외한다. 이 경우 공사의 사장은 출자의 필요성 및 타당성 검토 제외 사업의 내역 및 사유를 지체 없이 **지방자치단체의 장과 의회**에 보고하여야 한다.

  1. 다음 각 목의 어느 하나에 해당하는 조사·심사를 거쳤거나 제외된 사업

    가. 「국가재정법」 제38조 제1항에 따른 예비타당성조사

    나. 「지방재정법」 제37조에 따른 투자심사(해당 공사를 설립한 지방자치단체의 장이 실시한 투자심사에 한정한다)

다.「공공기관의 운영에 관한 법률」제40조 제3항에 따른 예비타당성조사

　2. 제65조의3 제1항에 따른 신규 투자사업의 타당성 검토를 거쳤거나 같은 조 제2항 제2호부터 제5호까지의 어느 하나의 사업에 해당하여 신규 투자사업 타당성 검토 대상에서 제외된 사업

④ 제1항에 따른 출자의 한도는 **대통령령**으로 정한다.

⑤ 제1항에 따라 출자한 법인에 최대주주의 변경 등 **대통령령**으로 정하는 경영상의 중대한 변화가 발생하는 경우 공사의 사장은 그 사실을 지체 없이 지방자치단체의 장에게 보고하여야 한다.

[시행일 : 2026. 4. 2.] 제54조 제3항

● 시행령 제47조의2(다른 법인에 대한 출자타당성 검토 등)

① 공사는 법 제54조 제2항에 따라 다른 법인에 출자할 때에는 출자의 필요성 및 타당성에 대하여 제47조 제4항의 요건을 갖춘 전문기관 중 **행정안전부장관**이 지정·고시하는 전문기관의 사전검토를 거쳐야 한다. 다만, 출자규모가 **5억 원** 미만인 경우에는 「지방자치단체출연 연구원의 설립 및 운영에 관한 법률」에 따른 지방자치단체출연 연구원(제47조 제4항 각 호의 요건을 모두 갖춘 경우로 한정한다)의 사전검토를 거칠 수 있다.

② **행정안전부장관**은 제1항에 따른 사전검토의 효율적 수행을 위해 필요한 경우에는 제3항 각 호의 사항에 대한 세부내용 및 검토기준을 정하여 고시할 수 있다.

③ 제1항에 따라 사전검토를 하는 전문기관은 다음 각 호의 사항을 고려하여 검토하여야 한다.

　1. 출자대상 법인이 수행하는 사업의 적정성 여부

　2. 출자대상 법인이 수행하는 사업별 수지분석

　3. 재원 조달방법

　4. 출자대상 법인이 수행하는 사업이 지역경제에 미치는 영향

TIP 🚄 **적정성, 수지분석, 재원, 지역경제 → 재수적지**

④ 법 제54조 제3항 각 호 외의 부분 전단에서 "대통령령으로 정하는 금액"이란 1억 원을 말한다.

⑤ 공사의 사장이 법 제54조 제3항 각 호의 어느 하나에 해당하는 사업의 수행을 위한 출자 및 제4항에 따른 금액 이하의 출자에 대해서 법 제54조 제3항에 따라 출자의 필요성 및 타당성 검토 대상에서 제외하려는 경우 그 절차에 관하여는 제58조의2 제3항부터 제6항까지를 준용한다. 이 경우 "신규 투자사업에 대해서"는 "출자에 대해서"로, "법 제65조의3 제2항"은 각각 "법 제54조 제3항"으로, "신규 투자사업 타당성 검토"는 각각 "출자의 필요성 및 타당성 검토"로, "해당 사업의 명칭"은 "해당 출자의 명칭"으로 본다.

⑥ 공사가 법 제54조 제4항에 따라 다른 법인에 출자할 수 있는 한도는 다음 각 호의 구분에 따른다.

1. 직전 사업연도 말 공사의 부채비율이 100분의 100 미만인 경우 : 직전 사업연도 말 공사의 자본금의 **100분의 50** 이내

2. 직전 사업연도 말 공사의 부채비율이 100분의 100 이상 100분의 **200 미만**인 경우 : 직전 사업연도 말 공사의 자본금의 **100분의 25** 이내

3. 직전 사업연도 말 공사의 부채비율이 100분의 **200 이상**인 경우 : 직전 사업연도 말 공사의 자본금의 **100분의 10** 이내

제55조(지방자치단체의 주주권 행사)

지방자치단체가 소유하는 주식에 대한 주주권은 지방자치단체의 장 또는 지방자치단체의 장이 지정하는 소속 공무원이 행사한다.

제56조(정관)

① 공사의 정관에는 다음 각 호의 사항이 포함되어야 한다.

1. 목적
2. 명칭
3. 사무소의 소재지
4. 사업에 관한 사항
5. 임직원에 관한 사항
6. 이사회에 관한 사항
7. 재무회계에 관한 사항
8. 공고에 관한 사항
9. 자본금에 관한 사항
10. 사채 발행에 관한 사항
11. 정관 변경에 관한 사항
12. 그 밖에 대통령령으로 정하는 사항

② 제53조 제2항에 따른 공사의 정관에는 제1항 각 호의 사항 외에 다음 각 호의 사항이 포함되어야 한다.

1. 주식 발행에 관한 사항
2. 주주총회에 관한 사항

③ 공사는 정관을 변경하려는 경우 지방자치단체의 장의 인가를 받아야 한다. 다만, 제50조 제1항에 따라 설립된 공사의 경우에는 지방자치단체 간의 규약으로 정하는 바에 따른다.

● 시행령 제48조(정관기재사항)

법 제56조 제1항 제12호에서 "기타 대통령령이 정하는 사항"이라 함은 공사의 조직 및 정원에 관한 사항을 말한다.

● 시행령 제49조(설립등기)

공사는 자본금의 납입이 있은 날부터 **3주일** 이내에 다음 각 호의 사항을 등기하여야 한다.

1. 목적
2. 명칭
3. 주된 사무소의 소재지
4. 자본금
5. 출자의 방법을 정한 때에는 그 방법
6. 임원의 성명과 주소
7. 공고의 방법

● 시행령 제50조(지사의 설치등기)

공사는 지사를 설치한 경우에는 설치 후 **2주일** 이내에 주된 사무소의 소재지에서 설치된 지사의 명칭, 소재지 및 설치 연월일을 등기해야 한다. 다만, 공사의 설립과 동시에 지사를 설치하는 경우에는 지사의 설치등기를 공사의 설립등기와 함께 한다.

● 시행령 제51조(이전등기)

① 공사는 주된 사무소를 이전한 경우에는 이전 후 **2주일** 이내에 종전 소재지 또는 새 소재지에서 새 소재지와 이전 연월일을 등기해야 한다.

② 공사는 지사를 이전한 경우에는 이전 후 **2주일** 이내에 주된 사무소의 소재지에서 새 소재지와 이전 연월일을 등기해야 한다.

● 시행령 제52조(변경등기)

공사는 제49조 각 호 또는 제50조의 등기사항이 변경된 경우(제51조에 따른 이전등기에 해당하는 경우는 제외한다)에는 변경 후 **2주일** 이내에 주된 사무소의 소재지에서 변경사항을 등기해야 한다.

● 시행령 제53조(등기의 신청)

① 제49조 내지 제52조의 규정에 의한 등기는 공사의 사장이 행한다.

② 공사의 사장이 제1항의 규정에 의하여 등기를 신청하는 때에는 등기신청서에 다음 각 호의 서류를 첨부하여야 한다.

　1. 제49조의 규정에 의한 설립등기에 있어서는 정관·주식인수·현물출자·주금납입 및 임원의 자격을 증명하는 서류

　2. 제50조의 규정에 의한 지사의 설치등기에 있어서는 지사의 설치를 증명하는 서류

　3. 제51조의 규정에 의한 이전등기에 있어서는 주된 사무소 또는 지사의 이전을 증명하는 서류

　4. 제52조의 규정에 의한 변경등기에 있어서는 그 변경사항을 증명하는 서류

● **시행령 제54조(등기기간의 기산)**

이 영의 규정에 의한 등기사항으로서 인가기관의 인가 또는 승인을 얻어야 할 사항이 있는 때에는 그 인가서 또는 승인서가 도달한 날부터 등기기간을 기산한다.

제57조(등기)

① 공사는 그 주된 사무소의 소재지에서 설립등기를 함으로써 성립한다.
② 공사의 설립등기 및 그 밖의 등기에 필요한 사항은 대통령령으로 정한다.

제57조의2(해산)

공사는 다음 각 호의 어느 하나에 해당하는 사유로 해산한다.
　1. 「상법」 제517조에 따른 해산사유

> 1. 제227조 제1호, 제4호 내지 제6호에 정한 사유
>   1. 존립기간의 만료 기타 정관으로 정한 사유의 발생
>   4. 합병
>   6. 법원의 명령 또는 판결
> 1의2. 제530조의2의 규정에 의한 회사의 분할 또는 분할합병
> 2. 주주총회의 결의

　2. 제78조의3에 따른 행정안전부장관의 해산 요구

> **[제78조의3(부실 지방공기업에 대한 해산 요구)]**
> ① 행정안전부장관은 공사 또는 공단이 다음 각 호에 해당하는 경우로서 대통령령으로 정하는 경우 제78조의5에 따른 지방공기업정책위원회의 심의를 거쳐 지방자치단체의 장이나 공사의 사장 또는 공단의 이사장에게 해산을 요구할 수 있다.
>   1. 부채 상환 능력이 현저히 낮은 경우
>   2. 사업 전망이 없어 회생이 어려운 경우
>   3. 설립 목적의 달성이 불가능한 경우

1. 지방자치단체는 공사를 설립하는 경우 그 설립 업무 및 운영에 관한 기본적인 사항을 미리 검토하고 공개하여야 한다. ○ ×

2. 설립 타당성 검토의 세부절차 및 검토기준은 행정안전부장관이 정한다. ○ ×

3. 공사는 주식회사로 한다. ○ ×

4. 공사의 주된 사무소의 위치는 사업을 진행하는 곳으로 한다. ○ ×

5. 공사는 공사의 사업과 관계되는 사업을 효율적으로 수행하기 위하여 지방자치단체 외의 다른 법인에 출자할 수 있는데 이 때 지방자치단체의 장의 승인을 받아야 한다. ○ ×

6. 공사의 정관에는 주된 사무소의 위치와 수익금에 관한 사항이 포함되어야 한다. ○ ×

7. 공사는 정관을 변경하려는 경우 지방자치단체의 장에게 신고하여야 한다. ○ ×

8. 공사는 지사를 이전한 경우에는 이전 후 2주일 이내에 지방자치단체의 장에게 보고하여야 한다. ○ ×

9. 공사의 설립등기 및 그 밖의 등기에 필요한 사항은 대통령령으로 정한다. ○ ×

10. 공사의 해산요구는 재정경제부장관이 할 수 있다. ○ ×

정답 1 × 2 ○ 3 × 4 × 5 ○ 6 × 7 × 8 × 9 ○ 10 ×

제58조(임원의 임면 등)

① 공사의 임원은 사장을 포함한 이사(상임이사와 비상임이사로 구분한다) 및 감사로 하며, 그 수는 정관으로 정한다.

② 사장과 감사는 대통령령으로 정하는 바에 따라 지방공기업의 경영에 관한 전문적인 식견과 능력이 있는 사람 중에서 지방자치단체의 장이 임면(任免)한다. 다만, 제50조 제1항에 따라 설립된 공사의 경우에는 지방자치단체 간의 규약으로 정하는 바에 따른다.

③ 지방자치단체의 장은 제2항에 따라 사장과 감사(조례 또는 정관으로 정하는 바에 따라 당연히 감사로 선임되는 사람은 제외한다)를 임명할 경우 대통령령으로 정하는 임원추천위원회(이하 이 조에서 "임원추천위원회"라 한다)가 추천한 사람 중에서 임명하여야 한다. 다만, 「지방자치법」 제47조의2에 따라 인사청문회를 실시하는 경우에는 임원추천위원회의 추천 절차를 생략할 수 있다.

④ 지방자치단체의 장은 사장의 경영성과에 따라 임기 중에 해임하거나 임기가 끝나더라도 임원추천위원회의 심의를 거쳐 연임시킬 수 있다. 이 경우 다음 각 호의 사항을 고려하여야 한다.

1. 제58조의2에 따른 경영성과계약의 이행실적

2. 제78조 제1항 및 제2항에 따른 경영평가의 결과

3. 제78조 제4항에 따른 사장의 업무성과 평가 결과

⑤ 지방자치단체의 장은 다음 각 호의 경우 사장을 임기 중에 해임할 수 있다.

1. 제78조의2 제3항에 의한 경영 개선 명령을 정당한 사유 없이 이행하지 아니한 경우

2. 그 밖에 업무 수행 중 관계 법령을 중대하고 명백하게 위반한 경우

⑥ 제4항에 따른 사장의 연임 또는 해임의 기준 등에 관하여 필요한 사항은 대통령령으로 정한다.

⑦ 이사(조례 또는 정관으로 정하는 바에 따라 당연히 이사로 선임되는 사람은 제외한다)는 임원추천위원회가 추천한 사람 중에서 임명하되, 상임이사는 사장이 임면하고 비상임이사는 지방자치단체의 장이 임면한다. 이 경우 이사의 임면에 필요한 사항은 대통령령으로 정한다.

⑧ 임원추천위원회는 임원후보자를 추천하려는 경우 대통령령으로 정하는 바에 따라 후보자를 공개모집하여야 한다.

● 시행령 제55조(이사)

① 법 제58조 제1항의 규정에 의한 이사는 정관이 정하는 바에 의하여 상임이사와 비상임이사로 구분한다.

② 사장을 포함한 상임이사의 정수는 이사정수의 100분의 50 미만으로 한다.

● 시행령 제56조의2(사장의 연임 또는 해임의 기준)

① 지방자치단체의 장이 법 제58조 제4항에 따라 해당 공사의 사장을 연임시키거나 해임하는 경우에는 다음 각 호의 기준에 따라야 한다.

> 1. 연임기준
>   가. 사장의 임기 중 법 제58조의2에 따른 경영성과계약 이행실적 평가, 법 제78조 제1항에 따른 경영 평가 및 같은 조 제4항에 따른 업무성과 평가에서 상위 평가를 받은 경우
>   나. 사장의 임기 중 법 제58조의2에 따른 경영성과계약 이행실적 평가, 법 제78조 제1항에 따른 경영 평가 및 같은 조 제4항에 따른 업무성과 평가 결과가 직전 연도에 비하여 현저히 상승한 경우
> 2. 해임기준
>   가. 사장의 임기 중 법 제58조의2에 따른 경영성과계약 이행실적 평가, 법 제78조 제1항에 따른 경영 평가 및 같은 조 제4항에 따른 업무성과 평가에서 하위 평가를 받은 경우
>   나. 사장의 임기 중 법 제58조의2에 따른 경영성과계약 이행실적 평가, 법 제78조 제1항에 따른 경영 평가 및 같은 조 제4항에 따른 업무성과 평가 결과가 직전 연도에 비하여 현저히 하락된 경우
>   다. 삭제

② 제1항에 따라 사장의 연임기준 또는 해임기준을 적용함에 있어서는 법 제78조 제4항에 따른 업무성과 평가 결과, 같은 조 제1항에 따른 경영 평가 결과 및 법 제58조의2에 따른 경영성과계약 이행실적 평가 결과의 순으로 적용한다.

③ 제1항에 따른 상위 평가 및 하위 평가의 범위와 현저히 상승하거나 하락된 경우에 해당하는지 여부에 관한 판단 기준은 법 제78조의5에 따른 지방공기업정책위원회의 심의를 거쳐 행정안전부장관이 정한다.

● 시행령 제56조의3(임원추천위원회의 구성과 운영)

① 법 제58조 제3항 및 제7항에 따른 임원추천위원회(이하 "추천위원회"라 한다)는 공사에 두며 다음 각 호의 사람으로 구성한다. 다만, 공사를 설립하는 때에는 그 지방자치단체의 장이 추천하는 사람 **4명**과 그 의회에서 추천하는 사람 **3명**으로 구성한다.

　　1. 그 지방자치단체의 장이 추천하는 사람 2명

　　2. 그 의회가 추천하는 사람 3명

　　3. 그 공사의 이사회가 추천하는 사람 2명

② 그 지방자치단체의 공무원인 당연직이사 또는 임원후보 공개모집에 응모하려는 임원은 제1항 제3호에 따라 추천위원회의 위원을 추천하기 위한 이사회의 의결에 참여할 수 없다.

③ 추천위원회의 위원은 다음 각 호의 1에 해당하는 자이어야 한다.

　　1. 경영전문가　　　　　　　2. 경제관련단체의 임원

　　3. 4급 이상 공무원 또는 고위공무원단에 속하는 일반직공무원으로 퇴직한 자

　　4. 공인회계사　　　　　　　5. 공기업경영에 관한 지식과 경험이 있다고 인정되는 자

④ 공사의 임·직원(**비상임이사를 제외**한다) 및 그 지방자치단체의 공무원(**의회의원을 포함**한다)은 추천위원회의 위원이 될 수 없다.

⑤ 추천위원회는 재적위원 **과반수**의 찬성으로 의결한다.

⑥ 추천위원회의 위원장은 위원 중에서 호선하며, 위원장은 추천위원회를 대표하고 회의를 주재한다.

⑦ 공사는 임원의 임기만료나 그 밖의 사유로 임원을 새로 임명하려면 지체 없이 추천위원회를 구성하여야 하며, 지방자치단체의 장 및 의회에 추천위원회 위원의 추천을 요청하여야 한다.

⑧ 추천위원회는 추천된 자가 임원에 임명되는 때까지 존속한다.

⑨ 추천위원회는 추천위원회 회의의 심의·의결 내용 등이 기록된 회의록을 작성·보존하고 이를 공개하여야 한다. 다만, 「공공기관의 정보공개에 관한 법률」 제9조 제1항 각 호의 어느 하나에 해당하는 경우에는 공개하지 아니할 수 있다.

⑩ 이 영에서 규정한 사항 외에 추천위원회의 구성 및 운영 등에 필요한 사항은 공사의 정관으로 정한다.

● 시행령 제56조의4(임원후보의 추천절차)

① 추천위원회는 법 제58조 제8항에 따라 임원후보를 공개모집하는 경우에는 해당 지방자치단체와 공사의 인터넷 홈페이지, 제44조의2 제4항에 따른 행정안전부장관이 지정하는 인터넷 사이트 및 1개 이상의 전국을 보급지역으로 하는 일간신문 또는 해당 지방자치단체의 지역을 주된 보급지역으로 하는 일간신문에 임원의 모집공고를 하되 그 모집 기간은 **15일** 이상으로 하여야 한다. 다만, 신속한 채용을 위하여 부득이한 경우에는 지방자치단체의 장의 승인을 받아 모집기간을 단축할 수 있다.

② 추천위원회는 제1항에 따른 공개모집에 응모한 사람 중에서 공사 임원의 업무수행에 필요한 학식과 경험이 풍부하고 능력을 갖춘 사람을 임원후보로 추천하여야 한다.

③ 추천위원회가 임원후보를 추천하려는 때에는 특별한 사유가 없는 한 두 사람 이상을 추천하여야 한다.

④ 임명권자인 지방자치단체의 장 또는 공사의 사장은 추천된 임원후보가 법 제60조에 따른 임원의 결격사유에 해당하거나 공사의 경영에 현저하게 부적당하다고 인정되는 때에는 추천위원회에 임원후보의 재추천을 요구할 수 있다. 이 경우 추천위원회는 지체 없이 임원후보를 재추천하여야 한다.

⑤ 추천위원회는 임원후보의 모집·조사 등의 업무를 전문기관에 대행시킬 수 있다.

제58조의2(사장과의 경영성과계약)

① 지방자치단체의 장은 사장을 임명하는 경우 사장과 경영성과계약을 체결하여야 한다.

② 제1항에 따른 경영성과계약에는 임기 중 사장이 수행하여야 할 경영목표, 권한과 성과에 따른 보상 및 책임이 포함되어야 한다.

③ 제1항과 제2항에 따른 경영성과계약의 방법 및 절차 등에 관하여 필요한 사항은 행정안전부령으로 정한다.

제59조(임기 및 직무)

① 공사의 사장, 이사 및 감사의 임기는 **3년**으로 한다. 이 경우 지방자치단체의 장은 대통령령으로 정하는 바에 따라 임기가 만료된 임원으로 하여금 그 후임자가 임명될 때까지 직무를 수행하게 할 수 있다.

② 공사의 사장, 이사 및 감사는 **1년** 단위로 연임될 수 있다.

③ 공사의 사장은 그 공사를 대표하고 업무를 총괄하며, 임기 중 그 공사의 경영성과에 대하여 책임을 진다.

④ 공사의 사장은 그 공사의 이익과 자신의 이익이 상반되는 사항에 대하여는 공사를 대표하지 못한다. 이 경우 감사가 공사를 대표한다.

⑤ 그 밖에 공사의 사장, 이사 및 감사의 직무에 필요한 사항은 정관으로 정한다.

● **시행령 제57조(임기만료임원에 의한 직무대행)**

법 제59조 제1항의 규정에 의하여 지방자치단체의 장이 임기가 만료된 임원으로 하여금 그 후임자가 임명될 때까지 그 직무를 행하게 할 수 있는 경우는 다음 각 호와 같다.

1. 연임을 위하여 그 재임명에 관한 절차가 진행 중인 경우
2. 후임자가 임명될 때까지 직무대행이 반드시 필요하다고 지방자치단체의 장이 인정하는 경우

제60조(임직원의 결격사유 등)

① 다음 각 호의 어느 하나에 해당하는 사람은 공사의 임원이 될 수 없으며, 제3호에 해당하는 사람은 공사의 직원이 될 수 없다.

1. 삭제
2. 미성년자
3. 「지방공무원법」 제31조(결격사유) 각 호의 어느 하나에 해당하는 사람

[지방공무원법 제31조(결격사유)]

다음 각 호의 어느 하나에 해당하는 사람은 공무원이 될 수 없다.

1. 피성년후견인
2. 파산선고를 받고 복권되지 아니한 사람
3. 금고 이상의 실형을 선고받고 그 집행이 끝나거나(집행이 끝난 것으로 보는 경우를 포함한다) 집행이 면제된 날부터 5년이 지나지 아니한 사람
4. 금고 이상의 형의 집행유예를 선고받고 그 집행유예기간이 끝난 날부터 2년이 지나지 아니한 사람
5. 금고 이상의 형의 선고유예를 선고받고 그 선고유예기간 중에 있는 사람
6. 법원의 판결 또는 다른 법률에 따라 자격이 상실되거나 정지된 사람
6의2. 공무원으로 재직기간 중 직무와 관련하여 「형법」 제355조 및 제356조에 규정된 죄를 범한 사람으로서 300만 원 이상의 벌금형을 선고받고 그 형이 확정된 후 2년이 지나지 아니한 사람
6의3. 다음 각 목의 어느 하나에 해당하는 죄를 범한 사람으로서 100만 원 이상의 벌금형을 선고받고 그 형이 확정된 후 3년이 지나지 아니한 사람
    가. 「성폭력범죄의 처벌 등에 관한 특례법」 제2조에 따른 성폭력범죄
    나. 「정보통신망 이용촉진 및 정보보호 등에 관한 법률」 제74조 제1항 제2호 및 제3호에 규정된 죄
    다. 「스토킹범죄의 처벌 등에 관한 법률」 제2조 제2호에 따른 스토킹범죄
6의4. 미성년자에 대하여 「성폭력범죄의 처벌 등에 관한 특례법」 제2조에 따른 성폭력범죄 또는 「아동·청소년의 성보호에 관한 법률」 제2조 제2호에 따른 아동·청소년대상 성범죄를 범한 사람으로서 다음 각 목의 어느 하나에 해당하는 날부터 20년이 지나지 아니한 사람

　　　가. 금고 이상의 실형을 선고받고 그 집행이 끝나거나(집행이 끝난 것으로
　　　　　보는 경우를 포함한다) 집행이 면제된 날
　　　나. 금고 이상의 형의 집행유예를 선고받고 그 집행유예가 확정된 날
　　　다. 벌금 이하의 형을 선고받고 그 형이 확정된 날
　　　라. 치료감호를 선고받고 그 집행이 끝나거나 집행이 면제된 날
　　　마. 징계로 파면처분 또는 해임처분을 받은 날
　　7. 징계로 파면처분을 받은 날부터 5년이 지나지 아니한 사람
　　8. 징계로 해임처분을 받은 날부터 3년이 지나지 아니한 사람

　　4. 제58조 제4항 또는 제5항에 따라 해임된 후 **3년**이 지나지 아니한 사람
　　5. 이 법을 위반하여 벌금형을 선고받고 **2년**이 지나지 아니한 사람
　　6. 삭제
② 공사의 임원이 제1항 각 호의 어느 하나에(제3호는 제외한다) 및 「지방공무원법」 제61
　조 제1호에 해당하게 되거나 임명 당시 그에 해당하였음이 판명되었을 때에는 당연히
　퇴직한다.
③ 공사의 직원이 「지방공무원법」 제61조 제1호에 해당하게 되거나 임용 당시 그에 해당하
　였음이 판명되었을 때에는 당연히 퇴직한다.
④ 제2항 또는 제3항에 따라 퇴직한 임직원이 퇴직 전에 관여한 행위는 그 효력을 잃지 아
　니한다.
⑤ 지방자치단체의 장은 공사의 요청이 있는 경우 제1항 각 호의 어느 하나에 해당하는 결
　격사유를 확인하기 위하여 필요한 정보에 한정하여 본인의 동의를 받아 경찰청장에게
　「형의 실효 등에 관한 법률」 제6조에 따른 범죄경력조회를 요청하여 공사에 제공할 수
　있다.

제61조(임직원의 겸직 제한)

① 공사의 임원 및 직원은 그 직무 외에 영리를 목적으로 하는 업무에 종사하지 못하며, 임
　원은 지방자치단체의 장의 허가 없이, 직원은 사장의 허가 없이 다른 직무를 겸할 수 없
　다. 다만, 상근(常勤)이 아닌 임원은 그러하지 아니하다.
② 제1항에서 "영리를 목적으로 하는 업무"란 해당 업무에 종사함으로써 직무에 부당한 영
　향을 끼치거나 직무능률을 떨어뜨릴 우려가 있는 업무 등으로서 대통령령으로 정하는
　업무를 말한다.

※ **상근(常勤)** : 날마다 일정한 시간에 출근하여 정해진 시간 동안 근무하는 것(정규직 근로자)

● **시행령 제57조의2(겸직 금지되는 임직원의 영리업무)**

법 제61조 제2항에서 "대통령령으로 정하는 업무"란 다음 각 호의 어느 하나에 해당하는 업무를 말한다.

1. 공사의 임원 및 직원이 상업, 공업, 금융업 또는 그 밖의 영리적인 업무를 스스로 경영하여 영리를 추구함이 뚜렷한 업무
2. 공사의 임원 및 직원이 상업, 공업, 금융업 또는 그 밖에 영리를 목적으로 하는 사기업체(私企業體)의 이사, 감사, 업무를 집행하는 무한책임사원, 지배인, 발기인 또는 그 밖의 임원이 되어 수행하는 업무
3. 공사의 임원 및 직원 본인의 직무와 관련 있는 타인의 기업에 대하여 하는 투자
4. 그 밖에 계속적으로 재산상의 이득을 목적으로 하는 업무

제62조(이사회)

① 공사의 업무에 관한 중요 사항을 의결하기 위하여 공사에 이사회를 둔다.
② 이사회는 사장을 포함한 이사로 구성한다.
③ 이사회의 권한과 운영에 필요한 사항은 정관으로 정한다.

제63조(직원의 임면)

① 공사의 직원은 정관으로 정하는 바에 따라 사장이 임면한다.
② 공사의 직원은 시험성적, 근무성적, 그 밖의 능력의 실증(實證)에 따라 임용되어야 한다.
③ 공사의 사장은 직원의 채용절차와 방법 등에 관한 사항을 사전에 규정하고, 직원의 채용 시에는 공고 등을 통하여 구체적인 절차와 방법 등을 공개하여야 한다.
④ 공사의 사장이 직원을 채용하는 경우 공개경쟁시험으로 채용하는 것을 원칙으로 하고, 임직원의 가족 또는 임직원과 이해관계가 있는 등 채용의 공정성을 해칠 우려가 있는 사람을 특별히 우대하여 채용하여서는 아니 된다.

제63조의2(임직원에 대한 교육훈련)

공사의 사장은 임직원에 대하여 제3조에 따른 경영의 기본원칙을 달성하기 위하여 필요한 교육훈련을 실시하여야 한다.

제63조의3(임직원의 보수)

공사의 임직원의 보수기준은 공사의 경영성과가 반영될 수 있도록 하여야 한다.

제63조의4(권리행사와 대리인의 선임)

공사의 사장이 정관으로 정하는 바에 따라 지명하는 임직원은 공사의 업무수행에 필요한 재판상 또는 재판 외의 모든 행위를 할 수 있다.

● 시행령 제57조의3(대리인의 선임 등기)

① 공사는 사장이 법 제63조의4에 따라 대리인을 선임한 경우에는 선임 후 **2주일** 이내에 주된 사무소의 소재지에서 다음 각 호의 사항을 등기해야 한다.

    1. 대리인의 성명, 주민등록번호와 주소

    2. 대리인을 둔 주된 사무소, 지사 또는 출장소

    3. 대리인의 권한을 제한한 경우에는 그 제한의 내용

② 공사는 사장이 법 제63조의4에 따라 선임한 대리인을 해임한 경우에는 해임 후 **2주일** 이내에 주된 사무소의 소재지에서 그 해임한 뜻을 등기해야 한다.

제63조의5(인사운영에 관한 공통기준)

행정안전부장관은 공사의 인사운영에 공통적으로 적용하여야 할 사항에 관한 기준을 작성하여 지방자치단체의 장에게 통보할 수 있다.

제63조의6(징계 요구 등)

① 공사는 정관에서 정하는 바에 따라 공사의 임직원을 징계할 수 있다.

② 공사의 징계권자는 공사의 임직원의 금품 및 향응 수수(授受), 공금의 횡령(橫領)·유용(流用)을 이유로 징계를 하는 경우에는 해당 징계 외에 금품 및 향응 수수액, 공금의 횡령액·유용액의 **5배** 내의 징계부가금을 부과할 수 있다.

③ 공사의 임직원이 금품 및 향응 수수, 공금의 횡령·유용으로 다른 법률에 따라 형사처벌을 받거나 변상책임 등을 이행한 경우(몰수나 추징을 당한 경우를 포함한다) 벌금, 변상금, 몰수 또는 추징금에 해당하는 금액과 제2항에 따른 금액의 합계액은 금품 및 향응 수수액, 공금의 횡령액·유용액의 **5배**를 초과해서는 아니 된다.

④ 지방자치단체의 장은 제1항 또는 제2항에 따른 징계 또는 징계부가금의 부과가 필요함에도 불구하고 공사의 징계권자가 필요한 조치를 하지 아니하는 경우에는 공사의 징계권자에게 징계 또는 징계부가금의 부과를 요청할 수 있다.

⑤ 징계 및 징계부가금 부과는 그 사유가 발생한 날부터 **3년**(금품 및 향응 수수, 공금의 횡령·유용의 경우에는 **5년**)이 지나면 하지 못한다.

제63조의7(비위행위자에 대한 조치)

① 공사는 투명하고 공정한 인사운영 등 윤리경영을 강화하기 위하여 노력하여야 한다.

② 지방자치단체의 장은 공사의 임원이 금품비위, 성범죄, 채용비위 등 대통령령으로 정하는 비위행위(이하 "비위행위"라 한다)를 한 사실이 있거나 혐의가 있는 경우로서 제1항에 따른 윤리경영을 저해한 것으로 판단되는 경우 해당 공사의 임원에 대하여 검찰, 경찰 등 수사기관과 감사원 등 감사기관(이하 이 조에서 "수사기관 등"이라 한다)에 수사 또는 감사를 의뢰하여야 한다. 이 경우 지방자치단체의 장은 해당 임원의 직무를 정지시키거나 그 공사의 사장에게 직무를 정지시킬 것을 요구할 수 있다.

③ 행정안전부장관은 지방자치단체의 장에게 제2항에 따른 수사기관 등의 수사 또는 감사 결과에 따라 필요한 경우 해당 공사 임원을 해임할 것을 요구할 수 있고, 지방자치단체의 장은 해당 공사 임원을 해임하거나 그 공사의 사장에게 해임을 요구할 수 있다.

④ 지방자치단체의 장은 공사의 임원이 비위행위 중 채용비위와 관련하여 유죄판결이 확정된 경우로서 「특정범죄 가중처벌 등에 관한 법률」 제2조에 따라 가중처벌되는 경우 해당 지방자치단체 소속의 심의·의결기구로서 대통령령으로 정하는 기구의 심의·의결을 거쳐 그 인적사항 및 비위행위 사실 등을 공개할 수 있다.

⑤ 지방자치단체의 장은 공사의 임직원이 비위행위 중 채용비위와 관련하여 유죄판결이 확정된 경우 해당 채용비위로 인하여 채용시험에 합격하거나 승진 또는 임용된 사람에 대하여는 해당 공사의 사장에게 합격·승진·임용의 취소 또는 인사상의 불이익 조치(이하 이 조에서 "합격취소 등"이라 한다)를 취할 것을 요구할 수 있다. 이 경우 공사의 사장은 그 내용과 사유를 당사자에게 통지하여 소명할 기회를 주어야 한다.

⑥ 제4항에 따른 명단 공개의 구체적인 내용·절차 등에 필요한 사항 및 제5항에 따른 합격취소 등의 기준·내용·소명 절차 등에 필요한 사항은 대통령령으로 정한다.

● **시행령 제57조의4(비위행위자에 대한 수사 의뢰 등)**

① 법 제63조의7 제2항 전단에서 "금품비위, 성범죄, 채용비위 등 **대통령령**으로 정하는 비위행위"란 다음 각 호의 어느 하나에 해당하는 행위(이하 "비위행위"라 한다)를 말한다.

1. 직무와 관련하여 위법하게 금전, 물품, 부동산, 향응 또는 그 밖의 재산상 이익을 주고받거나 주고받을 것을 약속하는 행위
2. 해당 공사의 공금, 재산 또는 물품의 횡령, 배임, 절도, 사기 또는 유용(流用)
3. 「성폭력범죄의 처벌 등에 관한 특례법」 제2조에 따른 성폭력범죄
4. 「성매매알선 등 행위의 처벌에 관한 법률」 제4조에 따른 금지행위
5. 법령이나 정관·내규 등을 위반하여 채용·승진 등 인사에 개입하거나 영향을 주는 행위로서 인사의 공정성을 현저하게 해치는 행위
6. 법, 「상법」, 「형법」, 「조세범 처벌법」, 「지방세기본법」, 「독점규제 및 공정거래에 관한 법률」 또는 그 밖에 해당 공사의 업무와 관련되는 법령 등을 위반하여 이루어진 채용비위, 조세포탈, 회계부정, 불공정거래행위 등과 관련한 중대한 위법행위

② **지방자치단체의 장**은 법 제63조의7 제2항 전단에 따라 수사 또는 감사를 의뢰하는 경우 다음 각 호의 구분에 따른다. 이 경우 제2호에 따라 감사원에 감사를 의뢰하는 경우에는 감사원과 미리 협의해야 한다.

1. 범죄의 사실 또는 혐의가 있어 수사의 필요성이 있다고 인정되는 경우: 수사기관에 수사 의뢰
2. 지방자치단체의 장이 직접 감사하기 어려운 부득이한 사유가 있고 「감사원법」에 따른 감사가 필요하다고 인정되는 경우 : 감사원에 감사 의뢰

③ 지방자치단체의 장은 법 제63조의7 제2항 전단에 따라 수사 또는 감사를 의뢰하는 경우에는 비위행위 사실 또는 혐의에 관한 자료 등을 함께 제출해야 한다.

● **시행령 제57조의5(지방공기업 채용비위자 공개심의위원회)**

① 법 제63조의7 제4항에 따른 인적사항 및 비위행위 사실 등의 공개에 관한 사항을 심의·의결하기 위하여 지방자치단체에 지방공기업 채용비위자 공개심의위원회(이하 "공개심의위원회"라 한다)를 둔다.

② 공개심의위원회는 위원장 1명을 포함한 **15명** 이내의 위원으로 구성한다.

③ 공개심의위원회의 위원장은 특별시·광역시·특별자치시·도 및 특별자치도(이하 "시·도"라 한다)의 부시장·부지사(행정업무를 총괄하는 부시장·부지사를 말한다), 시·군·자치구(이하 "시·군·구"라 한다)의 부시장·부군수·부구청장이 된다.

④ 공개심의위원회의 회의 및 위원에 관하여는 「지방자치단체 출자·출연 기관의 운영에 관한

법률 시행령」제4조 제2항부터 제7항까지, 제5조 및 제6조를 준용한다. 이 경우 "심의위원회"는 "공개심의위원회"로, "출자·출연 기관"은 "공사"로 본다.

⑤ 공무원이 아닌 위원의 임기는 **2년**으로 하되, 한 차례만 연임할 수 있다.

⑥ 제1항부터 제5항까지에서 규정한 사항 외에 공개심의위원회의 구성과 운영에 필요한 사항은 지방자치단체의 조례로 정한다.

● **시행령 제57조의6(채용비위자에 대한 조치)**

① 지방자치단체의 장은 법 제63조의7 제4항에 따라 인적사항 및 비위행위 사실 등을 공개하는 경우에는 다음 각 호의 사항을 관보에 싣거나 제44조의2 제4항에 따른 **행정안전부장관**이 지정하는 인터넷 사이트 또는 해당 지방자치단체의 인터넷 홈페이지에 **1년**간 게시하는 방법으로 한다.

1. 채용비위와 관련하여 유죄판결이 확정된 임원의 이름, 나이, 직업 및 주소. 이 경우 「도로명주소법」 제2조 제6호에 따른 상세주소는 생략할 수 있다.

2. 채용비위 행위 당시 소속 공사의 명칭 및 주소, 담당 직무 및 직위

3. 채용비위 행위의 내용 및 방법

4. 채용비위 행위와 관련된 유죄의 확정판결 내용

② 지방자치단체의 장은 법 제63조의7 제5항 전단에 따라 공사의 사장에게 합격·승진·임용의 취소 또는 인사상의 불이익 조치(이하 이 조에서 "합격취소 등"이라 한다)를 취할 것을 요구하는 경우 다음 각 호의 구분에 따른 기준에 따라야 하며, 그 사유를 함께 통지해야 한다.

1. 채용비위로 인하여 채용시험에 합격하거나 채용된 경우 : 해당 채용시험의 합격 또는 채용의 취소 요구

2. 채용비위에 가담하거나 협조하여 승진, 전직, 전보 또는 파견 등이 된 경우 : 해당 승진, 전직, 전보 또는 파견 등의 취소 요구. 이 경우 필요하다고 인정하면 인사상의 불이익 조치를 함께 요구할 수 있다.

③ 공사의 사장은 합격취소 등을 결정하기 **10일** 전까지 합격취소 등의 당사자에게 다음 각 호의 사항을 통지해야 한다.

1. 지방자치단체의 장의 합격취소 등의 요구 내용 및 사유 　2. 소명 기한

3. 소명 방법　　　4. 소명하지 않는 경우의 처리방법　　　5. 그 밖에 소명에 필요한 사항

TIP **내용 및 사유, 기한, 방법, 처리방법 → 사내방기처리**

④ 공사의 사장은 제3항에 따른 통지를 받은 합격취소 등의 당사자가 정당한 사유 없이 소명하지 않는 경우에는 추가로 소명기회를 주지 않고 합격취소 등을 할 수 있다.

⑤ 공사의 사장은 합격취소 등을 결정하기 위하여 필요하다고 인정하는 경우에는 관계인 의견 제시 또는 증거물의 제출을 요구할 수 있다.

⑥ 공사의 사장은 합격취소 등을 결정한 경우 그 내용을 합격취소 등의 당사자와 **지방자치단체의 장**에게 지체 없이 통지해야 한다.

제63조의8(인사감사 등)

① **지방자치단체의 장**은 비위행위 중 채용비위의 근절 등을 위하여 **대통령령**으로 정하는 바에 따라 공사의 인사운영의 적정 여부를 감사(이하 이 조에서 "인사감사"라 한다)할 수 있으며, 필요한 경우 관계 서류를 제출하도록 요구할 수 있다.

② **지방자치단체의 장**은 인사감사 결과 위법 또는 부당한 사실이 발견되면 지체 없이 해당 공사의 사장에게 그 시정(是正)과 관련자에 대한 인사상의 조치 등을 요구하여야 한다.

③ 공사의 사장은 제2항에 따른 요구가 있을 경우 정당한 사유가 없으면 이를 즉시 이행하고 그 이행결과를 해당 **지방자치단체의 장**에게 통보하여야 한다.

● 시행령 제57조의7(인사감사 등)

① 법 제63조의8 제1항에 따른 인사감사(이하 "인사감사"라 한다)는 인사운영 전반 또는 채용, 승진, 평가 등 특정 사항을 대상으로 한다.

② **지방자치단체의 장**이 인사감사를 하는 경우에는 「공공감사에 관한 법률」에 따른다. 다만, 제주특별자치도지사가 인사감사를 하는 경우에는 「제주특별자치도 설치 및 국제자유도시 조성을 위한 특별법」 제131조부터 제139조까지의 규정에 따른다.

③ 제1항 및 제2항에서 규정한 사항 외에 인사감사의 효율적인 수행을 위하여 필요한 사항은 **지방자치단체의 장**이 정한다.

짚고 넘어가기! OX 퀴즈

1. 공사를 설립할 때 임원추천위원회는 그 지방자치단체의 장이 추천하는 사람 2명으로 구성한다.　　　　O　　X
2. 경영성과계약의 방법 및 절차 등에 관하여 필요한 사항은 지방자치단체의 장이 정한다.　　　　O　　X
3. 미성년자는 공사 임원이 될 수 없다.　　　　O　　X
4. 공사의 직원은 지방자치단체의 장이 임명한다.　　　　O　　X

5. 공사의 이익과 자신의 이익이 상반되는 사항에 대하여는 감사가 공사를 대표한다.

　　　　　　○　　×

6. 공사의 사장 임기는 5년이다.　　　　　　○　　×
7. 이사회의 권한과 운영에 필요한 사항은 지방자치단체의 장이 정한다.　　　　　　○　　×
8. 지방자치단체의 장은 공사의 임직원을 징계할 수 있다.　　　　　　○　　×
9. 공개심의위원회 위원은 2년마다 연임할 수 있다.　　　　　　○　　×
10. 공사의 사장은 인사감사를 할 수 있다.　　　　　　○　　×

정답　1 ×　2 ×　3 ○　4 ×　5 ○　6 ×　7 ×　8 ×　9 ×　10 ×

제3절　재무회계

제64조(사업연도)

공사의 사업연도는 지방자치단체의 일반회계의 회계연도에 따른다.

제64조의2(회계처리의 원칙 등)

① 공사는 경영 성과 및 재무 상태를 명확히 하기 위하여 회계거래를 발생 사실에 따라 기업회계기준에 따라 회계처리한다.

② 공사는 사업 분야별로 구분하여 회계처리할 수 있다.

③ 공사가 계약을 체결하려는 경우에는 일반경쟁의 방식으로 하여야 한다. 다만, 계약의 목적·성질 및 규모 등을 고려하여 참가자의 자격을 제한하거나 참가자를 지명하여 경쟁에 부치거나 수의계약으로 할 수 있다.

④ 공사는 계약을 체결하는 경우 공정한 경쟁 또는 계약의 적정한 이행을 해칠 것이 명백하다고 판단되는 자에 대하여는 **2년** 이내의 범위에서 입찰참가자격을 제한할 수 있다.

⑤ 공사는 제4항에 따라 입찰참가자격을 제한받은 자와 수의계약을 체결하여서는 아니 된다. 다만, 제4항에 따라 입찰참가자격을 제한받은 자 외에는 적합한 시공자·제조자가 존재하지 아니하는 등 부득이한 사유가 있는 경우에는 그러하지 아니하다.

⑥ 제1항부터 제5항까지의 규정에 따른 회계처리, 계약의 기준 및 절차, 입찰참가자격의 제한 등에 관하여 필요한 사항은 대통령령으로 정한다.

● 시행령 제57조의8(회계처리 등)

① 법 제64조의2 제6항에 따른 회계처리, 계약의 기준 및 절차와 입찰참가자격의 제한 등에 관하여는 그 성질에 반하지 않는 범위에서 「지방자치단체를 당사자로 하는 계약에 관한 법률」 제31조 및 제31조의5와 같은 법 시행령 제2조, 제6조, 제6조의2, 제7조부터 제32조까지, 제32조의2, 제33조부터 제42조까지, 제42조의3, 제42조의4, 제43조, 제44조, 제44조의2, 제45조부터 제49조까지, 제51조, 제52조, 제54조부터 제56조까지, 제64조, 제64조의2, 제66조부터 제71조까지, 제71조의2, 제71조의3, 제72조부터 제75조까지, 제75조의2, 제76조부터 제78조까지, 제78조의2, 제79조, 제81조부터 제86조까지, 제87조부터 제89조까지, 제89조의2, 제90조부터 제92조까지, 제93조, 제94조부터 제97조까지, 제97조의2, 제98조, 제98조의2, 제99조, 제100조, 제100조의2, 제101조 및 제103조를 준용한다. 이 경우 "지방자치단체"는 "공사"로, "회계관계공무원"은 "회계관계담당자"로, "소속공무원"은 "소속직원"으로, "지방자치단체의 장"은 "공사의 사장"으로, "공무원"은 "직원"으로, "관계 공무원"은 "관계 직원"으로 본다.

② 제1항에 따라 준용되는 「지방자치단체를 당사자로 하는 계약에 관한 법률 시행령」 제25조 제1항에도 불구하고 공사의 사장 또는 공사의 사장으로부터 계약사무의 전부 또는 일부를 위임 또는 위탁받아 계약사무를 담당하는 직원(이하 "계약담당자"라 한다)은 다음 각 호의 어느 하나에 해당하는 경우에는 수의계약으로 할 수 있다.

　1. 공사의 업무를 위탁하거나 대행시키기 위하여 그 자회사(해당 공사가 발행주식 총수 또는 총출자지분의 100분의 100을 소유하고 있는 법인을 말한다. 이하 제2호에서 같다) 또는 출자회사(해당 공사가 소유하고 있는 주식 또는 출자지분과 다른 공사가 소유하고 있는 주식 또는 출자지분의 합계가 발행주식 총수 또는 총출자지분의 100분의 100인 법인을 말한다. 이하 제2호에서 같다)와 계약을 체결하는 경우

　2. 해당 공사가 소유하고 있는 시설·설비 또는 「시설물의 안전 및 유지관리에 관한 특별법」 제7조 제1호에 따른 1종 시설물의 유지관리 등을 위하여 불가피하게 그 자회사 또는 출자회사와 계약을 체결하는 경우

　3. 공사가 「대·중소기업 상생협력 촉진에 관한 법률」 제8조 제1항에 따른 성과공유제를 시행하여 같은 조 제2항에 따른 성과공유제 확산 추진본부로부터 그 성과를 확인받은 후 2년 이내에 해당 수탁기업과 계약을 체결하는 경우

● 시행령 제57조의9(국제입찰 대상 도시철도공사의 조달계약의 범위)

① 제57조의8에도 불구하고 별표 1에 따른 공사(이하 "도시철도공사"라 한다)는 정부가 가입하거나 체결한 정부조달에 관한 협정 및 이에 근거한 국제규범(이하 "정부조달협정 등"이라 한

다)에 따라 행정안전부장관이 정하여 고시하는 금액 이상인 조달계약을 체결하는 경우에는 국제입찰의 방법으로 해야 한다. 다만, 다음 각 호의 어느 하나에 해당하는 경우에는 국제입찰에 의한 도시철도공사의 조달계약의 대상에서 제외한다.

1. 재판매 또는 판매를 위한 생산에 필요한 물품 및 용역을 조달하는 경우
2. 재판매 또는 판매할 목적이나 재판매 또는 판매를 위한 물품 및 용역의 공급에 사용할 목적으로 물품 및 용역을 조달하는 경우
3. 「중소기업제품 구매촉진 및 판로지원에 관한 법률」에 따라 중소기업 제품을 제조·구매하는 경우
4. 「양곡관리법」, 「농수산물유통 및 가격안정에 관한 법률」 및 「축산법」에 따라 농·수·축산물을 구매하는 경우
5. 공공의 질서·안정을 유지하거나 인간 또는 동식물의 생명·건강 및 지적소유권을 보호하기 위하여 필요한 경우
6. 자선단체, 장애인이나 재소자가 생산한 물품과 용역 등을 조달하는 경우
7. 급식 프로그램의 증진을 위하여 조달하는 경우
8. 그 밖에 정부조달협정등에 규정된 내용으로서 행정안전부령으로 정한 경우

🚉 지방공기업법 시행령 [별표 1]

국제입찰의 방법으로 조달계약을 해야 하는 공사(제57조의9 제1항 관련)

1. 서울교통공사　　　2. 부산교통공사　　　3. 대구도시철도공사
4. 인천교통공사(도시철도 분야로 한정한다)　　　5. 광주광역시도시철도공사
6. 대전광역시도시철도공사

※ 주의 : 지방공기업이므로 중앙공기업인 한국철도공사(코레일), 국가철도공단 등은 해당되지 않는다.

② 제1항에 따라 국제입찰의 방법으로 계약을 체결하는 경우 이 영에서 정한 것 외의 계약의 방법 및 절차 등에 관하여는 「특정조달을 위한 국가를 당사자로 하는 계약에 관한 법률 시행령 특례규정」 제1조, 제2조, 제4조부터 제25조까지 및 제39조부터 제46조까지의 규정과 「특정 물품 등의 조달에 관한 국가를 당사자로 하는 계약에 관한 법률 시행령 특례규정」 제1조부터 제11조까지, 제13조, 제14조 및 제17조를 준용한다. 이 경우 "중앙관서의 장"은 "도시철도공사의 사장"으로, "재정경제부장관"은 "행정안전부장관"으로, "재정경제부령"은 "행정안전부령"으로, "계약담당공무원"은 "계약담당자"로, "국가" 및 "정부"는 각각 "도시철도공사"로 본다.

③ 국제입찰의 이행에 따른 공표사항은 정부조달협정 등에서 정한 출판물에 공고하여야 한다.

④ 도시철도공사의 사장 또는 계약담당자는 계약의 목적과 성질 등을 고려하여 필요하다고 인정되면 제1항에 따른 국제입찰 대상이 아닌 경우에도 국제입찰의 방법으로 조달계약을 체결할 수 있다.

제64조의3(중장기재무관리계획의 수립 등)

① 자산·부채규모 등을 고려하여 대통령령으로 정하는 기준에 해당하는 공사의 사장은 매년 해당 연도를 포함한 5회계연도 이상의 중장기재무관리계획(이하 "중장기재무관리계획"이라 한다)을 수립하고, 이사회의 의결을 거쳐 확정한 후 대통령령으로 정하는 기한까지 지방자치단체의 장과 의회에 제출하여야 한다.

② 중장기재무관리계획에는 다음 각 호의 사항이 포함되어야 한다.

1. 5회계연도 이상의 중장기 경영목표
2. 사업계획 및 투자방향
3. 재무 전망과 그 근거 및 관리계획
4. 부채의 증감에 대한 전망과 그 근거 및 관리계획 등이 포함된 부채관리계획
5. 전년도 중장기재무관리계획 대비 변동사항, 변동요인 및 관리계획 등에 대한 평가·분석

● 시행령 제57조의11(중장기재무관리계획의 수립)

다음 각 호의 어느 하나에 해당하는 공사의 사장은 법 제64조의3 제1항에 따라 중장기재무관리계획을 매년 9월 30일까지 지방자치단체의 장과 의회에 제출하여야 한다.

1. 직전 회계연도 말일을 기준으로 부채규모가 3천억 원 이상인 공사
2. 직전 회계연도 말일을 기준으로 부채비율이 100분의 200 이상인 공사
3. 직전 회계연도 말일을 기준으로 부채가 자산보다 큰 공사

제64조의4(청렴서약서의 제출)

① 공사는 계약의 투명성과 공정성을 높이기 위하여 입찰참가자 또는 수의계약의 계약상대자에게 청렴서약서를 제출하도록 하여야 한다.

② 제1항에 따른 청렴서약서에는 다음 각 호의 사항이 포함되어야 한다.

1. 입찰, 낙찰, 계약의 체결 및 이행 등의 과정(준공·납품 이후를 포함한다)에서 직접 또는 간접적인 사례(謝禮), 증여, 금품·향응, 취업특혜 제공 금지에 관한 사항

> 2. 특정인의 낙찰을 위한 담합 등 입찰의 자유경쟁을 방해하는 행위나 불공정한 행위의
>   금지에 관한 사항
> 3. 그 밖에 계약의 투명성과 공정성을 높이기 위하여 대통령령으로 정하는 사항

제64조의5(청렴서약 위반에 따른 계약의 해제·해지 등)

공사는 입찰참가자 또는 수의계약의 계약상대자가 입찰, 수의계약 및 계약 이행 과정에서 공사의 임직원에게 직접 또는 간접적으로 사례, 증여, 금품·향응, 취업특혜 제공을 하는 등 제64조의4에 따른 청렴서약서의 내용을 위반할 때에는 다음 각 호의 어느 하나에 해당하는 경우를 제외하고는 낙찰자 결정을 취소하거나 계약을 해제 또는 해지하여야 한다.
1. 다른 법률에서 낙찰자 결정의 취소 또는 계약의 해제·해지를 특별히 금지한 경우
2. 낙찰자 결정을 취소하거나 계약을 해제 또는 해지하면 계약 목적을 달성하기 곤란하거나 공사에 손해가 발생하는 등 **대통령령**으로 정하는 경우

● 시행령 제57조의12(청렴서약서의 내용 등)

① 법 제64조의4 제2항 제3호에서 "대통령령으로 정하는 사항"이란 공정한 직무수행을 방해하는 알선·청탁을 통하여 입찰 또는 계약과 관련된 특정 정보의 제공을 요구하거나 제공받는 행위의 금지에 관한 사항을 말한다.

② 법 제64조의5 제2호에서 "낙찰자 결정을 취소하거나 계약을 해제 또는 해지하면 계약 목적을 달성하기 곤란하거나 공사에 손해가 발생하는 등 대통령령으로 정하는 경우"란 다음 각 호의 어느 하나에 해당하는 경우를 말한다.

1. 「재난 및 안전관리 기본법」 제3조 제1호에 따른 재난의 복구 등을 위하여 계약의 긴급한 이행이 필요한 경우로서 새로운 계약을 체결하면 계약 목적을 달성하기 곤란하다고 공사가 판단하는 경우
2. 그 밖에 계약의 이행 정도 등을 고려하여 낙찰자 결정을 취소하거나 계약을 해제 또는 해지하면 계약 목적을 달성하기 곤란하거나 공사에 상당한 손해가 발생할 것으로 공사가 판단하는 경우

┌─ **제64조의6(이의신청)** ─────────────────────────

① 국제입찰에 의한 계약 또는 **대통령령**으로 정하는 규모 이상의 입찰에 의한 계약과정에서 다음 각 호의 어느 하나에 해당하는 사항으로 인하여 불이익을 받은 자는 해당 공사의 사장에게 그 행위의 취소 또는 시정을 위한 이의신청을 제기할 수 있다.

　1. 국제입찰에 의한 계약의 범위와 관련된 사항

　2. 입찰참가자격과 관련된 사항

　3. 입찰 공고와 관련된 사항

　4. 낙찰자 결정과 관련된 사항

　5. 그 밖에 대통령령으로 정하는 사항

② 제1항에 따른 이의신청의 절차는 「지방자치단체를 당사자로 하는 계약에 관한 법률」 제34조 제2항 및 제3항을 준용한다. 이 경우 "지방자치단체의 장"은 "공사의 사장"으로 본다.

③ 이의신청 조치결과에 대하여 이의가 있는 자는 그 통지를 받은 날부터 **20일** 이내에 「지방자치단체를 당사자로 하는 계약에 관한 법률」 제35조에 따른 지방계약심의조정위원회에 조정을 위한 재심을 청구할 수 있다.

④ 지방계약심의조정위원회는 제3항에 따른 재심청구를 심사·조정할 수 있다.

⑤ 제3항에 따른 재심청구의 절차는 「지방자치단체를 당사자로 하는 계약에 관한 법률」 제36조 및 제37조를 준용한다. 이 경우 "지방자치단체의 장"은 "공사의 사장"으로 본다.

● 시행령 제57조의10(이의신청의 대상 및 사유)

① 법 제64조의6 제1항 각 호 외의 부분에서 "대통령령으로 정하는 규모"란 다음 각 호의 구분에 따른 규모를 말한다.

　1. 「건설산업기본법」에 따른 종합공사 : 추정가격 **10억 원**

　2. 「건설산업기본법」에 따른 전문공사 : 추정가격 **1억 원**

　3. 그 밖의 다른 법령에 따른 공사 : 추정가격 **8천만 원**

　4. 물품의 제조·구매 및 용역 등의 계약 : 추정가격 **5천만 원**

② 법 제64조의6 제1항 제5호에서 "대통령령으로 정하는 사항"이란 다음 각 호의 사항을 말한다.

　1. 정부조달협정 등에 위배되는 사항

　2. 계약상대자의 계약상 이익을 부당하게 제한하는 특약이나 조건에 관한 사항

　3. 계약기간의 연장에 관한 사항

　4. 제57조의8 제1항에 따라 준용되는 「지방자치단체를 당사자로 하는 계약에 관한 법률 시행령」 제73조부터 제75조까지 및 제75조의2에 따른 계약금액의 조정에 관한 사항

5. 제57조의8 제1항에 따라 준용되는 「지방자치단체를 당사자로 하는 계약에 관한 법률 시행령」 제90조에 따른 지연배상금에 관한 사항

제65조(예산)

① 공사의 사장은 매 사업연도의 사업계획 및 예산을 해당 사업연도가 시작되기 전까지 편성하여야 한다.
② 제1항에 따라 편성된 예산은 이사회의 의결로 확정된다. 예산이 확정된 후에 생긴 불가피한 사유로 예산을 변경하는 경우에도 또한 같다.
③ 공사의 사장은 제2항에 따라 예산이 성립되거나 변경되었을 때에는 지체 없이 지방자치단체의 장에게 보고하여야 한다.

● 시행령 제58조(사업계획 및 예산)

① 공사의 사장이 법 제65조의 규정에 의하여 이사회에 제출하는 사업계획 및 예산은 제19조(예산의 기재사항) 및 제20조(예산안의 제출)의 규정에 준하여 이를 작성한다.
② 공사의 사장은 제1항의 규정에 의한 사업계획 및 예산을 이사회개최 30일 전까지 각 이사에게 송부하여야 한다. 다만, 법 제65조 제2항의 규정에 의하여 예산을 변경하는 경우에는 이사회 개최 7일 전까지 송부하여야 한다.
③ 지방자치단체의 장은 법 제65조 제3항의 규정에 의하여 보고된 예산이 법령에 위반되거나 법 제66조의2의 규정에 의한 예산에 관한 공통지침에 위반된다고 인정되는 경우에는 그 시정을 명할 수 있다.
④ 제3항의 규정에 의하여 시정명령을 받은 공사의 사장은 특별한 사유가 없는 한 지체 없이 시정명령에 따라 예산을 수정하여 이사회의 의결을 받아야 한다.

제65조의2(예산 불성립 시의 예산집행)

① 공사는 부득이한 사유로 회계연도가 시작되기 전까지 예산이 확정되지 못한 경우에는 전년도 예산에 준하여 예산을 집행하여야 한다.
② 제1항에 따라 집행된 예산은 해당 연도의 예산이 성립되면 그 성립된 예산에 따라 집행된 것으로 본다.

제65조의3(신규 투자사업의 타당성 검토)

① 공사의 사장은 **대통령령**으로 정하는 규모 이상의 신규 투자사업을 하려면 **대통령령**으로 정하는 방법 및 절차에 따라 사업의 필요성과 사업계획의 타당성 등을 검토(이하 "신규 투자사업 타당성 검토"라 한다)하여 지방자치단체의 장에게 보고하고 의회의 의결을 받아야 한다.

② 제1항에도 불구하고 다음 각 호의 어느 하나에 해당하는 사업은 **대통령령**으로 정하는 절차에 따라 신규 투자사업 타당성 검토 대상에서 제외한다. 이 경우 공사의 사장은 신규 투자사업 타당성 검토 제외 사업의 내역 및 사유를 지체 없이 **지방자치단체의 장**과 **의회**에 보고하여야 한다.

  1. 다음 각 목의 어느 하나에 해당하는 조사·심사 등을 거쳤거나 제외된 사업

> 가. 「국가재정법」 제38조 제1항에 따른 예비타당성조사
>
> 나. 「지방재정법」 제37조에 따른 투자심사(해당 공사를 설립한 **지방자치단체의 장**이 실시한 투자심사에 한정한다)
>
> 다. 「공공기관의 운영에 관한 법률」 제40조 제3항에 따른 예비타당성조사

  2. 설립 지방자치단체가 각각 다른 2개 이상의 공사가 공동으로 신규 투자사업을 추진하는 경우로서 그중 하나 이상의 공사의 사장이 제1항에 따른 절차를 모두 거치고, 다른 공사를 설립한 지방자치단체의 의회가 별도의 신규 투자사업 타당성 검토를 거치지 아니하기로 동의한 사업

  3. 「재난 및 안전관리 기본법」 제3조 제1호에 따른 재난의 예방 및 복구 지원을 위하여 시급한 추진이 필요한 사업

  4. 법령에 따라 추진하여야 하는 사업

  5. 지역 균형발전, 긴급한 경제적·사회적 상황 대응 등을 위하여 국가 정책적으로 추진이 필요한 사업으로서 다음 각 목의 요건을 모두 갖춘 사업

> 가. 사업목적 및 규모, 추진방안 등 구체적인 사업계획이 수립된 사업
>
> 나. 국가 정책적으로 추진이 필요하여 국무회의를 거쳐 확정된 사업

③ 신규 투자사업 타당성 검토는 전문 인력 및 조사·연구 능력 등 대통령령으로 정하는 요건을 갖춘 전문기관으로서 **행정안전부장관**이 지정·고시하는 기관에 의뢰하여 실시하여야 한다.

● **시행령 제58조의2(신규 투자사업의 타당성 검토)**

① 법 제65조의3 제1항에서 "대통령령으로 정하는 규모 이상의 신규 투자사업"이란 다음 각 호의 구분에 따른 투자사업을 말한다.

　　1. 시·도가 설립한 공사 : 총사업비 **500억 원 이상**의 신규 투자사업

　　2. 시·군·구가 설립한 공사 : 총사업비 **300억 원 이상**의 신규 투자사업

② 법 제65조의3 제1항에 따른 신규 투자사업 타당성 검토(이하 "신규 투자사업 타당성 검토"라 한다)는 다음 각 호의 사항을 포함해야 한다.

　　1. 신규 투자사업의 적정성 여부　　　2. 신규 투자사업별 수지분석

　　3. 재원 조달방법　　　　　　　　　　4. 신규 투자사업이 지역경제에 미치는 영향

③ 공사의 사장이 제1항 각 호에 따른 신규 투자사업에 대해서 법 제65조의3 제2항에 따라 신규 투자사업 타당성 검토 대상에서 제외하려는 경우에는 지방자치단체의 장에게 해당 사업의 명칭, 개요, 필요성 및 제외 사유 등을 명시한 신규 투자사업 타당성 검토 제외 대상 확인 요구서를 제출해야 한다.

④ 지방자치단체의 장은 제3항에 따른 신규 투자사업 타당성 검토 제외 대상 확인요구서를 제출받은 경우 법 제65조의3 제2항에 따른 신규 투자사업 타당성 검토 대상에서 제외되는 사업인지 여부를 확인하고 그 결과를 공사의 사장에게 통지해야 한다.

⑤ 제3항 및 제4항에 따른 신규 투자사업 타당성 검토 제외 사업의 확인 절차, 방법 및 그 밖에 신규 투자사업 타당성 검토 제외 대상 확인에 필요한 사항은 행정안전부장관이 정한다.

⑥ 행정안전부장관은 제5항에 따른 사항을 정하는 경우에는 지방자치단체의 장의 의견을 들어야 한다.

⑦ 법 제65조의3 제3항에서 "전문 인력 및 조사·연구 능력 등 대통령령으로 정하는 요건을 갖춘 전문기관"이란 제47조 제4항 각 호의 요건을 모두 갖춘 기관을 말한다.

🚂 다시 한번 짚고 넘어가기!

시행령 제47조(설립타당성 검토 등)

④ 법 제49조 제4항에서 "전문인력 및 조사·연구 능력 등 대통령령으로 정하는 요건을 갖춘 전문기관"이란 다음 각 호의 요건을 모두 갖춘 기관을 말한다.

1. 사업타당성 검토 업무에 **3년** 이상 종사한 경력을 가진 사람 **5명 이상**과 **5년** 이상 종사한 경력을 가진 사람 **2명** 이상을 보유하고 있을 것

2. 최근 **3년** 이내에 법 제3조에 따른 지방공기업 또는 「공공기관의 운영에 관한 법률」 제4조에 따른 공공기관(이하 "공기업"이라 한다)이나 지방재정 관련 연구용역 실적이 있을 것

제65조의4(사업의 실명 관리 및 공개)

① 공사의 사장은 제65조의3 제1항에 따른 신규 투자사업에 대하여 그 사업 내용 및 사업의 결정 또는 집행과 관련하여 이에 참여한 자 등을 기록·관리하고 이를 공개하여야 한다. 다만, 「공공기관의 정보공개에 관한 법률」 제9조에 따른 비공개 대상 정보의 경우에는 정보가 기간의 경과 등으로 인하여 비공개의 필요성이 없어지기 전까지 공개하지 아니할 수 있다.

② 제1항에 따른 기록·관리 및 공개의 범위, 방법 및 절차 등에 필요한 사항은 대통령령으로 정한다.

● 시행령 제58조의3(사업의 실명 관리 및 공개)

① 공사의 사장은 법 제65조의4 제1항 본문에 따라 신규 투자사업에 대하여 다음 각 호의 사항을 기록·관리하여야 한다.

1. 사업명
2. 사업기간
3. 주요 사업내용
4. 담당자의 소속, 직급 및 성명
5. 그 밖에 행정안전부장관이 정하는 사항

TIP 사업**명**, 사업**기**간, 사업**내**용, **소속·직급·성명** → **성급한 내기명소**

② 공사의 사장은 사업계획이 확정되면 제1항 각 호의 사항을 제44조의2 제4항에 따른 인터넷 사이트에 공개하여야 한다.

③ 제1항에 따른 기록·관리 및 제2항에 따른 공개에 필요한 세부사항은 행정안전부장관이 정한다.

제65조의5(채무보증 계약 등의 제한)

공사는 다음 각 호에 해당하는 계약을 체결할 수 없다.

1. 채무에 대한 상환 보증이 포함된 계약
2. 공사의 자산 매각 시 환매(還買)를 조건으로 하는 계약
3. 주택 건설 및 토지 개발 등의 사업에서 미분양 발생 시 미분양 자산에 대한 매입 확약이 포함된 계약

제66조(결산)

① 공사는 매 사업연도의 결산을 해당 사업연도가 끝난 후 **2개월** 이내에 완료하여야 한다.

② 공사는 결산 완료 후 결산서를 작성하고, **지방자치단체의 장**이 선임하는 회계감사인에게 결산서를 제출하여 회계감사를 받아야 한다.

③ 공사는 제2항에 따라 작성된 결산서에 다음 각 호의 서류를 첨부하여 지체 없이 지방자치단체의 장에게 보고하고 승인을 받아야 한다.

1. 회계감사 보고서

2. **대통령령**으로 정하는 서류

④ 제2항에 따른 회계감사인의 선임에 관하여는 제35조의2 제1항 및 제2항을 준용한다.

⑤ 회계감사인의 자격 제한, 회계감사인 선임 시 문서로 정할 사항, 회계감사인의 권한 및 회계감사인, 이사 또는 감사 등의 공사 또는 제3자에 대한 손해배상책임 등에 관하여는 「주식회사 등의 외부감사에 관한 법률」 제9조 제3항부터 제6항까지, 제10조 제5항, 제21조 제1항, 제31조 제1항부터 제5항까지 및 제7항을 준용한다. 이 경우 "감사인"은 "회계감사인"으로, "회사"는 "공사"로, "감사인선임위원회"는 "회계감사인선임위원회"로, "제10조"는 "제66조 제2항"으로 본다.

● 시행령 제59조(결산서의 제출)

법 제66조 제3항 제2호에서 "대통령령이 정하는 서류"라 함은 제36조 제1항 각 호 및 제2항 각 호에 규정된 것을 말한다.

참고 시험범위에 해당하지 않는 참고내용이다.

[제36조(결산서의 제출 등)]

① 법 제35조 제2항에서 "기타 대통령령이 정하는 서류"라 함은 다음 각 호의 것을 말한다.

1. 대차대조표　　　　　2. 손익계산서
3. 이익잉여금처분계산서 또는 결손금처리계산서　4. 자금운용계산서 또는 현금흐름표
5. 회전기금을 둔 경우에는 그 운용상황서　　　6. 결산부속명세서

② 제1항 제6호에 따른 결산부속명세서는 다음 각 호의 서류로 한다.

1. 수익비용명세서　　　　2. 비유동자산 명세서
3. 재고자산명세서　　　　4. 지방채명세서
5. 예산전용조서　　　　　6. 예비비사용조서
7. 예산이월액조서　　　　8. 계속비집행조서
9. 계속비정산보고서(계속비에 관련된 계속연도 또는 그 이월된 연도가 끝난 경우에 한한다)

10. 채무부담행위집행조서　　11. 전년도이월액사용조서

12. 미수액조서　　13. 미지급액조서

14. 불납결손액조서　　15. 세입·세출외 현금현재액조서

16. 성질별 세출결산명세서　　17. 기타 필요한 명세서

제66조의2(예산·결산에 관한 공통기준)

① 행정안전부장관은 공사의 예산 및 결산에 공통적으로 적용하여야 할 사항에 관한 기준을 작성하여 통보할 수 있다.

② 공사의 예산 및 결산의 제출 및 운영에 필요한 사항은 제1항의 공통기준의 범위에서 지방자치단체의 장이 정한다.

● 시행령 제60조(예산에 관한 공통기준)

① 행정안전부장관은 법 제66조의2 제1항의 규정에 의한 예산에 관한 공통기준을 **전년도 6월 30일**까지 지방자치단체의 장에게 통보하여야 한다.

제67조(손익금의 처리)

① 공사는 결산 결과 이익이 생긴 경우에는 그 이익금을 다음 각 호의 순서에 따라 처리한다.

　　1. 전 사업연도로부터 이월된 결손금이 있으면 결손금을 보전

　　2. 대통령령으로 정하는 바에 따라 이익준비금으로 적립

　　3. 대통령령으로 정하는 바에 따라 감채적립금으로 적립

　　4. 이익을 배당하거나 정관으로 정하는 바에 따라 적립

② 제1항 제3호의 감채적립금은 공사의 사채를 상환하는 목적 외에는 사용할 수 없다.

③ 공사는 결산 결과 손실이 생긴 경우에 그 결손금을 제1항 제4호의 적립금으로 보전하고, 그 적립금으로도 보전하지 못한 결손금은 제1항 제2호의 이익준비금으로 보전하거나 이월한다.

● 시행령 제61조(이익금의 처리)

① 공사는 법 제67조 제1항 제1호에 따른 이월결손금을 보전하고 남은 이익금의 **10분의 1** 이상을 자본금의 **2분의 1**에 달할 때까지 이익준비금으로 적립하여야 하고, 이익준비금으로 적립하고 남은 이익금의 **10분의 5** 이상을 감채적립금으로 적립하여야 한다. 다만, 매 회계연도의 말일을 기준으로 공사채 미상환 잔액이 없는 경우에는 감채적립금을 적립하지 아니할 수 있다.

② 법 제67조 제1항 제4호에 따라 이익배당을 할 때에는 법 제53조 제2항에 따른 지방자치단체 외의 자(외국인 및 외국법인을 포함한다)에게 정관에서 정하는 바에 따라 우선적으로 배당할 수 있다.

제68조(사채 발행 및 차관)

① 공사는 지방자치단체의 장의 승인을 받아 사채를 발행하거나 외국차관을 할 수 있다. 이 경우 사채 발행의 한도는 **대통령령**으로 정한다.
② 삭제
③ 지방자치단체의 장은 제1항에 따라 발행되는 사채가 **대통령령**으로 정하는 기준을 초과하는 경우에는 제1항에 따른 승인을 하기 전에 미리 **행정안전부장관**의 승인을 받아야 한다. 이 경우 **대통령령**으로 정하는 기준은 공사의 부채비율, 경영성과 등을 고려하여야 한다.
④ 지방자치단체는 사채의 상환을 보증할 수 있다.
⑤ 삭제
⑥ 사채의 발행, 매각 및 상환에 필요한 사항은 조례로 정한다.
⑦ 도시철도의 건설 및 운영 또는 주택건설사업 등을 목적으로 설립된 공사가 제1항부터 제6항까지의 규정에 따라 발행하는 채권에 대하여 「자본시장과 금융투자업에 관한 법률」을 적용할 때에는 같은 법 제4조 제3항에 따른 특수채증권으로 본다.

● 시행령 제62조(사채발행)

① 공사는 법 제68조 제1항의 규정에 의하여 사채를 발행하고자 하는 때에는 다음 각 호의 사항을 기재한 신청서를 그 지방자치단체의 장에게 제출하여야 한다. **지방자치단체의 장**이 법 제68조 제3항의 규정에 의하여 **행정안전부장관**의 승인을 신청하는 때에도 또한 같다.
1. 사채의 발행목적　　2. 사채의 발행시기
3. 발행총액(사채의 권면액을 수종으로 하여 발행하는 경우에는 각 권종별 발행총액)
4. 이율　　　　　5. 원금의 상환방법 및 기한
6. 이자의 지급방법 및 기한　7. 모집 및 인수방법
② 공사가 법 제68조 제1항에 따라 발행할 수 있는 사채발행의 한도는 다음과 같다.
1. 법 제2조 제1항 제7호(주택사업) 및 제8호(토지개발사업)의 사업을 경영하는 공사는 제14조(자본)에서 정하고 있는 순자산액의 **4배** 이내
2. 제1호 외의 사업을 경영하는 공사는 제14조에서 정하고 있는 순자산액의 **2배** 이내
※ **14조에서 정하고 있는 순자산액** = 자산총액 − 부채총액

③ 공사는 법 제19조 제1항 제1호의 목적으로 사채를 발행하고자 하는 때에는 경영개선계획을 수립·시행하여야 한다.

④ 법 제68조 제3항 전단에서 "대통령령이 정하는 기준을 초과하는 경우"라 함은 다음 각 호의 어느 하나에 해당하는 경우를 말한다.

  1. 사채발행 승인 신청 당시 사채발행예정액을 합산한 부채비율이 **100분의 200** 이상인 경우

  2. 최근 **3년 이상** 계속하여 당기순손실이 발생한 경우

  3. 사채발행예정액이 **300억 원 이상**인 경우

⑤ 법 제68조 제1항의 규정에 의한 사채는 다음 각 호의 사항을 기재하고 공사의 사장이 기명날인 또는 서명하여야 한다.

  1. 사채의 번호   2. 법인의 명칭

  3. 제1항 제3호 내지 제6호에 규정된 사항

> **[제1항 제3호~제6호]**
>
> 3. 발행총액(사채의 권면액을 수종으로 하여 발행하는 경우에는 각 권종별 발행총액)
>
> 4. 이율　　5. 원금의 상환방법 및 기한
>
> 6. 이자의 지급방법 및 기한 ※ 내지 : ~부터

제69조(여유금의 운용)

공사는 다음 각 호의 방법 외에는 여유금을 운용하지 못한다.

1. 국채 또는 지방채의 취득
2. 「한국은행법」에 따른 한국은행 또는 그 밖의 금융회사등에의 예입

제71조(대행사업의 비용 부담)

① 공사는 국가 또는 지방자치단체의 사업을 대행할 수 있으며, 이 경우에 필요한 비용은 국가 또는 지방자치단체가 부담한다.

② 제1항에 따른 비용의 부담에 필요한 사항은 **대통령령**으로 정하는 사항을 제외하고는 조례로 정한다.

● 시행령 제63조(대행업무의 비용부담 등)

① 공사가 법 제71조 제1항의 규정에 의하여 국가 또는 지방자치단체의 사업을 대행하고자 하는 때에는 위탁계약에 의한다.

② 공사가 법 제71조 제1항의 규정에 의하여 국가 또는 지방자치단체의 사업을 대행하는 경우 국가 또는 지방자치단체가 부담하여야 할 경비의 범위는 다음과 같다.

1. 사업실시에 따른 사업계획의 수립, 사전조사, 용역 등에 소요되는 경비
2. 사업의 집행에 소요되는 시설비·인건비 및 부대경비
3. 사업의 종료후 결산이전 또는 시설물등의 인계이전까지의 사이에 시설물등을 관리하는 데 소요되는 경비
4. 사업의 대행에 따른 대행수수료
5. 기타 사업집행상 필수적으로 소요되는 경비

③ 법 제71조 제1항의 규정에 의하여 국가 또는 지방자치단체가 비용을 부담하는 경우, 공사는 미리 자금집행계획을 수립하여 국가 또는 지방자치단체에 제출하여야 하며, 국가 또는 지방자치단체는 다른 자금에 앞서 이에 대한 자금을 우선적으로 지급하되, 그 지급시기를 조정하고자 하는 때에는 공사와 협의하여야 한다.

④ 공사가 그 대행사업을 종료한 때에는 지체 없이 국가 또는 지방자치단체가 부담한 비용을 정산하여야 한다.

⑤ 공사는 국가 또는 지방자치단체의 사업을 대행함에 있어 특히 필요한 경우에는 지방자치단체의 장의 승인을 얻어 그 사업의 일부를 제3자로 하여금 시행하게 할 수 있다.

● **시행령 제64조(지방공사의 경영공시 등)**

지방공사의 경영공시 등에 관하여는 제44조 및 제44조의2를 준용한다. 이 경우 "관리자"는 "사장"으로 본다.

제71조의2(재정 지원)

지방자치단체는 사업의 운영을 위하여 필요하다고 인정하는 경우에는 공사에 보조금을 교부하거나 장기대부를 할 수 있다.

제71조의3(물품 구매 및 공사계약의 위탁)

공사는 필요하다고 인정하는 경우에는 물품의 구매나 시설공사계약의 체결을 조달청장에게 위탁할 수 있다.

제71조의4(물품 관리)

공사는 소관 물품을 적정하게 관리하기 위하여 해당 공사에서 사용하는 물품을 표준화하고, 사용 및 처분의 목적에 따라 분류하여야 하며, 물품수급계획을 포함한 물품관리계획을 수립하여야 한다.

제72조(선수금)

공사의 재산 분양, 시설 이용 및 용역 제공에 대한 선수금에 관하여는 제20조의2를 준용한다.

짚고 넘어가기! OX 퀴즈

1. 중장기재무관리계획에는 사업계획 및 투자방향이 포함되어야 한다.　　O　×
2. 공사는 입찰참가자에게 청렴서약서를 제출하도록 하여야 한다.　　O　×
3. 지방자치단체의 장은 매 사업연도의 사업계획 및 예산을 해당 사업연도가 시작되기 전까지 편성하여야 한다.　　O　×
4. 예산이 확정된 후에 생긴 불가피한 사유로 예산을 변경하는 경우 이사회 개최 30일 전까지 사업계획 및 예산을 송부하여야 한다.　　O　×
5. 신규 투자사업 타당성 검토에는 사업계획 및 투자방향을 포함해야 한다.　　O　×
6. 공사는 채무에 대한 상환 보증이 포함된 계약은 체결할 수 없다.　　O　×
7. 공사는 결산서를 행정안전부장관에게 보고하고 승인받아야 한다.　　O　×
8. 공사는 감채적립금을 공사의 사채를 상환하는 목적 외에는 사용할 수 없다.　　O　×
9. 지방자치단체는 공사의 사채 상환을 보증할 수 있다.　　O　×
10. 공사는 국채 또는 지방채의 취득에 여유금을 운용할 수 있다.　　O　×

정답 1 O 2 O 3 × 4 × 5 × 6 O 7 × 8 O 9 O 10 O

제4절 감독

제73조(감독 등)

① **지방자치단체의 장**은 공사의 설립·운영 등 공사의 업무를 관리·감독한다.
② **행정안전부장관**은 공사의 업무, 회계 및 재산에 관한 사항을 검사할 수 있으며, 공사에 필요한 보고를 명할 수 있다.

제5절 보칙

제75조(「상법」의 준용)

공사에 관하여는 이 법에서 규정한 사항을 제외하고는 그 성질에 반하지 아니하는 범위에서 「상법」 중 주식회사에 관한 규정을 준용한다. 다만, 「상법」 제292조는 준용하지 아니한다.

제75조의2(업무 상황의 공표 등)

공사의 업무 상황의 공표 등에 관하여는 제46조를 준용한다. 이 경우 "관리자"는 "사장"으로 본다.

제75조의3(공무원의 파견·겸임)

지방자치단체의 장은 공사가 수행하는 사업을 지원하기 위하여 필요한 경우에는 그 소속 공무원을 공사에 파견하거나 겸임하게 할 수 있다.

● 시행령 제65조(파견공무원 등에 대한 수당지급)

공사는 법 제75조의3의 규정에 의하여 공사에 파견된 공무원이나 겸임하는 공무원에 대하여 공사가 정한 지급기준에 따라 업무수당을 지급할 수 있다.

● 시행령 제66조(공단의 설립운영)

지방공단(이하 "공단"이라 한다)의 설립과 운영에 관하여는 제47조, 제48조부터 제55조까지, 제56조의2부터 제56조의4까지, 제57조, 제57조의2부터 제57조의8까지, 제57조의12, 제58조, 제59조, 제60조 및 제62조부터 제65조까지의 규정을 준용한다. 이 경우 "공사"는 "공단"으로, "사장"은 "이사장"으로, "사채"는 "공단채"로 본다.

- ● **시행령 제67조(비용의 부담 등)**

공단에 업무를 위탁한 자와 공단으로부터 역무제공을 받은 자는 그 위탁업무에 소요된 비용 또는 역무수수료를 부담하여야 한다.

제75조의4(권한의 위탁)

이 법에 따른 지방자치단체의 장의 권한은 공사의 목적을 수행하기 위하여 필요한 경우에는 조례로 정하는 바에 따라 그 일부를 공사의 사장에게 위탁할 수 있다.

제75조의5(민영화된 공사의 주식회사로의 등기)

제53조 제2항 및 제3항에 따른 공사가 매각되는 경우 「상법」에 따른 청산 절차를 거치지 아니하여도 매수인은 주식회사로의 설립등기를 신청할 수 있다. 이 경우 주식회사의 상호에 "공사"라는 명칭은 사용할 수 없다.

제75조의6(공사와 공공기관의 합병)

① 공사는 「공공기관의 운영에 관한 법률」 제14조 제1항에 따른 계획에 따라 민영화 대상으로 지정된 공공기관(같은 계획에 따라 공공기관 지정이 해제된 기관을 포함한다)과 「상법」에 따른 청산절차를 거치지 아니하고도 합병할 수 있다.
② 공사가 제1항에 따른 합병을 하려면 재정경제부장관과 협의를 거쳐 합병 등기 전까지 지방자치단체의 장의 승인을 받아야 한다. 다만, 공공기관 지정이 해제된 기관과 합병할 경우에는 협의절차를 생략할 수 있다.

짚고 넘어가기! OX 퀴즈

1. 공단에 업무를 위탁한 자와 공단으로부터 역무제공을 받은 자는 그 위탁업무에 소요된 비용 또는 역무수수료를 부담하여야 한다.　　〇　　✕
2. 공사가 공공기관과 합병하려면 재정경제부장관의 승인을 받아야 한다.　　〇　　✕

05 보칙

제78조(경영평가 및 지도)

① 행정안전부장관은 제3조에 따른 지방공기업의 경영 기본원칙을 고려하여 대통령령으로 정하는 바에 따라 지방공기업에 대한 경영평가를 하고, 그 결과에 따라 필요한 조치를 하여야 한다. 다만, 행정안전부장관이 필요하다고 인정하는 경우에는 지방자치단체의 장으로 하여금 경영평가를 하게 할 수 있다.

② 제1항에 따른 경영평가에는 지방공기업의 경영목표의 달성도, 업무의 능률성, 공익성, 고객서비스 등에 관한 평가가 포함되어야 한다.

③ 행정안전부장관은 제1항에 따른 경영평가를 위하여 필요한 경우 지방공기업에 고객 명부 등 관련 자료의 제출을 요청할 수 있다. 이 경우 요청을 받은 지방공기업은 정당한 사유가 없는 한 이에 따라야 한다.

④ 행정안전부장관은 대통령령으로 정하는 바에 따라 제1항 및 제2항에 따른 경영평가와는 별도로 사장에 대하여 업무성과 평가를 할 수 있다. 이 경우 공익성이 고려되어야 한다.

⑤ 행정안전부장관 또는 시·도지사(특별자치시장 및 특별자치도지사는 제외한다. 이하 이 항에서 같다)는 지방공기업(시·도지사의 경우에는 시·군·자치구의 지방공기업으로 한정한다)의 효율적인 경영을 위하여 필요한 지도, 조언 또는 권고를 할 수 있다.

⑥ 행정안전부장관은 지방공기업이 다음 각 호의 어느 하나에 해당하는 경우에는 제1항에 따른 경영평가 결과를 조정하고, 해당 지방공기업에 대한 주의·경고 등의 조치를 하거나 지방자치단체의 장에게 해당 지방공기업의 평가급 조정을 요청할 수 있다. 이 경우 제78조의5에 따른 지방공기업정책위원회의 심의를 거쳐야 한다.

　1. 제3항에 따른 경영평가에 필요한 자료를 제출하지 아니하거나 거짓으로 작성·제출한 경우

　2. 불공정한 인사운영, 비리 등으로 윤리경영을 저해한 경우로서 대통령령으로 정하는 경우

⑦ 제6항에 따른 요청을 받은 지방자치단체의 장은 특별한 사정이 없으면 해당 지방공기업의 평가급을 조정하여야 하고, 필요한 경우 해당 공사의 사장 또는 공단의 이사장에게 관련자에 대한 인사상의 조치 등을 요구할 수 있다.

● 시행령 제68조(경영평가)

① 법 제78조 제1항의 규정에 의한 지방공기업에 대한 경영평가는 매년 실시하여야 한다. 다만, 지방직영기업의 경영평가에 관하여는 행정안전부장관이 따로 정할 수 있다.

② 행정안전부장관 또는 지방자치단체의 장은 법 제78조 제1항의 규정에 의하여 경영평가를 실시함에 있어서 필요하다고 인정되는 때에는 다음 각 호의 어느 하나에 해당하는 기관을 경영평가기관으로 지정하여 실시할 수 있다.

　　1. 법 제78조의4에 따른 지방공기업평가원　　　2. 경영평가 전문기관

　　3. 회계법인　　　　　　　　　　　　　　　　4. 기타 행정안전부장관이 인정하는 기관

③ 지방공기업에 대한 경영평가는 법 제35조 제3항 및 법 제66조 제2항의 규정에 따른 회계감사인의 회계감사가 종료된 때부터 실시한다. 이 경우 공사·공단에 대한 경영평가는 회계감사종료후 4개월 이내에 완료해야 한다.

④ 경영평가에 관한 세부적인 기준은 행정안전부장관이 정한다.

● 시행령 제68조의2(지방공기업의 윤리경영 저해행위)

법 제78조 제6항 제2호에서 "대통령령으로 정하는 경우"란 다음 각 호의 경우를 말한다.

1. 법, 「상법」, 「형법」, 「조세범 처벌법」, 「지방세기본법」, 「독점규제 및 공정거래에 관한 법률」 또는 그 밖에 해당 지방공기업의 업무와 관련되는 법률을 위반하여 채용비위, 조세포탈, 회계부정 또는 불공정거래행위 등과 관련된 중대한 위법행위를 한 경우

2. 부당한 직무수행으로 인해 다음 각 목의 사회적 물의를 일으킨 경우

　가. 국민의 생명, 재산 또는 안전상의 위해 초래
　나. 자연환경, 생활환경 또는 기업환경 등에 대한 훼손, 교란 또는 피해 초래

제78조의2(경영진단 및 경영 개선 명령)

① 지방자치단체의 장은 제78조 제1항 단서에 따라 경영평가를 하였을 때에는 그 평가가 끝난 후 1개월 이내에 경영평가보고서, 재무제표, 그 밖에 대통령령으로 정하는 서류를 행정안전부장관에게 제출하여야 한다.

② 행정안전부장관은 제78조 제1항 본문에 따라 경영평가를 하거나 제1항에 따른 서류 등을 분석한 결과 특별한 대책이 필요하다고 인정되는 지방공기업으로서 다음 각 호의 어느 하나에 해당하는 지방공기업에 대하여는 대통령령으로 정하는 바에 따라 따로 경영진단을 실시하고, 그 결과를 공개할 수 있다.

1. **3개** 사업연도 이상 계속하여 당기 순손실이 발생한 지방공기업
2. 특별한 사유 없이 전년도에 비하여 영업수입이 현저하게 감소한 지방공기업
3. 경영 여건상 사업 규모의 축소, 법인의 청산 또는 민영화 등 경영구조 개편이 필요하
   다고 인정되는 지방공기업
4. 그 밖에 **대통령령**으로 정하는 지방공기업

③ **행정안전부장관**은 제2항에 따른 경영진단의 결과 필요하다고 인정하는 경우에는 지방
  자치단체의 장, 공사의 사장 또는 공단의 이사장에게 해당 지방공기업의 임원의 해임,
  조직의 개편 등 경영 개선을 위하여 필요한 조치를 명할 수 있다.

④ 제3항에 따라 명을 받은 지방자치단체의 장, 공사의 사장 또는 공단의 이사장은 특별한
  사유가 없으면 지체 없이 이에 따라야 한다.

● 시행령 제69조(제출서류)

법 제78조의2 제1항에서 "기타 대통령령이 정하는 서류"라 함은 다음 각 호의 것을 말한다.

1. 결산서 및 회계감사보고서   2. 사업운영계획 및 사업실적보고서
3. 감사의 감사보고서와 「감사원법」 제32조 내지 제34조의 규정에 의한 징계·시정·개선요구
   등을 받은 경우에는 그 내용
4. 지방자치단체의 감사결과와 「지방자치법」 제50조에 따른 시정요구를 받은 경우에는 그 내용
5. 기타 경영에 관한 중요사항으로서 **행정안전부장관**이 요구하는 사항

● 시행령 제70조(경영진단대상 등)

① 법 제78조의2 제2항 제4호에서 "기타 대통령령이 정하는 지방공기업"이라 함은 다음 각 호
  의 1에 해당하는 것을 말한다.
   1. 경영목표설정이 비합리적인 지방공기업
   2. 인력 및 조직관리가 비효율적인 지방공기업
   3. 재무구조가 불건전한 지방공기업
   4. 기타 행정안전부장관이 경영진단이 필요하다고 인정하는 지방공기업
② 행정안전부장관은 법 제78조의2 제1항의 규정에 의하여 경영평가보고서 등의 서류를 접수
  한 때에는 **60일 이내**에 경영진단대상을 확정하여야 한다.

● 시행령 제71조(지방공기업경영진단반)

① **행정안전부장관**은 법 제78조의2 제2항의 규정에 의한 경영진단을 수행하기 위하여 필요한

경우에는 다음 각 호의 1에 해당하는 자 중에서 위촉 또는 임명하는 자로서 지방공기업경영진단반(이하 "경영진단반"이라 한다)을 구성·운영할 수 있다. 이 경우 행정안전부장관은 지방공기업에 대한 경영진단을 외부전문기관에 위탁하여 실시할 수 있다.

1. 지방공기업에 관한 업무를 담당하는 공무원
2. 대학의 조교수 이상의 직위에 있는 자로서 공기업의 경영 및 기타 관련분야에 관한 전문지식이 있는 자
3. **5년 이상**의 실무경험이 있는 공인회계사
4. 기타 공기업의 경영 및 관련분야에 관한 전문지식과 경험이 풍부한 자

② 행정안전부장관은 예산의 범위 안에서 경영진단반의 구성 및 운영에 소요되는 경비를 지출할 수 있다. 이 경우 그 일부를 당해 경영진단대상 지방공기업에 부담시킬 수 있다.
③ 경영진단반이 경영진단에 필요한 자료를 요구하는 때에는 당해지방공기업은 정당한 사유가 없는 한 이에 응하여야 한다.
④ 경영진단반은 그 임무가 종료된 때에 해체된 것으로 본다.

● 시행령 제75조(경영진단에 따른 경영개선명령)

행정안전부장관은 법 제78조의2 제3항의 규정에 의하여 다음 각 호의 경영개선명령을 할 수 있다.
1. 당해 지방공기업의 임직원에 대한 감봉·해임 등의 인사조치
2. 사업규모의 축소·조직개편 및 인력조정
3. 법인의 청산 및 민영화
4. 기타 경영개선을 위하여 필요한 사항

제78조의3(부실 지방공기업에 대한 해산 요구)

① 행정안전부장관은 공사 또는 공단이 다음 각 호에 해당하는 경우로서 대통령령으로 정하는 경우 제78조의5에 따른 지방공기업정책위원회의 심의를 거쳐 지방자치단체의 장이나 공사의 사장 또는 공단의 이사장에게 해산을 요구할 수 있다.
1. 부채 상환 능력이 현저히 낮은 경우
2. 사업 전망이 없어 회생이 어려운 경우
3. 설립 목적의 달성이 불가능한 경우
② 제1항에 따라 해산을 요구받은 지방자치단체의 장이나 공사의 사장 또는 공단의 이사장은 정당한 사유가 없으면 지체 없이 이에 따라야 한다.

● **시행령 제71조의2(부실 지방공기업에 대한 해산 요구 요건)**

법 제78조의3 제1항 각 호 외의 부분에서 "대통령령으로 정하는 경우"란 직전 연도 결산자료로 판단한 결과 공사 또는 공단이 다음 각 호의 어느 하나에 해당하는 경우를 말한다.

1. 부채비율이 **100분의 400 이상**인 경우

2. 자본금 전액이 잠식된 경우

3. 2 회계연도 연속 자본잠식률[자본금에서 자본총계(법령상 의무를 이행하기 위하여 불가피하게 손실이 발생한 경우에는 행정안전부장관이 정하는 바에 따라 그 손실을 반영하여 산정한 금액을 말한다)를 뺀 값을 자본금으로 나눈 값을 말한다]이 **100분의 50을 초과**하는 경우

제78조의4(지방공기업평가원의 설립·운영)

① 지방공기업에 대한 경영평가, 관련 정책의 연구, 임직원에 대한 교육 등을 전문적으로 지원하기 위하여 지방공기업평가원(이하 "평가원"이라 한다)을 설립한다.

② 평가원은 법인으로 하며, 그 주된 사무소의 소재지에서 설립등기를 함으로써 성립한다.

③ 지방자치단체 또는 지방공기업은 평가원의 업무수행을 지원하기 위하여 평가원에 출연할 수 있다. 이 경우 출연의 지급, 사용 및 관리 등에 필요한 사항은 대통령령으로 정한다.

④ 평가원에 이사회와 감사 **1명**을 둔다.

⑤ 이사회는 이사장 **1명**을 포함하여 **12명 이내**의 이사로 구성한다.

⑥ 이사장은 이사회의 추천으로 행정안전부장관의 승인을 받아 이사회가 선임한다.

⑦ 이사장의 임기는 **3년**으로 하며, 한 차례만 연임할 수 있다.

⑧ 이사 및 감사의 임기, 선임 방법 등 그 밖에 평가원의 설립·운영에 관한 사항은 정관으로 정한다.

⑨ 행정안전부장관은 평가원을 지도·감독하며, 필요한 경우에는 평가원에 대하여 그 업무에 관한 사항을 보고하게 하거나 자료 제출 등의 명령을 할 수 있다.

⑩ 평가원에 관하여는 이 법에서 규정한 사항을 제외하고는 「민법」 중 재단법인에 관한 규정을 준용한다.

● **시행령 제76조(지방공기업평가원에 대한 출연)**

① 법 제78조의4에 따라 설립되는 지방공기업평가원(이하 "평가원"이라 한다)의 이사장은 다음 각 호의 기준에 따라 편성한 전체 및 각 지방자치단체·지방공기업별 다음 연도 출연금 요구안에 대하여 **매년 7월 31일**까지 행정안전부장관과 협의하여 출연금 규모를 결정하여야 한다.

  1. 지방자치단체 출연금 편성기준 : 재정력, 공기업 수 등

  2. 지방공기업 출연금 편성기준 : 매출액, 직원 수, 자산 등

② 평가원의 이사장은 제1항에 따른 협의를 하기 전에 출연금 징수 및 사업추진 실적, 다음 연도 사업계획 등을 행정안전부장관에게 제출하여야 한다.

③ 평가원의 이사장은 제1항에 따라 행정안전부장관과 협의된 출연금액이 지방자치단체 예산과 지방공기업 예산에 편성될 수 있도록 출연금요구서에 다음 각 호의 서류를 첨부하여 **매년 8월 31일**까지 해당 지방자치단체 및 지방공기업에 제출하여야 한다.

  1. 다음 회계연도의 사업계획서

  2. 다음 회계연도의 추정 재무상태표 및 추정 손익계산서

④ 제3항에 따라 출연금 요구를 받은 해당 기관의 장은 출연금예산이 확정된 경우에는 이를 평가원에 통지하여야 한다.

⑤ 평가원은 제4항에 따라 확정·통지된 출연금을 교부받고자 할 경우에는 출연금교부신청서에 자금집행계획서를 첨부하여 해당 기관에 제출하여야 한다.

⑥ 평가원은 출연금을 평가원 고유사업 및 운영경비로 사용하여야 한다.

⑦ 평가원은 결산 후 발생한 잉여금을 이사회의 의결을 거쳐 기본재산 또는 운영자금으로 편입하여야 한다.

⑧ 평가원의 이사장은 매 회계연도 종료 후 **2개월 이내**에 행정안전부장관에게 출연금 지급 및 사용에 관한 사항을 보고하여야 한다.

제78조의5(지방공기업정책위원회)

① 행정안전부장관은 지방공기업 관련 주요 정책, 경영평가, 경영진단, 그 밖에 경영 개선에 관한 사항을 심의하기 위하여 관계 전문가로 구성된 지방공기업정책위원회를 운영한다.

② 지방공기업정책위원회는 위원장 **1명을 포함한 15명 이내**의 위원으로 구성한다.

③ 지방공기업정책위원회의 구성 및 운영 등에 필요한 사항은 대통령령으로 정한다.

● 시행령 제72조(지방공기업정책위원회의 구성)

① 법 제78조의5 제3항에 따른 지방공기업정책위원회(이하 "정책위원회"라 한다)의 위원장은 행정안전부차관이 되고, 위원은 다음 각 호의 어느 하나에 해당하는 사람 중에서 행정안전부장관이 임명 또는 위촉한다.

  1. 경영평가와 경영진단에 관한 풍부한 경험을 가진 전문가

  2. 5년 이상 실무경험이 있는 공인회계사

  3. 「고등교육법」 제2조 제1호부터 제6호까지 중 어느 하나에 해당하는 학교의 부교수 이상 직위에 있는 사람으로서 공기업 경영 및 그 밖에 관련 분야에 관한 전문지식이 있는 사람

  4. 지방공기업에 관한 업무를 담당하는 **3급** 이상의 공무원 또는 고위공무원단에 속하는 일반직공무원

② 위촉위원의 임기는 **2년**으로 하고, 한 차례만 연임할 수 있다.

③ 위촉위원의 사임 등으로 새로 위촉한 위원의 임기는 전임위원의 남은 임기로 한다.

● 시행령 제72조의2(위원의 해임 및 해촉)

행정안전부장관은 제72조 제1항 각 호에 따른 위원이 다음 각 호의 어느 하나에 해당하는 경우에는 해당 위원을 해임 또는 해촉(解囑)할 수 있다.

1. 심신장애로 인하여 직무를 수행할 수 없게 된 경우

2. 직무와 관련된 비위사실이 있는 경우

3. 직무태만, 품위손상이나 그 밖의 사유로 인하여 위원으로 적합하지 아니하다고 인정되는 경우

4. 위원 스스로 직무를 수행하는 것이 곤란하다고 의사를 밝히는 경우

● 시행령 제72조의3(정책위원회 위원의 제척·기피·회피)

① 정책위원회의 위원이 다음 각 호의 어느 하나에 해당하는 경우에는 해당 안건의 심의·의결에서 제척된다.

  1. 위원 또는 그 배우자나 배우자였던 사람이 해당 안건의 당사자(당사자가 법인·단체 등인 경우에는 그 임원 또는 직원을 포함한다. 이하 이 조에서 같다)가 되거나 그 안건의 당사자와 공동권리자 또는 공동의무자인 경우

  2. 위원이 해당 안건의 당사자와 친족이거나 친족이었던 경우

  3. 위원 또는 위원이 속한 기관이 해당 안건에 대하여 증언, 진술, 자문, 연구, 용역 또는 감정을 한 경우

  4. 위원이 해당 안건에 대한 감사, 수사 또는 조사에 관여하거나 관여했던 경우

  5. 위원이나 위원이 속한 기관이 해당 안건의 당사자의 대리인이거나 대리인이었던 경우

② 정책위원회에서 심의·의결하는 안건의 당사자는 위원에게 제1항에 따른 제척 사유가 있거나 공정한 심의·의결을 기대하기 어려운 사정이 있는 경우에는 그 사유를 적어 정책위원회에 기피 신청을 할 수 있다. 이 경우 위원장은 기피 신청에 대하여 정책위원회의 의결을 거치지 않고 기피 여부를 결정한다.

③ 위원이 제1항 각 호에 따른 제척 사유에 해당하는 경우에는 스스로 해당 안건의 심의·의결에서 회피(回避)해야 한다.

● 시행령 제73조(정책위원회의 운영)

① 위원장(행정안전부차관)은 정책위원회의 회의를 소집하고 그 의장이 된다.

② 정책위원회는 재적위원 과반수의 출석으로 개의(開議)하고, 출석위원 과반수의 찬성으로 의

결한다.

③ 정책위원회의 위원장은 필요하다고 인정하는 경우에는 지방자치단체의 공무원, 지방공기업의 임직원, 그 밖의 관계인으로 하여금 출석하여 발언하게 할 수 있다.

④ 정책위원회의 업무를 효율적으로 수행하기 위하여 정책위원회에 분과위원회를 둘 수 있다. 이 경우 분과위원회의 위원장과 위원은 정책위원회의 위원장이 정책위원회 위원 중에서 임명한다.

⑤ 정책위원회의 사무를 처리하기 위하여 정책위원회에 **간사 1명**을 둔다.

⑥ 간사는 지방공기업에 관한 업무를 담당하는 **행정안전부의 과장**이 된다.

● 시행령 제74조(수당 등)

① 정책위원회의 위원 등에 대하여는 예산의 범위에서 수당과 여비를 지급할 수 있다. 다만, 공무원인 위원이 그 소관 업무와 직접적으로 관련되어 정책위원회에 출석하는 경우에는 그러하지 아니하다.

② 이 영에서 규정한 사항 외에 정책위원회의 운영에 필요한 사항은 행정안전부장관이 정한다.

제78조의6(주민 등의 의견청취)

① 지방자치단체의 장은 다음 각 호의 어느 하나에 해당하는 때에는 지방의회에 보고하고 주민 및 관계 전문가 등의 의견을 들어야 한다.
  1. 지방공기업을 설립할 때
  2. **행정안전부장관**으로부터 제78조의2에 따른 경영 개선 명령을 받거나, 제78조의3에 따른 해산 요구를 받은 때

② 제1항에 따른 주민의견 청취의 방법·절차와 그 밖에 필요한 사항은 **대통령령**으로 정한다.

● 시행령 제76조의2(주민 등의 의견청취)

① 지방자치단체의 장은 법 제78조의6 제1항 제1호의 사유로 주민 등의 의견을 청취하는 경우에는 제47조 제2항에 따른 심의위원회를 개최하기 전에 주민공청회를 개최해야 한다. 이 경우 주민공청회를 개최하기 전에 법 제49조 제3항에 따른 타당성 검토 결과를 해당 지방자치단체의 인터넷 홈페이지에 미리 공개하고 그 사본을 주민자치센터 등 공개된 장소에 갖추어 주민들이 열람할 수 있게 해야 한다.

② 지방자치단체의 장은 법 제78조의6 제1항 제2호의 사유로 주민 등의 의견을 청취하는 경우에는 행정안전부장관으로부터 경영 개선 명령을 받은 날 또는 해산 요구를 받은 날부터 **60일** 이내에 주민공청회를 실시하여야 한다.

③ 지방자치단체의 장은 제1항 또는 제2항에 따른 주민공청회를 개최하는 경우 개최예정일 **15 일** 이전에 개최목적, 개최예정일, 개최장소 등을 공고하여야 한다.

● 시행령 제78조(통보 등)

① 지방자치단체의 장은 당해 지방자치단체가 경영하는 사업이 법 제2조에 따라 지방직영기업으로서 법의 적용을 받게 되거나 또는 받지 아니하게 된 때에는 이를 행정안전부장관에게 통보해야 한다.

② 지방자치단체의 장은 다음 각 호의 어느 하나에 해당되는 사항에 대하여 그 사유가 발생한 날부터 **10일** 이내에 행정안전부장관에게 통보해야 한다.

  1. 법 제49조 제1항 및 법 제76조 제1항의 규정에 의한 지방공사·공단의 설립사항

  2. 법 제50조 제1항 및 법 제76조 제2항의 규정에 의한 지방공사·공단의 공동설립사항

  3. 법 제56조 제3항 및 법 제76조 제2항의 규정에 의한 지방공사·공단의 정관변경사항

  4. 법 제58조 제2항 및 법 제76조 제2항의 규정에 의한 지방공사·공단의 사장(이사장)과 감사의 임면사항

  4의2. 삭제

  5. 법 제78조의2 제3항의 규정에 의한 경영개선조치결과

  6. 삭제

  7. 기타 지방공사 또는 공단의 청산·민영화 등의 중요변동사항

③ 시장·군수 또는 자치구의 구청장이 행정안전부장관에게 제1항 및 제2항에 따라 통보하려는 경우에는 관할 시·도지사를 거쳐야 한다.

④ 행정안전부장관은 지방공기업이 법 제3조의 기본원칙에 따라 경영될 수 있도록 지방자치단체에 대하여 조언 또는 권고하거나 지도할 수 있으며, 필요한 자료의 제출을 요구할 수 있다.

제78조의7(국회에 대한 보고)

행정안전부장관은 제78조에 따른 경영평가, 제78조의2에 따른 경영진단 결과 및 경영개선을 위한 조치, 제78조의3에 따른 해산 요구 등을 명확하게 기록한 지방공기업보고서를 매년 경영진단 및 경영개선 조치 실시 후 **3개월 이내**에 국회 소관 상임위원회에 제출하여야 한다.

제79조(국고지원)

국가는 지방공기업의 원활한 경영을 위하여 필요한 경우에는 지방자치단체에 대하여 지방자치단체가 출자할 자본금이나 그 밖에 필요한 경비의 일부를 보조할 수 있다.

제79조의3(권한의 위임)

이 법에 따른 **행정안전부장관**의 권한은 **대통령령**으로 정하는 바에 따라 그 일부를 **시·도지사**에게 위임할 수 있다.

제80조(공사와 공단의 조직변경)

① 공사와 공단은 사업의 효율적 운영을 위하여 필요한 경우에는 청산절차를 거치지 아니하고 공사는 공단으로, 공단은 공사로 조직변경을 할 수 있다.

② 공사의 사장 또는 공단의 이사장은 제1항에 따른 조직변경을 하려는 경우에는 조직변경에 관한 사항에 대하여 **지방자치단체의 장**의 승인을 받아야 하고, 조직변경에 관한 조례안과 함께 의회의 의결을 거쳐야 한다.

③ 제53조 제2항에 따라 지방자치단체 외의 자가 출자한 공사가 공단으로 조직변경을 하려는 경우에는 제2항에 따른 의회의 의결 전에 총주주의 일치에 의한 총회의 결의를 거쳐 지방자치단체 외의 자가 출자한 금액을 지방자치단체의 출자금으로 전환하여야 한다.

④ 공사의 사장 또는 공단의 이사장은 제2항에 따른 의회의 의결이 있은 날부터 **20일 이내**에 채권자 등 이해관계자에게 조직변경 사실을 통보하여야 한다.

⑤ 공사 또는 공단이 제2항에 따른 의결을 받은 경우에는 3주 내에 그 주된 사무소의 소재지에서 종전의 공사 또는 공단에 관하여는 해산등기를, 변경된 공사 또는 공단에 관하여는 설립등기를 하여야 한다.

⑥ 변경된 공사 또는 공단은 제5항에 따른 설립등기일에 종전의 공사 또는 공단에 속하는 모든 재산과 채권·채무, 고용관계, 그 밖의 권리·의무를 포괄적으로 승계한다.

⑦ 제1항부터 제6항까지에서 규정한 사항 외에 조직변경의 방법 및 절차에 관하여 필요한 사항은 **대통령령**으로 정한다.

● 시행령 제78조의2(조직변경의 방법 및 절차)

① 공사의 사장 또는 공단의 이사장은 법 제80조 제4항에 따라 채권자 등 이해관계자에게 조직변경 사실을 통보할 때에는 **1개월 이상**의 기간을 정하여 조직변경에 대하여 이의가 있으면 이를 제출할 것을 공고하고, 알고 있는 채권자에 대해서는 따로따로 서면으로 통보하여야 한다. 이 경우 공고의 방식은 **행정안전부장관**이 정하는 바에 따라 인터넷 홈페이지 등에 게시하는 방법으로 한다.

② 제1항의 기간 내에 이의를 제출한 채권자가 있는 경우에는 공사 또는 공단은 그 채권자에 대하여 변제 또는 상당한 담보를 제공하거나 이를 목적으로 하여 상당한 재산을 신탁회사에 신탁하여야 한다.

제80조의2(수사기관 등의 수사 등 개시·종료 통보)

다음 각 호의 어느 하나에 해당하는 기관은 공사 또는 공단의 임직원에 대하여 직무와 관련된 사건에 관한 조사나 수사를 시작한 때와 이를 마친 때에는 **10일 이내**에 공사의 사장 또는 공단의 이사장에게 해당 사실과 결과를 통보하여야 한다.

1. 감사원
2. 검찰·경찰 및 그 밖의 수사기관
3. 행정안전부장관
4. 지방자치단체의 장

TIP **감**사원, **수**사기관, **행정**안전부장관, **지방**자치단체의 장 → **감수행방**

짚고 넘어가기! OX 퀴즈

1. 경영평가에는 고객만족도와 경제성에 관한 평가가 포함되어야 한다. ○ ✕
2. 지방직영기업의 경영평가에 관하여는 행정안전부장관이 따로 정할 수 있다. ○ ✕
3. 공사의 사장에게 지방공기업의 임원의 해임을 명할 수 있는 자는 행정안전부장관이다. ○ ✕
4. 행정안전부장관은 법인의 청산 및 민영화의 경영개선명령을 할 수 있다. ○ ✕
5. 평가원은 법인이다. ○ ✕
6. 평가원의 이사장은 행정안전부장관이 임명한다. ○ ✕
7. 지방공기업정책위원회는 지방공기업 관련 주요 정책, 경영평가, 경영진단을 심의하기 위해 운영한다. ○ ✕
8. 정책위원회의 위원장은 행정안전부장관이다. ○ ✕
9. 주민공청회를 개최하는 경우 개최예정일 15일 이전에 개최목적, 개최예정일, 개최장소 등을 공고해야 한다. ○ ✕
10. 행정안전부장관은 공단의 임직원에 대하여 직무와 관련된 사건에 관한 조사를 시작한 때와 마친 때에는 10일 이내에 공단의 이사장에게 해당 사실과 결과를 통보하여야 한다. ○ ✕

정답 1 ✕ 2 ○ 3 ○ 4 ○ 5 ○ 6 ✕ 7 ○ 8 ✕ 9 ○ 10 ○

06 벌칙

제81조(벌칙)

① 「상법」 제635조 제1항에 규정된 자나 공사·공단의 임원 및 그 밖에 회계업무를 담당하는 자가 제64조의2 제1항·제6항(제76조 제2항에서 준용하는 경우를 포함한다)에 따른 회계처리기준을 위반하여 거짓으로 재무제표를 작성·공시한 경우 **5년 이하의 징역 또는 5천만 원 이하**의 벌금에 처한다.

② 「상법」 제635조 제1항에 규정된 자나 공사·공단의 임원 및 그 밖에 회계업무를 담당하는 자가 제66조 제2항(제76조 제2항에서 준용하는 경우를 포함한다)을 위반하여 결산서를 작성하지 아니한 경우 **3년 이하의 징역 또는 3천만 원 이하**의 벌금에 처한다.

③ 회계감사인 또는 그에 소속된 공인회계사가 회계감사 보고서에 적어야 할 사항을 적지 아니하거나 거짓으로 적은 경우 **3년 이하의 징역 또는 3천만 원 이하**의 벌금에 처한다.

④ 「상법」 제635조 제1항에 규정된 자나 공사·공단의 임원 및 그 밖에 회계업무를 담당하는 자가 다음 각 호의 어느 하나에 해당하는 행위를 하면 **2년 이하의 징역 또는 2천만 원 이하**의 벌금에 처한다.

1. 회계감사인에게 거짓 자료를 제시하거나 거짓이나 그 밖의 부정한 방법으로 회계감사인의 정상적인 회계감사를 방해한 경우

2. 다음 각 목의 어느 하나에 해당하는 회계감사인의 요구 또는 조사를 거부·방해·기피하는 경우

    가. 회계에 관한 상부와 서류의 열람 또는 복사 요구
    나. 회계에 관한 자료의 제출 요구
    다. 회사의 업무와 재산상태에 대한 조사 및 관련 자료의 제출 요구

3. 회계감사인에게 제66조제2항에 따라 결산서를 제출하지 아니한 경우

제82조(벌칙)

① 회계감사인, 회계감사인에 소속된 공인회계사, 감사(제78조의4에 따른 **〈지방공기업〉**평가원의 감사는 제외한다) 또는 회계감사인선임위원회의 위원이 그 직무에 관하여 부정한 청탁을 받고 그 대가로서 금품이나 이익을 받거나 요구한 경우 또는 받기로 약속한 경우에는 **3년 이하의 징역 또는 3천만 원 이하**의 벌금에 처한다. 다만, 벌금형에 처하는 경우 그 직무와 관련하여 얻은 경제적 이익의 **5배에 해당하는 금액이 3천만 원을 초과**하면 그 직무와 관련하여 얻은 경제적 이익의 **5배**에 상당하는 금액 이하의 벌금에 처한다.

② 제1항에 따른 금품이나 이익을 약속 또는 제공하거나 제공의 의사를 표시한 자도 제1항과 같다.

③ 제1항과 제2항에 따른 금품이나 이익은 몰수한다. 다만, 그 전부 또는 일부를 몰수할 수 없으면 그 가액(價額)을 추징한다.

제83조(벌칙)

공사 또는 공단의 임원(감사는 제외한다)이 제65조**〈예산(편성)〉**를 위반하였을 때에는 **500만 원 이하**의 벌금에 처한다.

제84조(과태료)

① 정당한 이유 없이 제73조 제2항(제76조 제2항에서 준용하는 경우를 포함한다)에 따른 **〈행안부장관이 공사 업무, 회계 및 재산에 관한 사항〉**검사를 거부, 방해 또는 기피한 자에게는 **200만 원 이하**의 과태료를 부과한다.

② 제1항에 따른 과태료는 대통령령으로 정하는 바에 따라 행정안전부장관이 부과·징수한다.

제85조(벌칙 적용에서 공무원 의제)

다음 각 호의 어느 하나에 해당하는 사람은 「형법」 제129조부터 제132조까지의 규정을 적용할 때에는 공무원으로 본다.

1. 공사와 공단의 임직원
2. 평가원의 임직원 및 지방공기업정책위원회의 위원 중 공무원이 아닌 사람

● 시행령 제78조의3(고유식별정보의 처리)

지방자치단체의 장, 공사의 사장 또는 공단의 이사장은 다음 각 호의 사무를 수행하기 위하여 불가피한 경우 「개인정보 보호법 시행령」 제19조 제1호에 따른 주민등록번호가 포함된 자료를 처리할 수 있다.

1. 법 제2조 제1항 및 제2항에 따른 사업을 하는데 필요한 부동산 거래 관련 사무와 이에 수반되는 자료의 열람·복사·등본 및 사본 교부 등에 관한 사무

2. 법 제2조 제1항 및 제2항에 따른 사업에 수반되는 사용료 할인 또는 감면에 관한 사무

3. 법 제2조 제1항 제7호에 따른 주택사업 중 저소득 취약계층을 위한 주거복지사업에 관한 사무

4. 법 제58조(법 제76조 제2항에서 준용하는 경우를 포함한다)에 따른 임원의 임명 등에 관한 사무

5. 법 제60조(법 제76조 제2항에서 준용하는 경우를 포함한다)에 따른 임원의 결격사유 확인에 관한 사무

6. 법 제63조(법 제76조 제2항에서 준용하는 경우를 포함한다)에 따른 직원의 임면에 관한 사무

7. 법 제78조의2에 따른 부실 지방공기업 임원의 해임 등에 관한 사무

 **지방공기업법 시행령 [별표 2]**

과태료의 부과기준(제79조 관련)

1. 일반기준

　　가. 위반행위의 횟수에 따른 과태료의 가중된 부과기준은 최근 **1년**간 같은 위반행위로 과태료 부과처분을 받은 경우에 적용한다. 이 경우 기간의 계산은 위반행위에 대해 과태료 부과처분을 받은 날과 그 처분 후 다시 같은 위반행위를 하여 적발된 날을 기준으로 한다.

　　나. 가목에 따라 가중된 부과처분을 하는 경우 가중처분의 적용 차수는 그 위반행위 전 부과처분 차수(가목에 따른 기긴 내에 과태료 부과처분이 둘 이싱 있있던 경우에는 높은 차수를 말한다)의 다음 차수로 한다.

　　다. 부과권자는 위반행위자가 다음의 어느 하나에 해당하는 경우에는 제2호에 따른 과태료 금액의 2분의 1의 범위에서 그 금액을 감경할 수 있다. 다만, 과태료를 체납하고 있는 위반행위자의 경우에는 그렇지 않다.

　　　　1) 위반행위자가 처음 해당 위반행위를 한 경우로서, **3년** 이상 해당 업종을 모범적으로 영위한 사실이 인정되는 경우

　　　　2) 위반행위자가 자연재해·화재 등으로 재산에 현저한 손실이 발생하거나 사업여건의 악화로 사업이 중대한 위기에 처하는 등의 사정이 있는 경우

　　　　3) 위반행위가 사소한 부주의나 오류 등 과실로 인한 것으로 인정되는 경우

라. 부과권자는 다음의 어느 하나에 해당하는 경우에는 제2호에 따른 과태료 금액의 2분의 1의 범위에서 그 금액을 가중할 수 있다. 다만, 가중할 사유가 여러 개 있을 경우라도 법 제82조 제1항에 따른 과태료 금액의 상한을 넘을 수 없다.

2. 개별기준

위반행위	근거 법조문	과태료 금액		
		1차	2차	3차 이상
가. 법 제73조 제2항(법 제76조 제2항에서 준용하는 경우를 포함한다)에 따른 업무검사를 거부·방해 또는 기피한 경우	법 제82조 제1항			
1) 검사를 정당한 사유 없이 거부한 경우		50만 원	100만 원	200만 원
2) 검사에 필요한 자료를 지정기일까지 제출하지 않거나 거부한 경우		40만 원	80만 원	160만 원
3) 검사원의 검사장 또는 사무소 출입을 방해한 경우		30만 원	60만 원	120만 원
4) 검사원이 요구한 자료를 지정기일까지 제출하지 않은 경우 검사에 필요한 자료를 지정기일까지 제출하지 않거나 거부한 경우		25만 원	50만 원	100만 원
5) 지정된 검사기일에 수검자가 출석하지 않은 경우		25만 원	50만 원	100만 원
나. 법 제73조 제2항(법 제76조 제2항에서 준용하는 경우를 포함한다)에 따른 회계검사를 거부·방해 또는 기피한 경우	법 제84조 제1항			
1) 검사를 정당한 사유 없이 거부한 경우		50만 원	100만 원	200만 원
2) 검사에 필요한 자료를 지정기일까지 제출하지 않거나 거부한 경우		40만 원	80만 원	160만 원
3) 검사원의 검사장 또는 사무소 출입을 방해한 경우		30만 원	60만 원	120만 원
4) 검사원이 요구한 자료를 지정기일까지 제출하지 않은 경우		25만 원	50만 원	100만 원
5) 지정된 검사기일에 수검자가 출석하지 않은 경우		25만 원	50만 원	100만 원

다. 법 제73조 제2항(법 제76조 제2항에서 준용하는 경우를 포함한다)에 따른 재산검사를 거부·방해 또는 기피한 경우	법 제84조 제1항			
1) 검사를 정당한 사유 없이 거부한 경우		50만 원	100만 원	200만 원
2) 검사에 필요한 자료를 지정기일까지 제출하지 않거나 거부한 경우		40만 원	80만 원	160만 원
3) 검사원의 검사장 또는 사무소 출입을 방해한 경우		30만 원	60만 원	120만 원
4) 검사원이 요구한 자료를 지정기일까지 제출하지 않은 경우		25만 원	50만 원	100만 원
5) 지정된 검사기일에 수검자가 출석하지 않은 경우		25만 원	50만 원	100만 원

짚고 넘어가기! OX 퀴즈

1. 공사의 임원이 회계감사인의 회계에 관한 장부와 서류의 열람 또는 복사 요구를 거부한 경우 3년 이하의 징역 또는 3천만 원 이하의 벌금에 처한다. ○ ×
2. 벌금은 행정안전부장관이 부과, 징수한다. ○ ×
3. 과태료 부과 시 횟수에 따른 가중된 부과기준은 최근 1년간 같은 위반행위로 부과처분 받은 경우에 적용한다. ○ ×

정답 1 × 2 × 3 ○

꼭 알아야 하는 법조문을 복습할 수 있도록 문제로 구성함　　　　　　　　　　　　　　• 정답 402P

제1장 ▶ 총칙

[제1조(목적)]　이 법은 01[행정안전부장관이/지방자치단체가] 직접 설치·경영하거나, 법인을 설립하여 경영하는 기업의 운영에 필요한 사항을 정하여 그 경영을 합리화함으로써 지방자치의 발전과 02[주민복리/공익성]의 증진에 이바지함을 목적으로 한다.

[제2조(적용범위)]　① 이 법은 다음 각 호의 어느 하나에 해당하는 사업(그에 부대되는 사업을 포함한다. 이하 같다) 중 제5조에 따라 지방자치단체가 직접 설치·경영하는 사업으로서 03[지방자치단체의 장이/대통령령으로] 정하는 기준 이상의 사업(이하 "지방직영기업"이라 한다)과 제3장 및 제4장에 따라 설립된 지방공사와 지방공단이 경영하는 사업에 대하여 각각 적용한다.

1. 수도사업 04([마을상수도사업을 포함/마을상수도사업은 제외]한다)
3. 궤도사업(05[도시철도사업을 포함/도시철도사업은 제외]한다)
5. 지방도로사업(06[유료도로사업은 제외/유료도로사업만 해당]한다)
9. 주택(07[국토교통부령/대통령령]으로 정하는 공공복리시설을 포함한다)·토지 또는 공용·공공용건축물의 관리 등의 수탁

② 지방자치단체는 다음 각 호의 어느 하나에 해당하는 사업 중 경상경비의 08[30/50]퍼센트 이상을 경상수입으로 충당할 수 있는 사업을 지방직영기업, 지방공사 또는 지방공단이 경영하는 경우에는 조례로 정하는 바에 따라 이 법을 적용할 수 있다.

4. 「관광진흥법」에 따른 관광사업(09[여행업 및 카지노업은 제외/여행업 및 카지노업을 포함]한다)

[시행령 제2조(사업범위)]　① 「지방공기업법」(이하 "법"이라 한다) 제2조 제1항에서 "대통령령으로 정하는 기준 이상의 사업"이란 다음 각 호의 기준에 해당하는 사업을 말한다.

3. 궤도사업 : 보유차량 10[30/50]량 이상
4. 자동차운송사업 : 보유차량 11[30/50]대 이상
5. 지방도로사업 : 도로관리연장 50킬로미터 이상 또는 유료터널·교량 12[3/5]개소 이상

③ 13[지방자치단체는/행정안전부장관은] 법 제2조 제1항 각 호에 규정된 사업으로서 제1항 각 호의 기준에 새로이 도달하게 된 사업에 대하여는 그 기준에 도달한 날부터 14[1월/6월] 이내에 그 사업에 대한 법적용을 위하여 필요한 사항을 조례로 정하여야 한다.

[**제3조(경영의 기본원칙)**]　① 지방직영기업, 지방공사 및 지방공단(이하 "지방공기업"이라 한다)은 항상 기업의 15[경제성/발전성]과 16[수익성을/공공복리를] 증대하도록 운영하여야 한다.

② 지방자치단체는 지방공기업을 설치·설립 또는 경영할 때에 민간경제를 위축시키거나, 공정하고 자유로운 경제질서를 해치거나, 17[공공성/환경]을 훼손시키지 아니하도록 노력하여야 한다.

제3장　지방공사

제1절 설립

[**제49조(설립 등)**]　① 지방자치단체는 제2조에 따른 사업을 효율적으로 수행하기 위하여 필요한 경우에는 지방공사(이하 "공사"라 한다)를 설립할 수 있다. 이 경우 공사를 설립하기 전에 특별시장, 광역시장, 특별자치시장, 도지사 및 특별자치도지사(이하 "시·도지사"라 한다)는 01[국토교통부장관/행정안전부장관]과, 시장·군수·구청장(자치구의 구청장을 말한다)은 관할 특별시장·광역시장 및 도지사와 협의하여야 한다.

② 지방자치단체는 공사를 설립하는 경우 그 설립, 업무 및 운영에 관한 기본적인 사항을 02[법령으로/조례로] 정하여야 한다.

③ 지방자치단체는 공사를 설립하는 경우 03[행정안전부령/대통령령]으로 정하는 바에 따라 주민복리 및 지역경제에 미치는 효과, 04[지속가능성/사업성] 등 지방공기업으로서의 타당성을 미리 검토하고 그 결과를 공개하여야 한다.

④ 제3항에 따른 타당성 검토는 전문 인력 및 조사·연구 능력 등 대통령령으로 정하는 요건을 갖춘 전문기관으로서 05[행정안전부장관/지방자치단체의 장]이 지정·고시하는 기관에 의뢰하여 실시하여야 한다.

[**시행령 제47조(설립타당성 검토 등)**]　① 법 제49조 제3항에 따른 타당성 검토에는 다음 각 호의 사항이 포함되어야 하며, 이에 따른 세부절차 및 검토기준은 06[행정안전부장관/지방자치단체의 장]이 정한다.

1. 사업의 07[적정성/수익성] 여부

4. 주민의 08[생활건강/복리증진]에 미치는 영향

② 09[행정안전부장관/지방자치단체의 장]은 의회의원·관계전문가 및 해당 지방자치단체의 관계공무원 등으로 심의위원회를 구성하여 법 제49조 제3항에 따른 전문기관의 타당성 검토결과와 이 영 제76조의2 제1항에 따른 주민공청회 결과를 기초로 지방공사(이하 "공사"라 한다)의 설립 여부를 심의하여야 한다.

③ 제2항에 따른 심의위원회의 구성과 운영에 필요한 사항은 해당 지방자치단체의 장이 정하되, 심의위원회 위원 중 10[2분의 1 이상은/2분의 1 이하는] 민간위원으로 위촉하여야 한다.

④ 법 제49조 제4항에서 "전문인력 및 조사·연구 능력 등 대통령령으로 정하는 요건을 갖춘 전문기관"이란 다음 각 호의 요건을 모두 갖춘 기관을 말한다.

1. 사업타당성 검토 업무에 [11] [1년/3년] 이상 종사한 경력을 가진 사람 5명 이상과 [12] [3년/5년] 이상 종사한 경력을 가진 사람 [13] [2명/3명] 이상을 보유하고 있을 것

2. 최근 [14] [3년/5년] 이내에 법 제3조에 따른 지방공기업 또는 「공공기관의 운영에 관한 법률」 제4조에 따른 공공기관(이하 "공기업"이라 한다) 이나 지방재정 관련 연구용역 실적이 있을 것

[제50조(공동설립)] ③ 제1항의 규약에는 다음 각 호의 사항이 포함되어야 한다.

1. 공사의 명칭   2. 사무소의 [15] [전화번호/위치]

[제51조(법인격)] 공사는 [16] [단체로/법인으로] 한다.

[제52조(사무소)] ① 공사의 주된 사무소의 위치는 [17] [정관으로/조례로] 정한다.

② 공사는 [18] [행정안전부장관/지방자치단체의 장]의 승인을 받아 필요한 곳에 지사(支社) 또는 출장소를 둘 수 있다.

[제53조(출자)] ① 공사의 자본금은 그 [19] [일부를/전액을] [20] [국가/지방자치단체]가 [21] [현금 또는 현물/지방채]로 출자한다.

② 제1항에도 불구하고 공사의 운영을 위하여 필요한 경우에는 자본금의 [22] [2분의 1/5분의 1]을 넘지 아니하는 범위에서 지방자치단체 외의 자 [23] [외국인 및 외국법인을 포함한다/외국인 및 외국법인은 제외]한다로 하여금 공사에 출자하게 할 수 있다. 증자(增資)의 경우에도 또한 같다.

③ 제2항의 경우에는 공사의 자본금은 주식으로 분할하여 발행한다. 이 경우에 발행하는 주식의 종류, 1주의 금액, 주식 발행의 시기, 발행 주식의 총수와 주금(株金)의 납입시기 및 납입방법은 [24] [대통령령으로/조례로] 정한다.

[제54조(다른 법인에 대한 출자)]

① [25] [공사/지방자치단체]는 공사의 사업과 관계되는 사업을 효율적으로 수행하기 위하여 [26] [지방자치단체의 장/국가]의 승인을 받아 지방자치단체 외의 다른 법인에 출자할 수 있다.

② 제1항에 따른 출자를 하기 위하여 공사의 사장은 [27] [   ]으로 정하는 방법 및 절차에 따라 출자의 필요성 및 타당성을 검토하여 [28] [대통령/지방자치단체의 장]에게 보고하고 의회의 의결을 받아야 한다.

③ 제2항에도 불구하고 다음 각 호의 어느 하나에 해당하는 사업의 수행을 위한 출자 및 대통령령으로 정하는 금액 이하의 출자는 대통령령으로 정하는 절차에 따라 출자의 필요성 및 타당성 검토 대상에서 제외한다. 이 경우 공사의 사장은 출자의 필요성 및 타당성 검토 제외 사업의 내역 및 사유를 지체 없이 [29] [지방자치단체의 장과 의회/대통령]에 보고하여야 한다.

1. 다음 각 목의 어느 하나에 해당하는 조사·심사를 거쳤거나 제외된 사업

> 가. 「국가재정법」 제38조 제1항에 따른 30 [예비타당성/타당성]조사
> 나. 「지방재정법」 제37조에 따른 투자심사(해당 공사를 설립한 지방자치단체의 장이 실시한 투자심사 31 [에 한정한다/는 제외한다].
> 다. 「공공기관의 운영에 관한 법률」 제40조 제3항에 따른 예비타당성조사

④ 제1항에 따른 출자의 한도는 32 [대통령령으로/조례로] 정한다.

⑤ 제1항에 따라 출자한 법인에 최대주주의 변경 등 대통령령으로 정하는 경영상의 중대한 변화가 발생하는 경우 공사의 사장은 그 사실을 지체 없이 33 [지방자치단체의 장/대통령]에게 보고하여야 한다. [시행일 : 2026. 4. 2.] 제54조 제3항

[시행령 제47조의2(다른 법인에 대한 출자타당성 검토 등)] ① 공사는 법 제54조 제2항에 따라 다른 법인에 출자할 때에는 출자의 필요성 및 타당성에 대하여 제47조 제4항의 요건을 갖춘 전문기관 중 34 [지방자치단체의 장/행정안전부장관]이 지정·고시하는 전문기관의 사전검토를 거쳐야 한다. 다만, 출자규모가 35 [1억 원/5억 원] 미만인 경우에는 「지방자치단체출연 연구원의 설립 및 운영에 관한 법률」에 따른 지방자치단체출연 연구원(제47조 제4항 각 호의 요건을 모두 갖춘 경우로 한정한다)의 사전검토를 거칠 수 있다.

② 36 [행정안전부장관/공사의 사장]은 제1항에 따른 사전검토의 효율적 수행을 위해 필요한 경우에는 제3항 각 호의 사항에 대한 세부내용 및 검토기준을 정하여 37 [고시할 수 있다/의회에 보고할 수 있다].

⑥ 공사가 법 제54조 제4항에 따라 다른 법인에 출자할 수 있는 한도는 다음 각 호의 구분에 따른다.

3. 직전 사업연도 말 공사의 부채비율이 100분의 200 이상인 경우 : 직전 사업연도 말 공사의 자본금의 38 [100분의 10/100분의 20] 이내

[제55조(지방자치단체의 주주권 행사)] 지방자치단체가 소유하는 주식에 대한 주주권은 39 [국가 및 정부가 지정하는 기관/ 지방자치단체의 장 또는 지방자치단체의 장이 지정하는 소속 공무원]이 행사한다.

[제56조(정관)] ① 공사의 정관에는 다음 각 호의 사항이 포함되어야 한다.

12. 그 밖에 40 [대통령령으로/지방자치단체의 장] 정하는 사항

② 제53조 제2항에 따른 공사의 정관에는 제1항 각 호의 사항 외에 다음 각 호의 사항이 포함되어야 한다.

1. 41 [주식/사채] 발행에 관한 사항

③ 공사는 정관을 변경하려는 경우 [42][대통령/행정안전부장관/지방자치단체의 장]의 인가를 받아야 한다. 다만, 제50조 제1항에 따라 설립된 공사의 경우에는 지방자치단체 간의 규약으로 정하는 바에 따른다.

[시행령 제49조(설립등기)] 공사는 자본금의 납입이 있은 날부터 [43][2주일/3주일] 이내에 다음 각 호의 사항을 등기하여야 한다.

[시행령 제50조(지사의 설치등기)] 공사는 지사를 설치한 경우에는 설치 후 [44][1주일/2주일] 이내에 주된 사무소의 소재지에서 설치된 지사의 명칭, 소재지 및 설치 연월일을 등기해야 한다. 다만, 공사의 설립과 동시에 지사를 설치하는 경우에는 지사의 설치등기를 공사의 설립등기와 함께 한다.

[시행령 제53조(등기의 신청)] ① 제49조 내지 제52조의 규정에 의한 등기는 공사의 [45][사장/직원]이 행한다.

[제57조(등기)] ① 공사는 그 주된 사무소의 소재지에서 설립등기를 함으로써 성립한다.
② 공사의 설립등기 및 그 밖의 등기에 필요한 사항은 [46][행정안전부령/대통령령]으로 정한다.

[제57조의2(해산)] 공사는 다음 각 호의 어느 하나에 해당하는 사유로 해산한다.
2. 제78조의3에 따른 [47][대통령/행정안전부장관]의 해산 요구

제2절 임원 및 직원

[제58조(임원의 임면 등)] ① 공사의 임원은 사장을 포함한 이사([01][대표이사와 일반이사/상임이사와 비상임이사]로 구분한다) 및 감사로 하며, 그 수는 [02][지방자치단체의 장이/정관으로] 정한다.
③ 지방자치단체의 장은 제2항에 따라 사장과 감사(조례 또는 정관으로 정하는 바에 따라 당연히 감사로 선임되는 사람은 제외한다)를 임명할 경우 [03][대통령령으로/지방자치단체의 장이] 정하는 임원추천위원회(이하 이 조에서 "임원추천위원회"라 한다)가 추천한 사람 중에서 임명하여야 한다. 다만, 「지방자치법」 제47조의2에 따라 인사청문회를 실시하는 경우에는 임원추천위원회의 추천 절차를 생략할 수 있다.
⑤ [04][대통령/지방자치단체의 장]은 다음 각 호의 경우 사장을 임기 중에 해임할 수 있다.
⑥ 제4항에 따른 사장의 연임 또는 해임의 기준 등에 관하여 필요한 사항은 [05][대통령령으로/행정안전부장관이] 정한다.
⑦ 이사(조례 또는 정관으로 정하는 바에 따라 당연히 이사로 선임되는 사람은 제외한다)는 임원추천위원회가 추천한 사람 중에서 임명하되, 상임이사는 [06][사장/지방자치단체의 장]이 임면

하고 비상임이사는 07 [사장/지방자치단체의 장]이 임면한다. 이 경우 이사의 임면에 필요한 사항은 대통령령으로 정한다.

⑧ 임원추천위원회는 임원후보자를 추천하려는 경우 대통령령으로 정하는 바에 따라 후보자를 08 [유선모집/공개모집]하여야 한다.

[시행령 제55조(이사)] ② 09[사장을 포함한/사장을 제외한] 상임이사의 정수는 이사정수의 100분의 50 미만으로 한다.

[시행령 제56조의2(사장의 연임 또는 해임의 기준)] ① 지방자치단체의 장이 법 제58조 제4항에 따라 해당 공사의 사장을 연임시키거나 해임하는 경우에는 다음 각 호의 기준에 따라야 한다.

> 1. 연임기준
> 나. 사장의 임기 중 법 제58조의2에 따른 경영성과계약 이행실적 평가, 법 제78조 제1항에 따른 경영 평가 및 같은 조 제4항에 따른 업무성과 평가 결과가 직전 연도에 비하여 현저히 10 [상승/하락]한 경우
> 2. 해임기준
> 나. 사장의 임기 중 법 제58조의2에 따른 경영성과계약 이행실적 평가, 법 제78조 제1항에 따른 경영 평가 및 같은 조 제4항에 따른 업무성과 평가 결과가 직전 연도에 비하여 현저히 11 [상승/하락]된 경우

③ 제1항에 따른 상위 평가 및 하위 평가의 범위와 현저히 상승하거나 하락된 경우에 해당하는지 여부에 관한 판단 기준은 법 제78조의5에 따른 12 [지방공기업정책위원회/임원추천위원회]의 심의를 거쳐 13 [행정안전부장관/대통령]이 정한다.

[시행령 제56조의3(임원추천위원회의 구성과 운영)] ① 법 제58조 제3항 및 제7항에 따른 임원추천위원회(이하 "추천위원회"라 한다)는 공사에 두며 다음 각 호의 사람으로 구성한다. 다만, 공사를 설립하는 때에는 그 지방자치단체의 장이 추천하는 사람 14[4명/5명]과 그 의회에서 추천하는 사람 15[3명/5명]으로 구성한다.
1. 그 지방자치단체의 장이 추천하는 사람 16 [1명/2명]
2. 그 의회가 추천하는 사람 17 [3명/4명]
3. 그 공사의 이사회가 추천하는 사람 18 [1명/2명]
④ 공사의 임·직원(19 [상임이사/비상임이사]를 제외한다) 및 그 지방자치단체의 공무원(의회의원을 포함한다)은 추천위원회의 위원이 될 수 없다.
⑤ 추천위원회는 20 [출석위원/재적위원] 과반수의 찬성으로 의결한다.

[시행령 제56조의4(임원후보의 추천절차)] ① 추천위원회는 법 제58조 제8항에 따라 임원후보를 공개모집하는 경우에는 해당 지방자치단체와 공사의 인터넷 홈페이지, 제44조의2 제4항에 따른 21[공사의 사장/행정안전부장관]이 지정하는 인터넷 사이트 및 1개 이상의 전국을 보급지역으로 하는 일간신문 또는 해당 지방자치단체의 지역을 주된 보급지역으로 하는 일간신문에 임원의 모집공고를 하되 그 모집 기간은 22[7일/15일] 이상으로 하여야 한다. 다만, 신속한 채용을 위하여 부득이한 경우에는 23[대통령/지방자치단체의 장]의 승인을 받아 모집기간을 단축할 수 있다.

[제58조의2(사장과의 경영성과계약)] ③ 제1항과 제2항에 따른 경영성과계약의 방법 및 절차 등에 관하여 필요한 사항은 24[대통령령/행정안전부령]으로 정한다.

[제59조(임기 및 직무)] ① 공사의 사장, 이사 및 감사의 임기는 25[2년/3년]으로 한다. 이 경우 지방자치단체의 장은 대통령령으로 정하는 바에 따라 임기가 만료된 임원으로 하여금 그 후임자가 임명될 때까지 직무를 수행하게 할 수 있다.
② 공사의 사장, 이사 및 감사는 26[1년/2년] 단위로 연임될 수 있다.
④ 공사의 사장은 그 공사의 이익과 자신의 이익이 상반되는 사항에 대하여는 공사를 대표하지 못한다. 이 경우 27[지방자치단체의 장이/감사가] 공사를 대표한다.

[제60조(임직원의 결격사유 등)] ① 다음 각 호의 어느 하나에 해당하는 사람은 공사의 임원이 될 수 없으며, 제3호에 해당하는 사람은 공사의 직원이 될 수 없다.
4. 제58조 제4항 또는 제5항에 따라 해임된 후 28[2년/3년]이 지나지 아니한 사람
5. 이 법을 위반하여 벌금형을 선고받고 29[2년/3년]이 지나지 아니한 사람

[제61조(임직원의 겸직 제한)] ① 공사의 임원 및 직원은 그 직무 외에 영리를 목적으로 하는 업무에 종사하지 못하며, 임원은 30[사장/지방자치단체의 장]의 허가 없이, 직원은 31[사장/지방자치단체의 장]의 허가 없이 다른 직무를 겸할 수 없다. 다만, 상근(常勤)이 아닌 임원은 그러하지 아니하다.

[제62조(이사회)] ① 공사의 업무에 관한 중요 사항을 의결하기 위하여 공사에 32[   ]를 둔다.
② 이사회는 사장을 33[제외/포함]한 이사로 구성한다.

[시행령 제57조의3(대리인의 선임 등기)] ① 공사는 사장이 법 제63조의4에 따라 대리인을 선임한 경우에는 선임 후 34[1주일/2주일] 이내에 주된 사무소의 소재지에서 다음 각 호의 사항을 등기해야 한다.

② 공사는 사장이 법 제63조의4에 따라 선임한 대리인을 해임한 경우에는 해임 후 35[1주일/2주일] 이내에 주된 사무소의 소재지에서 그 해임한 뜻을 등기해야 한다.

[제63조의5(인사운영에 관한 공통기준)]　36[공사의 사장/행정안전부장관]은 공사의 인사운영에 공통적으로 적용하여야 할 사항에 관한 기준을 작성하여 지방자치단체의 장에게 통보할 수 있다.

[제63조의6(징계 요구 등)]　② 공사의 징계권자는 공사의 임직원의 금품 및 향응 수수(授受), 공금의 횡령(橫領)·유용(流用)을 이유로 징계를 하는 경우에는 해당 징계 외에 금품 및 향응 수수액, 공금의 횡령액·유용액의 37[5배/10배] 내의 징계부가금을 부과할 수 있다.

③ 공사의 임직원이 금품 및 향응 수수, 공금의 횡령·유용으로 다른 법률에 따라 형사처벌을 받거나 변상책임 등을 이행한 경우(몰수나 추징을 당한 경우 38[는 제외/를 포함]한다) 벌금, 변상금, 몰수 또는 추징금에 해당하는 금액과 제2항에 따른 금액의 합계액은 금품 및 향응 수수액, 공금의 횡령액·유용액의 39[5배/10배]를 초과해서는 아니 된다.

④ 40[공사의 사장/지방자치단체의 장]은 제1항 또는 제2항에 따른 징계 또는 징계부가금의 부과가 필요함에도 불구하고 공사의 징계권자가 필요한 조치를 하지 아니하는 경우에는 공사의 징계권자에게 징계 또는 징계부가금의 부과를 요청할 수 있다.

⑤ 징계 및 징계부가금 부과는 그 사유가 발생한 날부터 41[3년/5년](금품 및 향응 수수, 공금의 횡령·유용의 경우에는 42[3년/5년])이 지나면 하지 못한다.

[제63조의7(비위행위자에 대한 조치)]　② 43[지방자치단체의 장/행정안전부장관]은 공사의 임원이 금품비위, 성범죄, 채용비위 등 대통령령으로 정하는 비위행위(이하 "비위행위"라 한다)를 한 사실이 있거나 혐의가 있는 경우로서 제1항에 따른 윤리경영을 저해한 것으로 판단되는 경우 해당 공사의 임원에 대하여 검찰, 경찰 등 수사기관과 감사원 등 감사기관(이하 이 조에서 "수사기관 등"이라 한다)에 수사 또는 감사를 의뢰하여야 한다. 이 경우 지방자치단체의 장은 해당 임원의 직무를 정지시키거나 그 공사의 사장에게 직무를 정지시킬 것을 요구할 수 있다.

③ 44[지방자치단체의 장/행정안전부장관]은 지방자치단체의 장에게 제2항에 따른 수사기관 등의 수사 또는 감사 결과에 따라 필요한 경우 해당 공사 임원을 해임할 것을 요구할 수 있고, 지방자치단체의 장은 해당 공사 임원을 해임하거나 그 공사의 사장에게 해임을 요구할 수 있다.

⑤ 45[지방자치단체의 장/행정안전부장관]은 공사의 임직원이 비위행위 중 채용비위와 관련하여 유죄판결이 확정된 경우 해당 채용비위로 인하여 채용시험에 합격하거나 승진 또는 임용된 사람에 대하여는 해당 공사의 사장에게 합격·승진·임용의 취소 또는 인사상의 불이익 조치(이하 이 조에서 "합격취소 등"이라 한다)를 취할 것을 요구할 수 있다. 이 경우 공사의 사장은 그 내용과 사유를 당사자에게 통지하여 소명할 기회를 주어야 한다.

⑥ 제4항에 따른 명단 공개의 구체적인 내용·절차 등에 필요한 사항 및 제5항에 따른 합격취소 등의 기준·내용·소명 절차 등에 필요한 사항은 46 [행정안전부령/대통령령]으로 정한다.

[시행령 제57조의5(지방공기업 채용비위자 공개심의위원회)] ② 공개심의위원회는 위원장 1명을 47[포함/제외]한 48[10명/15명] 이내의 위원으로 구성한다.
⑤ 공무원이 아닌 위원의 임기는 49 [1년/2년]으로 하되, 한 차례만 연임할 수 있다.

[제57조의6(채용비위자에 대한 조치)]
① 지방자치단체의 장은 법 제63조의7 제4항에 따라 인적사항 및 비위행위 사실 등을 공개하는 경우에는 다음 각 호의 사항을 관보에 싣거나 제44조의2 제4항에 따른 행정안전부장관이 지정하는 인터넷 사이트 또는 해당 지방자치단체의 인터넷 홈페이지에 50 [1년/2년]간 게시하는 방법으로 한다.
② 51 [공사의 사장/지방자치단체의 장]은 법 제63조의7 제5항 전단에 따라 52 [공사의 사장/지방자치단체의 장]에게 합격·승진·임용의 취소 또는 인사상의 불이익 조치(이하 이 조에서 "합격취소 등"이라 한다)를 취할 것을 요구하는 경우 다음 각 호의 구분에 따른 기준에 따라야 하며, 그 사유를 함께 통지해야 한다.
③ 공사의 사장은 합격취소 등을 결정하기 53 [10일/15일] 전까지 합격취소 등의 당사자에게 다음 각 호의 사항을 통지해야 한다.
④ 54 [공사의 사장/지방자치단체의 장]은 제3항에 따른 통지를 받은 합격취소 등의 당사자가 정당한 사유 없이 소명하지 않는 경우에는 추가로 소명기회를 주지 않고 합격취소 등을 할 수 있다.

[시행령 제57조의7(인사감사 등)] ③ 제1항 및 제2항에서 규정한 사항 외에 인사감사의 효율적인 수행을 위하여 필요한 사항은 55[대통령령으로/지방자치단체의 장이] 정한다.

제3절 재무회계

[제64조의2(회계처리의 원칙 등)] ② 공사는 사업 01[분야/연도]별로 구분하여 회계처리할 수 있다.
③ 공사가 계약을 체결하려는 경우에는 02 [제한경쟁/일반경쟁]의 방식으로 하여야 한다. 다만, 계약의 목적·성질 및 규모 등을 고려하여 참가자의 자격을 제한하거나 참가자를 지명하여 경쟁에 부치거나 03 [수의계약/입찰계약]으로 할 수 있다.
④ 공사는 계약을 체결하는 경우 공정한 경쟁 또는 계약의 적정한 이행을 해칠 것이 명백하다고 판단되는 자에 대하여는 04 [1년/2년] 이내의 범위에서 입찰참가자격을 제한할 수 있다.

[시행령 제57조의8(회계처리 등)]   ② 제1항에 따라 준용되는 「지방자치단체를 당사자로 하는 계약에 관한 법률 시행령」 제25조 제1항에도 불구하고 공사의 사장 또는 공사의 사장으로부터 계약사무의 전부 또는 일부를 위임 또는 위탁받아 계약사무를 담당하는 직원(이하 "계약담당자"라 한다)은 다음 각 호의 어느 하나에 해당하는 경우에는 수의계약으로 할 수 있다.

3. 공사가 「대·중소기업 상생협력 촉진에 관한 법률」 제8조 제1항에 따른 성과공유제를 시행하여 같은 조 제2항에 따른 성과공유제 확산 추진본부로부터 그 성과를 확인받은 후 05[2년/3년] 이내에 해당 수탁기업과 계약을 체결하는 경우

[시행령 제57조의9(국제입찰 대상 도시철도공사의 조달계약의 범위)]   ① 제57조의8에도 불구하고 별표 1에 따른 공사(이하 "도시철도공사"라 한다)는 정부가 가입하거나 체결한 정부조달에 관한 협정 및 이에 근거한 국제규범(이하 "정부조달협정등"이라 한다)에 따라 06[기획예산처장관/행정안전부장관]이 정하여 고시하는 금액 이상인 조달계약을 체결하는 경우에는 국제입찰의 방법으로 해야 한다. 다만, 다음 각 호의 어느 하나에 해당하는 경우에는 국제입찰에 의한 도시철도공사의 조달계약의 대상에서 제외한다.

[지방공기업법 시행령 – 별표 1]   국제입찰의 방법으로 조달계약을 해야 하는 공사(제57조의9 제1항 관련)

4. 인천교통공사 07(도시철도 분야[는 제외한다./로 한정한다.])

[제64조의3(중장기재무관리계획의 수립 등)]   ① 자산·부채규모 등을 고려하여 대통령령으로 정하는 기준에 해당하는 공사의 사장은 매년 해당 연도를 포함한 5회계연도 이상의 중장기재무관리계획(이하 "중장기재무관리계획"이라 한다)을 수립하고, 08[지방공기업정책 심의를/이사회의 의결을] 거쳐 확정한 후 대통령령으로 정하는 기한까지 지방자치단체의 장과 09[행정안전부장관/의회]에 제출하여야 한다.

[시행령 제57조의11(중장기재무관리계획의 수립)]   다음 각 호의 어느 하나에 해당하는 공사의 사장은 법 제64조의3 제1항에 따라 중장기재무관리계획을 매년 10[9월 30일/12월 31일]까지 지방자치단체의 장과 의회에 제출하여야 한다.

1. 직전 회계연도 말일을 기준으로 부채규모가 11[1천억 원/3천억 원] 이상인 공사
2. 직전 회계연도 말일을 기준으로 부채비율이 100분의 200 이상인 공사
3. 직전 회계연도 말일을 기준으로 부채가 자산보다 큰 공사

[제64조의4(청렴서약서의 제출)]   ② 제1항에 따른 청렴서약서에는 다음 각 호의 사항이 포함되어야 한다.

3. 그 밖에 계약의 투명성과 공정성을 높이기 위하여 12[대통령령으로/공정거래위원회에서] 정하는 사항

[제64조의6(이의신청)]   ③ 이의신청 조치결과에 대하여 이의가 있는 자는 그 통지를 받은 날부터 13[7일/20일] 이내에 「지방자치단체를 당사자로 하는 계약에 관한 법률」 제35조에 따른 지방계약심의조정위원회에 조정을 위한 재심을 청구할 수 있다.

[시행령 제57조의10(이의신청의 대상 및 사유)]   ① 법 제64조의6 제1항 각 호 외의 부분에서 "대통령령으로 정하는 규모"란 다음 각 호의 구분에 따른 규모를 말한다.
2. 「건설산업기본법」에 따른 전문공사: 추정가격 14[1억 원/10억 원]

[제65조(예산)]   ① 15[기획예산처장관/공사의 사장]은 매 사업연도의 사업계획 및 예산을 해당 사업연도가 시작되기 전까지 편성하여야 한다.
③ 공사의 사장은 제2항에 따라 예산이 성립되거나 변경되었을 때에는 지체 없이 16[기획예산처장관/지방자치단체의 장]에게 보고하여야 한다.

[시행령 제58조(사업계획 및 예산)]   ② 공사의 사장은 제1항의 규정에 의한 사업계획 및 예산을 이사회 개최 17[7일/30일] 전까지 각 이사에게 송부하여야 한다. 다만, 법 제65조 제2항의 규정에 의하여 예산을 변경하는 경우에는 이사회 개최 7일 전까지 송부하여야 한다.

[제65조의3(신규 투자사업의 타당성 검토)]   ① 공사의 사장은 대통령령으로 정하는 규모 이상의 신규 투자사업을 하려면 대통령령으로 정하는 방법 및 절차에 따라 사업의 필요성과 사업계획의 타당성 등을 검토(이하 "신규 투자사업 타당성 검토"라 한다)하여 18[지방자치단체의 장/대통령]에게 보고하고 19[지방공기업정책위원회의 검토를/의회의 의결을] 받아야 한다.
② 제1항에도 불구하고 다음 각 호의 어느 하나에 해당하는 사업은 대통령령으로 정하는 절차에 따라 신규 투자사업 타당성 검토 대상에서 제외한다. 이 경우 공사의 사장은 신규 투자사업 타당성 검토 제외 사업의 내역 및 사유를 지체 없이 지방자치단체의 장과 의회에 보고하여야 한다.
4. 법령에 따라 20[폐지/추진]하여야 하는 사업
③ 신규 투자사업 타당성 검토는 전문 인력 및 조사·연구 능력 등 대통령령으로 정하는 요건을 갖춘 전문기관으로서 21[행정안전부장관/지방자치단체의 장]이 지정·고시하는 기관에 의뢰하여 실시하여야 한다.

[시행령 제58조의2(신규 투자사업의 타당성 검토)]   ① 법 제65조의3 제1항에서 "대통령령으로 정하는 규모 이상의 신규 투자사업"이란 다음 각 호의 구분에 따른 투자사업을 말한다.
1. 시·도가 설립한 공사 : 총사업비 22[300억 원/500억 원] 이상의 신규 투자사업
2. 시·군·구가 설립한 공사 : 총사업비 23[300억 원/500억 원] 이상의 신규 투자사업
⑤ 제3항 및 제4항에 따른 신규 투자사업 타당성 검토 제외 사업의 확인 절차, 방법 및 그 밖에 신규 투자사업 타당성 검토 제외 대상 확인에 필요한 사항은 24[행정안전부장관/지방자치단체의 장]이 정한다.

⑥ 행정안전부장관은 제5항에 따른 사항을 정하는 경우에는 25[공사의 사장/지방자치단체의 장]의 의견을 들어야 한다.

[제65조의4(사업의 실명 관리 및 공개)]   ① 26[행정안전부장관/공사의 사장]은 제65조의3 제1항에 따른 신규 투자사업에 대하여 그 사업 내용 및 사업의 결정 또는 집행과 관련하여 이에 참여한 자 등을 기록·관리하고 이를 공개하여야 한다. 다만, 「공공기관의 정보공개에 관한 법률」 제9조에 따른 비공개 대상 정보의 경우에는 정보가 기간의 경과 등으로 인하여 비공개의 필요성이 없어지기 전까지 공개하지 아니할 수 있다.
② 제1항에 따른 기록·관리 및 공개의 범위, 방법 및 절차 등에 필요한 사항은 27[행정안전부령/대통령령]으로 정한다.

[제66조(결산)]   ① 공사는 매 사업연도의 결산을 해당 사업연도가 끝난 후 28[1개월/2개월] 이내에 완료하여야 한다.
② 공사는 결산 완료 후 29[보고서/결산서]를 작성하고, 지방자치단체의 장이 선임하는 회계감사인에게 결산서를 제출하여 회계감사를 받아야 한다.
③ 공사는 제2항에 따라 작성된 결산서에 다음 각 호의 서류를 첨부하여 지체 없이 지방자치단체의 장에게 보고하고 승인을 받아야 한다.
2. 30[대통령령으로/재정경제부장관이] 정하는 서류

[제66조의2(예산·결산에 관한 공통기준)]   ① 31[행정안전부장관/지방자치단체의 장]은 공사의 예산 및 결산에 공통적으로 적용하여야 할 사항에 관한 기준을 작성하여 통보할 수 있다.
② 공사의 예산 및 결산의 제출 및 운영에 필요한 사항은 제1항의 공통기준의 범위에서 32[행정안전부장관/지방자치단체의 장]이 정한다.

[시행령 제60조(예산에 관한 공통기준)]   ① 행정안전부장관은 법 제66조의2 제1항의 규정에 의한 예산에 관한 공통기준을 전년도 33[6월 30일/12월 31일]까지 지방자치단체의 장에게 통보하여야 한다.

[제67조(손익금의 처리)]   ① 공사는 결산 결과 이익이 생긴 경우에는 그 이익금을 다음 각 호의 순서에 따라 처리한다.
2. 대통령령으로 정하는 바에 따라 34[이익준비금/감채적립금]으로 적립
3. 대통령령으로 정하는 바에 따라 35[이익준비금/감채적립금]으로 적립

[시행령 제61조(이익금의 처리)]   ① 공사는 법 제67조 제1항 제1호에 따른 이월결손금을 보전하고 남은 이익금의 36[10분의 1/10분의 5] 이상을 자본금의 2분의 1에 달할 때까지 이익준비금

으로 적립하여야 하고, 이익준비금으로 적립하고 남은 이익금의 37[10분의 1/10분의 5] 이상을 감채적립금으로 적립하여야 한다. 다만, 매 회계연도의 말일을 기준으로 공사채 미상환 잔액이 없는 경우에는 감채적립금을 적립하지 아니할 수 있다.

[제68조(사채 발행 및 차관)] ③ 지방자치단체의 장은 제1항에 따라 발행되는 사채가 대통령령으로 정하는 기준을 초과하는 경우에는 제1항에 따른 승인을 하기 전에 미리 38[재정경제부장관/행정안전부장관]의 승인을 받아야 한다. 이 경우 대통령령으로 정하는 기준은 공사의 부채비율, 경영성과 등을 고려하여야 한다.

④ 39[정부/지방자치단체]는 사채의 상환을 보증할 수 있다.

⑥ 40[   ]의 발행, 매각 및 상환에 필요한 사항은 조례로 정한다.

[시행령 제62조(사채발행)] ① 공사는 법 제68조 제1항의 규정에 의하여 사채를 발행하고자 하는 때에는 다음 각 호의 사항을 기재한 신청서를 그 지방자치단체의 장에게 제출하여야 한다. 지방자치단체의 장이 법 제68조 제3항의 규정에 의하여 행정안전부장관의 승인을 신청하는 때에도 또한 같다.

5. 41[원금/이자]의 상환방법 및 기한

6. 42[원금/이자]의 지급방법 및 기한

② 공사가 법 제68조 제1항에 따라 발행할 수 있는 사채발행의 한도는 다음과 같다.

1. 법 제2조 제1항 제7호(주택사업) 및 제8호(토지개발사업)의 사업을 경영하는 공사는 제14조 (자본)에서 정하고 있는 순자산액의 43[2배/4배] 이내

2. 제1호 외의 사업을 경영하는 공사는 제14조에서 정하고 있는 순자산액의 44[2배/4배] 이내

④ 법 제68조 제3항 전단에서 "대통령령이 정하는 기준을 초과하는 경우"라 함은 다음 각 호의 어느 하나에 해당하는 경우를 말한다.

2. 최근 45[3년/5년] 이상 계속하여 당기순손실이 발생한 경우

⑤ 법 제68조 제1항의 규정에 의한 사채는 다음 각 호의 사항을 기재하고 46[   ]이 기명날인 또는 서명하여야 한다.

[제71조(대행사업의 비용 부담)] ① 47[지방자치단체의 장은/공사는] 국가 또는 지방자치단체의 사업을 대행할 수 있으며, 이 경우에 필요한 비용은 국가 또는 지방자치단체가 부담한다.

[시행령 제63조(대행업무의 비용부담 등)] ① 공사가 법 제71조 제1항의 규정에 의하여 국가 또는 지방자치단체의 사업을 대행하고자 하는 때에는 48[수의계약/위탁계약]에 의한다.

④ 공사가 그 대행사업을 종료한 때에는 지체 없이 49[   ]가 부담한 비용을 정산하여야 한다.

[제71조의2(재정 지원)] 50[지방자치단체는/한국은행 등 금융기관은] 사업의 운영을 위하여 필요하다고 인정하는 경우에는 공사에 보조금을 교부하거나 장기대부를 할 수 있다.

[제71조의3(물품 구매 및 공사계약의 위탁)] 공사는 필요하다고 인정하는 경우에는 물품의 구매나 시설공사계약의 체결을 51[행정안전부장관/조달청장]에게 위탁할 수 있다.

[제71조의4(물품 관리)] 52[   ]는 소관 물품을 적정하게 관리하기 위하여 해당 공사에서 사용하는 물품을 표준화하고, 사용 및 처분의 목적에 따라 분류하여야 하며, 물품수급계획을 포함한 물품관리계획을 수립하여야 한다.

제4절 감독

[제73조(감독 등)] ① 01[행정안전부장관/지방자치단체의 장]은 공사의 설립·운영 등 공사의 업무를 관리·감독한다.
② 02[행정안전부장관/지방자치단체의 장]은 공사의 업무, 회계 및 재산에 관한 사항을 검사할 수 있으며, 공사에 필요한 보고를 명할 수 있다.

제5절 보칙

[제75조의2(업무 상황의 공표 등)] 공사의 업무 상황의 공표 등에 관하여는 제46조를 준용한다. 이 경우 "관리자"는 " 03[   ]"으로 본다.

[제75조의3(공무원의 파견·겸임)] 04[행정안전부장관/지방자치단체의 장]은 공사가 수행하는 사업을 지원하기 위하여 필요한 경우에는 그 소속 공무원을 공사에 파견하거나 겸임하게 할 수 있다.

[제75조의4(권한의 위탁)] 이 법에 따른 지방자치단체의 장의 권한은 공사의 목적을 수행하기 위하여 필요한 경우에는 조례로 정하는 바에 따라 그 일부를 05[공사의 사장/소속 공무원]에게 위탁할 수 있다.

[제75조의5(민영화된 공사의 주식회사로의 등기)] 제53조 제2항 및 제3항에 따른 공사가 매각되는 경우 「상법」에 따른 청산 절차를 거치지 아니하여도 매수인은 주식회사로의 06[설립등기/이전등기]를 신청할 수 있다. 이 경우 주식회사의 상호에 "공사"라는 명칭은 사용할 수 없다.

[제75조의6(공사와 공공기관의 합병)] ② 공사가 제1항에 따른 합병을 하려면 07[재정경제부장관/행정안전부장관]과 협의를 거쳐 합병 등기 전까지 08[대통령/지방자치단체의 장]의 승인

을 받아야 한다. 다만, 공공기관 지정이 해제된 기관과 합병할 경우에는 협의절차를 생략할 수 있다.

제5장　보칙

[제78조(경영평가 및 지도)]　① 01[지방자치단체는/행정안전부장관은] 제3조에 따른 지방공기업의 경영 기본원칙을 고려하여 대통령령으로 정하는 바에 따라 지방공기업에 대한 경영평가를 하고, 그 결과에 따라 필요한 조치를 하여야 한다. 다만, 행정안전부장관이 필요하다고 인정하는 경우에는 지방자치단체의 장으로 하여금 경영평가를 하게 할 수 있다.

② 제1항에 따른 경영평가에는 지방공기업의 경영목표의 달성도, 업무의 02[　　　], [　　　], [　　　　　] 등에 관한 평가가 포함되어야 한다.

④ 행정안전부장관은 대통령령으로 정하는 바에 따라 제1항 및 제2항에 따른 경영평가와는 별도로 사장에 대하여 업무성과 평가를 할 수 있다. 이 경우 03[공익성/수익성]이 고려되어야 한다.

⑥ 행정안전부장관은 지방공기업이 다음 각 호의 어느 하나에 해당하는 경우에는 제1항에 따른 경영평가 결과를 조정하고, 해당 지방공기업에 대한 주의·경고 등의 조치를 하거나 지방자치단체의 장에게 해당 지방공기업의 평가급 조정을 요청할 수 있다. 이 경우 제78조의5에 따른 04[지방공기업정책위원회의 심의를/이사회의 의결을] 거쳐야 한다.

⑦ 제6항에 따른 요청을 받은 05[기획예산처장관/지방자치단체의 장]은 특별한 사정이 없으면 해당 지방공기업의 평가급을 조정하여야 하고, 필요한 경우 해당 공사의 사장 또는 공단의 이사장에게 관련자에 대한 인사상의 조치 등을 요구할 수 있다.

[시행령 제4장 경영평가 및 경영진단 – 제68조(경영평가)]　① 법 제78조 제1항의 규정에 의한 지방공기업에 대한 경영평가는 06[매년/반기별로] 실시하여야 한다. 다만, 지방직영기업의 경영평가에 관하여는 07[지방자치단체의 장/행정안전부장관]이 따로 정할 수 있다.

③ 지방공기업에 대한 경영평가는 법 제35조 제3항 및 법 제66조 제2항의 규정에 의한 공인회계사의 회계감사가 종료된 때부터 실시한다. 이 경우 공사·공단에 대한 경영평가는 회계감사 종료 후 08[1개월/4개월] 이내에 완료하여야 한다.

[제78조의2(경영진단 및 경영 개선 명령)]　① 지방자치단체의 장은 제78조 제1항 단서에 따라 경영평가를 하였을 때에는 그 평가가 끝난 후 09[1개월/3개월] 이내에 경영평가보고서, 재무제표, 그 밖에 대통령령으로 정하는 서류를 10[행정안전부장관/공사의 사장]에게 제출하여야 한다.

② 행정안전부장관은 제78조 제1항 본문에 따라 경영평가를 하거나 제1항에 따른 서류 등을 분석한 결과 특별한 대책이 필요하다고 인정되는 지방공기업으로서 다음 각 호의 어느 하나에 해

당하는 지방공기업에 대하여는 대통령령으로 정하는 바에 따라 따로 경영진단을 실시하고, 그 결과를 공개할 수 있다.

1. [11][3개/5개] 사업연도 이상 계속하여 당기 순손실이 발생한 지방공기업
2. 특별한 사유 없이 전년도에 비하여 영업수입이 현저하게 [12][감소/증가]한 지방공기업
③ [13][   ]은 제2항에 따른 경영진단의 결과 필요하다고 인정하는 경우에는 지방자치단체의 장, 공사의 사장 또는 공단의 이사장에게 해당 지방공기업의 임원의 해임, 조직의 개편 등 경영 개선을 위하여 필요한 조치를 명할 수 있다.

[시행령 제70조(경영진단대상 등)] ② 행정안전부장관은 법 제78조의2 제1항의 규정에 의하여 경영평가보고서등의 서류를 접수한 때에는 [14][30일/60일] 이내에 경영진단대상을 확정하여야 한다.

[시행령 제71조(지방공기업경영진단반)] ① 행정안전부장관은 법 제78조의2 제2항의 규정에 의한 경영진단을 수행하기 위하여 필요한 경우에는 다음 각 호의 1에 해당하는 자 중에서 위촉 또는 임명하는 자로서 지방공기업경영진단반(이하 “경영진단반”이라 한다)을 구성·운영할 수 있다. 이 경우 행정안전부장관은 지방공기업에 대한 경영진단을 외부전문기관에 위탁하여 실시할 수 있다.

3. [15][5년/10년] 이상의 실무경험이 있는 공인회계사
4. 기타 공기업의 경영 및 관련분야에 관한 전문지식과 경험이 풍부한 자
④ 경영진단반은 그 임무가 종료된 때에 [16][   ]된 것으로 본다.

[제78조의3(부실 지방공기업에 대한 해산 요구)] ① 행정안전부장관은 공사 또는 공단이 다음 각 호에 해당하는 경우로서 대통령령으로 정하는 경우 제78조의5에 따른 [17][지방공기업정책위원회의 심의/국무회의]를 거쳐 지방자치단체의 장이나 공사의 사장 또는 공단의 이사장에게 해산을 요구할 수 있다.

[시행령 제71조의2(부실 지방공기업에 대한 해산 요구 요건)] 법 제78조의3 제1항 각 호 외의 부분에서 “대통령령으로 정하는 경우”란 직전 연도 결산자료로 판단한 결과 공사 또는 공단이 다음 각 호의 어느 하나에 해당하는 경우를 말한다.
2. 자본금 [18][일부가/전액이] 잠식된 경우

[제78조의4(지방공기업평가원의 설립·운영)] ④ 평가원에 이사회와 감사 [19][   ]을 둔다.
⑤ 이사회는 이사장 1명을 포함하여 [20][10명/12명] 이내의 이사로 구성한다.
⑥ 이사장은 이사회의 추천으로 [21][행정안전부장관/지방자치단체의 장]의 승인을 받아 이사회가 선임한다.

⑦ 이사장의 임기는 [22][2년/3년]으로 하며, 한 차례만 연임할 수 있다.

[시행령 제76조(지방공기업평가원에 대한 출연)]　① 법 제78조의4에 따라 설립되는 지방공기업평가원(이하 "평가원"이라 한다)의 이사장은 다음 각 호의 기준에 따라 편성한 전체 및 각 지방자치단체·지방공기업별 다음 연도 출연금 요구안에 대하여 매년 [23][7월 31일/12월 31일]까지 행정안전부장관과 협의하여 출연금 규모를 결정하여야 한다.
③ 평가원의 이사장은 제1항에 따라 행정안전부장관과 협의된 출연금액이 지방자치단체 예산과 지방공기업 예산에 편성될 수 있도록 출연금요구서에 다음 각 호의 서류를 첨부하여 매년 [24][7월 31일/8월 31일]까지 해당 지방자치단체 및 지방공기업에 제출하여야 한다.
⑦ 평가원은 결산 후 발생한 [25][수익금/잉여금]을 [26][이사회의 의결을 거쳐/재정경제부장관의 승인을 받아] 기본재산 또는 운영자금으로 편입하여야 한다.
⑧ 평가원의 이사장은 매 회계연도 종료 후 [27][1개월/2개월 이내]에 행정안전부장관에게 출연금 지급 및 사용에 관한 사항을 보고하여야 한다.

[제78조의5(지방공기업정책위원회)]　② 지방공기업정책위원회는 위원장 [28][1명을 포함한 15명/1명을 제외한 15명] 이내의 위원으로 구성한다.

[시행령 제72조(지방공기업정책위원회의 구성)]　① 법 제78조의5 제3항에 따른 지방공기업정책위원회(이하 "정책위원회"라 한다)의 위원장은 [29][행정안전부장관/행정안전부차관]이 되고, 위원은 다음 각 호의 어느 하나에 해당하는 사람 중에서 [30][행정안전부장관/행정안전부차관]이 임명 또는 위촉한다.
② 위촉위원의 임기는 2년으로 하고, [31][연임할 수 없다/한 차례만 연임할 수 있다].

[시행령 제72조의3(정책위원회 위원의 제척·기피·회피)]　① 정책위원회의 위원이 다음 각 호의 어느 하나에 해당하는 경우에는 해당 안건의 심의·의결에서 [32][　　]된다.
② 정책위원회에서 심의·의결하는 안건의 당사자는 위원에게 제1항에 따른 제척 사유가 있거나 공정한 심의·의결을 기대하기 어려운 사정이 있는 경우에는 그 사유를 적어 정책위원회에 [33][　　] 신청을 할 수 있다. 이 경우 위원장은 기피 신청에 대하여 정책위원회의 의결을 [34][거쳐/거치지 않고] 기피 여부를 결정한다.
③ 위원이 제1항 각 호에 따른 제척 사유에 해당하는 경우에는 스스로 해당 안건의 심의·의결에서 [35][　　]해야 한다.

[시행령 제73조(정책위원회의 운영)]　② 정책위원회는 [36][재적위원/출석위원] 과반수의 출석으로 개의(開議)하고, [37][재적위원/출석위원] 과반수의 찬성으로 의결한다.
④ 정책위원회의 업무를 효율적으로 수행하기 위하여 정책위원회에 [38][간사/분과위원회]를 둘

수 있다. 이 경우 분과위원회의 위원장과 위원은 39[   ]이 정책위원회 위원 중에서 임명한다.

⑥ 간사는 지방공기업에 관한 업무를 담당하는 행정안전부의 40[차관/과장]이 된다.

[시행령 제74조(수당 등)] ① 정책위원회의 위원 등에 대하여는 예산의 범위에서 수당과 여비를 지급할 수 있다. 다만, 41[   ]인 위원이 그 소관 업무와 직접적으로 관련되어 정책위원회에 출석하는 경우에는 그러하지 아니하다.

[제78조의6(주민 등의 의견청취)] ① 지방자치단체의 장은 다음 각 호의 어느 하나에 해당하는 때에는 지방의회에 보고하고 주민 및 관계 전문가 등의 의견을 들어야 한다.

2. 42[대통령/행정안전부장관]으로부터 제78조의2에 따른 경영 개선 명령을 받거나, 제78조의3에 따른 해산 요구를 받은 때

[시행령 제76조의2(주민 등의 의견청취)] ① 지방자치단체의 장은 법 제78조의6 제1항 제1호의 사유로 주민 등의 의견을 청취하는 경우에는 제47조 제2항에 따른 43[주민공청회/심의위원회]를 개최하기 전에 44[주민공청회/심의위원회]를 개최해야 한다. 이 경우 주민공청회를 개최하기 전에 법 제49조 제3항에 따른 타당성 검토 결과를 해당 지방자치단체의 인터넷 홈페이지에 미리 공개하고 그 사본을 주민자치센터 등 공개된 장소에 갖추어 주민들이 열람할 수 있게 해야 한다.

② 지방자치단체의 장은 법 제78조의6 제1항 제2호의 사유로 주민 등의 의견을 청취하는 경우에는 행정안전부장관으로부터 경영 개선 명령을 받은 날 또는 해산 요구를 받은 날부터 45[60/90]일 이내에 46[   ]를 실시하여야 한다.

③ 47[지방자치단체의 장/공사의 사장]은 제1항 또는 제2항에 따른 주민공청회를 개최하는 경우 개최예정일 48[15일/60일] 이전에 개최목적, 개최예정일, 개최장소 등을 공고하여야 한다.

[시행령 제78조(통보 등)] ① 지방자치단체의 장은 당해 지방자치단체가 경영하는 사업이 법 제2조에 따라 지방직영기업으로서 법의 적용을 받게 되거나 또는 받지 아니하게 된 때에는 이를 49[의회에/행정안전부장관에게] 통보해야 한다.

② 지방자치단체의 장은 다음 각 호의 어느 하나에 해당되는 사항에 대하여 그 사유가 발생한 날부터 50[10일/60일] 이내에 행정안전부장관에게 통보해야 한다.

③ 시장·군수 또는 자치구의 구청장이 행정안전부장관에게 제1항 및 제2항에 따라 통보하려는 경우에는 관할 51[시·도지사/주민공청회]를 거쳐야 한다.

[제78조의7(국회에 대한 보고)] 행정안전부장관은 제78조에 따른 경영평가, 제78조의2에 따른 경영진단 결과 및 경영개선을 위한 조치, 제78조의3에 따른 해산 요구 등을 명확하게 기록한

52[지방공기업결산서/지방공기업보고서]를 매년 경영진단 및 경영개선 조치 실시 후 53[3개월/1년] 이내에 국회 소관 상임위원회에 제출하여야 한다.

[제79조(국고지원)]   54[국가/지방자치단체]는 지방공기업의 원활한 경영을 위하여 필요한 경우에는 지방자치단체에 대하여 지방자치단체가 출자할 자본금이나 그 밖에 필요한 경비의 일부를 보조할 수 있다.

[제79조의3(권한의 위임)]   이 법에 따른 행정안전부장관의 권한은 대통령령으로 정하는 바에 따라 그 일부를 55[시·도지사/공사의 사장]에게 위임할 수 있다.

[제80조(공사와 공단의 조직변경)]   ② 공사의 사장 또는 공단의 이사장은 제1항에 따른 조직변경을 하려는 경우에는 조직변경에 관한 사항에 대하여 56[재정경제부장관/지방자치단체의 장]의 승인을 받아야 하고, 조직변경에 관한 조례안과 함께 57[의회의 의결을/주민공청회를] 거쳐야 한다.
④ 공사의 사장 또는 공단의 이사장은 제2항에 따른 의회의 의결이 있은 날부터 58[10일/20일] 이내에 채권자 등 이해관계자에게 조직변경 사실을 통보하여야 한다.
⑤ 공사 또는 공단이 제2항에 따른 의결을 받은 경우에는 59[2주/3주] 내에 그 주된 사무소의 소재지에서 종전의 공사 또는 공단에 관하여는 해산등기를, 변경된 공사 또는 공단에 관하여는 설립등기를 하여야 한다.
⑦ 제1항부터 제6항까지에서 규정한 사항 외에 조직변경의 방법 및 절차에 관하여 필요한 사항은 60[대통령령/행정안전부령]으로 정한다.

[제80조의2(수사기관 등의 수사 등 개시·종료 통보)]   다음 각 호의 어느 하나에 해당하는 기관은 공사 또는 공단의 임직원에 대하여 직무와 관련된 사건에 관한 조사나 수사를 시작한 때와 이를 마친 때에는 61[10일/20일] 이내에 공사의 사장 또는 공단의 이사장에게 해당 사실과 결과를 통보하여야 한다.

제6장 벌칙

[제81조(벌칙)]   ①「상법」 제635조 제1항에 규정된 자나 공사·공단의 임원 및 그 밖에 회계업무를 담당하는 자가 제64조의2 제1항·제6항(제76조 제2항에서 준용하는 경우를 포함한다)에 따른 회계처리기준을 위반하여 거짓으로 재무제표를 작성·공시한 경우 01[5년 이하의 징역 또는 5천만 원 이하/3년 이하의 징역 또는 3천만 원 이하]의 벌금에 처한다.
②「상법」 제635조 제1항에 규정된 자나 공사·공단의 임원 및 그 밖에 회계업무를 담당하는 자

가 제66조 제2항(제76조 제2항에서 준용하는 경우를 포함한다)을 위반하여 결산서를 작성하지 아니한 경우 [02] [5년 이하의 징역 또는 5천만 원 이하/3년 이하의 징역 또는 3천만 원 이하]의 벌금에 처한다.

③ 회계감사인 또는 그에 소속된 공인회계사가 회계감사 보고서에 적어야 할 사항을 적지 아니하거나 거짓으로 적은 경우 [03] [5년 이하의 징역 또는 5천만 원 이하/3년 이하의 징역 또는 3천만 원 이하]의 벌금에 처한다.

④ 「상법」 제635조 제1항에 규정된 자나 공사·공단의 임원 및 그 밖에 회계업무를 담당하는 자가 다음 각 호의 어느 하나에 해당하는 행위를 하면 [04] [2년 이하의 징역 또는 2천만 원 이하/1년 이하의 징역 또는 1천만 원 이하]의 벌금에 처한다.

[제82조(벌칙)]　① 회계감사인, 회계감사인에 소속된 공인회계사, 감사(제78조의4에 따른 (지방공기업)평가원의 감사는 제외한다) 또는 회계감사인선임위원회의 위원이 그 직무에 관하여 부정한 청탁을 받고 그 대가로서 금품이나 이익을 받거나 요구한 경우 또는 받기로 약속한 경우에는 [05] [2년 이하의 징역 또는 2천만 원 이하/3년 이하의 징역 또는 3천만 원 이하]의 벌금에 처한다. 다만, 벌금형에 처하는 경우 그 직무와 관련하여 얻은 경제적 이익의 5배에 해당하는 금액이 3천만 원을 초과하면 그 직무와 관련하여 얻은 경제적 이익의 [06] [5배/10배]에 상당하는 금액 이하의 벌금에 처한다.

[제83조(벌칙)]　공사 또는 공단의 임원(감사는 제외한다)이 제65조〈**예산(편성)**〉를 위반하였을 때에는 [07] [300만 원/500만 원] 이하의 벌금에 처한다.

[제84조(과태료)]　① 정당한 이유 없이 제73조 제2항(제76조 제2항에서 준용하는 경우를 포함한다)에 따른 〈행안부장관이 공사 업무, 회계 및 재산에 관한 사항〉검사를 거부, 방해 또는 기피한 자에게는 [08] [100만 원/200만 원] 이하의 과태료를 부과한다.

② 제1항에 따른 과태료는 대통령령으로 정하는 바에 따라 [09] [행정안전부장관/지방자치단체의 장]이 부과·징수한다.

제1장 **총칙**

01 다음 중 이 법의 목적으로 알맞은 것은?

① 공공기관이 직접 설치·경영하거나, 법인을 설립하여 경영하는 기업의 운영에 필요한 사항을 정하여 그 경영을 합리화하기 위함

② 지방자치단체가 직접 설치·경영하거나, 법인을 설립하여 경영하는 기업의 운영에 필요한 사항을 정하여 그 경영을 합리화함으로써 지방자치의 발전과 주민복리의 증진에 이바지함

③ 지방자치단체 산하에 설치·경영하는 기업의 필요한 사항을 정하여 그 경영을 합리화함으로써 지방자치의 발전과 주민복리의 증진에 이바지함

④ 지방자치단체가 지방발전을 위해 설치·경영하고 그 운영에 필요한 사항을 정하기 위함

⑤ 지방자치단체가 제3자에게 위탁하여 설치·경영하거나, 법인을 설립하여 경영하는 기업의 운영에 필요한 사항을 정하여 그 경영을 효율적으로써 지방자치의 발전과 주민복리의 증진에 이바지함

해설 제1조(목적)
이 법은 지방자치단체가 직접 설치·경영하거나, 법인을 설립하여 경영하는 기업의 운영에 필요한 사항을 정하여 그 경영을 합리화함으로써 지방자치의 발전과 주민복리의 증진에 이바지함을 목적으로 한다.

02 다음 중 법의 적용범위로 틀린 것은?

① 수도사업

② 모든 지방도로사업

③ 자동차운송사업

④ 토지개발사업

⑤ 해운법에 따른 내항 정기 여객운송사

해설 제2조(적용 범위)
① 이 법은 다음 각 호의 어느 하나에 해당하는 사업(그에 부대되는 사업을 포함한다. 이하 같다) 중 제5조에 따라 지방자치단체가 직접 설치·경영하는 사업으로서 대통령령으로 정하는 기준 이상의 사업(이하 "지방직영기업"이라 한다)과 제3장 및 제4장에 따라 설립된 지방공사와 지방공단이 경영하는 사업에 대하여 각각 적용한다.
1. 수도사업(**마을상수도사업은 제외**한다)
2. 공업용수도사업
3. 궤도사업(**도시철도사업을 포함**한다)
4. 자동차운송사업
5. 지방도로사업(**유료도로사업만 해당**한다)
6. 하수도사업
7. 주택사업
8. 토지개발사업
9. 주택(**대통령령으로 정하는 공공복리시설을 포함**한다)·토지 또는 공용·공공용건축물의 관리 등의 수탁
10. 「도시 및 주거환경정비법」 제2조 제2호에 따른 공공재개발사업 및 공공재건축사업
11. 「신에너지 및 재생에너지 개발·이용·보급 촉진법」 제2조 제1호에 따른 신에너지 및 같은 조 제2호에 따른 재생에너지의 기술개발 및 발전·이용·보급에 필요한 사업
12. 「해운법」 제3조 제1호에 따른 내항 정기 여객운송사업

03 다음 중 빈칸에 들어갈 단어로 알맞은 것은?

> 지방자치단체는 관광진흥법에 따른 관광사업 중 경상경비의 (　　) 이상을 경상수입으로 충당할 수 있는 사업을 지방직영기업, 지방공사 또는 지방공단이 경영하는 경우에는 조례로 정하는 바에 따라 이 법을 적용할 수 있다.

① 30퍼센트　　② 40퍼센트
③ 50퍼센트　　④ 60퍼센트
⑤ 70퍼센트

04 다음 중 「지방공기업법」을 적용할 수 있는 사업이 아닌 것은?

① 민간인의 경영 참여가 어려운 사업으로서 주민복리의 증진에 이바지할 수 있고, 지역경제의 활성화나 지역개발의 촉진에 이바지할 수 있다고 인정되는 사업
② 「체육시설의 설치·이용에 관한 법률」에 따른 체육시설업
③ 1일 생산능력이 1만톤 미만인 수도사업
④ 「관광진흥법」에 따른 관광사업(여행업 및 카지노업을 포함한다)
⑤ 보유차량이 30대인 궤도사업

해설 **제2조(적용 범위)**
② 지방자치단체는 다음 각 호의 어느 하나에 해당하는 사업 중 경상경비의 **50퍼센트 이상**을 경상수입으로 충당할 수 있는 사업을 지방직영기업, 지방공사 또는 지방공단이 경영하는 경우에는 조례로 정하는 바에 따라 이 법을 적용할 수 있다.
1. 민간인의 경영 참여가 어려운 사업으로서 주민복리의 증진에 이바지할 수 있고, 지역경제의 활성화나 지역개발의 촉진에 이바지할 수 있다고 인정되는 사업

2. 제1항 각 호의 어느 하나에 해당하는 사업 중 같은 항 각 호 외의 부분에 따라 **대통령령**으로 정하는 기준에 미달하는 사업
3. 「체육시설의 설치·이용에 관한 법률」에 따른 체육시설업
4. 「관광진흥법」에 따른 관광사업(**여행업 및 카지노업은 제외**한다)

05 다음 중 지방직영기업의 조건으로 틀린 것은?

① 지방도로사업 : 도로관리연장 50킬로미터 이상 또는 유료터널·교량 3개소 이상
② 궤도사업 : 보유차량 50량 이상
③ 자동차운송사업 : 보유차량 30대 이상
④ 하수도사업 : 1년 처리능력 1만톤 이상
⑤ 토지개발사업 : 조성면적 10만평방미터 이상

해설 **시행령 제2조(사업범위)**
① 「지방공기업법」(이하 "법"이라 한다) 제2조 제1항에서 "대통령령으로 정하는 기준 이상의 사업"이란 다음 각 호의 기준에 해당하는 사업을 말한다.
1. 수도사업 : 1일 생산능력 1만톤 이상
2. 공업용수도사업 : 1일 생산능력 1만톤 이상
3. 궤도사업 : 보유차량 50량 이상
4. 자동차운송사업 : 보유차량 30대 이상
5. 지방도로사업 : 도로관리연장 50킬로미터이상 또는 유료터널·교량 3개소 이상
6. 하수도사업 : 1일 처리능력 1만톤 이상
7. 주택사업 : 주택관리 연면적 또는 주택건설 면적 10만평방미터 이상
8. 토지개발사업 : 조성면적 10만평방미터 이상

정답 **03** ③　**04** ④　**05** ④

06 다음 중 빈칸에 들어갈 단어로 알맞은 것은?

> 지방자치단체는 지방공사가 경영하는 사업으로서 사업범위 기준에 새로이 도달하게 된 사업에 대하여는 그 기준에 도달한 날부터 (　　) 이내에 그 사업에 대한 법적용을 위하여 필요한 사항을 조례로 정하여야 한다.

① 1월　　　　② 3월
③ 6월　　　　④ 1년
⑤ 2년

해설 시행령 제2조(사업범위)
③ 지방자치단체는 법 제2조 제1항 각 호에 규정된 사업으로서 제1항 각 호의 기준에 새로이 도달하게 된 사업에 대하여는 그 기준에 도달한 날부터 6월 이내에 그 사업에 대한 법적용을 위하여 필요한 사항을 조례로 정하여야 한다.

07 다음 중 요금에 관한 규정을 준용할 수 있는 사업으로 옳은 것은?

① 토지개발사업
② 주택사업
③ 지방도로사업
④ 궤도사업
⑤ 공업용수도사업

해설 시행령 제2조의2(요금에 관한 규정의 준용)
① 법 제2조 제3항의 규정에 의하여 법 제22조의 규정을 준용할 수 있는 사업은 다음 각 호와 같다.
1. 수도사업　2. 공업용수도사업　3. 하수도사업

08 다음 중 지방공기업에 해당되는 것으로 옳은 것은?

① 지방기업
② 지방자치단체
③ 지방교육원
④ 지방공단
⑤ 지방공공기관

해설 제3조(경영의 기본원칙)
① 지방직영기업, 지방공사 및 지방공단(이하 "지방공기업"이라 한다)은 항상 기업의 경제성과 공공복리를 증대하도록 운영하여야 한다.

제3장 지방공사

09 다음 중 지방공사 설립 시 시·도지사는 누구와 협의하여야 하는가?

① 대통령
② 국토교통부장관
③ 재정경제부장관
④ 행정안전부장관
⑤ 법무부

06 ③　**07** ⑤　**08** ④　**09** ④　**정답**

10 다음 중 지방공사를 설립할 수 있는 자로 옳은 것은?

① 국가

② 시·도지사

③ 국토교통부장관

④ 행정안전부장관

⑤ 지방자치단체

> **해설** 제49조(설립 등)
> ① 지방자치단체는 제2조에 따른 사업을 효율적으로 수행하기 위하여 필요한 경우에는 지방공사(이하 "공사"라 한다)를 설립할 수 있다. 이 경우 공사를 설립하기 전에 특별시장, 광역시장, 특별자치시장, 도지사 및 특별자치도지사(이하 "시·도지사"라 한다)는 행정안전부장관과, 시장·군수·구청장(자치구의 구청장을 말한다)은 관할 특별시장·광역시장 및 도지사와 협의하여야 한다.

11 다음 중 빈칸에 들어갈 말로 옳은 것은?

> 지방자치단체는 공사를 설립하는 경우 그 설립, 업무 및 운영에 관한 기본적인 사항을 (　　)로 정하여야 한다.

① 법률　　　　② 전화

③ 사규　　　　④ 서류

⑤ 조례

> **해설** 제49조(설립 등)
> ② 지방자치단체는 공사를 설립하는 경우 그 설립, 업무 및 운영에 관한 기본적인 사항을 조례로 정하여야 한다.

12 다음 중 지방공사 설립 타당성 검토기준을 정하는 자로 맞는 것은?

① 지방자치단체

② 국토교통부장관

③ 행정안전부장관

④ 재정경제부장관

⑤ 기획예산처장관

> **해설** 시행령 제47조(설립타당성 검토 등)
> ① 법 제49조 제3항에 따른 타당성 검토에는 다음 각 호의 사항이 포함되어야 하며, 이에 따른 세부절차 및 검토기준은 행정안전부장관이 정한다.

13 다음 중 빈칸에 들어갈 단어로 알맞은 것은?

> 지방자치단체의 장은 의회의원·관계 전문가 및 해당 지방자치단체의 관계공무원 등으로 심의위원회를 구성하여 전문기관의 타당성 검토결과와 (　　　) 결과를 기초로 지방공사의 설립 여부를 심의하여야 한다.

① 시·도지사의 운영계획

② 기획예산처의 예산계획

③ 행정안전부장관의 통보

④ 공공기관의 운영위원회

⑤ 주민공청회

> **해설** 시행령 제47조(설립타당성 검토 등)
> ② 지방자치단체의 장은 의회의원·관계전문가 및 해당 지방자치단체의 관계공무원 등으로 심의위원회를 구성하여 법 제49조 제3항에 따른 전문기관의 타당성 검토 결과와 이 영 제76조의2 제1항에 따른 주민공청회 결과를 기초로 지방공사(이하 "공사"라 한다)의 설립 여부를 심의하여야 한다.

정답 10 ⑤　11 ⑤　12 ③　13 ⑤

14 다음 중 빈칸에 들어갈 말로 옳은 것은?

> 심의위원회의 구성과 운영에 필요한 사항은 해당 지방자치단체의 장이 정하되, 심의위원회 위원 중 (   ) 이상은 민간위원으로 위촉하여야 한다.

① 2분의 1
② 3분의 1
③ 5분의 1
④ 10분의 1
⑤ 100분의 20

해설 시행령 제47조(설립타당성 검토 등)
③ 제2항에 따른 심의위원회의 구성과 운영에 필요한 사항은 해당 지방자치단체의 장이 정하되, 심의위원회 위원 중 2분의 1 이상은 민간위원으로 위촉하여야 한다.

15 다음 보기는 대통령령으로 정하는 공사 설립 타당성 검토 전문기관 요건 중 하나다. 빈칸에 들어갈 단어로 알맞은 것은?

> 최근 (   ) 이내에 지방공기업 또는 공기업이나 지방재정 관련 연구용역 실적이 있을 것

① 6개월　　　　② 1년
③ 2년　　　　④ 3년
⑤ 5년

해설 시행령 제47조(설립타당성 검토 등)
④ 법 제49조 제4항에서 "전문인력 및 조사·연구 능력 등 대통령령으로 정하는 요건을 갖춘 전문기관"이란 다음 각 호의 요건을 모두 갖춘 기관을 말한다.
2. 최근 3년 이내에 법 제3조에 따른 지방공기업 또는 「공공기관의 운영에 관한 법률」 제4조에 따른 공공기관(이하 "공기업"이라 한다)이나 지방재정 관련 연구용역 실적이 있을 것

16 다음 중 빈칸에 들어갈 단어로 맞는 것은?

> 공사는 (   )(으)로 한다.

① 법인　　　　② 사업자
③ 지방자치단체　　　④ 공익단체
⑤ 공공기관

해설 제51조(법인격)
공사는 법인으로 한다.

17 다음 중 지방자치단체가 다른 지방자치단체와 공동으로 공사를 설립할 수 있게 하기 위해서는 무엇을 정하여야 하는가?

① 서류　　　　② 심의서
③ 의결서　　　④ 상호규약
⑤ 회칙

해설 제50조(공동설립)
① 지방자치단체는 상호 규약을 정하여 다른 지방자치단체와 공동으로 공사를 설립할 수 있다.

18 다음 중 공사의 주된 사무소의 위치는 무엇으로 정하는가?

① 사업계획서
② 의결서
③ 위원회의 회의결과
④ 상호 규약
⑤ 정관

해설 제52조(사무소)
① 공사의 주된 사무소의 위치는 정관으로 정한다.

19 다음 중 빈칸에 들어갈 말로 알맞은 것은?

> 공사의 자본금은 그 전액을 (   )
> (이)가 현금 또는 현물로 출자한다.

① 정부
② 재정경제부
③ 기획예산처장
④ 지방자치단체
⑤ 시·도지사

해설 제53조(출자)
① 공사의 자본금은 그 전액을 지방자치단체가 현금 또는 현물로 출자한다.

20 다음 중 다른 법인에 대한 출자의 한도 지정자로 옳은 것은?

① 대통령
② 재정경제부장관
③ 기획예산처장관
④ 지방자치단체의 장
⑤ 시·도지사

해설 제54조(다른 법인에 대한 출자)
③ 제1항에 따른 출자의 한도는 대통령령으로 정한다.

21 다음 중 빈칸에 들어갈 단어로 알맞은 것은?

> 다른 법인에 대한 출자한 법인에 최대 주주의 변경이 발생하는 경우 공사의 사장은 그 사실을 지체 없이 (   )에 게 보고하여야 한다.

① 대통령
② 재정경제부장관
③ 기획예산처장관
④ 지방자치단체의 장
⑤ 시·도지사

해설 제54조(다른 법인에 대한 출자)
⑤ 제1항에 따라 출자한 법인에 최대주주의 변경 등 대통령령으로 정하는 경영상의 중대한 변화가 발생하는 경우 공사의 사장은 그 사실을 지체 없이 지방자치단체의 장에게 보고하여야 한다.

22 다음 중 다른 법인에 대한 출자타당성 사전 검토 기관 지정자로 맞는 것은?

① 대통령
② 재정경제부장관
③ 기획예산처장관
④ 지방자치단체의 장
⑤ 행정안전부장관

해설 시행령 제47조의2(다른 법인에 대한 출자타당성 검토 등)
① 공사는 법 제54조 제2항에 따라 다른 법인에 출자할 때에는 출자의 필요성 및 타당성에 대하여 제47조 제4항의 요건을 갖춘 전문기관 중 행정안전부장관이 지정·고시하는 전문기관의 사전검토를 거쳐야 한다. 다만, 출자규모가 5억 원 미만인 경우에는 「지방자치단체출연 연구원의 설립 및 운영에 관한 법률」에 따른 지방자치단체출연 연구원(제47조 제4항 각 호의 요건을 모두 갖춘 경우로 한정한다)의 사전검토를 거칠 수 있다.

정답 **19** ④　**20** ①　**21** ④　**22** ⑤

23 다음 중 사전검토하는 전문기관의 고려사
항으로 알맞은 것은?

① 출자대상 법인이 수행하는 사업의 적정
성 여부
② 출자대상 법인이 수행하는 사업별 수지
분석
③ 출자대상 법인의 재정현황
④ 재원 조달방법
⑤ 출자대상 법인이 수행하는 사업이 지역
경제에 미치는 영향

> **해설** **시행령 제47조의2(다른 법인에 대한 출자타당
> 성 검토 등)**
> ③ 제1항에 따라 사전검토를 하는 전문기관은 다음 각
> 호의 사항을 고려하여 검토하여야 한다.
> 1. 출자대상 법인이 수행하는 사업의 **적**정성 여부
> 2. 출자대상 법인이 수행하는 사업별 **수**지분석
> 3. **재**원 조달방법
> 4. 출자대상 법인이 수행하는 사업이 **지**역경제에 미치
> 는 영향
> ※ **암기법 : 재수적지**

24 다음 중 공사의 정관에 포함되어야 하는 사
항으로 알맞은 것은?

① 목적
② 명칭
③ 사무소의 소재지
④ 사채 발행에 관한 사항
⑤ 공익에 관한 사항

> **해설** **제56조(정관)**
> ① 공사의 정관에는 다음 각 호의 사항이 포함되어야 한다.
> 1. 목적　　　　　　　2. 명칭
> 3. 사무소의 소재지　　4. 사업에 관한 사항
> 5. 임직원에 관한 사항　6. 이사회에 관한 사항
> 7. 재무회계에 관한 사항　8. 공고에 관한 사항
> 9. 자본금에 관한 사항　10. 사채 발행에 관한 사항
> 11. 정관 변경에 관한 사항
> 12. 그 밖에 대통령령으로 정하는 사항

25 다음 중 공사가 정관을 변경하려는 경우 인
가를 받아야 하는 자는?

① 대통령
② 행정안전부장관
③ 지방자치단체의 장
④ 기획예산처장관
⑤ 이사회

> **해설** **제56조(정관)**
> ③ 공사는 정관을 변경하려는 경우 지방자치단체의 장
> 의 인가를 받아야 한다. 다만, 제50조 제1항에 따라 설
> 립된 공사의 경우에는 지방자치단체 간의 규약으로 정
> 하는 바에 따른다.

26 다음 중 빈칸에 들어갈 말로 알맞은 것은?

> 공사는 지사를 설치한 경우에는 설치
> 후 (　　) 이내에 주된 사무소의 소재
> 지에서 설치된 지사의 명칭, 소재지 및
> 설치 연월일을 등기해야 한다.

① 1주일　　　　　② 2주일
③ 3주일　　　　　④ 1개월
⑤ 6개월

> **해설** **시행령 제50조(지사의 설치등기)**
> 공사는 지사를 설치한 경우에는 설치 후 2주일 이내에
> 주된 사무소의 소재지에서 설치된 지사의 명칭, 소재지
> 및 설치 연월일을 등기해야 한다.

23 ③　**24** ⑤　**25** ③　**26** ② **정답**

27 다음 중 공사가 지사를 이전한 경우 얼마 이내에 주된 사무소의 소재지에서 새 소재지와 이전 연월일을 등기해야 하는가?

① 이전하기 1주일 전

② 이전하기 2주일 전

③ 이전 후 1주일 이내

④ 이전 후 2주일 이내

⑤ 이전 후 1개월 이내

해설 제51조(이전등기)

① 공사는 주된 사무소를 이전한 경우에는 이전 후 2주일 이내에 종전 소재지 또는 새 소재지에서 새 소재지와 이전 연월일을 등기해야 한다.

② 공사는 지사를 이전한 경우에는 이전 후 2주일 이내에 주된 사무소의 소재지에서 새 소재지와 이전 연월일을 등기해야 한다.

28 다음 중 변경등기를 행하는 자로 옳은 것은?

① 지방자치단체의 장

② 공사의 사장

③ 행정안전부장관

④ 국토교통부장관

⑤ 지방직 공무원

해설

· **제52조(변경등기)** 공사는 제49조 각 호 또는 제50조의 등기사항이 변경된 경우(제51조에 따른 이전등기에 해당하는 경우는 제외한다)에는 변경 후 2주일 이내에 주된 사무소의 소재지에서 변경사항을 등기해야 한다.

· **제53조(등기의 신청)** ① 제49조 내지 제52조의 규정에 의한 등기는 공사의 사장이 행한다.

29 다음 중 등기신청서의 첨부서류로 틀린 것은?

① 설립등기에 있어서는 정관·주식인수·현물출자·주금납입 및 임원의 자격을 증명하는 서류

② 지사의 설치등기에 있어서는 지사의 설치를 증명하는 서류

③ 이전등기에 있어서는 주된 사무소 또는 지사의 이전을 증명하는 서류

④ 변경등기에 있어서는 그 변경사항을 증명하는 서류

⑤ 확정등기에 있어서는 주된 사무소와 지사의 설치등기를 증명하는 서류

해설 제53조(등기의 신청)

② 공사의 사장이 제1항의 규정에 의하여 등기를 신청하는 때에는 등기신청서에 다음 각 호의 서류를 첨부하여야 한다.

1. 제49조의 규정에 의한 설립등기에 있어서는 정관·주식인수·현물출자·주금납입 및 임원의 자격을 증명하는 서류

2. 제50조의 규정에 의한 지사의 설치등기에 있어서는 지사의 설치를 증명하는 서류

3. 제51조의 규정에 의한 이전등기에 있어서는 주된 사무소 또는 지사의 이전을 증명하는 서류

4. 제52조의 규정에 의한 변경등기에 있어서는 그 변경사항을 증명하는 서류

30 다음 내용 중 틀린 것은?

① 공사는 그 주된 사무소의 소재지에서 설립등기를 함으로써 성립한다.

② 공사는 설립등기 및 그 밖의 등기에 필요한 사항은 대통령령으로 정한다.

③ 공사는 행정안전부장관의 해산요구가 있으면 해산한다.

정답 27 ④ 28 ② 29 ⑤ 30 ④

④ 공사의 임원은 사장을 포함한 대표이
사, 상임이사 및 감사로 하며, 그 수는
규약으로 정한다.

⑤ 사장과 감사는 대통령령으로 정하는 바
에 따라 지방공기업의 경영에 관한 전
문적인 식견과 능력이 있는 사람 중에
서 지방자치단체의 장이 임면한다.

> **해설** **제58조(임원의 임면 등)**
> ① 공사의 임원은 사장을 포함한 이사(상임이사와 비상
> 임이사로 구분한다) 및 감사로 하며, 그 수는 정관으로
> 정한다.

---

31 **다음 중 사장과 감사 임명권자로 알맞은 것은?**

① 대통령
② 행정안전부장관
③ 지방자치단체의 장
④ 임원추천위원회
⑤ 이사회

> **해설** **제58조(임원의 임면 등)**
> ③ 지방자치단체의 장은 제2항에 따라 사장과 감사(조
> 례 또는 정관으로 정하는 바에 따라 당연히 감사로 선임
> 되는 사람은 제외한다)를 임명할 경우 대통령령으로 정
> 하는 임원추천위원회가 추천한 사람 중에서 임명하여야
> 한다.

---

32 **다음 중 사장을 임기 중에 해임할 수 있는
경우로 알맞은 것은?**

① 경영 개선 명령을 정당한 사유 없이 이
행하지 아니한 경우
② 수익성개선성과 이행실적이 현저히 낮
은 경우

③ 경영평가를 거부한 경우
④ 사장의 업무성과 평가 결과가 직전 연
도에 비하여 현저히 상승한 경우
⑤ 임원추천위원회가 해임을 신청한 경우

> **해설** **제58조(임원의 임면 등)**
> ④ 지방자치단체의 장은 사장의 경영성과에 따라 임기
> 중에 해임하거나 임기가 끝나더라도 임원추천위원회의
> 심의를 거쳐 연임시킬 수 있다. 이 경우 다음 각 호의 사
> 항을 고려하여야 한다.
> 1. 제58조의2에 따른 경영성과계약의 이행실적
> 2. 제78조 제1항 및 제2항에 따른 경영평가의 결과
> 3. 제78조 제4항에 따른 사장의 업무성과 평가 결과
> ⑤ 지방자치단체의 장은 다음 각 호의 경우 사장을 임기
> 중에 해임할 수 있다.
> 1. 제78조의2 제3항에 의한 경영 개선 명령을 정당한
>   사유 없이 이행하지 아니한 경우
> 2. 그 밖에 업무 수행 중 관계 법령을 중대하고 명백하
>   게 위반한 경우

---

33 **다음 중 상임이사를 임면하는 자는?**

① 대통령
② 지방자치단체의 장
③ 사장
④ 임원추천위원회
⑤ 감사

> **해설** **제58조(임원의 임면 등)**
> ⑦ 이사(조례 또는 정관으로 정하는 바에 따라 당연히 이
> 사로 선임되는 사람은 제외한다)는 임원추천위원회가 추
> 천한 사람 중에서 임명하되, 상임이사는 사장이 임면하
> 고 비상임이사는 지방자치단체의 장이 임면한다. 이 경
> 우 이사의 임면에 필요한 사항은 대통령령으로 정한다.

31 ③ **32** ① **33** ③ **정답**

34 다음 중 이사의 구분방식으로 옳은 것은?

① 대표이사, 사내이사

② 대표이사, 사외이사

③ 대표이사, 상임이사

④ 상임이사, 비상임이사

⑤ 상임이사, 사외이사

해설

- **제58조(임원의 임면 등)** ① 공사의 임원은 사장을 포함한 이사(상임이사와 비상임이사로 구분한다) 및 감사로 하며, 그 수는 정관으로 정한다.
- **시행령 제55조(이사)** ① 법 제58조 제1항의 규정에 의한 이사는 정관이 정하는 바에 의하여 상임이사와 비상임이사로 구분한다.

35 다음 중 빈칸에 들어갈 말로 알맞은 것은?

> 공사의 사장 연임기준에서 상위 평가 범위와 현저히 상승된 경우에 해당되는지 여부에 관한 판단 기준은 지방공기업정책위원회의 심의를 거쳐 (　　) 정한다.

① 지방자치단체가

② 대통령이

③ 정관으로

④ 행정안전부장관이

⑤ 사장이

해설 **시행령 제56조의2(사장의 연임 또는 해임의 기준)**

③ 제1항에 따른 상위 평가 및 하위 평가의 범위와 현저히 상승하거나 하락된 경우에 해당하는지 여부에 관한 판단 기준은 법 제78조의5에 따른 지방공기업정책위원회의 심의를 거쳐 행정안전부장관이 정한다.

36 다음 중 공사를 설립하는 때 임원추천위원회의 그 지방자치단체의 장이 추천하는 사람은 몇 명으로 구성하는가?

① 1명　　　② 2명

③ 3명　　　④ 4명

⑤ 5명

해설 **시행령 제56조의3(임원추천위원회의 구성과 운영)**

① 법 제58조 제3항 및 제7항에 따른 임원추천위원회(이하 "추천위원회"라 한다)는 공사에 두며 다음 각 호의 사람으로 구성한다. 다만, 공사를 설립하는 때에는 그 지방자치단체의 장이 추천하는 사람 4명과 그 의회에서 추천하는 사람 3명으로 구성한다.

37 다음 중 추천위원회의 위원으로 옳지 않은 것은?

① 경영전문가

② 경제관련단체의 임원

③ 공인중개사

④ 4급 이상 공무원

⑤ 공기업경영에 관한 지식과 경험이 있다고 인정되는 자

해설 **시행령 제56조의3(임원추천위원회의 구성과 운영)**

③ 추천위원회의 위원은 다음 각 호의 1에 해당하는 자이어야 한다.

1. 경영전문가
2. 경제관련단체의 임원
3. 4급 이상 공무원 또는 고위공무원단에 속하는 일반직공무원으로 퇴직한 자
4. 공인회계사
5. 공기업경영에 관한 지식과 경험이 있다고 인정되는 자

정답 **34** ④　**35** ④　**36** ④　**37** ③

38 다음 중 임원추천위원회의 구성과 운영과 관련하여 틀린 것은?

① 추천위원회의 구성은 그 의회가 추천하는 사람 3명이 있다.

② 공사의 임·직원(비상임이사를 제외한다) 및 그 지방자치단체의 공무원(의회의원을 제외한다)은 추천위원회의 위원이 될 수 없다.

③ 추천위원회는 재적위원 과반수의 찬성으로 의결한다.

④ 추천위원회의 위원장은 위원중에서 호선하며, 위원장은 추천위원회를 대표하고 회의를 주재한다.

⑤ 공사는 임원의 임기만료나 그 밖의 사유로 임원을 새로 임명하려면 지체 없이 추천위원회를 구성하여야 하며, 지방자치단체의 장 및 의회에 추천위원회 위원의 추천을 요청하여야 한다.

> **해설** **시행령 제56조의3(임원추천위원회의 구성과 운영)**
> ④ 공사의 임·직원(비상임이사를 제외한다) 및 그 지방자치단체의 공무원(의회의원을 포함한다)은 추천위원회의 위원이 될 수 없다.

39 다음 중 임원후보 모집기간의 최소기간으로 옳은 것은?

① 7일   ② 14일
③ 15일   ④ 30일
⑤ 90일

> **해설** **시행령 제56조의4(임원후보의 추천절차)**
> ① 추천위원회는 법 제58조 제8항에 따라 임원후보를 공개모집하는 경우에는 해당 지방자치단체와 공사의 인터넷 홈페이지, 제44조의2 제4항에 따른 행정안전부장관이 지정하는 인터넷 사이트 및 1개 이상의 전국을 보급지역으로 하는 일간신문 또는 해당 지방자치단체의 지역을 주된 보급지역으로 하는 일간신문에 임원의 모집공고를 하되 그 모집 기간은 15일 이상으로 하여야 한다.

40 다음 중 지방자치단체의 장이 사장을 임명하는 경우 사장과 체결하여야 되는 것으로 알맞은 것은?

① 근로계약
② 안전평가계약
③ 비밀유지서약
④ 업무단위계약
⑤ 경영성과계약

> **해설** **제58조의2(사장과의 경영성과계약)**
> ① 지방자치단체의 장은 사장을 임명하는 경우 사장과 경영성과계약을 체결하여야 한다.

41 다음 중 공사의 사장 임기로 옳은 것은?

① 2년   ② 3년
③ 4년   ④ 5년
⑤ 10년

> **해설** **제59조(임기 및 직무)**
> ① 공사의 사장, 이사 및 감사의 임기는 3년으로 한다.

42 다음 중 빈칸에 들어갈 말로 알맞은 것은?

> 공사의 사장, 이사 및 감사는 (   ) 단위로 연임될 수 있다.

① 3개월   ② 6개월
③ 1년   ④ 2년
⑤ 3년

> **해설** **제59조(임기 및 직무)**
> ② 공사의 사장, 이사 및 감사는 1년 단위로 연임될 수 있다.

38 ②　**39** ③　**40** ⑤　**41** ②　**42** ③　정답

43 다음 중 지방자치단체의 장이 후임자가 임명될 때까지 그 임기가 만료된 임원으로 하여금 그 직무를 행하게 할 수 있는 경우로 맞는 것은?

① 임원이 자진사퇴한 경우
② 해당 임원의 업무를 대행하고 있는 경우
③ 연임을 위하여 그 재임명에 관한 절차가 진행 중인 경우
④ 임원의 건강악화로 정상적인 업무를 행할 수 없을 때
⑤ 임원의 결격사유에 해당되는 경우

> **해설** 시행령 제57조(임기만료임원에 의한 직무대행)
> 법 제59조 제1항의 규정에 의하여 지방자치단체의 장이 임기가 만료된 임원으로 하여금 그 후임자가 임명될 때까지 그 직무를 행하게 할 수 있는 경우는 다음 각 호와 같다.
> 1. 연임을 위하여 그 재임명에 관한 절차가 진행 중인 경우
> 2. 후임자가 임명될 때까지 직무대행이 반드시 필요하다고 지방자치단체의 장이 인정하는 경우

44 다음 중 공사의 임원 결격사유에 해당되는 것은?

① 해임된 후 3년이 지난 사함
② 지방공기업법 위반으로 벌금형을 선고받고 2년이 지난 사람
③ 이미 임원을 해본 사람
④ 퇴직을 앞둔 사람
⑤ 미성년자

> **해설** 제60조(임직원의 결격사유 등)
> ① 다음 각 호의 어느 하나에 해당하는 사람은 공사의 임원이 될 수 없으며, 제3호에 해당하는 사람은 공사의 직원이 될 수 없다.
> 1. 삭제 〈2019. 12. 3.〉
> 2. 미성년자
> 3. 「지방공무원법」 제31조(결격사유) 각 호의 어느 하나에 해당하는 사람

4. 제58조 제4항 또는 제5항에 따라 해임된 후 3년이 지나지 아니한 사람
5. 이 법을 위반하여 벌금형을 선고받고 2년이 지나지 아니한 사람

45 다음 중 임원의 경우 겸직 허가를 누구에게 받아야 하는가?

① 대통령
② 행정안전부장관
③ 지방자치단체의 장
④ 공사의 사장
⑤ 상사

> **해설** 제61조(임직원의 겸직 제한)
> ① 공사의 임원 및 직원은 그 직무 외에 영리를 목적으로 하는 업무에 종사하지 못하며, 임원은 지방자치단체의 장의 허가 없이, 직원은 사장의 허가 없이 다른 직무를 겸할 수 없다. 다만, 상근(常勤)이 아닌 임원은 그러하지 아니하다.

46 다음 중 직원의 임면에 대한 내용으로 틀린 것은?

① 공사의 직원은 정관으로 정하는 바에 따라 사장이 임면한다.
② 공사의 직원은 시험성적, 근무성적, 그 밖의 능력의 실증에 따라 임용되어야 한다.
③ 공사의 사장은 직원의 채용절차와 방법 등에 관한 사항을 사전에 규정하고, 직원의 채용 시에는 공고 등을 통하여 구체적인 절차와 방법 등을 공개하여야 한다.
④ 공사의 사장이 직원을 채용하는 경우 공개경쟁시험으로 채용하는 것을 원칙으로 하고, 임직원의 가족 또는 임직원과 이해관계가 있는 등 채용의 공정성

정답 43 ③ 44 ⑤ 45 ③ 46 ⑤

을 해칠 우려가 있는 사람을 특별히 우대하여 채용하여서는 아니 된다.

⑤ 공사의 사장은 직원의 채용 등의 업무를 전문기관에 대행시킬 수 있다.

[해설] 제63조(직원의 임면)

① 공사의 직원은 정관으로 정하는 바에 따라 사장이 임면한다.

② 공사의 직원은 시험성적, 근무성적, 그 밖의 능력의 실증(實證)에 따라 임용되어야 한다.

③ 공사의 사장은 직원의 채용절차와 방법 등에 관한 사항을 사전에 규정하고, 직원의 채용 시에는 공고 등을 통하여 구체적인 절차와 방법 등을 공개하여야 한다.

④ 공사의 사장이 직원을 채용하는 경우 공개경쟁시험으로 채용하는 것을 원칙으로 하고, 임직원의 가족 또는 임직원과 이해관계가 있는 등 채용의 공정성을 해칠 우려가 있는 사람을 특별히 우대하여 채용하여서는 아니 된다.

47 다음 중 이사회 및 임직원과 관련된 내용으로 틀린 것은?

① 공사의 업무에 관한 중요 사항을 의결하기 위하여 공사에 이사회를 둔다.

② 이사회는 사장을 포함한 이사 및 감사로 구성한다.

③ 공사의 사장은 임직원에 대하여 경영의 기본원칙을 달성하기 위하여 필요한 교육훈련을 실시하여야 한다.

④ 공사의 임직원의 보수기준은 공사의 경영성과가 반영될 수 있도록 하여야 한다.

⑤ 공사의 사장이 정관으로 정하는 바에 따라 지명하는 임직원은 공사의 업무수행에 필요한 재판상 또는 재판 외의 모든 행위를 할 수 있다.

[해설] 제62조(이사회)

② 이사회는 사장을 포함한 이사로 구성한다.

48 다음 중 빈칸에 들어갈 단어로 알맞은 것은?

> 공사는 사장이 대리인을 선임한 경우에는 선임 후 (   ) 이내에 주된 사무소의 소재지에서 다음 각 호의 사항을 등기해야 한다.

① 1주일 ② 2주일

③ 3주일 ④ 1개월

⑤ 6개월

[해설] 시행령 제57조의3(대리인의 선임 등기)

① 공사는 사장이 법 제63조의4에 따라 대리인을 선임한 경우에는 선임 후 2주일 이내에 주된 사무소의 소재지에서 등기해야 한다.

49 다음 중 빈칸에 들어갈 단어를 순서대로 나열한 것은?

> (   )은 공사의 인사운영에 공통적으로 적용하여야 할 사항에 관한 기준을 작성하여 (   )에게 통보할 수 있다.

① 지방자치단체의 장, 공사의 사장

② 지방자치단체의 장, 행정안전부장관

③ 행정안전부장관, 지방자치단체의 장

④ 행정안전부장관, 공사의 사장

⑤ 공사의 사장, 행정안전부장관

[해설] 제63조의5(인사운영에 관한 공통기준)

행정안전부장관은 공사의 인사운영에 공통적으로 적용하여야 할 사항에 관한 기준을 작성하여 지방자치단체의 장에게 통보할 수 있다.

47 ② 48 ② 49 ③ 정답

50 다음 중 공사의 임직원을 징계할 수 있는 자로 옳은 것은?

① 공사

② 지방자치단체의 장

③ 행정안전부장관

④ 이사회

⑤ 법원

해설 제63조의6(징계 요구 등)
① 공사는 정관에서 정하는 바에 따라 공사의 임직원을 징계할 수 있다.

51 다음 중 징계부가금을 부과할 수 있는 범위로 알맞은 것은?

① 2배 ② 3배

③ 5배 ④ 10배

⑤ 20배

해설 제63조의6(징계 요구 등)
② 공사의 징계권자는 공사의 임직원의 금품 및 향응 수수(授受), 공금의 횡령(橫領)·유용(流用)을 이유로 징계를 하는 경우에는 해당 징계 외에 금품 및 향응 수수액, 공금의 횡령액·유용액의 5배 내의 징계부가금을 부과할 수 있다.

52 다음 중 공사의 징계권자에게 징계 또는 징계부가금의 부과를 요청할 수 있는 자로 알맞은 것은?

① 공사의 사장

② 지방자치단체의 장

③ 행정안전부장관

④ 이사회

⑤ 징계위원회

해설 제63조의6(징계 요구 등)
④ 지방자치단체의 장은 제1항 또는 제2항에 따른 징계 또는 징계부가금의 부과가 필요함에도 불구하고 공사의 징계권자가 필요한 조치를 하지 아니하는 경우에는 공사의 징계권자에게 징계 또는 징계부가금의 부과를 요청할 수 있다.

53 다음 중 비위행위를 한 임원 해임을 요구할 수 있는 자로 알맞은 것은?

① 공사의 사장

② 지방자치단체의 장

③ 행정안전부장관

④ 징계위원회

⑤ 수사기관

해설 제63조의7(비위행위자에 대한 조치)
③ 행정안전부장관은 지방자치단체의 장에게 제2항에 따른 수사기관등의 수사 또는 감사 결과에 따라 필요한 경우 해당 공사 임원을 해임할 것을 요구할 수 있고, 지방자치단체의 장은 해당 공사 임원을 해임하거나 그 공사의 사장에게 해임을 요구할 수 있다.

54 다음 중 공개심의위원회 구성인원으로 알맞은 것은?

① 5명 ② 10명

③ 15명 ④ 20명

⑤ 25명

해설 시행령 제57조의5(지방공기업 채용비위자 공개심의위원회)
② 공개심의위원회는 위원장 1명을 포함한 15명 이내의 위원으로 구성한다.

55 다음 중 공개심의위원회의 위원장이 될 수 없는 사람으로 알맞은 것은?

① 부시장 ② 부지사

③ 부군수 ④ 부구청장

⑤ 부동장

해설 시행령 제57조의5(지방공기업 채용비위자 공개심의위원회)
③ 공개심의위원회의 위원장은 특별시·광역시·특별자치시·도 및 특별자치도(이하 "시·도"라 한다)의 부시장·부지사(행정업무를 총괄하는 부시장·부지사를 말한다), 시·군·자치구(이하 "시·군·구"라 한다)의 부시장·부군수·부구청장이 된다.

정답 50 ① 51 ③ 52 ② 53 ③ 54 ③ 55 ⑤

56 다음 중 지방자치단체의 장이 채용비위자의 인적사항 등을 공개하는 경우 포함사항이 아닌 것은?

① 채용비위와 관련하여 유죄판결이 확정된 임원의 이름, 나이, 직업 및 주소
② 채용비위 행위 당시 소속 공사의 명칭 및 주소, 담당 직무 및 직위
③ 채용비위 행위의 내용 및 방법
④ 채용비위로 인한 부당이득을 본 자
⑤ 채용비위 행위와 관련된 유죄의 확정판결 내용

> **해설** 시행령 제57조의6(채용비위자에 대한 조치)
> ① 지방자치단체의 장은 법 제63조의7 제4항에 따라 인적사항 및 비위행위 사실 등을 공개하는 경우에는 다음 각 호의 사항을 관보에 싣거나 제44조의2 제4항에 따른 **행정안전부장관**이 지정하는 인터넷 사이트 또는 해당 지방자치단체의 인터넷 홈페이지에 1년간 게시하는 방법으로 한다.
> 1. 채용비위와 관련하여 유죄판결이 확정된 임원의 이름, 나이, 직업 및 주소. 이 경우 「도로명주소법」 제2조 제6호에 따른 상세주소는 생략할 수 있다.
> 2. 채용비위 행위 당시 소속 공사의 명칭 및 주소, 담당 직무 및 직위
> 3. 채용비위 행위의 내용 및 방법
> 4. 채용비위 행위와 관련된 유죄의 확정판결 내용

57 다음 중 빈칸에 들어갈 말로 알맞은 것은?

> 공사의 사장은 합격취소 등을 결정하기 ( ) 전까지 합격취소 등의 당사자에게 소명에 필요한 사항 등을 통지해야 한다.

① 3일　　② 7일
③ 10일　　④ 15일
⑤ 30일

> **해설** 시행령 제57조의6(채용비위자에 대한 조치)
> ③ 공사의 사장은 합격취소 등을 결정하기 10일 전까지 합격취소 등의 당사자에게 다음 각 호의 사항을 통지해야 한다.

58 다음 중 공무원이 아닌 공개심의위원회의 위원의 임기로 옳은 것은?

① 1년　　② 2년
③ 3년　　④ 5년
⑤ 10년

> **해설** 시행령 제57조의5(지방공기업 채용비위자 공개심의위원회)
> ⑤ 공무원이 아닌 위원의 임기는 2년으로 하되, 한 차례만 연임할 수 있다.

59 다음 중 공사의 사장이 합격취소 등을 결정하기 전까지 당사자에게 통지해야 되는 사항이 아닌 것은?

① 지방자치단체의 장의 합격취소 등의 요구 내용 및 사유
② 소명 기한
③ 소명 방법
④ 소명에 포함되어야 하는 내용
⑤ 소명하지 않는 경우의 처리방법

> **해설** 시행령 제57조의6(채용비위자에 대한 조치)
> ③ 공사의 사장은 합격취소 등을 결정하기 10일 전까지 합격취소 등의 당사자에게 다음 각 호의 사항을 통지해야 한다.
> 1. 지방자치단체의 장의 합격취소 등의 요구 내용 및 사유
> 2. 소명 기한
> 3. 소명 방법
> 4. 소명하지 않는 경우의 처리방법
> 5. 그 밖에 소명에 필요한 사항

56 ④　**57** ③　**58** ②　**59** ④　**정답**

60 다음 중 지방자치단체의 장이 비위행위 중 채용비위의 근절 등을 위하여 할 수 있는 것으로 옳은 것은?

① 블라인드 채용
② 인사감사
③ 수사의뢰
④ 불시검사
⑤ 제도개선 지시

해설 제63조의8(인사감사 등)
① **지방자치단체의 장**은 비위행위 중 채용비위의 근절 등을 위하여 **대통령령**으로 정하는 바에 따라 공사의 인사운영의 적정 여부를 감사(이하 이 조에서 "인사감사"라 한다)할 수 있으며, 필요한 경우 관계 서류를 제출하도록 요구할 수 있다.

61 다음 중 인사감사의 대상 사항이 아닌 것은?

① 인사운영의 전반
② 채용
③ 승진
④ 소명
⑤ 평가

해설 시행령 제57조의7(인사감사 등)
① 법 제63조의8 제1항에 따른 인사감사(이하 "인사감사"라 한다)는 인사운영 전반 또는 채용, 승진, 평가 등 특정 사항을 대상으로 한다.

62 다음 중 빈칸에 들어갈 단어로 알맞은 것은?

공사는 계약을 체결하는 경우 공정한 경쟁 또는 계약의 적정한 이행을 해칠 것이 명백하다고 판단되는 자에 대하여는 (　　) 이내의 범위에서 입찰참가자격을 제한할 수 있다.

① 3개월　　② 6개월
③ 1년　　④ 2년
⑤ 5년

해설 제64조의2(회계처리의 원칙 등)
④ 공사는 계약을 체결하는 경우 공정한 경쟁 또는 계약의 적정한 이행을 해칠 것이 명백하다고 판단되는 자에 대하여는 2년 이내의 범위에서 입찰참가자격을 제한할 수 있다.

63 다음 중 회계처리의 원칙 등의 내용으로 틀린 것은?

① 공사가 계약을 체결하려는 경우에는 일반경쟁의 방식으로 하여야 한다.
② 계약의 목적·성질 및 규모 등을 고려하여 참가자의 자격을 제한하거나 참가자를 지명하여 경쟁에 부치거나 수의계약으로 할 수 있다.
③ 공사는 입찰참가자격을 제한받은 자와 수의계약을 체결하여서는 아니 된다.
④ 입찰참가자격을 제한받은 자 외에는 적합한 시공자·제조자가 존재하지 아니하는 등 부득이한 사유가 있는 경우에는 수의계약을 체결할 수 있다.
⑤ 규정에 따른 회계처리, 계약의 기준 및 절차, 입찰참가자격의 제한 등에 관하

정답 60 ② 　61 ④ 　62 ④ 　63 ⑤

여 필요한 사항은 지방자치단체의 장이 정한다.

 제64조의2(회계처리의 원칙 등)
⑥ 제1항부터 제5항까지의 규정에 따른 회계처리, 계약의 기준 및 절차, 입찰참가자격의 제한 등에 관하여 필요한 사항은 대통령령으로 정한다.

64 다음 중 빈칸에 들어갈 말로 알맞은 것은?

> 도시철도공사는 정부조달협정 등에 따라 (   )이 정하여 고시하는 금액 이상인 조달계약을 체결하는 경우에은 국제입찰의 방법으로 해야 한다.

① 공사의 사장
② 지방자치단체의 장
③ 국토교통부장관
④ 행정안전부장관
⑤ 재정경제부장관

해설 시행령 **제57조의9(국제입찰 대상 도시철도공사의 조달계약의 범위)**
① 제57조의8에도 불구하고 별표 1에 따른 공사(이하 "도시철도공사"라 한다)는 정부가 가입하거나 체결한 정부조달에 관한 협정 및 이에 근거한 국제규범(이하 "정부조달협정 등"이라 한다)에 따라 **행정안전부장관**이 정하여 고시하는 금액 이상인 조달계약을 체결하는 경우에는 국제입찰의 방법으로 해야 한다.

65 다음 중 국제입찰의 방법으로 조달계약을 해야 하는 공사가 아닌 것은?

① 재판매 또는 판매를 위한 생산에 필요한 물품 및 용역을 조달하는 경우
② 「중소기업제품 구매촉진 및 판로지원에 관한 법률」에 따라 중소기업 제품을 제조·구매하는 경우

③ 해당 공사가 소유하고 있는 시설·설비에서 1종 시설물의 유지관리 등을 위하여 불가피하게 그 자회사 또는 출자회사와 계약을 체결하는 경우
④ 자선단체, 장애인이나 재소자가 생산한 물품과 용역 등을 조달하는 경우
⑤ 급식 프로그램의 증진을 위하여 조달하는 경우

해설
• 3번 선지는 수의계약으로 할 수 있는 경우다.
• **제57조의9(국제입찰 대상 도시철도공사의 조달계약의 범위)** ① 제57조의8에도 불구하고 별표 1에 따른 공사(이하 "도시철도공사"라 한다)는 정부가 가입하거나 체결한 정부조달에 관한 협정 및 이에 근거한 국제규범(이하 "정부조달협정 등"이라 한다)에 따라 **행정안전부장관**이 정하여 고시하는 금액 이상인 조달계약을 체결하는 경우에는 국제입찰의 방법으로 해야 한다. 다만, 다음 각 호의 어느 하나에 해당하는 경우에는 국제입찰에 의한 도시철도공사의 조달계약의 대상에서 **제외**한다.
1. 재판매 또는 판매를 위한 생산에 필요한 물품 및 용역을 조달하는 경우
2. 재판매 또는 판매할 목적이나 재판매 또는 판매를 위한 물품 및 용역의 공급에 사용할 목적으로 물품 및 용역을 조달하는 경우
3. 「중소기업제품 구매촉진 및 판로지원에 관한 법률」에 따라 중소기업 제품을 제조·구매하는 경우
4. 「양곡관리법」, 「농수산물유통 및 가격안정에 관한 법률」 및 「축산법」에 따라 농·수·축산물을 구매하는 경우
5. 공공의 질서·안정을 유지하거나 인간 또는 동식물의 생명·건강 및 지적소유권을 보호하기 위하여 필요한 경우
6. 자선단체, 장애인이나 재소자가 생산한 물품과 용역 등을 조달하는 경우
7. 급식 프로그램의 증진을 위하여 조달하는 경우
8. 그 밖에 정부조달협정등에 규정된 내용으로서 행정안전부령으로 정한 경우

64 ④ 65 ③ 정답

66 다음 중 빈칸에 들어갈 단어로 알맞은 것은?

> 중장기재무관리계획은 매년 해당 연도를 포함한 (   )회계연도 이상의 중장기재무관리계획을 말한다.

① 2 　　　　　　② 3
③ 5 　　　　　　④ 7
⑤ 10

해설 제64조의3(중장기재무관리계획의 수립 등)
① 자산·부채규모 등을 고려하여 **대통령령**으로 정하는 기준에 해당하는 공사의 사장은 매년 해당 연도를 포함한 5회계연도 이상의 중장기재무관리계획(이하 "중장기재무관리계획"이라 한다)을 수립하고, 이사회의 의결을 거쳐 확정한 후 **대통령령**으로 정하는 기한까지 지방자치단체의 장과 의회에 제출하여야 한다.

67 다음 중 중장기재무관리계획에 포함되어야 하는 사항으로 틀린 것은?

① 사업전망
② 전년도 중장기재무관리계획 대비 변동사항, 변동요인 및 관리계획 등에 대한 평가
③ 재무 전망
④ 적자 해결 방안과 추이
⑤ 부채의 증감에 대한 전망과 그 근거 및 관리계획 등이 포함된 부채관리계획

해설 제64조의3(중장기재무관리계획의 수립 등)
② 중장기재무관리계획에는 다음 각 호의 사항이 포함되어야 한다.
1. 5회계연도 이상의 중장기 경영목표
2. 사업계획 및 투자방향
3. 재무 전망과 그 근거 및 관리계획
4. 부채의 증감에 대한 전망과 그 근거 및 관리계획 등이 포함된 부채관리계획
5. 전년도 중장기재무관리계획 대비 변동사항, 변동요인 및 관리계획 등에 대한 평가·분석

68 다음 중 직전 회계연도 말일을 기준으로 부채가 자산보다 큰 공사의 사장이 중장기재무관리계획을 언제까지 지방자치단체의 장과 의회에 제출해야 하는가?

① 매년 3월 31일까지
② 매년 5월 30일까지
③ 매년 6월 30일까지
④ 매년 9월 30일까지
⑤ 매년 12월 31일까지

해설 시행령 제57조의11(중장기재무관리계획의 수립)
다음 각 호의 어느 하나에 해당하는 공사의 사장은 법 제64조의3 제1항에
따라 중장기재무관리계획을 매년 9월 30일까지 지방자치단체의 장과 의회
에 제출하여야 한다.
1. 직전 회계연도 말일을 기준으로 부채규모가 3천억원 이상인 공사
2. 직전 회계연도 말일을 기준으로 부채비율이 100분의 200 이상인 공사
3. 직전 회계연도 말일을 기준으로 부채가 자산보다 큰 공사

69 다음 중 빈칸에 들어갈 단어로 알맞은 것은?

> 공사는 계약의 투명성과 공정성을 높이기 위하여 입찰참가자에게 (   )를 제출하도록 하여야 한다.

① 근로계약서
② 청렴서약서
③ 재무관리지표
④ 주주명부
⑤ 계약이행계획서

해설 제64조의4(청렴서약서의 제출)
① 공사는 계약의 투명성과 공정성을 높이기 위하여 입찰참가자 또는 수의계약의 계약상대자에게 청렴서약서를 제출하도록 하여야 한다.

70 다음 중 청렴서약서에 포함되어야 하는 사항으로 틀린 것은?

① 입찰 과정에서 간접적인 사례 금지에 관한 사항
② 특정인의 낙찰을 위한 담합 등 입찰의 자유경쟁을 방해하는 행위나 불공정한 행위의 금지에 관한 사항
③ 계약의 체결의 과정(준공, 납품 이후를 제외한다)에서 금품 제공 금지에 관한 사항
④ 공정한 직무수행을 방해하는 알선·청탁을 통하여 계약과 관련된 특정 정보의 제공을 요구하는 행위의 금지에 관한 사항
⑤ 공정한 직무수행을 방해하는 입찰과 관련된 특정 정보의 제공받는 행위 금지에 관한 사항

- 제64조의4(청렴서약서의 제출) ① 공사는 계약의 투명성과 공정성을 높이기 위하여 입찰참가자 또는 수의계약의 계약상대자에게 청렴서약서를 제출하도록 하여야 한다.
  ② 제1항에 따른 청렴서약서에는 다음 각 호의 사항이 포함되어야 한다.
  1. 입찰, 낙찰, 계약의 체결 및 이행 등의 과정(준공·납품 이후를 포함한다)에서 직접 또는 간접적인 사례(謝禮), 증여, 금품·향응, 취업특혜 제공 금지에 관한 사항
  2. 특정인의 낙찰을 위한 담합 등 입찰의 자유경쟁을 방해하는 행위나 불공정한 행위의 금지에 관한 사항
  3. 그 밖에 계약의 투명성과 공정성을 높이기 위하여 대통령령으로 정하는 사항
- 시행령 제57조의12(청렴서약서의 내용 등) ① 법 제64조의4 제2항 제3호에서 "대통령령으로 정하는 사항"이란 공정한 직무수행을 방해하는 알선·청탁을 통하여 입찰 또는 계약과 관련된 특정 정보의 제공을 요구하거나 제공받는 행위의 금지에 관한 사항을 말한다.

71 다음 중 빈칸에 들어갈 단어로 알맞은 것은?

> 이의신청 조치결과에 대하여 이의가 있는 자는 그 통지를 받은 날부터 ( ) 이내에 지방계약심의조정위원회에 조정을 위한 재심을 청구할 수 있다.

① 3일　　　　② 7일
③ 14일　　　④ 20일
⑤ 30일

 제64조의6(이의신청)
③ 이의신청 조치결과에 대하여 이의가 있는 자는 그 통지를 받은 날부터 20일 이내에 「지방자치단체를 당사자로 하는 계약에 관한 법률」 제35조에 따른 지방계약심의조정위원회에 조정을 위한 재심을 청구할 수 있다.

72 다음 중 이의신청을 제기할 수 있는 사항으로 알맞은 것은?

① 국제입찰에 의한 계약의 범위와 관련된 사항
② 입찰참가자격과 관련된 사항
③ 입찰 공고와 관련된 사항
④ 낙찰자 결정과 관련된 사항
⑤ 그 밖에 지방자치단체의 장이 정하는 사항

 제64조의6(이의신청)
① 국제입찰에 의한 계약 또는 **대통령령**으로 정하는 규모 이상의 입찰에 의한 계약과정에서 다음 각 호의 어느 하나에 해당하는 사항으로 인하여 불이익을 받은 자는 해당 공사의 사장에게 그 행위의 취소 또는 시정을 위한 이의신청을 제기할 수 있다.
1. 국제입찰에 의한 계약의 범위와 관련된 사항
2. 입찰참가자격과 관련된 사항
3. 입찰 공고와 관련된 사항
4. 낙찰자 결정과 관련된 사항
5. 그 밖에 대통령령으로 정하는 사항

70 ③　**71** ④　**72** ⑤　정답

73 다음 이의신청 대상 중 대통령령으로 정하는 규모가 아닌 것은?

① 건설산업기본법에 따른 종합공사 : 추정가격 10억 원
② 건설산업기본법에 따른 전문공사 : 추정가격 1억 원
③ 건설산업기본법에 따른 하자보수공사 : 3천만 원
④ 그 밖의 다른 법령에 따른 공사 : 추정가격 8천만 원
⑤ 물품의 제조·구매 및 용역 등의 계약 : 추정가격 5천만 원

해설 **시행령 제57조의10(이의신청의 대상 및 사유)**
① 법 제64조의6 제1항 각 호 외의 부분에서 "대통령령으로 정하는 규모"란 다음 각 호의 구분에 따른 규모를 말한다.
1. 「건설산업기본법」에 따른 종합공사 : 추정가격 10억 원
2. 「건설산업기본법」에 따른 전문공사 : 추정가격 1억 원
3. 그 밖의 다른 법령에 따른 공사 : 추정가격 8천만 원
4. 물품의 제조·구매 및 용역 등의 계약 : 추정가격 5천만 원

74 다음 중 빈칸에 들어갈 단어로 옳은 것은?

> (   )은 매 사업연도의 사업계획 및 예산을 해당 사업연도가 시작되기 전까지 편성하여야 한다.

① 국토교통부장관
② 재정경제부장관
③ 행정안전부장관
④ 지방자치단체의 장
⑤ 공사의 사장

해설 **제65조(예산)**
① **공사의 사장**은 매 사업연도의 사업계획 및 예산을 해당 사업연도가 시작되기 전까지 편성하여야 한다.
② 제1항에 따라 편성된 예산은 이사회의 의결로 확정된다. 예산이 확정된 후에 생긴 불가피한 사유로 예산을 변경하는 경우에도 또한 같다.

75 다음 중 빈칸에 들어갈 단어로 알맞은 것은?

> 공사의 사장은 예산이 성립되거나 변경되었을 때에는 지체 없이 (   )에게 보고하여야 한다.

① 국토교통부장관
② 재정경제부장관
③ 행정안전부장관
④ 지방자치단체의 장
⑤ 공사의 사장

해설 **제65조(예산)**
③ 공사의 사장은 제2항에 따라 예산이 성립되거나 변경되었을 때에는 지체 없이 **지방자치단체의 장**에게 보고하여야 한다.

76 공사의 사장은 사업계획 및 예산을 이사회 개최 며칠 전까지 각 이사에게 송부하여야 하는가?

① 7일　　② 14일
③ 15일　　④ 30일
⑤ 60일

해설 **시행령 제58조(사업계획 및 예산)**
① 공사의 사장이 법 제65조의 규정에 의하여 이사회에 제출하는 사업계획 및 예산은 제19조 및 제20조의 규정에 준하여 이를 작성한다.
② 공사의 사장은 제1항의 규정에 의한 사업계획 및 예산을 이사회개최 30일 전까지 각 이사에게 송부하여야 한다.

정답 **73** ③　**74** ⑤　**75** ④　**76** ④

77 다음은 대통령령으로 정하는 규모 이상의 신규 투자사업 중 하나이다. 빈칸에 들어갈 말로 알맞은 것은?

> 시·군·구가 설립한 공사 : 총사업비
> (   ) 이상의 신규 투자사업

① 100억 원　　② 200억 원
③ 300억 원　　④ 400억 원
⑤ 500억 원

> **해설** **시행령 제58조의2(신규 투자사업의 타당성 검토)**
> ① 법 제65조의3 제1항에서 "대통령령으로 정하는 규모 이상의 신규 투자사업"이란 다음 각 호의 구분에 따른 투자사업을 말한다.
> 1. 시·도가 설립한 공사 : 총사업비 500억 원 이상의 신규 투자사업
> 2. 시·군·구가 설립한 공사 : 총사업비 300억 원 이상의 신규 투자사업

78 다음 중 신규 투자사업 타당성 검토 포함사항이 아닌 것은?

① 신규 투자사업의 적정성 여부
② 신규 투자사업의 경제성
③ 신규 투자사업별 수지분석
④ 재원 조달방법
⑤ 신규 투자사업이 지역경제에 미치는 영향

> **해설** **시행령 제58조의2(신규 투자사업의 타당성 검토)**
> ② 법 제65조의3 제1항에 따른 신규 투자사업 타당성 검토(이하 "신규 투자사업 타당성 검토"라 한다)는 다음 각 호의 사항을 포함해야 한다.
> 1. 신규 투자사업의 적정성 여부
> 2. 신규 투자사업별 수지분석
> 3. 재원 조달방법
> 4. 신규 투자사업이 지역경제에 미치는 영향

79 다음 중 신규 투자사업의 타당성 검토에 대하여 틀린 것은?

① 공사의 사장은 신규 투자사업 타당성 검토하여 지방자치단체의 장에게 보고하고 의회의 의결을 받아야 한다.
② 법령에 따라 추진하여야 하는 사업은 대통령령으로 정하는 절차에 따라 신규 투자사업 타당성 검토 대상에서 제외한다.
③ 신규 투자사업 타당성 검토 대상 제외 시 공사의 사장은 신규 투자사업 타당성 검토 제외 사업의 내역 및 사유를 지체없이 지방자치단체의 장과 의회에 보고하여야 한다.
④ 지방자치단체의 장은 신규 투자사업 타당성 검토 제외 대상 확인요구서를 제출받은 경우 신규 투자사업 타당성 검토 대상에서 제외되는 사업인지 여부를 확인하고 그 결과를 공사의 사장에게 통지해야 한다.
⑤ 신규 투자사업 타당성 검토는 전문 인력 및 조사·연구 능력 등 대통령령으로 정하는 요건을 갖춘 전문기관으로서 지방자치단체의 장이 지정·고시하는 기관에 의뢰하여 실시하여야 한다.

> **해설** **제65조의3(신규 투자사업의 타당성 검토)**
> ③ 신규 투자사업 타당성 검토는 전문 인력 및 조사·연구 능력 등 대통령령으로 정하는 요건을 갖춘 전문기관으로서 **행정안전부장관**이 지정·고시하는 기관에 의뢰하여 실시하여야 한다.

80 다음 중 신규 투자사업 타당성 검토 제외 대상 확인요구서의 명시사항이 아닌 것은?

① 사업의 명칭
② 개요
③ 사업비
④ 필요성
⑤ 제외 사유

> **해설** 시행령 제58조의2(신규 투자사업의 타당성 검토)
> ③ 공사의 사장이 제1항 각 호에 따른 신규 투자사업에 대해서 법 제65조의3 제2항에 따라 신규 투자사업 타당성 검토 대상에서 제외하려는 경우에는 지방자치단체의 장에게 해당 사업의 명칭, 개요, 필요성 및 제외 사유 등을 명시한 신규 투자사업 타당성 검토 제외 대상 확인 요구서를 제출해야 한다.

81 다음 중 행정안전부장관이 신규 투자사업 타당성 검토 제외 대상 확인에 필요한 사항을 정하는 경우 누구의 의견을 들어야 하는가?

① 공사의 사장
② 지방자치단체의 장
③ 재정경제부장관
④ 이사회
⑤ 의회

> **해설** 시행령 제58조의2(신규 투자사업의 타당성 검토)
> ⑤ 제3항 및 제4항에 따른 신규 투자사업 타당성 검토 제외 사업의 확인 절차, 방법 및 그 밖에 신규 투자사업 타당성 검토 제외 대상 확인에 필요한 사항은 **행정안전부장관**이 정한다.
> ⑥ **행정안전부장관**은 제5항에 따른 사항을 정하는 경우에는 **지방자치단체의 장**의 의견을 들어야 한다.

82 다음 중 공사의 사장이 신규 투자사업에 대하여 기록·관리하여야 하는 사항이 아닌 것은?

① 사업명
② 사업기간
③ 필요성
④ 담당자의 소속, 직급 및 성명
⑤ 주요 사업내용

> **해설** 제58조의3(사업의 실명 관리 및 공개)
> ① 공사의 사장은 법 제65조의4 제1항 본문에 따라 신규 투자사업에 대하여 다음 각 호의 사항을 기록·관리하여야 한다.
> 1. 사업명　　　　　2. 사업기간
> 3. 주요 사업내용　　4. 담당자의 소속, 직급 및 성명
> 5. 그 밖에 **행정안전부장관**이 정하는 사항
> ※ **암기법** : 사업**명**, 사업**기간**, 사업**내용**, **소속·직급·성**명 → **성급한 내기명소**
> ※ 해당 사업의 명칭, 개요, 필요성 및 제외 사유 등은 신규 투자사업 타당성 검토 대상 확인요구서 명시 사항이다.

83 다음 중 빈칸에 들어갈 말로 알맞은 것은?

> 공사는 매 사업연도의 결산을 해당 사업연도가 끝난 후 (　　　) 이내에 완료하여야 한다.

① 1개월　　　　　　② 2개월
③ 3개월　　　　　　④ 6개월
⑤ 1년

> **해설** 제66조(결산)
> ① 공사는 매 사업연도의 결산을 해당 사업연도가 끝난 후 2개월 이내에 완료하여야 한다.

정답 80 ③　81 ②　82 ③　83 ②

84 다음 중 공사는 결산서를 누구에게 보고하고 승인을 받아야 하는가?

① 대통령
② 지방자치단체의 장
③ 행정안전부장관
④ 재정경제부장관
⑤ 이사회

해설 제66조(결산)
③ 공사는 제2항에 따라 작성된 결산서에 다음 각 호의 서류를 첨부하여 지체 없이 지방자치단체의 장에게 보고하고 승인을 받아야 한다.

85 다음 중 손익금의 처리 순서로 틀린 것은?

① 전 사업연도로부터 이월된 결손금이 있으면 결손금을 보전
② 이월결손금을 보전하고 남은 이익금의 10분의 1 이상을 자본금의 2분의 1에 달할 때까지 이익준비금으로 적립
③ 이익준비금으로 적립하고 남은 이익금의 10분의 5 이상을 감채적립금으로 적립
④ 이익을 배당하거나 정관으로 정하는 바에 따라 적립
⑤ 남은 잔액은 사업확장적립금으로 적립

해설
• 제67조(손익금의 처리) ① 공사는 결산 결과 이익이 생긴 경우에는 그 이익금을 다음 각 호의 순서에 따라 처리한다.
  1. 전 사업연도로부터 이월된 결손금이 있으면 결손금을 보전
  2. **대통령령**으로 정하는 바에 따라 이익준비금으로 적립

  3. **대통령령**으로 정하는 바에 따라 감채적립금으로 적립
  4. 이익을 배당하거나 정관으로 정하는 바에 따라 적립
• 제61조(이익금의 처리) ① 공사는 법 제67조 제1항 제1호에 따른 이월결손금을 보전하고 남은 이익금의 10분의 1 이상을 자본금의 2분의 1에 달할 때까지 이익준비금으로 적립하여야 하고, 이익준비금으로 적립하고 남은 이익금의 10분의 5 이상을 감채적립금으로 적립하여야 한다. 다만, 매 회계연도의 말일을 기준으로 공사채 미상환 잔액이 없는 경우에는 감채적립금을 적립하지 아니할 수 있다.

86 다음 중 공사가 발행하는 사채가 대통령령으로 정하는 기준을 초과하는 경우 미리 누구의 승인을 받아야 하는가?

① 공사의 사장
② 지방자치단체의 장
③ 재정경제부장관
④ 행정안전부장관
⑤ 이사회의 의결

해설 제68조(사채 발행 및 차관)
③ 지방자치단체의 장은 제1항에 따라 발행되는 사채가 **대통령령**으로 정하는 기준을 초과하는 경우에는 제1항에 따른 승인을 하기 전에 미리 **행정안전부장관**의 승인을 받아야 한다.

87 다음 중 공사가 사채발행 시 신청서 기재사항으로 틀린 것은?

① 사채의 발행목적

② 사채의 유효기간

③ 발행총액(사채의 권면액을 수종으로 하여 발행하는 경우에는 각 권종별 발행총액)

④ 이율

⑤ 이자의 지급방법 및 기한

해설 시행령 제62조(사채발행)

① 공사는 법 제68조 제1항의 규정에 의하여 사채를 발행하고자 하는 때에는 다음 각 호의 사항을 기재한 신청서를 그 **지방자치단체의 장**에게 제출하여야 한다. 지방자치단체의 장이 법 제68조 제3항의 규정에 의하여 **행정안전부장관**의 승인을 신청하는 때에도 또한 같다.

1. 사채의 발행목적
2. 사채의 발행시기
3. 발행총액(사채의 권면액을 수종으로 하여 발행하는 경우에는 각 권종별 발행총액)
4. 이율
5. 원금의 상환방법 및 기한
6. 이자의 지급방법 및 기한
7. 모집 및 인수방법

88 다음은 대통령령으로 정하는 사채발행의 한도이다. 빈칸에 들어갈 단어로 알맞은 것은?

> 주택사업과 토지개발사업 외의 사업을 경영하는 공사는 순자산액의 (   ) 이내

① 2배 　　　② 3배

③ 4배 　　　④ 5배

⑤ 10배

해설 시행령 제62조(사채발행)

② 공사가 법 제68조 제1항에 따라 발행할 수 있는 사채발행의 한도는 다음과 같다.

1. 법 제2조 제1항 제7호(**주택사업**) 및 제8호(**토지개발사업**)의 사업을 경영하는 공사는 제14조(**자본**)에서 정하고 있는 순자산액의 4배 이내
2. 제1호 외의 사업을 경영하는 공사는 제14조에서 정하고 있는 순자산액의 2배 이내

※ 14조에서 정하고 있는 순자산액 = 자산총액 − 부채총액

89 다음 중 사채의 기재사항이 아닌 것은?

① 사채의 번호

② 사채의 발행시기

③ 발행총액

④ 이율

⑤ 법인의 명칭

해설 시행령 제62조(사채발행)

⑤ 법 제68조 제1항의 규정에 의한 사채는 다음 각 호의 사항을 기재하고 공사의 사장이 기명날인 또는 서명하여야 한다.

1. 사채의 번호
2. 법인의 명칭
3. 제1항 제3호 내지 제6호에 규정된 사항

> **[제1항 제3호~제6호]**
> 3. 발행총액(사채의 권면액을 수종으로 하여 발행하는 경우에는 각 권종별 발행총액)
> 4. 이율
> 5. 원금의 상환방법 및 기한
> 6. 이자의 지급방법 및 기한
> ※ 내지 : ~부터

정답 87 ② 　88 ① 　89 ②

90 다음 중 공사가 여유금을 운용하지 못하는 경우로 알맞은 것은?

① 국채의 취득

② 사채의 발행

③ 한국은행에 예입

④ 지방채 취득

⑤ 금융회사에 예입

해설 제69조(여유금의 운용) 공사는 다음 각 호의 방법 외에는 여유금을 운용하지 못한다.

1. 국채 또는 지방채의 취득
2. 「한국은행법」에 따른 한국은행 또는 그 밖의 금융회 사등에의 예입

91 다음 중 대행사업의 비용 부담과 관련한 내용으로 틀린 것은?

① 공사는 국가 또는 지방자치단체의 사업을 대행할 수 있으며, 이 경우에 필요한 비용은 국가 또는 지방자치단체가 부담한다.

② 공사가 법에 의하여 국가 또는 지방자치단체의 사업을 대행하고자 하는 때에는 위탁계약에 의한다.

③ 법에 의하여 국가 또는 지방자치단체가 비용을 부담하는 경우, 공사는 미리 자금집행계획을 수립하여 국가 또는 지방자치단체에 제출하여야 한다.

④ 공사가 그 대행사업을 종료한 때에는 6개월 이내에 국가 또는 지방자치단체가 부담한 비용을 정산하여야 한다.

⑤ 공사는 국가 또는 지방자치단체의 사업을 대행함에 있어 특히 필요한 경우에는 지방자치단체의 장의 승인을 얻어 그 사업의 일부를 제3자로 하여금 시행하게 할 수 있다.

해설
• 지체 없이 지급하여야 한다.
• **시행령 제63조(대행업무의 비용부담 등)** ④ 공사가 그 대행사업을 종료한 때에는 지체 없이 국가 또는 지방자치단체가 부담한 비용을 정산하여야 한다.

92 다음 중 국가가 부담하여야 할 경비의 범위에 해당하는 사업이 아닌 것은?

① 사업실시에 따른 사업계획의 수립, 사전조사, 용역 등에 소요되는 경비

② 사업의 집행에 소요되는 시설비·인건비 및 부대경비

③ 사업의 종료후 결산이전 또는 시설물 등의 인계이전까지의 사이에 시설물 등을 관리하는 데 소요되는 경비

④ 사업 일정의 변경에 따라 소요되는 경비

⑤ 사업의 대행에 따른 대행수수료

해설 **시행령 제63조(대행업무의 비용부담 등)**
② 공사가 법 제71조 제1항의 규정에 의하여 국가 또는 지방자치단체의 사업을 대행하는 경우 국가 또는 지방자치단체가 부담하여야 할 경비의 범위는 다음과 같다.

1. 사업실시에 따른 사업계획의 수립, 사전조사, 용역 등에 소요되는 경비
2. 사업의 집행에 소요되는 시설비·인건비 및 부대경비
3. 사업의 종료후 결산이전 또는 시설물 등의 인계이전까지의 사이에 시설물 등을 관리하는 데 소요되는 경비
4. 사업의 대행에 따른 대행수수료
5. 기타 사업집행상 필수적으로 소요되는 경비

90 ② **91** ④ **92** ④ **정답**

93 다음 중 지방공기업법령 내용으로 알맞은 것은?

① 지방자치단체는 사업의 운영을 위하여 필요하다고 인정하는 경우에는 공사에 보조금을 교부하거나 장기대부를 할 수 있다.

② 지방자치단체는 필요하다고 인정하는 경우에는 물품의 구매나 시설공사계약의 체결을 조달청장에게 위탁할 수 있다.

③ 지방자치단체는 소관 물품을 적정하게 관리하기 위하여 해당 공사에서 사용하는 물품을 표준화하여야 한다.

④ 지방자치단체는 소관 물품을 사용 및 처분의 목적에 따라 분류하여야 한다.

⑤ 지방자치단체는 물품수급계획을 포함한 물품관리계획을 수립하여야 한다.

> **해설**
> • **제71조의3(물품 구매 및 공사계약의 위탁)** 공사는 필요하다고 인정하는 경우에는 물품의 구매나 시설공사계약의 체결을 조달청장에게 위탁할 수 있다.
> • **제71조의4(물품 관리)** 공사는 소관 물품을 적정하게 관리하기 위하여 해당 공사에서 사용하는 물품을 표준화하고, 사용 및 처분의 목적에 따라 분류하여야 하며, 물품수급계획을 포함한 물품관리계획을 수립하여야 한다.

94 다음 내용 중 틀린 것은?

① 지방자치단체의 장은 공사가 수행하는 사업을 지원하기 위하여 필요한 경우에는 그 소속 공무원을 공사에 파견하거나 겸임하게 할 수 있다.

② 공사는 법에 의하여 공사에 파견된 공무원이나 겸임하는 공무원에 대하여 공사가 정한 지급기준에 따라 업무수당을 지급할 수 있다.

③ 공단에 업무를 위탁한 자와 공단으로부터 역무제공을 받은 자는 그 위탁업무에 소요된 비용 또는 역무수수료를 부담하여야 한다.

④ 이 법에 따른 지방자치단체의 장의 권한은 공사의 목적을 수행하기 위하여 필요한 경우에는 조례로 정하는 바에 따라 그 일부를 공사의 사장에게 위탁할 수 있다.

⑤ 공사는 「공공기관의 운영에 관한 법률」에 따른 계획에 따라 민영화 대상으로 지정된 공공기관(같은 계획에 따라 공공기관 지정이 해제된 기관은 제외한다)과 「상법」에 따른 청산절차를 거치지 아니하고도 합병할 수 있다.

> **해설** **제75조의6(공사와 공공기관의 합병)**
> ① 공사는 「공공기관의 운영에 관한 법률」 제14조 제1항에 따른 계획에 따라 민영화 대상으로 지정된 공공기관(같은 계획에 따라 공공기관 지정이 해제된 기관을 포함한다)과 「상법」에 따른 청산절차를 거치지 아니하고노 합병할 수 있다.

95 다음 중 공사가 민영화 대상으로 지정된 공공기관과 합병을 할 경우 누구와 협의를 거쳐야 하는가?

① 대통령
② 행정안전부장관
③ 지방자치단체의 장
④ 재정경제부장관
⑤ 지방공기업정책심의위원회

정답 93 ① 94 ⑤ 95 ④

해설 제75조의6(공사와 공공기관의 합병)

① 공사는 「공공기관의 운영에 관한 법률」 제14조 제1항에 따른 계획에 따라 민영화 대상으로 지정된 공공기관(같은 계획에 따라 공공기관 지정이 해제된 기관을 포함한다)과 「상법」에 따른 청산절차를 거치지 아니하고도 합병할 수 있다.

② 공사가 제1항에 따른 합병을 하려면 **재정경제부장관**과 협의를 거쳐 합병 등기 전까지 지방자치단체의 장의 승인을 받아야 한다. 다만, 공공기관 지정이 해제된 기관과 합병할 경우에는 협의절차를 생략할 수 있다.

제5장 보칙

96 다음 중 지방공기업에 대한 경영평가를 하는 자로 옳은 것은?

① 대통령
② 재정경제부장관
③ 행정안전부장관
④ 지방자치단체의 장
⑤ 기획예산처장관

97 다음 중 경영평가에 포함되는 평가사항으로 아닌 것은?

① 지방공기업의 경영목표의 달성도
② 업무의 능률성
③ 공익성
④ 수익성
⑤ 고객서비스 등에 관한 평가

해설 제78조(경영평가 및 지도)

② 제1항에 따른 경영평가에는 지방공기업의 경영목표의 달성도, 업무의 능률성, 공익성, 고객서비스 등에 관한 평가가 포함되어야 한다.

98 다음 중 지방공기업의 평가급 조정을 요청한 경우 어디의 심의를 거쳐야 하는가?

① 국토교통위원회
② 이사회
③ 지방조정위원회
④ 지방공기업권익위원회
⑤ 지방공기업정책위원회

해설 제78조(경영평가 및 지도)

⑥ **행정안전부장관**은 지방공기업이 다음 각 호의 어느 하나에 해당하는 경우에는 제1항에 따른 경영평가 결과를 조정하고, 해당 지방공기업에 대한 주의·경고 등의 조치를 하거나 지방자치단체의 장에게 해당 지방공기업의 평가급 조정을 요청할 수 있다. 이 경우 제78조의5에 따른 지방공기업정책위원회의 심의를 거쳐야 한다.

99 다음 중 지방공기업의 평가급 조정을 요청할 수 있는 자로 옳은 것은?

① 행정안전부장관
② 지방자치단체의 장
③ 재정경제부장관
④ 기획예산처장관
⑤ 국토교통부장관

100 다음 중 빈칸에 들어갈 말로 옳은 것은?

> (   )은 필요한 경우 해당 공사의 사장 또는 공단의 이사장에게 관련자에 대한 인사상의 조치 등을 요구할 수 있다.

① 대통령
② 행정안전부장관
③ 지방자치단체의 장
④ 재정경제부장관
⑤ 지방공기업정책위원회

해설 제78조(경영평가 및 지도)
⑦ 제6항에 따른 요청을 받은 지방자치단체의 장은 특별한 사정이 없으면 해당 지방공기업의 평가급을 조정하여야 하고, 필요한 경우 해당 공사의 사장 또는 공단의 이사장에게 관련자에 대한 인사상의 조치 등을 요구할 수 있다.

101 다음 중 행정안전부 장관이 경영평가 결과를 조정하는 경우로 옳은 것은?
① 경영평가 결과가 지방공기업 운영에 큰 지장이 우려되는 경우
② 경영평가 결과에 불복하는 경우
③ 경영평가 결과 조정신청서를 제출하는 경우
④ 경영평가에 필요한 자료가 누락된 경우
⑤ 채용비위, 조세포탈, 회계부정 또는 불공정거래행위 등과 관련된 중대한 위법행위를 한 경우

해설
• **제78조(경영평가 및 지도)** ⑥ **행정안전부장관**은 지방공기업이 다음 각 호의 어느 하나에 해당하는 경우에는 제1항에 따른 경영평가 결과를 조정하고, 해당 지방공기업에 대한 주의·경고 등의 조치를 하거나 지방자치단체의 장에게 해당 지방공기업의 평가급 조정을 요청할 수 있다. 이 경우 제78조의5에 따른 지방공기업정책위원회의 심의를 거쳐야 한다.
  1. 제3항에 따른 경영평가에 필요한 자료를 제출하지 아니하거나 거짓으로 작성·제출한 경우
  2. 불공정한 인사운영, 비리 등으로 윤리경영을 저해한 경우로서 **대통령령**으로 정하는 경우
• **시행령 제68조의2(지방공기업의 윤리경영 저해행위)**
  법 제78조 제6항 제2호에서 "대통령령으로 정하는 경우"란 다음 각 호의 경우를 말한다.
  1. 법, 「상법」, 「형법」, 「조세범 처벌법」, 「지방세기본법」, 「독점규제 및 공정거래에 관한 법률」 또는 그 밖에 해당 지방공기업의 업무와 관련되는 법률을 위반하여 채용비위, 조세포탈, 회계부정 또는 불공정거래행위 등과 관련된 중대한 위법행위를 한 경우
  2. 부당한 직무수행으로 인해 다음 각 목의 사회적 물의를 일으킨 경우

> 가. 국민의 생명, 재산 또는 안전상의 위해 초래
> 나. 자연환경, 생활환경 또는 기업환경 등에 대한 훼손, 교란 또는 피해 초래

102 다음 중 지방공기업에 대한 경영평가 주기로 알맞은 것은?
① 매년 ② 2년마다
③ 3년마다 ④ 5년마다
⑤ 10년마다

해설 시행령 제68조(경영평가)
① 법 제78조 제1항의 규정에 의한 지방공기업에 대한 경영평가는 매년 실시하여야 한다. 다만, 지방직영기업의 경영평가에 관하여는 **행정안전부장관**이 따로 정할 수 있다.

정답 100 ③ 101 ⑤ 102 ①

103 다음 중 경영평가기관으로 지정될 수 있는 곳이 아닌 것은?

① 법 제78조의4에 따른 지방공기업평가원
② 경영평가 전문기관
③ 지방공기업정책심의위원회
④ 회계법인
⑤ 기타 행정안전부장관이 인정하는 기관

> **해설** 시행령 제68조(경영평가)
> ② **행정안전부장관 또는 지방자치단체의 장**은 법 제78조 제1항의 규정에 의하여 경영평가를 실시함에 있어서 필요하다고 인정되는 때에는 다음 각 호의 어느 하나에 해당하는 기관을 경영평가기관으로 지정하여 실시할 수 있다.
> 1. 법 제78조의4에 따른 지방공기업평가원
> 2. 경영평가 전문기관
> 3. 회계법인
> 4. 기타 행정안전부장관이 인정하는 기관

104 다음 중 빈칸에 들어갈 단어로 알맞은 것은?

> 지방공기업에 대한 경영평가는 법에 따른 회계감사인의 회계감사가 종료된 때부터 실시한다. 이 경우 공사·공단에 대한 경영평가는 회계감사 종료 후 (   ) 이내에 완료하여야 한다.

① 1개월　　　　② 3개월
③ 4개월　　　　④ 6개월
⑤ 12개월

> **해설** 시행령 제68조(경영평가)
> 지방공기업에 대한 경영평가는 법 제35조 제3항 및 법 제66조 제2항의 규정에 따른 회계감사인의 회계감사가 종료된 때부터 실시한다. 이 경우 공사·공단에 대한 경영평가는 회계감사종료 후 4개월 이내에 완료해야 한다.

105 다음 중 지방자치단체의 장의 경영평가 보고서 제출 기한으로 알맞은 것은?

① 1개월 이내　　　　② 2개월 이내
③ 3개월 이내　　　　④ 4개월 이내
⑤ 6개월 이내

> **해설** 제78조의2(경영진단 및 경영 개선 명령)
> ① 지방자치단체의 장은 제78조 제1항 단서에 따라 경영평가를 하였을 때에는 그 평가가 끝난 후 **1개월** 이내에 경영평가보고서, 재무제표, 그 밖에 **대통령령**으로 정하는 서류를 **행정안전부장관**에게 제출하여야 한다.

106 다음 중 따로 경영진단을 실시할 수 있는 지방공기업이 아닌 것은?

① 5개 사업연도 이상 계속하여 당기 순손실이 발생한 지방공기업
② 특별한 사유 없이 전년도에 비하여 영업수입이 현저하게 감소한 지방공기업
③ 경영 여건상 사업 규모의 축소, 법인의 청산 또는 민영화 등 경영구조 개편이 필요하다고 인정되는 지방공기업
④ 인력 및 조직관리가 비효율적인 지방공기업
⑤ 재무구조가 불건전한 지방공기업

> **해설** 제78조의2(경영진단 및 경영 개선 명령)
> 1. 3개 사업연도 이상 계속하여 당기 순손실이 발생한 지방공기업

103 ③　**104** ③　**105** ①　**106** ① **정답**

107 다음 중 경영평가 끝난 후 행정안전부장관에게 제출해야 하는 서류로 틀린 것은?

① 경영평가보고서

② 재무제표

③ 적자보고서

④ 사업운영계획 및 사업실적보고서

⑤ 지방자치단체의 감사결과와 「지방자치법」에 따른 시정요구를 받은 경우에는 그 내용

> **해설**
> - **제78조의2(경영진단 및 경영 개선 명령)** ① 지방자치단체의 장은 제78조제1항 단서에 따라 경영평가를 하였을 때에는 그 평가가 끝난 후 1개월 이내에 경영평가보고서, 재무제표, 그 밖에 **대통령령**으로 정하는 서류를 행정안전부장관에게 제출하여야 한다.
> - **시행령 제69조(제출서류)**
>   1. 결산서 및 회계감사보고서
>   2. 사업운영계획 및 사업실적보고서
>   3. 감사의 감사보고서와 「감사원법」 제32조 내지 제34조의 규정에 의한 징계·시정·개선요구 등을 받은 경우에는 그 내용
>   4. 지방자치단체의 감사결과와 「지방자치법」 제50조에 따른 시정요구를 받은 경우에는 그 내용
>   5. 기타 경영에 관한 중요사항으로서 **행정안전부장관**이 요구하는 사항

108 다음 중 행정안전부장관이 할 수 있는 경영개선명령으로 아닌 것은?

① 당해 지방공기업의 임직원에 대한 감봉·해임 등의 인사조치

② 사업규모의 축소·조직개편 및 인력조정

③ 지방공기업의 해산 요구

④ 법인의 청산 및 민영화

⑤ 기타 경영개선을 위하여 필요한 사항

> **해설** **시행령 제75조(경영진단에 따른 경영개선명령)**
> **행정안전부장관**은 법 제78조의2 제3항의 규정에 의하여 다음 각 호의 경영개선명령을 할 수 있다.

1. 당해 지방공기업의 임직원에 대한 감봉·해임 등의 인사조치
2. 사업규모의 축소·조직개편 및 인력조정
3. 법인의 청산 및 민영화
4. 기타 경영개선을 위하여 필요한 사항

109 다음 중 빈칸에 들어갈 단어로 알맞은 것은?

> 행정안전부장관은 법에 의하여 경영평가보고서 등의 서류를 접수한 때에는 (   ) 이내에 경영진단대상을 확정하여야 한다.

① 7일　　　　② 14일

③ 30일　　　④ 60일

⑤ 90일

> **해설** **시행령 제70조(경영진단대상 등)**
> ② 행정안전부장관은 법 제78조의2 제1항의 규정에 의하여 경영평가보고서 등의 서류를 접수한 때에는 **60일** 이내에 경영진단대상을 확정하여야 한다.

110 다음 중 지방공기업경영진단반의 구성위원이 아닌 것은?

① 지방공기업에 관한 업무를 담당하는 공무원

② 대학의 조교수 이상의 직위에 있는 자로서 공기업의 경영 및 기타 관련분야에 관한 전문지식이 있는 자

③ 공기업에 관한 전문성과 경험이 풍부한 자 중에서 행정안전부장관이 위촉하는 자

④ 5년 이상의 실무경험이 있는 공인회계사

⑤ 기타 공기업의 경영 및 관련분야에 관한 전문지식과 경험이 풍부한 자

정답 **107** ③　**108** ③　**109** ④　**110** ③

① **행정안전부장관**은 법 제78조의2 제2항의 규정에 의한 경영진단을 수행하기 위하여 필요한 경우에는 다음 각 호의 1에 해당하는 자 중에서 위촉 또는 임명하는 자로서 지방공기업경영진단반(이하 "경영진단반"이라 한다)을 구성·운영할 수 있다. 이 경우 **행정안전부장관**은 지방공기업에 대한 경영진단을 외부전문기관에 위탁하여 실시할 수 있다.

1. 지방공기업에 관한 업무를 담당하는 공무원
2. 대학의 조교수 이상의 직위에 있는 자로서 공기업의 경영 및 기타 관련분야에 관한 전문지식이 있는 자
3. 5년 이상의 실무경험이 있는 공인회계사
4. 기타 공기업의 경영 및 관련분야에 관한 전문지식과 경험이 풍부한 자

111 다음 중 부실지방공기업에 대하여 해산 요구 시 심의를 거쳐야 하는 곳으로 알맞은 것은?

① 철도산업위원회
② 이사회
③ 지방의회
④ 지방공기업정책위원회
⑤ 공공기관운영위원회

① **행정안전부장관**은 공사 또는 공단이 다음 각 호에 해당하는 경우로서 **대통령령**으로 정하는 경우 제78조의5에 따른 지방공기업정책위원회의 심의를 거쳐 지방자치단체의 장이나 공사의 사장 또는 공단의 이사장에게 해산을 요구할 수 있다.

112 다음 중 지방공기업평가원에 대한 내용으로 틀린 것은?

① 지방공기업에 대한 경영평가, 관련 정책의 연구, 임직원에 대한 교육 등을 전문적으로 지원하기 위하여 지방공기업평가원을 설립한다.

② 평가원은 법인으로 하며, 그 주된 사무소의 소재지에서 설립등기를 함으로써 성립한다.

③ 지방자치단체 또는 지방공기업은 평가원의 업무수행을 지원하기 위하여 평가원에 출연할 수 있다. 이 경우 출연의 지급, 사용 및 관리 등에 필요한 사항은 대통령령으로 정한다.

④ 이사회는 이사장 1명을 포함하여 12명 이내의 이사로 구성한다.

⑤ 이사장의 임기는 3년으로 하며, 연임할 수 없다.

① 지방공기업에 대한 경영평가, 관련 정책의 연구, 임직원에 대한 교육 등을 전문적으로 지원하기 위하여 지방공기업평가원(이하 "평가원"이라 한다)을 설립한다.
② 평가원은 법인으로 하며, 그 주된 사무소의 소재지에서 설립등기를 함으로써 성립한다.
③ 지방자치단체 또는 지방공기업은 평가원의 업무수행을 지원하기 위하여 평가원에 출연할 수 있다. 이 경우 출연의 지급, 사용 및 관리 등에 필요한 사항은 **대통령령**으로 정한다.
④ 평가원에 이사회와 감사 1명을 둔다.
⑤ 이사회는 이사장 1명을 포함하여 12명 이내의 이사로 구성한다.
⑥ 이사장은 이사회의 추천으로 **행정안전부장관**의 승인을 받아 이사회가 선임한다.
⑦ 이사장의 임기는 3년으로 하며, 한 차례만 연임할 수 있다.
⑧ 이사 및 감사의 임기, 선임 방법 등 그 밖에 평가원의 설립·운영에 관한 사항은 정관으로 정한다.
⑨ **행정안전부장관**은 평가원을 지도·감독하며, 필요한 경우에는 평가원에 대하여 그 업무에 관한 사항을 보고하게 하거나 자료 제출 등의 명령을 할 수 있다.
⑩ 평가원에 관하여는 이 법에서 규정한 사항을 제외하고는 「민법」 중 재단법인에 관한 규정을 준용한다.

111 ④ **112** ⑤ **정답**

113 다음 중 지방공기업평가원 출연에 대하여 틀린 것은?

① 평가원의 이사장은 편성한 전체 및 각 지방자치단체·지방공기업별 다음 연도 출연금 요구안에 대하여 매년 7월 31일까지 행정안전부장관과 협의하여 출연금 규모를 결정하여야 한다.

② 평가원의 이사장은 행정안전부장관과 협의를 하기 전에 출연금 징수 및 사업추진 실적, 다음 연도 사업계획 등을 행정안전부장관에게 제출하여야 한다.

③ 평가원의 이사장은 행정안전부장관과 협의된 출연금액이 지방자치단체 예산과 지방공기업 예산에 편성될 수 있도록 출연금요구서를 매년 8월 31일까지 해당 지방자치단체 및 지방공기업에 제출하여야 한다.

④ 평가원은 결산 후 발생한 잉여금을 이사회의 의결을 거쳐 기본재산 또는 운영자금으로 편입하여야 한다.

⑤ 평가원의 이사장은 매 회계연도 종료 후 1개월 이내에 행정안전부장관에게 출연금 지급 및 사용에 관한 사항을 보고하여야 한다.

해설 시행령 제76조(지방공기업평가원에 대한 출연)
① 법 제78조의4에 따라 설립되는 지방공기업평가원(이하 "평가원"이라 한다)의 이사장은 다음 각 호의 기준에 따라 편성한 전체 및 각 지방자치단체·지방공기업별 다음 연도 출연금 요구안에 대하여 매년 7월 31일까지 행정안전부장관과 협의하여 출연금 규모를 결정하여야 한다.
1. 지방자치단체 출연금 편성기준 : 재정력, 공기업 수 등
2. 지방공기업 출연금 편성기준 : 매출액, 직원 수, 자산 등
② 평가원의 이사장은 제1항에 따른 협의를 하기 전에 출연금 징수 및 사업추진 실적, 다음 연도 사업계획 등을 행정안전부장관에게 제출하여야 한다.

③ 평가원의 이사장은 제1항에 따라 행정안전부장관과 협의된 출연금액이 지방자치단체 예산과 지방공기업 예산에 편성될 수 있도록 출연금요구서에 다음 각 호의 서류를 첨부하여 매년 8월 31일까지 해당 지방자치단체 및 지방공기업에 제출하여야 한다.
1. 다음 회계연도의 사업계획서
2. 다음 회계연도의 추정 재무상태표 및 추정 손익계산서
④ 제3항에 따라 출연금 요구를 받은 해당 기관의 장은 출연금예산이 확정된 경우에는 이를 평가원에 통지하여야 한다.
⑤ 평가원은 제4항에 따라 확정·통지된 출연금을 교부받고자 할 경우에는 출연금교부신청서에 자금집행계획서를 첨부하여 해당 기관에 제출하여야 한다.
⑥ 평가원은 출연금을 평가원 고유사업 및 운영경비로 사용하여야 한다.
⑦ 평가원은 결산 후 발생한 잉여금을 이사회의 의결을 거쳐 기본재산 또는 운영자금으로 편입하여야 한다.
⑧ 평가원의 이사장은 매 회계연도 종료 후 2개월 이내에 **행정안전부장관**에게 출연금 지급 및 사용에 관한 사항을 보고하여야 한다.

114 다음 중 지방공기업정책위원회 구성인원으로 알맞은 것은?

① 위원장 1명, 10명 이내
② 위원장 1명, 12명 이내
③ 위원장 1명, 감사 1명, 12명 이내
④ 위원장 1명, 15명 이내
⑤ 위원장 1명, 감사 1명, 15명 이내

해설 제78조의5(지방공기업정책위원회)
② 지방공기업정책위원회는 위원장 1명을 포함한 15명 이내의 위원으로 구성한다.

정답 113 ⑤   114 ④

115 다음 중 지방공기업정책위원회의 위원장으로 옳은 것은?

① 대통령
② 지방자치단체의 장
③ 공사의 사장
④ 행정안전부차관
⑤ 재정경제부차관

해설 **시행령 제72조(지방공기업정책위원회의 구성)**
① 법 제78조의5 제3항에 따른 지방공기업정책위원회(이하 "정책위원회"라 한다)의 위원장은 **행정안전부차관**이 되고, 위원은 다음 각 호의 어느 하나에 해당하는 사람 중에서 **행정안전부장관**이 임명 또는 위촉한다.

116 다음 중 정책위원회의 위원이 될 수 없는 자는?

① 경영평가와 경영진단에 관한 풍부한 경험을 가진 전문가
② 1년 이상 실무경험이 있는 공인회계사
③ 대학교 부교수 이상 직위에 있는 사람으로서 공기업 경영 및 그 밖에 관련 분야에 관한 전문지식이 있는 사람
④ 고위공무원단에 속하는 일반직공무원
⑤ 지방공기업에 관한 업무를 담당하는 3급 이상의 공무원

해설 **시행령 제72조(지방공기업정책위원회의 구성)**
① 법 제78조의5 제3항에 따른 지방공기업정책위원회(이하 "정책위원회"라 한다)의 위원장은 **행정안전부차관**이 되고, 위원은 다음 각 호의 어느 하나에 해당하는 사람 중에서 **행정안전부장관**이 임명 또는 위촉한다.

1. 경영평가와 경영진단에 관한 풍부한 경험을 가진 전문가
2. 5년 이상 실무경험이 있는 공인회계사
3. 「고등교육법」 제2조 제1호부터 제6호까지 중 어느 하나에 해당하는 학교의 부교수 이상 직위에 있는 사람으로서 공기업 경영 및 그 밖에 관련 분야에 관한 전문지식이 있는 사람
4. 지방공기업에 관한 업무를 담당하는 3급 이상의 공무원 또는 고위공무원단에 속하는 일반직공무원

117 다음 중 행정안전부장관이 정책위원회 위원을 해임 또는 해촉할 수 있는 경우가 아닌 것은?

① 심신장애로 인하여 직무를 수행할 수 없게 된 경우
② 직무와 관련된 비위사실이 있는 경우
③ 직무태만, 품위손상이나 그 밖의 사유로 인하여 위원으로 적합하지 아니하다고 인정되는 경우
④ 위원 스스로 직무를 수행하는 것이 곤란하다고 의사를 밝히는 경우
⑤ 그 밖의 행정안전부장관이 정하는 경우

해설 **시행령 제72조의2(위원의 해임 및 해촉)**
행정안전부장관은 제72조 제1항 각 호에 따른 위원이 다음 각 호의 어느 하나에 해당하는 경우에는 해당 위원을 해임 또는 해촉(解囑)할 수 있다.
1. 심신장애로 인하여 직무를 수행할 수 없게 된 경우
2. 직무와 관련된 비위사실이 있는 경우
3. 직무태만, 품위손상이나 그 밖의 사유로 인하여 위원으로 적합하지 아니하다고 인정되는 경우
4. 위원 스스로 직무를 수행하는 것이 곤란하다고 의사를 밝히는 경우

115 ④　**116** ②　**117** ⑤　**정답**

118 다음 중 안건의 심의, 의결에서 회피해야 하는 경우로 알맞은 것은?

① 위원이 해당 안건의 당사자와 친족이거나 친족이었던 경우

② 위원 본인이 해당 안건 당사자인 경우

③ 위원 또는 위원이 속한 기관이 해당 안건에 대하여 증언, 진술, 자문, 연구, 용역 또는 감정을 한 경우

④ 위원이 해당 안건에 대한 감사, 수사 또는 조사에 관여하거나 관여했던 경우

⑤ 위원이나 위원이 속한 기관이 해당 안건의 당사자의 대리인이거나 대리인이었던 경우

해설 시행령 제72조의3(정책위원회 위원의 제척·기피·회피)

③ 위원이 제1항 각 호에 따른 제척 사유에 해당하는 경우에는 스스로 해당 안건의 심의·의결에서 회피(回避)해야 한다.

119 다음 중 정책위원회의 운영으로 틀린 것은?

① 위원장은 정책위원회의 회의를 소집하고 그 의장이 된다.

② 정책위원회는 재적위원 과반수의 찬성으로 의결한다.

③ 정책위원회의 위원장은 필요하다고 인정하는 경우에는 지방자치단체의 공무원, 지방공기업의 임직원, 그 밖의 관계인으로 하여금 출석하여 발언하게 할 수 있다.

④ 정책위원회의 업무를 효율적으로 수행하기 위하여 정책위원회에 분과위원회를 둘 수 있다. 이 경우 분과위원회의 위원장과 위원은 정책위원회의 위원장이 정책위원회 위원 중에서 임명한다.

⑤ 간사는 지방공기업에 관한 업무를 담당하는 행정안전부의 과장이 된다.

해설 시행령 제73조(정책위원회의 운영)

② 정책위원회는 재적위원 과반수의 출석으로 개의(開議)하고, 출석위원 과반수의 찬성으로 의결한다.

120 다음 중 주민의견 청취 등에 관한 내용으로 틀린 것은?

① 지방자치단체의 장은 지방공기업을 설립할 때 지방의회에 보고하여야 한다.

② 주민의견 청취의 방법·절차와 그 밖에 필요한 사항은 대통령령으로 정한다.

③ 지방공기업 설립으로 주민 등의 의견을 청취하는 경우에는 주민공청회를 개최하기 전 심의위원회를 개최해야 한다.

④ 주민공청회를 개최하기 전에 법에 따른 타당성 검토 결과를 해당 지방자치단체의 인터넷 홈페이지에 미리 공개하고 그 사본을 주민자치센터 등 공개된 장소에 갖추어 주민들이 열람할 수 있게 해야 한다.

⑤ 지방자치단체의 장은 주민공청회를 개최하는 경우 개최예정일 15일 이전에 개최목적, 개최예정일, 개최장소 등을 공고하여야 한다.

해설 시행령 제76조의2(주민 등의 의견청취)

① 지방자치단체의 장은 법 제78조의6 제1항 제1호의 사유로 주민 등의 의견을 청취하는 경우에는 제47조 제2항에 따른 심의위원회를 개최하기 전에 주민공청회를 개최해야 한다. 이 경우 주민공청회를 개최하기 전에 법 제49조 제3항에 따른 타당성 검토 결과를 해당 지방자치단체의 인터넷 홈페이지에 미리 공개하고 그 사본을 주민자치센터 등 공개된 장소에 갖추어 주민들이 열람할 수 있게 해야 한다.

정답 **118** ② **119** ② **120** ③

121 다음 중 빈칸에 들어갈 말로 알맞은 것은?

> 행정안전부장관으로부터 경영 개선 명령을 받아 주민 등의 의견을 청취하는 경우 경영 개선 명령을 받은 날부터 ( ) 이내에 주민공청회를 실시하여야 한다.

① 7일
② 15일
③ 30일
④ 60일
⑤ 90일

해설 시행령 제76조의2(주민 등의 의견청취)
② 지방자치단체의 장은 법 제78조의6 제1항 제2호(**행정안전부장관**으로부터 제78조의2에 따른 경영 개선 명령을 받거나, 제78조의3에 따른 해산 요구를 받은 때)의 사유로 주민 등의 의견을 청취하는 경우에는 행정안전부장관으로부터 경영 개선 명령을 받은 날 또는 해산 요구를 받은 날부터 60일 이내에 주민공청회를 실시하여야 한다.

122 다음 중 빈칸에 들어갈 단어를 순서대로 나열한 것으로 옳은 것은?

> (   )은 경영개선조치결과가 발생한 날부터 (   ) 이내에 행정안전부장관에게 통보해야 한다.

① 공사의 사장, 10일
② 공사의 사장, 15일
③ 지방자치단체의 장, 10일
④ 지방자치단체의 장, 15일
⑤ 지방자치단체의 장, 60일

해설 시행령 제78조(통보 등)
② 지방자치단체의 장은 다음 각 호의 어느 하나에 해당되는 사항에 대하여 그 사유가 발생한 날부터 10일 이내에 **행정안전부장관**에게 통보해야 한다.
1. 법 제49조 제1항 및 법 제76조 제1항의 규정에 의한 지방공사·공단의 설립사항
2. 법 제50조 제1항 및 법 제76조 제2항의 규정에 의한 지방공사·공단의 공동설립사항
3. 법 제56조 제3항 및 법 제76조 제2항의 규정에 의한 지방공사·공단의 정관변경사항
4. 법 제58조 제2항 및 법 제76조 제2항의 규정에 의한 지방공사·공단의 사장(이사장)과 감사의 임면사항
4의2. 삭제
5. 법 제78조의2 제3항의 규정에 의한 경영개선조치결과
6. 삭제
7. 기타 지방공사 또는 공단의 청산·민영화 등의 중요 변동사항

123 다음 중 빈칸에 들어갈 말로 옳은 것은?

> 행정안전부장관은 지방공기업보고서를 매년 경영진단 및 경영개선 조치 실시 후 ( ) 이내에 국회 소관 상임위원회에 제출하여야 한다.

① 1개월
② 2개월
③ 3개월
④ 6개월
⑤ 1년

해설 제78조의7(국회에 대한 보고)
행정안전부장관은 제78조에 따른 경영평가, 제78조의2에 따른 경영진단 결과 및 경영개선을 위한 조치, 제78조의3에 따른 해산 요구 등을 명확하게 기록한 지방공기업보고서를 매년 경영진단 및 경영개선 조치 실시 후 3개월 이내에 국회 소관 상임위원회에 제출하여야 한다.

121 ④ **122** ③ **123** ③ **정답**

124 다음 중 공사의 사장이 공단으로 조직 변경하려는 경우 누구의 승인을 받아야 하는가?

① 공단의 이사장
② 대통령
③ 행정안전부장관
④ 지방자치단체의 장
⑤ 이사회

> **해설** 제80조(공사와 공단의 조직변경)
> ② 공사의 사장 또는 공단의 이사장은 제1항에 따른 조직변경을 하려는 경우에는 조직변경에 관한 사항에 대하여 **지방자치단체의 장**의 승인을 받아야 하고, 조직변경에 관한 조례안과 함께 의회의 의결을 거쳐야 한다.

125 다음 중 빈칸에 들어갈 단어로 맞는 것은?

> 공사의 사장 또는 공단의 이사장은 조직변경에 따른 의회의 의결이 있은 날부터 (　) 이내에 채권자 등 이해관계자에게 조직변경 사실을 통보하여야 한다.

① 7일　　② 10일
③ 15일　　④ 20일
⑤ 30일

> **해설** 제80조(공사와 공단의 조직변경)
> ④ 공사의 사장 또는 공단의 이사장은 제2항에 따른 의회의 의결이 있은 날부터 20일 이내에 채권자 등 이해관계자에게 조직변경 사실을 통보하여야 한다.

126 다음 중 빈칸에 들어갈 말로 맞는 것은?

> (　)는(은) 지방공기업의 원활한 경영을 위하여 필요한 경우에는 지방자치단체에 대하여 지방자치단체가 출자할 자본금이나 그 밖에 필요한 경비의 일부를 보조할 수 있다.

① 국가
② 대통령
③ 재정경제부장관
④ 행정안전부장관
⑤ 지방자치단체의 장

> **해설** 제79조(국고지원) **국가**는 지방공기업의 원활한 경영을 위하여 필요한 경우에는 지방자치단체에 대하여 지방자치단체가 출자할 자본금이나 그 밖에 필요한 경비의 일부를 보조할 수 있다.

127 다음 중 공사 또는 공단의 임직원에 대하여 직무와 관련된 사건에 관한 수사를 시작한 때 며칠 이내에 공사의 사장 또는 공단의 이사장에게 해당 사실과 결과를 통보해야 하는가?

① 3일　　② 7일
③ 10일　　④ 15일
⑤ 30일

정답 124 ④　125 ④　126 ①　127 ③

128 다음 중 10일 이내 공사의 사장 또는 공단의 이사장에게 해당 사실과 결과를 통보해야 하는 관련 기관이 아닌 것은?

① 감사원
② 지방공기업정책위원회
③ 검찰·경찰 및 그 밖의 수사기관
④ 행정안전부장관
⑤ 지방자치단체의 장

 제80조의2(수사기관 등의 수사 등 개시·종료 통보)

다음 각 호의 어느 하나에 해당하는 기관은 공사 또는 공단의 임직원에 대하여 직무와 관련된 사건에 관한 조사나 수사를 시작한 때와 이를 마친 때에는 10일 이내에 공사의 사장 또는 공단의 이사장에게 해당 사실과 결과를 통보하여야 한다.
1. 감사원
2. 검찰·경찰 및 그 밖의 수사기관
3. 행정안전부장관
4. 지방자치단체의 장

제6장 **벌칙**

129 다음 중 공사의 임원이 결산서를 작성하지 않은 경우 벌칙으로 옳은 것은?

① 1년 이하의 징역 또는 1천만 원 이하의 벌금
② 2년 이하의 징역 또는 2천만 원 이하의 벌금
③ 3년 이하의 징역 또는 3천만 원 이하의 벌금
④ 4년 이하의 징역 또는 4천만 원 이하의 벌금
⑤ 5년 이하의 징역 또는 5천만 원 이하의 벌금

 제81조(벌칙)

② 「상법」 제635조 제1항에 규정된 자나 공사·공단의 임원 및 그 밖에 회계업무를 담당하는 자가 제66조 제2항(제76조제2항에서 준용하는 경우를 포함한다)을 위반하여 결산서를 작성하지 아니한 경우 3년 이하의 징역 또는 3천만 원 이하의 벌금에 처한다.

---

130 다음 중 공사의 사장이 사업연도가 시작되기 전까지 예산편성을 하지 못한 경우 벌칙으로 알맞은 것은?

① 1천만 원 이하의 벌금
② 500만 원 이하의 벌금
③ 300만 원 이하의 벌금
④ 200만 원 이하의 벌금
⑤ 100만 원 이하의 벌금

 제83조(벌칙)

공사 또는 공단의 임원(감사는 제외한다)이 제65조〈예산(편성)〉를 위반하였을 때에는 500만 원 이하의 벌금에 처한다.

---

131 다음 중 형벌이 아닌 것은?

① 회계업무를 담당하는 자가 회계처리기준을 위반하여 거짓으로 재무제표를 작성한 경우
② 회계감사인 또는 그에 소속된 공인회계사가 회계감사 보고서에 적어야 할 사항을 적지 아니하거나 거짓으로 적은 경우
③ 회계감사인이 회계에 관한 자료의 제출 요구를 했음에도 기피하는 경우
④ 회계감사인이 직무에 관하여 부정한 청탁을 받고 그 대가로서 금품이나 이익을 요구한 경우
⑤ 행정안전부장관의 업무검사 시 검사원의 검사장 출입을 방해한 경우

- 5번 선지는 과태료 부과사항이다. 형벌이라 함은 형사처벌로 벌금, 징역형 등을 말한다. 1~4번 선지는 벌칙에 해당되므로 형벌이다.
- **제84조(과태료)** ① 정당한 이유 없이 제73조 제2항(제76조 제2항에서 준용하는 경우를 포함한다)에 따른 〈행정안전부장관이 공사의 업무, 회계 및 재산에 관한 사항〉검사를 거부, 방해 또는 기피한 자에게는 200만 원 이하의 과태료를 부과한다.

132 다음 중 행정안전부장관의 재산검사를 정당한 사유 없이 거부한 경우 1차 위반 과태료로 알맞은 것은?

① 25만 원　　　　② 30만 원

③ 40만 원　　　　④ 50만 원

⑤ 100만 원

해설 시행령 [별표 2] – 과태료 부과기준

위반행위	1차	2차	3차 이상
다. 재산검사를 거부·방해 또는 기피한 경우 1) 검사를 정당한 사유 없이 거부한 경우	50만 원	100만 원	200만 원

정답 132 ④

제1장 총칙

01 다음 중 지방공기업법의 적용범위로 틀린 것은?

① 자동차운송사업
② 도시철도사업을 포함한 궤도사업
③ 마을상수도사업을 포함한 수도사업
④ 유료도로사업
⑤ 토지개발사업

해설 제2조(적용범위)
1. 수도사업(**마을상수도사업은 제외**한다)
3. 궤도사업(**도시철도사업을 포함**한다)
5. 지방도로사업(유료도로사업만 해당한다)

02 다음 중 지방직영기업 사업범위로 틀린 것은?

① 수도사업 : 1일 생산능력 1만톤 이상
② 궤도사업 : 보유차량 30량 이상
③ 하수도사업 : 1일 처리능력 1만톤 이상
④ 지방도로사업 : 도로관리연장 50킬로미터 이상 또는 유료터널·교량 3개소 이상
⑤ 공업용수도사업 : 1일생산능력 1만톤 이상

해설 시행령 제2조(사업범위)

03 다음 중 「지방공기업법령」 내용으로 틀린 것은?

① 이 법은 지방자치단체가 직접 설치·경영하거나, 법인을 설립하여 경영하는 기업의 운영에 필요한 사항을 정하여 그 경영을 합리화함으로써 지방자치의 발전과 주민복리의 증진에 이바지함을 목적으로 한다.
② 이 법은 지방직영기업과 지방공사와 지방공단이 경영하는 사업에 대하여 각각 적용한다.
③ 지방자치단체는 여행업 중 경상경비의 50퍼센트 이상을 경상수입으로 충당할 수 있는 사업을 지방직영기업, 지방공사 또는 지방공단이 경영하는 경우에는 조례로 정하는 바에 따라 이 법을 적용할 수 있다.
④ 지방공기업에 관한 법령, 조례, 규칙, 그 밖의 규정은 기본원칙에 따라야 한다.
⑤ 지방공기업은 항상 지방자치의 발전과 공익성 및 편의성 제공을 위하여 운영하여야 한다.

해설 제3조(경영의 기본원칙) 1항

01 ③ 02 ② 03 ⑤ **정답**

04 다음 중 빈칸에 들어갈 단어로 틀린 것을 모두 고르면?

> 지방자치단체는 (　　　)을 경영할 때에 민간경제를 위축시키거나, 공정하고 자유로운 경제질서를 해치거나, 환경을 훼손시키지 아니하도록 노력하여야 한다.
>
> ㉠ 지방직영기업　　㉡ 지방자치단체
> ㉢ 지방특수기관　　㉣ 지방공사
> ㉤ 지방공단

① ㉠, ㉡　　　　　② ㉠, ㉢
③ ㉡, ㉢　　　　　④ ㉡, ㉤
⑤ ㉢, ㉤

해설 제3조(경영의 기본원칙) 2항

제3장　지방공사

05 다음 중 빈칸에 들어갈 단어를 순서대로 나열한 것은?

> 지방자치단체가 공사 설립 시 타당성 검토는 전문 인력 및 조사·연구 능력 등 (　　　)으로 정하는 요건을 갖춘 전문기관으로서 (　　　)이 지정·고시하는 기관에 의뢰하여 실시하여야 한다.

① 행정안전부장관령, 대통령
② 행정안전부장관령, 행정안전부장관
③ 행정안전부장관령, 국가데이터처장
④ 대통령령, 행정안전부장관
⑤ 대통령령, 대통령

해설 제49조(설립 등) 3항

06 다음 중 공사 설립 타당성 검토에 포함되어야 하는 사항으로 옳은 것은?

① 사업의 적정성 여부
② 사업별 수지분석
③ 조직 및 인력의 수요판단
④ 주민의 복리증진에 미치는 영향
⑤ 지역발전에 미치는 영향

해설 시행령 제47조(설립타당성 검토 등) 1항

07 다음 중 빈칸에 들어갈 단어를 순서대로 나열한 것은?

> 사업타당성 검토 업무에 3년 이상 종사한 경력을 가진 사람 (　)명 이상과 (　)년 이상 종사한 경력을 가진 사람 (　)명 이상을 보유하고 있을 것

① 2, 5, 5　　　　　② 3, 5, 5
③ 3, 3, 5　　　　　④ 5, 5, 2
⑤ 5, 5, 3

해설 시행령 제47조(설립타당성 검토 등) 4항 2호

정답 04 ③　05 ④　06 ⑤　07 ④

08 다음 중 규약에 포함되어야 하는 사항으로 알맞은 것은?

① 공사의 명칭
② 사무소의 위치
③ 설립시기
④ 사업 내용
⑤ 의결기관 대표자의 선임방법

`해설` 제50조(공동설립) 3항

09 다음 중 빈칸에 들어갈 단어로 알맞은 것은?

> 공사는 (　　　)의 승인을 받아 필요한 곳에 지사 또는 출장소를 둘 수 있다.

① 대통령
② 국토교통부장관
③ 재정경제부장관
④ 기획예산처장관
⑤ 지방자치단체의 장

`해설` 제52조(사무소)
② 공사는 지방자치단체의 장의 승인을 받아 필요한 곳에 지사 또는 출장소를 둘 수 있다.

10 다음 중 빈칸에 들어갈 말을 순서대로 나열한 것은?

> 공사는 공사의 사업과 관계되는 사업을 효율적으로 수행하기 위하여 (　　　)의 승인을 받아 (　　　) 외의 다른 법인에 출자할 수 있다.

① 정부, 공사
② 정부, 지방자치단체
③ 지방자치단체의 장, 공사
④ 지방자치단체의 장, 지방자치단체
⑤ 시·도지사, 지방자치단체

`해설` 제54조(다른 법인에 대한 출자)

11 다음 중 빈칸에 들어갈 단어로 맞는 것은?

> 출자를 하기 위하여 공사의 사장은 (　　　)으로 정하는 방법 및 절차에 따라 출자의 필요성 및 타당성을 검토하여 (　　　)에게 보고하고 (　　　)을(를) 받아야 한다.

① 규약, 지방자치단체의 장, 심사
② 대통령령, 시·도지사, 승인
③ 대통령령, 시·도지사, 의회의 의결
④ 대통령령, 지방자치단체의 장, 승인
⑤ 대통령령, 지방자치단체의 장, 의회의 의결

08 ③　**09** ⑤　**10** ④　**11** ⑤　`정답`

12 다음 중 출자와 관련하여 틀린 것은?

① 공사의 자본금은 그 전액을 지방자치단체가 현금 또는 현물로 출자한다.

② 공사의 운영을 위하여 필요한 경우에는 자본금의 2분의 1을 넘지 아니하는 범위에서 지방자치단체 외의 자(외국인 및 외국법인은 제외한다)로 하여금 공사에 출자하게 할 수 있다. 증자의 경우에도 또한 같다.

③ 지방자치단체 외의 자에게 출자하는 경우 공사의 자본금은 주식으로 분할하여 발행한다.

④ 주식으로 분할하여 발행하는 경우 발행하는 주식의 종류, 1주의 금액, 주식 발행의 시기, 발행 주식의 총수와 주금의 납입시기 및 납입방법은 조례로 정한다.

⑤ 공사는 공사의 사업과 관계되는 사업을 효율적으로 수행하기 위하여 지방자치단체의 장의 승인을 받아 지방자치단체 외의 다른 법인에 출자할 수 있다.

> **해설** 제53조(출자)

13 다음 중 다른 법인에 대한 출자타당성 검토에서 지방자치단체출연 연구원의 사전검토를 거칠 수 있는 경우로 알맞은 것은?

① 출자규모가 1억 원 미만인 경우

② 출자규모가 2억 원 미만인 경우

③ 출자규모가 3억 원 미만인 경우

④ 출자규모가 4억 원 미만인 경우

⑤ 출자규모가 5억 원 미만인 경우

> **해설** 시행령 제47조의2(다른 법인에 대한 출자타당성 검토 등) 1항

14 다음 중 공사가 다른 법인에 출자할 수 있는 한도로 옳은 것은?

① 직전 사업연도 말 공사의 부채비율이 100분의 100 미만인 경우 : 직전 사업연도 말 공사의 자본금의 100분의 10 이내

② 직전 사업연도 말 공사의 부채비율이 100분의 100 미만인 경우 : 직전 사업연도 말 공사의 자본금의 100분의 50 이내

③ 직전 사업연도 말 공사의 부채비율이 100분의 100 이상 100분의 200 미만인 경우 : 직전 사업연도 말 공사의 자본금의 100분의 50 이내

④ 직전 사업연도 말 공사의 부채비율이 100분의 200 이상인 경우 : 직전 사업연도 말 공사의 자본금의 100분의 25 이내

⑤ 당해 사업연도 말 공사의 부채비율이 100분의 200 이상인 경우 : 직전 사업연도 말 공사의 자본금의 100분의 10 이내

> **해설** 시행령 제47조의2(다른 법인에 대한 출자타당성 검토 등) 4항

15 다음 중 공사의 운영을 위하여 외국법인이 출자한 경우 정관에 포함되어야 하는 사항으로 알맞은 것은?

① 주주총회에 관한 사항

② 의결에 관한 사항

③ 대부 상환에 관한 사항

④ 주식 지급 방법에 관한 사항

⑤ 지속가능성에 관한 사항

> **해설** 제56조(정관) 2항

16 다음 중 공사의 정관에 포함되어야 하는 사항이 아닌 것은?

① 사무소의 소재지
② 공사의 조직 및 정원에 관한 사항
③ 재무회계에 관한 사항
④ 출자의 방법에 관한 사항
⑤ 이사회에 관한 사항

> **해설** 제56조(정관), 시행령 제48조(정관기재사항)~ 제49조(설립등기)

17 다음 중 설립등기는 자본금의 납입 날부터 며칠 이내에 마감해야 하는가?

① 1주일　　　② 2주일
③ 3주일　　　④ 1개월
⑤ 3개월

> **해설** 시행령 제49조(정관기재사항)

18 다음 중 등기와 관련된 내용으로 맞는 것은?

① 공사는 이전 등기사항이 변경된 경우에는 변경 후 2주일 이내에 주된 사무소의 소재지에서 변경사항을 등기해야 한다.
② 공사는 지사를 설치한 경우에는 설치 후 2주일 이내에 지사의 소재지에서 설치된 지사의 명칭, 소재지 및 설치 연월일을 등기해야 한다.
③ 다만, 공사의 설립과 동시에 지사를 설치하는 경우에는 공사의 설립등기만 하면 된다.

④ 공사는 주된 사무소를 이전한 경우에는 이전 후 3주일 이내에 종전 소재지 또는 새 소재지에서 새 소재지와 이전 연월일을 등기해야 한다.
⑤ 공사는 지사를 이전한 경우에는 이전 후 2주일 이내에 주된 사무소의 소재지에서 새 소재지와 이전 연월일을 등기해야 한다.

> **해설** 시행령 제50조(지사의 설치등기)~제52조(변경등기)

19 다음 중 임원의 임면과 관련한 내용으로 틀린 것은?

① 공사의 임원은 사장을 포함한 이사(상임이사와 비상임이사로 구분한다) 및 감사로 하며, 그 수는 정관으로 정한다.
② 사장의 연임 또는 해임의 기준 등에 관하여 필요한 사항은 정관으로 정한다.
③ 「지방자치법」에 따라 인사청문회를 실시하는 경우에는 임원추천위원회의 추천 절차를 생략할 수 있다.
④ 지방자치단체의 장은 사장의 경영성과에 따라 임기 중에 해임하거나 임기가 끝나더라도 임원추천위원회의 심의를 거쳐 연임시킬 수 있다.
⑤ 임원추천위원회는 임원후보자를 추천하려는 경우 대통령령으로 정하는 바에 따라 후보자를 공개모집하여야 한다.

> **해설** 제58조(임원의 임면 등)

16 ④　**17** ③　**18** ⑤　**19** ② **정답**

20 다음 중 빈칸에 들어갈 단어로 알맞은 것은?

> 사장을 포함한 상임이사의 정수는 이
> 사정수의 (　　) 미만으로 한다.

① 100분의 20
② 100분의 30
③ 100분의 40
④ 100분의 50
⑤ 100분의 60

해설 시행령 제55조(이사) 2항

21 다음 중 사장의 연임기준 적용 시 순서로 옳은 것은?

① 경영 평가 결과 → 경영성과계약 이행실적 평가 결과 → 업무성과 평가 결과
② 경영 평가 결과 → 업무성과 평가 결과 → 경영성과계약 이행실적 평가 결과
③ 경영성과계약 이행실적 평가 결과 → 경영 평가 결과 → 업무성과 평가 결과
④ 업무성과 평가 결과 → 경영 평가 결과 → 경영성과계약 이행실적 평가 결과
⑤ 업무성과 평가 결과 → 경영성과계약 이행실적 평가 결과 → 경영 평가 결과

해설 시행령 제56조의2(사장의 연임 또는 해임의 기준)
② 제1항에 따라 사장의 연임기준 또는 해임기준을 적용함에 있어서는 법 제78조 제4항에 따른 업무성과 평가 결과, 같은 조 제1항에 따른 경영 평가 결과 및 법 제58조의2에 따른 경영성과계약 이행실적 평가 결과의 순으로 적용한다.

22 다음 중 빈칸에 들어갈 말로 알맞은 것은?

> 공사의 사장 연임기준에서 상위 평가 범위와 현저히 상승된 경우에 해당되는지 여부에 관한 판단 기준은 (　　　　)의 심의를 거쳐 행정안전부장관이 정한다.

① 이사회 의결
② 정관
③ 지방공기업정책위원회
④ 지방자치단체
⑤ 기획예산처

해설 시행령 제56조의2(사장의 연임 또는 해임의 기준) 3항

23 다음 중 추천위원회의 구성으로 옳은 것은?

① 그 지방자치단체의 장이 추천하는 사람 3명
② 그 지방자치단체의 장이 추천하는 사람 4명
③ 그 의회가 추천하는 사람 3명
④ 그 의회가 추천하는 사람 4명
⑤ 그 공사의 이사회가 추천하는 사람 3명

해설 시행령 제56조의3(임원추천위원회의 구성과 운영) 1항

정답 20 ④　21 ④　22 ③

24 다음 중 추천위원회의 위원으로 맞는 것은?

① 경영전문가

② 경제관련단체의 임원

③ 3급 이상 공무원 또는 고위공무원단에 속하는 일반직공무원으로 퇴직한 자

④ 공인회계사

⑤ 공기업경영에 관한 지식과 경험이 있다고 인정되는 자

해설 시행령 제56조의3(임원추천위원회의 구성과 운영) 3항

25 다음 중 임원추천위원회의 구성과 운영의 내용으로 틀린 것은?

① 추천위원회는 추천위원회 회의의 심의·의결 내용 등이 기록된 회의록을 작성·보존하고 이를 공개하여야 한다.

② 추천위원회의 위원장은 위원 중에서 호선하며, 위원장은 추천위원회를 대표하고 회의를 주재한다.

③ 공사는 임원의 임기만료나 그 밖의 사유로 임원을 새로 임명하려면 지체 없이 추천위원회를 구성하여야 하며, 지방자치단체의 장 및 의회에 추천위원회 위원의 추천을 요청하여야 한다.

④ 추천위원회는 추천된 자가 임원에 임명되는 때까지 존속한다.

⑤ 지방공기업법 시행령에서 규정한 사항 외에 추천위원회의 구성 및 운영 등에 필요한 사항은 행정안전부장관령으로 정한다.

해설 시행령 제56조의3(임원추천위원회의 구성과 운영)

26 다음 중 임원후보의 추진절차로 틀린 것은?

① 신속한 채용을 위하여 부득이한 경우에는 지방자치단체의 장의 승인을 받아 모집기간을 단축할 수 있다.

② 추천위원회는 공개모집에 응모한 사람 중에서 공사 임원의 업무수행에 필요한 학식과 경험이 풍부하고 능력을 갖춘 사람을 임원후보로 추천하여야 한다.

③ 추천위원회가 임원후보를 추천하려는 때에는 특별한 사유가 없는 한 3명 이상을 추천하여야 한다.

④ 임명권자인 지방자치단체의 장 또는 공사의 사장은 추천된 임원후보가 법에 따른 임원의 결격사유에 해당하거나 공사의 경영에 현저하게 부적당하다고 인정되는 때에는 추천위원회에 임원후보의 재추천을 요구할 수 있다. 이 경우 추천위원회는 지체 없이 임원후보를 재추천하여야 한다.

⑤ 추천위원회는 임원후보의 모집·조사 등의 업무를 전문기관에 대행시킬 수 있다.

해설 시행령 제56조의4(임원후보의 추천절차)

27 다음 중 임원 모집공고를 게재해야 되는 곳으로 옳지 않은 것은?

① 해당 지방자치단체

② 공사의 인터넷 홈페이지

③ 지방자치단체가 지정하는 인터넷 사이트

④ 1개 이상의 전국을 보급지역으로 하는 일간신문

⑤ 해당 지방자치단체의 지역을 주된 보급지역으로 하는 일간신문

해설 시행령 제56조의4(임원후보의 추천절차) 1항

28 다음 중 경영성과계약에 포함되어야 하는 사항으로 맞는 것은?

① 임기 중 사장이 수행하여야 할 경영목표, 권한과 성과에 따른 보상 및 책임

② 임기 중 사장이 수행하여야 할 경영목표, 지방 발전 기여도

③ 임기 중 사장이 수행하여야 할 수익개선, 적자해결목표 권한과 성과에 따른 보상 및 책임

④ 임기 중 사장이 수행하여야 할 수익개선, 지방 발전 기여도

⑤ 임기 중 사장이 수행하여야 할 고객만족도 상승, 경영평가 목표, 성과에 따른 보상 및 책임

해설 제58조의2(사장과의 경영성과계약)
② 경영성과계약에는 임기 중 사장이 수행하여야 할 경영목표, 권한과 성과에 따른 보상 및 책임이 포함되어야 한다.

29 다음 중 임기 및 직무의 내용으로 틀린 것은?

① 공사의 사장, 이사 및 감사의 임기는 3년으로 한다. 이 경우 지방자치단체의 장은 대통령령으로 정하는 바에 따라 임기가 만료된 임원으로 하여금 그 후임자가 임명될 때까지 직무를 수행하게 할 수 있다.

② 공사의 사장, 이사 및 감사는 1년 단위로 연임될 수 있다.

③ 공사의 사장은 그 공사를 대표하고 업무를 총괄하며, 임기 중 그 공사의 경영성과에 대하여 책임을 진다.

④ 공사의 사장은 그 공사의 이익과 자신의 이익이 상반되는 사항에 대하여는 공사를 대표하지 못한다. 이 경우 이사가 공사를 대표한다.

⑤ 그 밖에 공사의 사장, 이사 및 감사의 직무에 필요한 사항은 정관으로 정한다.

해설 제59조(임기 및 직무)

30 다음 중 임직원의 결격사유 등의 내용으로 틀린 것은?

① 지방공무원법 결격사유에 해당하는 사람은 공사의 임원이 될 수 없다.

② 공사의 임원이 벌금형을 선고받았다면 당연히 퇴직한다.

③ 공사의 직원이 임용 당시 해임된 지 3년이 지나지 아니한 것이 판명되었을 때에는 당연히 퇴직한다.

정답 27 ③ 28 ① 29 ④ 30 ④

④ 퇴직한 임직원이 퇴직 전에 관여한 행위는 그 효력을 잃는다.

⑤ 지방자치단체의 장은 공사의 요청이 있는 경우 결격사유를 확인하기 위하여 필요한 정보에 한정하여 본인의 동의를 받아 경찰청장에게 범죄경력조회를 요청하여 공사에 제공할 수 있다.

해설 제60조(임직원의 결격사유 등)

31 다음 중 겸직 금지되는 임직원의 영리업무가 아닌 것은?

① 공사의 임원 및 직원이 상업, 공업, 금융업 또는 그 밖의 영리적인 업무를 스스로 경영하여 영리를 추구함이 뚜렷한 업무

② 공사의 임원 및 직원이 상업, 공업, 금융업 또는 그 밖에 영리를 목적으로 하는 사기업체(私企業體)의 이사, 감사, 업무를 집행하는 무한책임사원, 지배인, 발기인 또는 그 밖의 임원이 되어 수행하는 업무

③ 공사의 임원 및 직원이 본인의 직무시간에 금융투자업 등 재산이득을 보는 등 본인 업무에 지장을 끼치는 행위

④ 공사의 임원 및 직원 본인의 직무와 관련 있는 타인의 기업에 대하여 하는 투자

⑤ 그 밖에 계속적으로 재산상의 이득을 목적으로 하는 업무

해설 시행령 제57조의2(겸직 금지되는 임직원의 영리업무)

32 다음 중 대리인의 선임 등기 사항으로 알맞은 것은?

① 대리인의 선임 목적

② 대리인의 성명

③ 대리인의 주민등록번호와 주소

④ 대리인을 둔 주된 사무소, 지사 또는 출장소

⑤ 대리인의 권한을 제한한 경우에는 그 제한의 내용

해설 시행령 제57조의3(대리인의 선임 등기)

33 다음 중 빈칸에 들어갈 단어로 알맞은 것은?

> 공금의 횡령을 이유로 징계부가금 부과는 그 사유가 발생한 날부터 (   )이 지나면 하지 못한다.

① 6개월 ② 1년

③ 3년 ④ 5년

⑤ 15년

해설 제63조의6(징계 요구 등)

⑤ 징계 및 징계부가금 부과는 그 사유가 발생한 날부터 3년(금품 및 향응 수수, 공금의 횡령·유용의 경우에는 5년)이 지나면 하지 못한다.

31 ③ **32** ① **33** ④ **정답**

34 다음 중 비위행위자에 대한 조치 등과 관련하여 틀린 것은?

① 공사는 투명하고 공정한 인사운영 등 윤리경영을 강화하기 위하여 노력하여야 한다.

② 공사의 임원이 비위행위를 한 사실이 있는 경우 지방자치단체의 장은 해당 임원의 직무를 정지시켜야된다.

③ 행정안전부장관은 지방자치단체의 장에게 수사기관 등의 수사 또는 감사 결과에 따라 필요한 경우 해당 공사 임원을 해임할 것을 요구할 수 있다.

④ 지방자치단체의 장은 공사의 임직원이 비위행위 중 채용비위와 관련하여 유죄판결이 확정된 경우 해당 채용비위로 인하여 채용시험 합격자, 승진 또는 임용된 사람에 대하여는 합격취소 등을 취할 것을 요구할 수 있다.

⑤ 합격취소 등을 요구받은 공사의 사장은 그 내용과 사유를 당사자에게 통지하여 소명할 기회를 주어야 한다.

 제63조의7(비위행위자에 대한 조치)
공사의 사장만 직접적으로 직무정지, 해임 권한이 있고 그 외에는 요구를 할 수 있다.

35 다음 중 비위행위로 틀린 것은?

① 직무와 관련없이 금전, 물품, 부동산, 향응 또는 그 밖의 재산상 이익을 주고받거나 주고받을 것을 약속하는 행위

② 해당 공사의 공금, 재산 또는 물품의 횡령, 배임, 절도, 사기 또는 유용

③ 성폭력범죄

④ 법령이나 정관·내규 등을 위반하여 채용·승진 등 인사에 개입하거나 영향을 주는 행위로서 인사의 공정성을 현저하게 해치는 행위

⑤ 채용비위, 조세포탈, 회계부정, 불공정 거래행위 등과 관련한 중대한 위법행위

 시행령 제57조의4(비위행위자에 대한 수사 의뢰 등)
직무와 관련이 있어야 한다.

36 다음 중 공사의 사장이 합격취소 등을 결정하기 전까지 합격취소 등의 당사자에게 통지해야 하는 사항으로 틀린 것은?

① 행정안전부장관의 합격취소 등의 요구 내용 및 사유

② 소명 기한

③ 소명 방법

④ 소명하지 않는 경우의 처리방법

⑤ 그 밖에 소명에 필요한 사항

 시행령 제57조의6(채용비위자에 대한 조치)
③ 행정안전부장관이 아닌 지방자치단체의 장이다.

37 다음 중 채용비위자에 대한 조치로 틀린 것은?

① 채용비위자에 대한 조치로 인적사항 및 비위행위 사실 등을 공개하는 경우에는 해당 지방자치단체의 인터넷 홈페이지에 2년간 게시하는 방법으로 한다.

② 지방자치단체의 장이 공사의 사장에게 합격취소 등을 취할 것을 요구하는 경우 그 사유를 함께 통지해야 한다.

③ 공사의 사장은 합격취소 등의 통지를 받은 자가 정당한 사유 없이 소명하지 않는 경우에는 추가로 소명기회를 주지 않고 합격취소 등을 할 수 없다.

④ 공사의 사장은 합격취소 등을 결정하기 위하여 필요하다고 인정하는 경우에는 관계인 의견 제시 또는 증거물의 제출을 요구할 수 있다.

⑤ 공사의 사장은 합격취소 등을 결정한 경우 그 내용을 합격취소 등의 당사자와 지방자치단체의 장에게 지체 없이 통지해야 한다.

> **해설** **시행령 제57조의6(채용비위자에 대한 조치)**
> ④ 공사의 사장은 제3항에 따른 통지를 받은 합격취소 등의 당사자가 정당한 사유 없이 소명하지 않는 경우에는 추가로 소명기회를 주지 않고 합격취소 등을 할 수 있다.

38 다음 중 인사감사에 대하여 틀린 것은?

① 지방자치단체의 장은 비위행위 중 채용비위의 근절 등을 위하여 대통령령으로 정하는 바에 따라 공사의 인사운영의 적정 여부를 감사할 수 있으며, 필요한 경우 관계 서류를 제출하도록 요구할 수 있다.

② 지방자치단체의 장은 인사감사 결과 위법 또는 부당한 사실이 발견되면 지체 없이 해당 공사의 사장에게 그 시정과 관련자에 대한 인사상의 조치 등을 요구하여야 한다.

③ 공사의 사장은 인사조치 요구가 있을 경우 정당한 사유가 없으면 이를 즉시

이행하고 그 이행결과를 해당 지방자치단체의 장에게 통보하여야 한다.

④ 인사감사는 인사운영 전반 또는 채용, 승진, 평가 등 특정 사항을 대상으로 한다. 다만, 제주특별자치도의 경우 특별법에 따른다.

⑤ 규정한 사항 외에 인사감사의 효율적인 수행을 위하여 필요한 사항은 지방자치단체의 장이 정한다.

> **해설**
> 제주도지사가 인사감사를 하는 경우 「제주특별법」을 따른다.

39 다음 중 사업연도 및 회계처리의 원칙 등에 관한 내용으로 옳지 않은 것은?

① 공사의 사업연도는 지방자치단체의 일반회계의 회계연도에 따른다.

② 공사는 경영 성과 및 재무 상태를 명확히 하기 위하여 회계거래를 발생 사실에 따라 기업회계기준에 따라 회계처리한다.

③ 공사가 계약을 체결하려는 경우에는 수의계약의 방식으로 하여야 한다.

④ 공사는 사업 분야별로 구분하여 회계처리할 수 있다.

⑤ 규정에 따른 회계처리, 계약의 기준 및 절차, 입찰참가자격의 제한 등에 관하여 필요한 사항은 대통령령으로 정한다.

> **해설**
> 수의계약이 아닌 일반경쟁의 방식으로 하여야 한다. 예외사항의 경우만 수의계약으로 한다.

38 ④ **39** ③ **정답**

40 다음 중 수의계약으로 할 수 있는 경우로 맞는 것은?

① 공사가 대주주인 회사와 계약을 체결하는 경우

② 중대재해처벌법에 따른 안전을 위해 자회사와 계약을 체결하는 경우

③ 대한민국과 체결된 조약에 따라 관련 회사와 계약을 체결하는 경우

④ 긴급상황 등으로 인한 기간이 촉박한 경우로서 피해를 줄이기 위해 계약을 체결하는 경우

⑤ 성과공유제 확산 추진본부로부터 그 성과를 확인받은 후 2년 이내에 해당 수탁기업과 계약을 체결하는 경우

해설 시행령 제57조의8(회계처리 등)

41 다음 중 국제입찰에 의한 도시철도공사의 조달계약의 대상에서 제외하는 경우로 틀린 것은?

① 서울교통공사

② 부산교통공사

③ 인천교통공사(도시철도 분야로 한정)

④ 대구도시철도공사

⑤ 김포도시철도공사

해설 지방공기업법 시행령 [별표 1] 국제입찰의 방법으로 조달계약을 해야 하는 공사

42 다음 중 중장기재무관리계획에 포함되어야 하는 사항으로 틀린 것은?

① 5회계연도 이상의 중장기 경영목표

② 부채의 탕감을 위한 상환계획

③ 재무 전망과 그 근거 및 관리계획

④ 전년도 중장기재무관리계획 대비 변동사항, 변동요인 및 관리계획 등에 대한 평가·분석

⑤ 사업계획 및 투자방향

해설 제64조의3(중장기재무관리계획의 수립 등) 2항

43 다음 중 중장기재무관리계획을 제출하여야 되는 공사로 옳은 것은?

① 직전 회계연도 말일을 기준으로 부채규모가 5천억 원 이상인 공사

② 직전 회계연도 말일을 기준으로 부채비율이 100분의 20 이상인 공사

③ 직전 회계연도 말일을 기준으로 회생절차를 밟은 공사

④ 직전 회계연도 말일을 기준으로 금융감독원의 경고를 받은 공시

⑤ 직전 회계연도 말일을 기준으로 부채가 자산보다 큰 공사

해설 시행령 제57조의11(중장기재무관리계획의 수립)

다음 각 호의 어느 하나에 해당하는 공사의 사장은 법 제64조의3 제1항에 따라 중장기재무관리계획을 매년 9월 30일까지 지방자치단체의 장과 의회에 제출하여야 한다.

1. 직전 회계연도 말일을 기준으로 부채규모가 3천억 원 이상인 공사
2. 직전 회계연도 말일을 기준으로 부채비율이 100분의 200 이상인 공사
3. 직전 회계연도 말일을 기준으로 부채가 자산보다 큰 공사

정답 40 ⑤　41 ⑤　42 ②　43 ⑤

44 다음 중 청렴서약과 관련된 내용이 아닌 것은?

① 공사는 계약의 투명성과 공정성을 높이기 위하여 수의계약의 계약상대자에게 청렴서약서를 제출하도록 하여야 한다.

② 청렴서약서에는 특정인의 낙찰을 위한 담합 등 입찰의 자유경쟁을 방해하는 행위나 불공정한 행위의 금지에 관한 사항이 포함되어야 한다.

③ 공사는 입찰참가자 또는 수의계약의 계약상대자가 청렴서약서의 내용을 위반할 때에는 낙찰자 결정을 취소하거나 계약을 해제 또는 해지하여야 한다.

④ 청렴서약 위반한 입찰참가자 또는 수의계약의 계약상대자는 향후 1년간 입찰에 참여할 수 없다.

⑤ 계약을 해지하면 계약 목적을 달성하기 곤란한거나 공사에 손해가 발생하는 등 대통령령으로 정하는 경우 청렴서약서 내용 위반 시에도 계약을 해지하지 않을 수 있다.

> **해설** 제64조의4(청렴서약서의 제출) ~ 제64조의5(청렴서약 위반에 따른 계약의 해제·해지 등)

45 다음 중 이의신청 대상 사항으로 틀린 것은?

① 국제입찰에 의한 계약의 범위와 관련된 사항

② 정부조달협정 등에 위배되는 사항

③ 입찰참가자격과 관련된 사항

④ 계약기간의 축소에 관한 사항

⑤ 지연배상금에 관한 사항

> **해설** 제64조의6(이의신청), 시행령 제57조의10(이의신청의 대상 및 사유)

46 다음 중 예산과 관련된 내용으로 틀린 것은?

① 공사의 사장은 매 사업연도의 사업계획 및 예산을 해당 사업연도가 시작되기 전까지 편성하여야 한다.

② 예산이 확정된 후에 생긴 불가피한 사유로 예산을 변경하는 경우에 이사회의 의결로 확정한다.

③ 지방자치단체의 장은 법에 의하여 보고된 예산이 법령에 위반되거나 법에 의한 예산에 관한 공통지침에 위반된다고 인정되는 경우에는 그 시정을 명할 수 있다.

④ 시정명령을 받은 공사의 사장은 특별한 사유가 없는 한 지체 없이 시정명령에 따라 예산을 수정하여 이사회의 의결을 받아야 한다.

⑤ 공사는 부득이한 사유로 회계연도가 시작되기 전까지 예산이 확정되지 못한 경우에는 전년도 예산과 동일한 것으로 간주한다.

> **해설** 제65조의2(예산 불성립 시의 예산집행)
> ① 공사는 부득이한 사유로 회계연도가 시작되기 전까지 예산이 확정되지 못한 경우에는 전년도 예산에 준하여 예산을 집행하여야 한다.

44 ④ **45** ④ **46** ⑤ **정답**

47 다음 중 예산을 변경하는 경우 이사회 개최 며칠 전까지 사업계획 및 예산을 각 이사에게 송부하여야 하는가?

① 3일
② 7일
③ 14일
④ 20일
⑤ 30일

48 다음 중 신규 투자사업 타당성 검토 제외 사업으로 아닌 것은?

① 예비타당성조사를 거쳤거나 제외된 사업
② 설립 지방자치단체가 각각 다른 2개 이상의 공사가 공동으로 신규 투자사업을 추진하는 경우로서 그중 하나 이상의 공사의 사장이 신규 투자사업 타당성 검토절차를 모두 거치고, 다른 공사를 설립한 지방자치단체의 의회가 별도의 신규 투자사업 타당성 검토를 거치지 아니하기로 동의한 사업
③ 투자심사(해당 공사를 설립한 지방자치단체의 장이 실시한 투자심사를 제외한다) 등을 거쳤거나 제외된 사업
④ 재난의 예방 및 복구 지원을 위하여 시급한 추진이 필요한 사업
⑤ 지역 균형발전, 긴급한 경제적·사회적 상황 대응 등을 위하여 국가 정책적으로 추진이 필요한 사업으로서 사업목적 및 규모, 추진방안 등 구체적인 사업계획이 수립된 사업과 국가 정책적으로 추진이 필요하여 국무회의를 거쳐 확정된 사업을 모두 갖춘 사업

② 제1항에도 불구하고 다음 각 호의 어느 하나에 해당

하는 사업은 **대통령령**으로 정하는 절차에 따라 신규 투자사업 타당성 검토 대상에서 제외한다. 이 경우 공사의 사장은 신규 투자사업 타당성 검토 제외 사업의 내역 및 사유를 지체 없이 **지방자치단체의 장**과 **의회**에 보고하여야 한다.
1. 다음 각 목의 어느 하나에 해당하는 조사·심사 등을 거쳤거나 제외된 사업

> 가. 「국가재정법」 제38조제1항에 따른 예비타당성조사
> 나. 「지방재정법」 제37조에 따른 투자심사(해당 공사를 설립한 **지방자치단체의 장**이 실시한 투자심사에 한정한다)

49 다음 중 신규 투자사업의 타당성 검토에 대하여 틀린 것은?

① 공사의 사장은 대통령령으로 정하는 규모 이상의 신규 투자사업을 하려면 대통령령으로 정하는 방법 및 절차에 따라 사업의 필요성과 사업계획의 타당성 등을 검토하여 지방자치단체의 장에게 보고하고 의회의 의결을 받아야 한다.
② 신규 투자사업 타당성 검토는 전문 인력 및 조사·연구 능력 등 대통령령으로 정하는 요건을 갖춘 전문기관으로서 행정안전부장관이 지정·고시하는 기관에 의뢰하여 실시하여야 한다.
③ 공사의 사상이 신규 투자사업에 대해서 신규 투자사업 타당성 검토 대상에서 제외하려는 경우에는 행정안전부장관에게 해당 사업의 명칭, 개요, 필요성 및 제외 사유 등을 명시한 신규 투자사업 타당성 검토 제외 대상 확인요구서를 제출해야 한다.
④ 신규 투자사업 타당성 검토 제외 사업의 확인 절차, 방법 및 그 밖에 신규 투자사업 타당성 검토 제외 대상 확인에 필요한 사항은 행정안전부장관이 정한다.

⑤ 지방자치단체의 장은 신규 투자사업 타당성 검토 제외 대상 확인요구서를 제출받은 경우 신규 투자사업 타당성 검토 대상에서 제외되는 사업인지 여부를 확인하고 그 결과를 공사의 사장에게 통지해야 한다.

> **해설** 시행령 제58조의2(신규 투자사업의 타당성 검토)
> ④ 지방자치단체의 장은 제3항에 따른 신규 투자사업 타당성 검토 제외 대상 확인요구서를 제출받은 경우 법 제65조의3 제2항에 따른 신규 투자사업 타당성 검토 대상에서 제외되는 사업인지 여부를 확인하고 그 결과를 공사의 사장에게 통지해야 한다.

50 다음 중 신규 투자사업 타당성 검토 포함 사항으로 맞는 것은?

① 신규 투자사업의 적정성 여부
② 신규 투자사업별 수지분석
③ 재원 조달방법
④ 신규 투자사업이 지역경제에 미치는 영향
⑤ 그 밖에 행정안전부장관이 정하는 사항

> **해설** 시행령 제58조의2(신규 투자사업의 타당성 검토)

51 다음 중 사업의 실명 관리 및 공개에 관한 내용으로 틀린 것은?

① 공사의 사장은 신규 투자사업에 대하여 그 사업 내용 및 사업의 결정 또는 집행과 관련하여 이에 참여한 자 등을 기록·관리하고 이를 공개하여야 한다.
② 다만, 「공공기관의 정보공개에 관한 법률」에 따른 비공개 대상 정보의 경우에는 정보가 기간의 경과 등으로 인하여 비공개의 필요성이 없어지기 전까지 공개하지 아니할 수 있다.
③ 공사의 사장은 신규 투자사업에 대하여 사업명, 사업기간 등을 기록·관리하여야 한다.
④ 공사의 사장은 사업계획이 확정되면 인터넷 사이트에 공개하여야 한다.
⑤ 사업의 실명 기록, 관리 및 공개에 필요한 세부사항은 지방자치단체의 장이 정한다.

> **해설** 시행령 제58조의3(사업의 실명 관리 및 공개)

52 다음 중 결산 등에 대한 내용으로 틀린 것은?

① 공사는 매 사업연도의 결산을 해당 사업연도가 끝난 후 2개월 이내에 완료하여야 한다.
② 공사는 결산 완료 후 결산서를 작성하고, 지방자치단체의 장이 선임하는 회계감사인에게 결산서를 제출하여 회계감사를 받아야 한다.
③ 행정안전부장관은 공사의 예산 및 결산에 공통적으로 적용하여야 할 사항에 관한 기준을 작성하여 통보할 수 있다.
④ 공사는 작성된 결산서에 회계감사 보고서, 대통령령으로 정하는 서류를 첨부하여 지체 없이 지방자치단체의 장에게 보고하고 승인을 받아야 한다.
⑤ 행정안전부장관은 예산에 관한 공통기준을 전년도 6월 30일까지 공사의 사장에게 통보하여야 한다.

> **해설** 시행령 제60조(예산에 관한 공통기준)

50 ⑤　**51** ⑤　**52** ⑤　정답

53 다음 중 공사가 계약을 체결할 수 없는 계약을 모두 고른 개수는?

> ㉠ 채무에 대한 상환 보증이 포함된 계약
> ㉡ 공사의 자산 매각 시 환매를 조건으로 하는 계약
> ㉢ 주택 건설 및 토지 개발 등의 사업에서 미분양 발생 시 미분양 자산에 대한 매입 확약이 포함된 계약
> ㉣ 공사의 자산을 전대하는 조건이 포함된 계약

① 1개 ② 2개
③ 3개 ④ 4개
⑤ 없음

해설 제65조의5(채무보증 계약 등의 제한)

54 다음 중 공사의 손익금 처리 순서를 올바르게 나열한 것으로 옳은 것은?

> ㉠ 이익을 배당하거나 정관으로 정하는 바에 따라 적립
> ㉡ 남은 이익금의 10분의 1 이상을 자본금의 2분의 1에 달할 때까지 이익준비금으로 석립
> ㉢ 전 사업연도로부터 이월된 결손금이 있으면 결손금을 보전
> ㉣ 남은 이익금의 10분의 5 이상을 감채적립금으로 적립

① ㉠ → ㉡ → ㉢ → ㉣
② ㉠ → ㉢ → ㉡ → ㉣
③ ㉢ → ㉠ → ㉣ → ㉡
④ ㉢ → ㉡ → ㉣ → ㉠
⑤ ㉢ → ㉣ → ㉡ → ㉠

해설 제67조(손익금의 처리)

55 다음 중 사채 발행 및 차관의 내용으로 틀린 것은?

① 공사는 지방자치단체의 장의 승인을 받아 사채를 발행하거나 외국차관을 할 수 있다.
② 지방자치단체의 장은 발행되는 사채가 **대통령령**으로 정하는 기준을 초과하는 경우에는 사채 승인을 하기 전에 미리 **행정안전부장관**의 승인을 받아야 한다.
③ 행정안전부장관은 사채의 상환을 보증할 수 있다.
④ 사채의 발행, 매각 및 상환에 필요한 사항은 조례로 정한다.
⑤ 도시철도의 건설 및 운영 또는 주택건설사업 등을 목적으로 설립된 공사가 발행하는 채권에 대하여「자본시장과 금융투자업에 관한 법률」을 적용할 때에는 특수채증권으로 본다.

해설
사채의 상환을 보증하는 사람이 승인을 한다, 지방자치단체의 장을 말한다.

56 다음 중 사채발행 신청서 기재사항으로 알맞은 것은?

① 사채의 발행시기
② 모집 및 인수방법
③ 이자의 지급방법 및 기한
④ 발행총액(사채의 권면액을 수종으로 하여 발행하는 경우에는 제외한다)
⑤ 이율

해설 시행령 제62조(사채발행) 1항 3호

정답 53 ③ 54 ④ 55 ③ 56 ④

57 다음 중 사채 승인 시 대통령령으로 정하는 기준으로 옳은 것을 모두 고르면?

> ㉠ 사채발행 승인 신청 당시 사채발행예정액을 합산한 부채비율이 200분의 100 이상인 경우
> ㉡ 최근 5년 이상 계속하여 당기순손실이 발생한 경우
> ㉢ 사채발행예정액이 300억 원 이상인 경우

① ㉠

② ㉡

③ ㉢

④ ㉠, ㉡

⑤ ㉠, ㉢

해설 시행령 제62조(사채발행)

④ 법 제68조 제3항 전단에서 "대통령령이 정하는 기준을 초과하는 경우"라 함은 다음 각 호의 어느 하나에 해당하는 경우를 말한다.
1. 사채발행 승인 신청 당시 사채발행예정액을 합산한 부채비율이 100분의 200 이상인 경우
2. 최근 3년 이상 계속하여 당기순손실이 발생한 경우
3. 사채발행예정액이 300억 원 이상인 경우

58 다음 중 사채의 기재사항으로 틀린 것은?

① 사채의 번호

② 법인의 명칭

③ 이율

④ 법인의 자본

⑤ 이자의 지급방법 및 기한

해설 시행령 제62조(사채발행)

59 다음 중 대행사업에 대한 내용으로 틀린 것은?

① 공사는 국가 또는 지방자치단체의 사업을 대행할 수 있으며, 이 경우에 필요한 비용은 국가 또는 지방자치단체가 부담한다.

② 대행사업의 비용 부담에 필요한 사항은 대통령령으로 정하는 사항을 제외하고는 조례로 정한다.

③ 법에 의하여 국가 또는 지방자치단체가 비용을 부담하는 경우, 공사는 미리 자금집행계획을 수립하여 국가 또는 지방자치단체에 제출하여야 하며, 국가 또는 지방자치단체는 다른 자금에 앞서 이에 대한 자금을 우선적으로 지급하되, 그 지급시기를 조정하고자 하는 때에는 공사와 협의하여야 한다.

④ 공사가 그 대행사업을 종료한 때에는 지체 없이 국가 또는 지방자치단체가 부담한 비용을 정산하여야 한다.

⑤ 공사는 국가 또는 지방자치단체의 사업을 대행함에 있어 특히 필요한 경우에는 대통령의 승인을 얻어 그 사업의 일부를 제3자로 하여금 시행하게 할 수 있다.

해설 대통령이 아닌 지방자치단체의 장이다. 「지방공기업법」이므로 대부분 지방공사는 대통령 전에 지방자치단체의 장 선에서 결재를 받아야 한다.

60 다음 내용 중 옳은 것은?

① 지방자치단체의 장은 공사의 설립·운영 등 공사의 업무를 관리·감독한다.

② 지방자치단체의 장은 공사의 업무, 회계 및 재산에 관한 사항을 검사할 수 있으며, 공사에 필요한 보고를 명할 수 있다.

③ 공사는 필요하다고 인정하는 경우에는 물품의 구매나 시설공사계약의 체결을 지방자치단체의 장에게 위탁할 수 있다.

④ 행정안전부장관은 사업의 운영을 위하여 필요하다고 인정하는 경우에는 공사에 보조금을 교부하거나 장기대부를 할 수 있다.

⑤ 공사의 재산 분양, 시설 이용 및 용역 제공에 대한 선수금에 관하여는 조례로 정한다.

> **해설**
> · 제71조의2(재정 지원) ~ 제71조의4(물품 관리)
> · 제72조(선수금), 제73조(감독 등)

61 다음 중 보칙의 내용으로 옳은 것은?

① 공사가 합병을 하려면 지방자치단체의 장과 협의를 거쳐 합병 등기 전까지 재정경제부장관의 승인을 받아야 한다. 다만, 공공기관 지정이 해제된 기관과 합병할 경우에는 협의절차를 생략할 수 있다.

② 공사가 매각되는 경우 「상법」에 따른 청산 절차를 거치지 아니하여도 매수인

은 주식회사로의 설립등기를 신청할 수 있다. 이 경우 주식회사의 상호에 "공사"라는 명칭은 사용할 수 없다.

③ 이 법에 따른 지방자치단체의 장의 권한은 공사의 목적을 수행하기 위하여 필요한 경우에는 조례로 정하는 바에 따라 행정안전부장관에게 위탁할 수 있다.

④ 행정안전부장관은 공사가 수행하는 사업을 지원하기 위하여 필요한 경우에는 그 소속 공무원을 공사에 파견하거나 겸임하게 할 수 있다.

⑤ 지방자치단체에 역무를 위탁한 자는 그 위탁업무에 소요된 비용 또는 역무수수료를 부담하여야 한다.

> **해설**
> 공사가 합병 시 자본과 같은 문제와 연결되므로 재정경제부와 협의, 승인은 지방자치단체의 장이다.

62 다음 중 「지방공기업법령」의 내용으로 틀린 것은?

① 지방자치단체의 장은 공사가 수행하는 사업을 지원하기 위하여 필요한 경우에는 그 소속 공무원을 공사에 파견하거나 겸임하게 할 수 있다.

② 공사에 파견된 공무원이나 겸임하는 공무원에 대하여 공사가 정한 지급기준에 따라 업무수당을 지급할 수 있다.

③ 공단에 업무를 위탁한 자와 공단으로부터 역무제공을 받은 자는 그 위탁업무에 소요된 비용 또는 역무수수료를 부담하여야 한다.

④ 이 법에 따른 지방자치단체의 장의 권한은 공사의 목적을 수행하기 위하여 필요한 경우에는 조례로 정하는 바에 따라 그 일부를 공무원에게 위탁할 수 있다.

⑤ 공사가 매각되는 경우 「상법」에 따른 청산 절차를 거치지 아니하여도 매수인은 주식회사로의 설립등기를 신청할 수 있다. 이 경우 주식회사의 상호에 "공사"라는 명칭은 사용할 수 없다.

 제75조의4(권한의 위탁)

④ 행정안전부장관은 대통령령으로 정하는 바에 따라 경영평가와는 별도로 사장에 대하여 업무성과 평가를 할 수 있다. 이 경우 공익성이 고려되어야 한다.

⑤ 행정안전부장관 또는 특별자치시장 및 특별자치도지사를 포함한 시·도지사는 지방공기업(시·도지사의 경우에는 시·군·자치구의 지방공기업으로 한정한다)의 효율적인 경영을 위하여 필요한 지도, 조언 또는 권고를 할 수 있다.

• 특별자치시장 및 특별자치도지사는 제외한다.
• 제78조(경영평가 및 지도)

제5장 보칙

63 다음 중 경영평가 및 지도에 대하여 틀린 것은?

① 행정안전부장관은 지방공기업의 경영 기본원칙을 고려하여 대통령령으로 정하는 바에 따라 지방공기업에 대한 경영평가를 매년 하고, 그 결과에 따라 필요한 조치를 하여야 한다.

② 행정안전부장관이 필요하다고 인정하는 경우에는 지방자치단체의 장으로 하여금 경영평가를 하게 할 수 있다.

③ 경영평가에는 지방공기업의 경영목표의 달성도, 업무의 능률성, 공익성, 고객서비스 등에 관한 평가가 포함되어야 한다.

64 다음 중 경영평가기관으로 지정할 수 없는 기관이 아닌 것은?

① 경영평가 전문기관
② 시민단체
③ 회계법인
④ 지방공기업평가원
⑤ 기타 행정안전부장관이 인정하는 기관

 시행령 제68조(경영평가) 2항

65 다음 중 경영진단에 대한 내용으로 틀린 것은?

① 지방자치단체의 장은 경영평가를 하였을 때에는 그 평가가 끝난 후 1개월 이내에 경영평가보고서, 재무제표, 그 밖에 대통령령으로 정하는 서류를 행정안전부장관에게 제출하여야 한다.

② 행정안전부장관은 경영평가를 하거나 경영평가서류 등을 분석한 결과 특별한 대책이 필요하다고 인정되는 지방공기업에 대하여는 대통령령으로 정하는 바에 따라 따로 경영진단을 실시하고, 그 결과를 공개할 수 있다.

③ 행정안전부장관은 경영진단의 결과 필요하다고 인정하는 경우에는 지방자치단체의 장, 공사의 사장 또는 공단의 이사장에게 해당 지방공기업의 임원의 해임, 조직의 개편 등 경영 개선을 위하여 필요한 조치를 명할 수 있다.

④ 경영개선을 위한 필요한 조치 명을 받은 지방자치단체의 장, 공사의 사장 또는 는 공단의 이사장은 특별한 사유가 없으면 지체 없이 이에 따라야 한다.

⑤ 행정안전부장관은 법에 의하여 경영평가보고서등의 서류를 접수한 때에는 1개월 이내에 경영진단대상을 확정하여야 한다.

 시행령 제70조(경영진단대상 등)

66 다음 중 지방공기업경영진단반에 대하여 옳은 것은?

① 행정안전부장관은 법에 의한 경영진단을 수행하기 위하여 필요한 경우에는 지방공기업경영진단반을 구성·운영할 수 있다.

② 행정안전부장관은 지방공기업에 대한 경영진단을 외부전문기관에 위탁하여 실시할 수 있다.

③ 행정안전부장관은 예산의 범위 안에서 경영진단반의 구성 및 운영에 소요되는 경비를 지출할 수 있다. 이 경우 그 일부를 당해 경영진단대상 지방공기업에 부담시킬 수 있다.

④ 경영진단반이 경영진단에 필요한 자료를 요구하는 때에는 당해지방공기업은 정당한 사유가 없는 한 이에 응하여야 한다.

⑤ 경영진단반은 그 임무가 종료된 때에는 행정안전부장관에게 보고하여야 한다.

 시행령 제71조(지방공기업경영진단반)

67 다음 중 부실 지방 공기업에 대한 해산 요구 요건에 충족하는 것을 모두 고르면?

> ㉠ 부채비율이 100분의 40 이상인 경우
> ㉡ 자본금의 절반 이상이 잠식된 경우
> ㉢ 2 회계연도 연속 자본잠식률이 100분의 50을 초과하는 경우
> ㉣ 매년 적자가 자본의 100분의 10 이상씩 적립되는 경우

① ㉠　　　　　　② ㉢
③ ㉠, ㉡　　　　④ ㉠, ㉢
⑤ ㉡, ㉢

 시행령 제71조의2(부실 지방공기업에 대한 해산 요구 요건)

68 다음 중 지방공기업평가원의 설립, 운영에 대한 내용으로 틀린 것은?

① 지방공기업에 대한 경영평가, 관련 정책의 연구, 임직원에 대한 교육 등을 전문적으로 지원하기 위하여 지방공기업평가원을 설립한다.

② 지방자치단체 또는 지방공기업은 평가원의 업무수행을 지원하기 위하여 평가원에 출연할 수 있다. 이 경우 출연의 지급, 사용 및 관리 등에 필요한 사항은 대통령령으로 정한다.

③ 이사회는 이사장 1명을 포함하여 12명 이내의 이사로 구성한다.

④ 이사 및 감사의 임기, 선임 방법 등 그 밖에 평가원의 설립·운영에 관한 사항은 행정안전부장관이 정한다.

⑤ 이사장의 임기는 3년으로 하며, 한 차례만 연임할 수 있다.

> **해설** 제78조의4(지방공기업평가원의 설립·운영)

69 다음 중 지방공기업평가원에 대한 출연에 대한 내용으로 틀린 것은?

① 평가원의 이사장은 편성한 전체 및 각 지방자치단체·지방공기업별 다음 연도 출연금 요구안에 대하여 매년 7월 31일까지 행정안전부장관과 협의하여 출연금 규모를 결정하여야 한다.

② 지방공기업 출연금 편성기준에는 매출액, 직원 수, 자산 등이 있다.

③ 평가원의 이사장은 행정안전부장관과 협의된 출연금액이 지방자치단체 예산과 지방공기업 예산에 편성될 수 있도록 출연금요구서에 다음 회계연도의 사업계획서를 첨부하여 매년 7월 31일까지 해당 지방자치단체 및 지방공기업에 제출하여야 한다.

④ 평가원은 확정·통지된 출연금을 교부받고자 할 경우에는 출연금교부신청서에 자금집행계획서를 첨부하여 해당 기관에 제출하여야 한다.

⑤ 평가원의 이사장은 매 회계연도 종료 후 2개월 이내에 행정안전부장관에게 출연금 지급 및 사용에 관한 사항을 보고하여야 한다.

> **해설** 시행령 제76조(지방공기업평가원에 대한 출연)

70 다음 중 안건 심의에서 제척되는 경우로 틀린 것은?

① 위원 또는 그 배우자나 배우자였던 사람이 해당 안건의 당사자가 되거나 그 안건의 당사자와 공동권리자 또는 공동의무자인 경우

② 위원이 해당 안건의 당사자와 친족이거나 친족이었던 경우

③ 위원 또는 위원이 속한 기관이 해당 안건에 대하여 증언, 진술, 자문, 연구, 용역 또는 감정을 한 경우

④ 위원이 해당 안건에 대한 감사, 수사 또는 조사에 관여하거나 관여했던 경우

⑤ 위원이나 위원이 속한 기관이 해당 안건의 당사자와 친분이 있는 경우

> **해설** 시행령 제72조의3(정책위원회 위원의 제척·기피·회피)

71 다음 중 지방공기업정책위원회에 대한 내용으로 옳은 것은?

① 행정안전부장관은 구성 및 운영 등에 필요한 사항을 정하여 지방공기업정책위원회를 운영한다.

② 지방공기업정책위원회는 행정안전부차관을 포함한 12명 이내의 위원으로 구성한다.

③ 5년 이상 실무경험이 있는 공인중개사는 위원이 될 수 있다.

④ 위원은 행정안전부차관이 임명한다.

⑤ 행정안전부장관은 위원이 직무와 관련된 비위사실이 있는 경우 해당 위원을 해임할 수 있다.

 제78조의5(지방공기업정책위원회), 시행령 제72조(지방공기업정책위원회의 구성) ~ 제73조(정책위원회의 운영)

72 다음 중 정책위원회의 운영에 대하여 틀린 것은?

① 행정안전부차관은 정책위원회의 회의를 소집하고 그 의장이 된다.

② 정책위원회는 재적위원 과반수의 출석으로 개의하고, 출석위원 과반수의 찬성으로 의결한다.

③ 정책위원회의 위원장은 필요하다고 인정하는 경우에는 지방자치단체의 공무원, 지방공기업의 임직원, 그 밖의 관계인으로 하여금 출석하여 발언하게 할 수 있다.

④ 분과위원회의 위원장은 행정안전부장관이 임명한다.

⑤ 정책위원회의 위원 등에 대하여는 예산의 범위에서 수당과 여비를 지급할 수

있다. 다만, 공무원인 위원이 그 소관 업무와 직접적으로 관련되어 정책위원회에 출석하는 경우에는 그러하지 아니하다.

 시행령 제73조(정책위원회의 운영), 시행령 제74조(수당 등)

73 다음 중 주민 등의 의견청취와 관련하여 틀린 것은?

① 지방자치단체의 장은 지방공기업을 설립할 때 또는 행정안전부장관으로부터 경영개선 명령을 받거나 해산 요구를 받은 때 지방의회에 보고하고 주민 및 관계 전문가 등의 의견을 들어야 한다.

② 지방자치단체의 장은 지방공기업 설립의 사유로 주민 등의 의견을 청취하는 경우에는 심의위원회를 개최하기 전에 주민공청회를 개최해야 한다.

③ 주민공청회를 개최하기 전에 타당성 검토 결과를 해당 지방자치단체의 인터넷 홈페이지에 미리 공개하고 그 사본을 주민자치센터 등 공개된 장소에 갖추어 주민들이 열람할 수 있세 해야 한다.

④ 지방자치단체의 장은 행정안전부장관으로부터 경영 개선 명령을 받아 주민 등의 의견을 청취하는 경우에는 행정안전부장관으로부터 경영 개선 명령을 받은 날 또는 해산 요구를 받은 날부터 60일 이내에 주민공청회를 실시하여야 한다.

⑤ 지방자치단체의 장은 주민공청회를 개최하는 경우 개최예정일 10일 이전에 개최목적, 개최예정일, 개최장소 등을 공고하여야 한다.

 71 ⑤ **72** ④ **73** ⑤

 시행령 제76조의2(주민 등의 의견청취)

③ 지방자치단체의 장은 제1항 또는 제2항에 따른 주민 공청회를 개최하는 경우 개최예정일 15일 이전에 개최 목적, 개최예정일, 개최장소 등을 공고하여야 한다.

74 다음 중 「지방공기업법」 내용으로 틀린 것은?

① 지방자치단체의 장은 당해 지방자치단체가 경영하는 사업이 법에 따라 지방직영기업으로서 법의 적용을 받게 되거나 또는 받지 아니하게 된 때에는 이를 행정안전부장관에게 통보해야 한다.

② 행정안전부장관은 지방공기업이 법의 기본원칙에 따라 경영될 수 있도록 지방자치단체에 대하여 조언 또는 권고하거나 지도할 수 있으며, 필요한 자료의 제출을 요구할 수 있다.

③ 행정안전부장관은 경영평가, 경영진단 결과 및 경영개선을 위한 조치, 해산 요구 등을 명확하게 기록한 지방공기업보고서를 매년 경영진단 및 경영개선 조치 실시 후 3개월 이내에 국회 소관 상임위원회에 제출하여야 한다.

④ 국가는 지방공기업의 원활한 경영을 위하여 필요한 경우에는 지방자치단체에 대하여 지방자치단체가 출자할 자본금이나 그 밖에 필요한 경비의 일부를 보조할 수 있다.

⑤ 이 법에 따른 행정안전부장관의 권한은 대통령령으로 정하는 바에 따라 그 일부를 지방자치단체의 장에게 위임할 수 있다.

 제79조의3(권한의 위임)

75 다음 중 공사와 공단의 조직변경에 대한 내용으로 틀린 것은?

① 공사와 공단은 사업의 효율적 운영을 위하여 필요한 경우에는 청산절차를 거치지 아니하고 공사는 공단으로, 공단은 공사로 조직변경을 할 수 있다.

② 조직변경에 관한 의결을 받은 경우에는 2주 내에 그 주된 사무소의 소재지에서 종전의 공사 또는 공단에 관하여는 해산등기를, 변경된 공사 또는 공단에 관하여는 설립등기를 하여야 한다.

③ 변경된 공사 또는 공단은 설립등기일에 종전의 공사 또는 공단에 속하는 모든 재산과 채권·채무, 고용관계, 그 밖의 권리·의무를 포괄적으로 승계한다.

④ 공사의 사장 또는 공단의 이사장은 채권자 등 이해관계자에게 조직변경 사실을 통보할 때에는 1개월 이상의 기간을 정하여 조직변경에 대하여 이의가 있으면 이를 제출할 것을 공고하고, 알고 있는 채권자에 대해서는 따로따로 서면으로 통보하여야 한다. 이 경우 공고의 방식은 행정안전부장관이 정하는 바에 따라 인터넷 홈페이지 등에 게시하는 방법으로 한다.

⑤ 기간 내에 이의를 제출한 채권자가 있는 경우에는 공사 또는 공단은 그 채권자에 대하여 변제 또는 상당한 담보를 제공하거나 이를 목적으로 하여 상당한 재산을 신탁회사에 신탁하여야 한다.

 제80조(공사와 공단의 조직변경)

74 ⑤   75 ②

76 다음 중 보기와 같은 벌금형에 처했을 때 벌금으로 옳은 것은?

> 회계감사인에 소속된 공인회계사가 직무에 관하여 부정한 청탁을 받고 그 대가로 1억 원을 요구한 경우

① 3천만 원　　② 1억 원
③ 3억 원　　④ 5억 원
⑤ 10억 원

해설 제82조(벌칙)

① 회계감사인, 회계감사인에 소속된 공인회계사, 감사(제78조의4에 따른 (지방공기업)평가원의 감사는 제외한다) 또는 회계감사인선임위원회의 위원이 그 직무에 관하여 부정한 청탁을 받고 그 대가로서 금품이나 이익을 받거나 요구한 경우 또는 받기로 약속한 경우에는 3년 이하의 징역 또는 3천만 원 이하의 벌금에 처한다. 다만, 벌금형에 처하는 경우 그 직무와 관련하여 얻은 경제적 이익의 5배에 해당하는 금액이 3천만 원을 초과하면 그 직무와 관련하여 얻은 경제적 이익의 5배에 상당하는 금액 이하의 벌금에 처한다.

77 다음 중 행정안전부장관의 회계 검사를 정당한 사유 없이 거부한 경우 3차 위반, 재산검사에 필요한 자료를 제출하지 않은 경우 1차 위반 시 과태료 총합으로 옳은 것은? (단, 단위는 만 원이다.)

① 125　　② 130
③ 150　　④ 230
⑤ 250

해설 시행령 [별표 2] – 과태료의 부과기준(제79조 관련)

78 다음 중 회계감사인이 회계감사보고서에 거짓으로 적은 경우의 벌칙에 해당하는 것은?

① 1년 이하의 징역 또는 1천만 원 이하의 벌금
② 2년 이하의 징역 또는 2천만 원 이하의 벌금
③ 3년 이하의 징역 또는 3천만 원 이하의 벌금
④ 4년 이하의 징역 또는 4천만 원 이하의 벌금
⑤ 5년 이하의 징역 또는 5천만 원 이하의 벌금

해설 제81조(벌칙) 3항

정답 76 ④　77 ④　78 ③

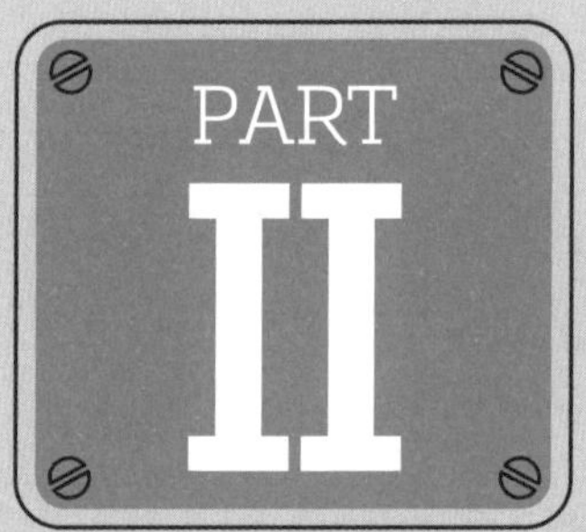

도시철도법

도시철도법[시행 2024. 1. 9.] [법률 제19987호, 2024. 1. 9., 타법개정]
도서철도법 시행령[시행 2026. 1. 2.] [대통령령 제35947호, 2025. 12. 30., 타법개정]

총칙

제1조(목적)

이 법은 도시교통권역의 원활한 교통 소통을 위하여 도시철도의 건설을 촉진하고 그 운영을 합리화하며 도시철도차량 등을 효율적으로 관리함으로써 도시교통의 발전과 도시교통 이용자의 안전 및 편의 증진에 이바지함을 목적으로 한다.

TIP 목적 정리!

1. 도시철도의 건설 촉진

2. 도시철도 운영을 합리화

3. 도시철도차량 등을 효율적으로 관리함

4. 도시교통의 발전 이바지

5. 도시교통 이용자의 안전 및 편의증진 이바지

● **시행령 제1조(목적)**

이 영은 「도시철도법」에서 위임된 사항과 그 시행에 필요한 사항을 규정함을 목적으로 한다.

제2조(정의)

이 법에서 사용하는 용어의 뜻은 다음과 같다.

1. "도시교통권역"이란 「도시교통정비 촉진법」 제4조에 따라 지정·고시된 교통권역(交通圈域)을 말한다.

2. "도시철도"란 도시교통의 원활한 소통을 위하여 도시교통권역에서 건설·운영하는 철도·모노레일·노면전차(路面電車)·선형유도전동기(線形誘導電動機)·자기부상열차(磁氣浮上列車) 등 궤도(軌道)에 의한 교통시설 및 교통수단을 말한다.

3. "도시철도시설"이란 다음 각 목의 어느 하나에 해당하는 시설(부지를 포함한다)을 말한다.

    가. 도시철도의 선로(線路), 역사(驛舍) 및 역 시설(물류시설, 환승시설 및 역사와 같은 건물에 있는 판매시설·업무시설·근린생활시설·숙박시설·문화 및 집회시설 등을 포함한다)

    나. 선로 및 도시철도차량을 보수·정비하기 위한 선로보수기지, 차량정비기지, 차량유치시설, 창고시설 및 기지시설

    다. 도시철도의 전철전력설비, 정보통신설비, 신호 및 열차제어설비

라. 도시철도 기술의 개발·시험 및 연구를 위한 시설

마. 도시철도 경영연수 및 철도전문인력을 양성하기 위한 교육훈련시설

바. 그 밖에 도시철도의 건설, 유지보수 및 운영을 위한 시설로서 대통령령으로 정하는
시설

4. "도시철도사업"이란 도시철도건설사업, 도시철도운송사업 및 도시철도부대사업을 말한다.

5. "도시철도건설사업"이란 새로운 도시철도시설의 건설, 기존 도시철도시설의 성능 및 기
능 향상을 위한 개량, 도시철도시설의 증설 및 도시철도시설의 건설 시 수반되는 용역 업
무 등에 해당하는 사업을 말한다.

6. "도시철도운송사업"이란 도시철도와 관련된 다음 각 목의 어느 하나에 해당하는 사업을
말한다.

가. 도시철도시설을 이용한 여객 및 화물 운송

나. 도시철도차량의 정비 및 열차의 운행 관리

다. 삭제

6의2. "도시철도부대사업"이란 도시철도시설·도시철도차량·도시철도부지 등을 활용한 다
음 각 목의 어느 하나에 해당하는 사업을 말한다.

가. 도시철도와 다른 교통수단의 연계운송사업

나. 도시철도 차량·장비와 도시철도용품의 제작·판매·정비 및 임대사업

다. 도시철도시설의 유지·보수 등 국가·지방자치단체 또는 공공법인 등으로부터 위탁받
은 사업

라. 역세권 및 도시철도시설·부지를 활용한 개발·운영 사업으로서 **대통령령**으로 정하는
사업

마. 「국가통합교통체계효율화법」에 따른 복합환승센터 개발사업으로서 **대통령령**으로
정하는 사업

바. 「물류정책기본법」에 따른 물류사업으로서 **대통령령**으로 정하는 사업

사. 「관광진흥법」에 따른 관광사업으로서 **대통령령**으로 정하는 사업

아. 「옥외광고물 등의 관리와 옥외광고산업 진흥에 관한 법률」에 따른 옥외광고사업으
로서 **대통령령**으로 정하는 사업

자. 가목부터 아목까지의 사업과 관련한 조사·연구, 정보화, 기술 개발 및 인력 양성에
관한 사업

차. 가목부터 자목까지의 사업에 딸린 사업으로서 **대통령령**으로 정하는 사업

7. "도시철도건설자"란 도시철도건설사업을 하는 자로서 제7조 제1항에 따라 도시철도사
업계획의 승인을 받은 자를 말한다.

8. "도시철도운영자"란 도시철도운송사업을 하는 자로서 국가, 지방자치단체 및 제26조에 따라 도시철도운송사업 면허를 받은 자(제11호에 따른 민자도시철도운영자를 포함한다)를 말한다.

9. "도시철도종사자"란 도시철도차량의 운전·운행관리 및 정비 업무, 도시철도 이용자를 상대로 하는 승무 및 역무서비스 업무, 도시철도시설의 유지보수 업무, 그 밖에 도시철도 차량의 안전운행 또는 질서유지에 관한 업무에 종사하는 자를 말한다.

10. "민자도시철도"란 「사회기반시설에 대한 민간투자법」 제2조 제6호에 따른 민간투자사업으로 건설하는 도시철도를 말한다.

11. "민자도시철도운영자"란 민자도시철도에 대하여 「사회기반시설에 대한 민간투자법」 제26조 제1항에 따라 관리운영권을 설정받은 자를 말한다.

● 시행령 제2조(도시철도시설)

「도시철도법」(이하 "법"이라 한다) 제2조 제3호 바목에서 "대통령령으로 정하는 시설"이란 다음 각 호의 어느 하나에 해당하는 시설을 말한다.

1. 도시철도의 건설 및 유지보수에 필요한 자재(資材)를 가공·조립·운반 또는 보관하기 위하여 해당 사업기간 동안 사용되는 시설

2. 도시철도의 건설 및 유지보수를 위한 공사에 사용되는 진입도로, 주차장, 야적장, 토석채취 장 및 사토장(捨土場)과 그 설치 또는 운영에 필요한 시설

3. 도시철도의 건설 및 유지보수를 위하여 해당 사업기간 동안 사용되는 장비와 그 장비의 정 비·점검 또는 수리를 위한 시설

4. 그 밖에 도시철도 안전 관련 시설, 안내시설 등 도시철도의 건설·유지보수 및 운영을 위하여 필요한 시설로서 국토교통부장관이 정하는 시설

● 시행령 제2조의2(도시철도부대사업)

① 법 제2조 제6호의2 라목에서 "대통령령으로 정하는 사업"이란 다음 각 호의 사업을 말한다.

　1. 「역세권의 개발 및 이용에 관한 법률」 제2조 제2호에 따른 역세권개발사업

　2. 도시철도 이용객을 위한 편의시설의 설치·운영사업

② 법 제2조 제6호의2 마목에서 "대통령령으로 정하는 사업"이란 「국가통합교통체계효율화 법」 제2조 제15호에 따른 복합환승센터의 개발사업을 말한다.

③ 법 제2조 제6호의2 바목에서 "대통령령으로 정하는 사업"이란 다음 각 호의 사업을 말한다.

　1. 「물류정책기본법 시행령」 별표 1에 따른 물류사업 중 도시철도운영이나 도시철도와 다른 교통수단과의 연계수송을 위한 사업

2. 「물류정책기본법 시행령」 별표 1에 따른 물류시설운영업 중 도시철도시설 또는 도시철도
   부지를 활용하는 사업
3. 「물류정책기본법 시행령」 별표 1에 따른 물류서비스업 중 도시철도시설 또는 도시철도부
   지를 활용하는 사업
④ 법 제2조 제6호의2 사목에서 "대통령령으로 정하는 사업"이란 「관광진흥법」 제3조에서 정
한 관광사업(**카지노업은 제외**한다)으로서 도시철도운영과 관련된 사업을 말한다.
⑤ 법 제2조 제6호의2 아목에서 "대통령령으로 정하는 사업"이란 「옥외광고물 등의 관리와 옥
외광고산업 진흥에 관한 법률」 제2조 제3호에 따른 옥외광고사업으로서 같은 법 시행령 제2
조 제1항 제1호 다목에 따른 도시철도역 또는 같은 항 제2호 가목에 따른 도시철도차량에 광
고물이나 게시시설을 제작·표시·설치하거나 옥외광고를 대행하는 사업을 말한다.
⑥ 법 제2조 제6호의2 차목에서 "대통령령으로 정하는 사업"이란 다음 각 호의 사업을 말한다.
   1. 「엔지니어링산업 진흥법」 제2조 제3호에 따른 엔지니어링사업 중 도시철도운영과 관련
      한 사업
   2. 도시철도운영과 관련한 정기간행물 사업, 정보매체 사업
   3. 그 밖에 도시철도운영의 전문성과 효율성을 높이기 위하여 필요한 사업

제3조(적용범위)

이 법은 다음 각 호의 도시철도에 대하여 적용한다.
1. 국가가 이 법에 따라 건설 또는 운영하는 도시철도
2. 제7조 제1항에 따라 도시철도사업계획의 승인을 받은 지방자치단체, 도시철도사업을 위
   하여 「지방공기업법」에 따라 설립된 지방공사(이하 "도시철도공사"라 한다) 또는 다른
   법인이 이 법에 따라 건설 또는 운영하는 도시철도
3. 제24조 또는 제42조에 따라 국가나 지방자치단체로부터 도시철도건설사업 또는 도시철
   도운송사업을 위탁받은 법인이 건설 또는 운영하는 도시철도

제3조의2(국가 및 지방자치단체의 책무)

국가 및 지방자치단체는 도시철도 이용자의 권익보호를 위하여 다음 각 호의 시책을 강구
하여야 한다.
1. 도시철도 이용자의 권익보호를 위한 홍보·교육 및 연구
2. 도시철도 이용자의 생명·신체 및 재산상의 위해 방지
3. 도시철도 이용자의 불만 및 피해에 대한 신속·공정한 구제조치
4. 그 밖에 도시철도 이용자 보호와 관련된 사항

도시철도의 안전에 관하여는 「철도안전법」을 적용한다.

짚고 넘어가기! OX 퀴즈

1. 「도시철도법」의 목적에는 도시철도 안전기반 확립이 있다.　　○　×
2. 도시철도 부대사업에는 카지노업을 제외한 「관광진흥법」에 따른 관광사업으로서 대통령령으로 정하는 사업이 포함된다.　　○　×
3. 국가 및 지방자치단체는 도시철도 이용자의 권익보호를 위한 연구 시책을 강구하여야 한다.　　○　×

정답 1 × 2 ○ 3 ○

02 도시철도의 건설

제5조(도시철도망구축계획의 수립 등)

① 특별시장·광역시장·특별자치시장·도지사 및 특별자치도지사(이하 "시·도지사"라 한다)는 관할 도시교통권역에서 도시철도를 건설·운영하려면 관계 시·도지사와 협의하여 10년 단위의 도시철도망구축계획(이하"도시철도망계획"이라 한다)을 수립하여야 한다. 이를 변경하려는 경우에도 또한 같다.

② 도시철도망계획에는 다음 각 호의 사항이 포함되어야 한다.

　1. 해당 도시교통권역의 특성·교통상황 및 장래의 교통수요 예측

　2. 도시철도망의 중기·장기 건설계획

　3. 다른 교통수단과 연계한 교통체계의 구축

　4. 필요한 재원(財源)의 조달방안과 투자 우선순위

　5. 그 밖에 체계적인 도시철도망 구축을 위하여 필요한 사항으로서 국토교통부령으로 정하는 사항

③ 도시철도망계획은 다음 각 호의 계획과 조화를 이루도록 수립되어야 한다.

　1. 「국가통합교통체계효율화법」 제4조에 따른 국가기간교통망계획

　2. 「국가통합교통체계효율화법」 제6조에 따른 중기 교통시설투자계획

　3. 「대도시권 광역교통 관리에 관한 특별법」 제3조에 따른 대도시권 광역교통기본계획

　4. 「대도시권 광역교통 관리에 관한 특별법」 제3조의2에 따른 대도시권 광역교통시행계획

　5. 「도시교통정비 촉진법」 제5조에 따른 도시교통정비 기본계획

　6. 「도시교통정비 촉진법」 제8조에 따른 도시교통정비 중기계획

　7. 「대중교통의 육성 및 이용촉진에 관한 법률」 제5조에 따른 대중교통기본계획

④ 시·도지사는 도시철도망계획을 수립하거나 변경하려면 국토교통부장관의 승인을 받아야 한다.

⑤ 국토교통부장관은 도시철도망계획의 내용 중 필요한 사항을 조정하여 관계 행정기관의 장과 협의한 후 「국가통합교통체계효율화법」 제106조에 따른 국가교통위원회의 심의를 거쳐 승인하고, 이를 관보에 고시하여야 한다. 다만, 대통령령으로 정하는 경미한 사항의 변경을 승인하는 경우에는 국가교통위원회의 심의 및 관보에의 고시를 생략한다.

⑥ 시·도지사는 도시철도망계획이 수립된 날부터 5년마다 도시철도망계획의 타당성을 재검토하여 필요한 경우 이를 변경하여야 한다.

"

- ● **시행령 제3조(도시철도망구축계획 및 노선별 도시철도기본계획의 제출)**

특별시장·광역시장·특별자치시장·도지사 및 특별자치도지사(이하 "시·도지사"라 한다)는 법 제
5조 제1항에 따른 도시철도망구축계획(이하 "도시철도망계획"이라 한다) 또는 법 제6조 제1항
에 따른 노선별 도시철도기본계획(이하 "기본계획"이라 한다)을 수립하였을 때에는 이를 해당
계획의 계획기간이 시작되는 해의 **전년도 2월 말일**까지 국토교통부장관에게 제출하여야 한다.

- ● **시행령 제4조(도시철도망계획 중 경미한 사항 변경)**

① 법 제5조 제5항 단서에서 "대통령령으로 정하는 경미한 사항의 변경"이란 다음 각 호의 어느
　하나에 해당하는 변경을 말한다.
　　1. 도시철도망계획에 포함된 도시철도 노선별 노선 연장을 **100분의 10** 범위에서 변경하는 것
　　2. 도시철도망계획에 포함된 도시철도 노선별 사업기간을 **3년**의 범위에서 변경하는 것
② 국토교통부장관은 제1항 각 호에 따른 경미한 사항의 변경을 승인하였을 때에는 지체 없이
　그 내용을 관계 행정기관의 장에게 통보하여야 한다.

제6조(노선별 도시철도기본계획의 수립 등)

① 시·도지사는 도시철도망계획에 포함된 도시철도 노선 중 건설을 추진하려는 노선에 대
　해서는 관계 시·도지사와 협의하여 노선별 도시철도기본계획(이하 "기본계획"이라 한
　다)을 수립하여야 한다. 이를 변경하려는 경우에도 또한 같다. 다만, 민자도시철도의 경
　우에는 시·도지사가 국토교통부장관과 협의하여 기본계획의 수립을 생략할 수 있다.
② 기본계획에는 다음 각 호의 사항이 포함되어야 한다.
　　1. 해당 도시교통권역의 특성·교통상황 및 장래의 교통수요 예측
　　2. 도시철도의 건설 및 운영의 경제성·재무성 분석과 그 밖의 타당성의 평가
　　3. 노선명(路線名), 노선 연장, 기점(起點)·종점(終點), 정거장 위치, 차량기지 등 개략적
　　　인 노선망(路線網)
　　4. 사업기간 및 총사업비
　　5. 지방자치단체의 재원 분담비율을 포함한 자금의 조달방안 및 운용계획
　　6. 건설기간 중 도시철도건설사업 지역의 도로교통대책
　　7. 다른 교통수단과의 연계 수송체계 구축에 관한 사항
　　8. 그 밖에 필요한 사항으로서 국토교통부령으로 정하는 사항

③ 시·도지사는 기본계획의 내용 중 **대통령령**으로 정하는 주요 사항에 대하여는 **국토교통부장관**과 협의한 후 공청회를 열어 주민 및 관계 전문가 등으로부터 의견을 듣고 해당 지방의회의 의견을 들어 기본계획을 **국토교통부장관**에게 제출하여야 한다. 다만, **대통령령**으로 정하는 경미한 사항을 변경하려는 경우에는 사전협의, 공청회, 지방의회 의견 청취의 절차를 생략할 수 있다.

④ **국토교통부장관**은 제3항에 따라 기본계획을 제출받으면 건설 노선, 사업기간, 총사업비, 지방자치단체의 재원 분담비율을 포함한 자금의 조달방안 등 필요한 사항을 조정하여 관계 행정기관의 장과 협의를 거쳐 기본계획을 승인하여야 한다.

⑤ **국토교통부장관**은 제4항에 따라 기본계획을 승인하면 이를 관보에 고시하여야 한다. 다만, **대통령령**으로 정하는 경미한 사항의 변경을 승인하는 경우에는 그러하지 아니하다.

● 시행령 제5조(기본계획의 주요 사항)

법 제6조 제3항 본문에서 "대통령령으로 정하는 주요 사항"이란 다음 각 호의 어느 하나에 해당하는 사항을 말한다.

1. 법 제6조 제2항 제2호부터 제5호까지에 해당하는 사항

2. 도시철도의 건설 및 운영의 경제성·재무성 분석과 그 밖의 타당성의 평가
3. 노선명(路線名), 노선 연장, 기점(起點)·종점(終點), 정거장 위치, 차량기지 등 개략적인 노선망(路線網)
4. 사업기간 및 총사업비
5. 지방자치단체의 재원 분담비율을 포함한 자금의 조달방안 및 운용계획

2. 도시철도의 건설 방식
3. 도시철도차량의 종류 및 운행계획

참고 **기본계획의 주요사항** : 시·도지사가 국토교통부장관과 협의 → 공청회 → 지방회의 의견 청취 → 국토교통부장관에게 제출, 경미한 사항의 경우 모두 생략가능

● 시행령 제6조(기본계획 중 경미한 사항 변경)

① 법 제6조 제3항 단서에서 "대통령령으로 정하는 경미한 사항을 변경하려는 경우" 및 같은 조 제5항 단서에서 "대통령령으로 정하는 경미한 사항의 변경"이란 각각 다음 각 호의 어느 하나에 해당하는 변경을 말한다.

1. 노선 연장을 **100분의 10** 범위에서 변경하는 것

2. 사업기간을 **1년**의 범위에서 변경하는 것

3. 총사업비를 **100분의 10** 범위에서 변경하는 것

② 국토교통부장관은 제1항 각 호에 따른 경미한 사항의 변경을 승인하였을 때에는 지체 없이 그 내용을 관계 행정기관의 장에게 통보하여야 한다.

제7조(사업계획의 승인 등)

① 기본계획에 따라 도시철도를 건설하려는 자는 대통령령으로 정하는 바에 따라 도시철도사업계획(이하 "사업계획"이라 한다)을 수립하여 국토교통부장관의 승인을 받아야 한다. 이를 변경하려는 경우에도 또한 같다.

② 기본계획에 따라 도시철도를 건설하려는 자가 제1항에 따라 사업계획의 승인을 신청할 때에는 미리 그 뜻을 공고(公告)하고 관계 서류의 사본을 **20일** 이상 일반인이 열람할 수 있게 하여야 한다. 이 경우 도시철도시설 부지에 편입되는 토지의 소유자 및 「공익사업을 위한 토지 등의 취득 및 보상에 관한 법률」 제2조 제5호에 따른 관계인(이하 "소유자 등"이라 한다)에게 그 사실을 통보하여야 한다. 다만, 소유자 등을 알 수 없거나 주소 불명(不明) 등 대통령령으로 정하는 경우에는 통보하지 아니할 수 있다.

③ 소유자등은 사업계획의 승인을 신청하는 자에게 제2항에 따른 열람 기간에 의견서를 제출할 수 있다.

④ 사업계획의 승인을 신청하는 자는 제3항에 따라 제출된 의견이 타당하다고 인정하면 사업계획 승인신청 내용에 이를 반영하여야 하고, 반영하지 아니한 의견은 신청서에 첨부하여야 한다.

⑤ 국토교통부장관은 사업계획을 승인할 때 제4항에 따라 첨부된 의견이 타당하다고 인정할 때에는 이를 반영하여야 한다.

⑥ 국토교통부장관은 제1항에 따라 사업계획을 승인하면 이를 관보에 고시하여야 한다.

⑦ 지방자치단체의 장은 제1항에 따른 사업계획 승인 내용 중 도시·군관리계획 결정사항이 포함되어 있는 경우에는 「국토의 계획 및 이용에 관한 법률」 제32조 및 「토지이용규제 기본법」 제8조에 따라 지형도면의 고시 등 필요한 조치를 하여야 한다.

⑧ 제6조 제1항 후단에 따라 기본계획 중 사업기간 또는 사업비에 관한 사항을 변경한 경우에는 제1항에 따른 사업계획의 변경승인을 받은 것으로 본다.

● **시행령 제7조(도시철도사업계획의 승인신청)**

법 제7조 제1항에 따라 도시철도사업계획(이하 "사업계획"이라 한다)의 승인을 신청하려는 자

는 사업계획 승인신청서에 다음 각 호의 서류를 첨부하여 시·도지사를 거쳐 **국토교통부장관**에게 제출하여야 한다.

1. 공사시행계획서 및 공사 종류별 공정계획서

2. 도시철도 건설의 기본설계서

3. 다음 각 목의 축적에 따른 계획평면도 및 종단면도

> 가. 축척 **500분의 1**부터 **2만 5천분의 1**까지의 것[노선의 실측도면(實測圖面)에 표시한 것을 말한다]
>
> 나. 축척 **200분의 1**부터 **5천분의 1**까지의 것

4. 도시철도시설의 개요

5. 연도별 투자계획 및 재원조달계획에 관한 서류

6. 도시철도 건설기간 중 건설지역의 도로교통대책에 관한 서류

7. 교통영향평가 및 환경영향평가에 대한 관계 행정기관의 장과의 협의 결과에 관한 서류

8. 법 제7조 제2항에 따른 사업계획의 공고 결과 제출된 의견 중 사업계획에 반영하지 아니한 의견을 적은 서류

9. 법 제8조 제2항에 따른 관계 행정기관의 장과의 협의에 필요한 서류

10. 법 제9조·제10조·제15조 및 제16조에 따른 토지의 지하부분 사용, 토지·물건 및 권리(「공익사업을 위한 토지 등의 취득 및 보상에 관한 법률」 제3조에 따른 토지·물건 및 권리를 말한다. 이하 "토지 등"이라 한다)의 수용 및 사용, 공사장애물의 이전 등에 따른 매수·보상계획 및 이주대책에 관한 서류

11. 수용하거나 사용할 토지 등의 소재지·지번(地番)·지목(地目) 및 면적을 적은 서류

12. 도시철도 부지를 표시한 도면(**축척 500분의 1**부터 **5천분의 1**까지의 것만 해당한다)

● 시행령 제8조(사업계획 승인신청의 공고 등)

① 법 제7조 제2항에 따라 사업계획의 승인을 신청하기 전에 그 뜻을 공고하려는 자는 다음 각 호의 사항을 해당 지역에서 발간되는 일간신문과 특별시·광역시·특별자치시·도 및 특별자치도(이하 "시·도"라 한다) 공보에 각각 한 번 이상 공고하여야 한다.

  1. 신청인의 성명·주소(법인인 경우에는 법인의 명칭·주소와 대표자의 성명·주소를 말한다)

  2. 도시철도 부지의 위치

  3. 노선의 기점·종점, 정거장 위치, 차량기지 위치

  4. 도시철도 건설의 착공 예정일 및 준공 예정일

  5. 제2항에 따른 관계 서류 사본을 열람할 수 있는 일시 및 장소

② 법 제7조 제2항에 따라 일반인이 열람할 수 있게 하여야 하는 관계 서류는 제7조 제3호 나

목·제11호 및 제12호에 해당하는 서류를 말한다.

③ 법 제7조 제2항 단서에서 "소유자 등을 알 수 없거나 주소 불명(不明) 등 대통령령으로 정하는 경우"란 다음 각 호의 어느 하나에 해당하는 경우를 말한다.

1. 소유자 등을 알 수 없는 경우

2. 소유자 등의 주소·거소, 그 밖에 통보할 장소를 알 수 없는 경우

④ 법 제7조 제6항에 따른 고시는 같은 조 제1항에 따라 사업계획을 승인한 날부터 **7일** 이내에 하여야 한다.

제8조(다른 법률에 따른 인가·허가 등의 의제)

① 도시철도를 건설하려는 자가 제7조 제1항에 따라 사업계획의 승인 또는 변경승인을 받은 경우에는 다음 각 호의 협의·승인·허가·인가·동의·해제·결정·신고·지정·면허·심의 등(이하 "인가·허가 등"이라 한다)에 관하여 국토교통부장관이 인가·허가 등의 관계 행정기관의 장과 미리 협의한 사항에 대해서는 해당 인가·허가 등이 있는 것으로 보고, 제7조 제6항에 따라 사업계획의 승인 또는 변경승인 고시를 한 경우에는 관계 법률에 따른 인가·허가 등의 고시 또는 공고가 있는 것으로 본다.

1. 「건설기술관리법」 제5조에 따른 건설기술심의위원회의 심의

2. 「건축법」 제4조에 따른 건축위원회의 심의, 같은 법 제11조에 따른 건축허가, 같은 법 제14조에 따른 건축신고, 같은 법 제20조에 따른 가설건축물(假設建築物)의 건축허가, 같은 법 제29조에 따른 공용건축물의 건축 협의

3. 「공유수면 관리 및 매립에 관한 법률」 제8조에 따른 공유수면의 점용·사용허가, 같은 법 제10조에 따른 협의 또는 승인, 같은 법 제17조에 따른 점용·사용 실시계획의 승인 또는 신고, 같은 법 제28조에 따른 매립면허, 같은 법 제35조에 따른 협의 또는 승인, 같은 법 제38조에 따른 매립실시계획의 승인

4. 「국토의 계획 및 이용에 관한 법률」 제30조에 따른 도시·군관리계획의 결정(같은 법 제2조 제6호에 따른 기반시설의 경우만 해당한다), 같은 법 제86조에 따른 도시·군계획시설사업 시행자의 지정, 같은 법 제88조에 따른 도시·군계획시설사업 실시계획의 인가

5. 「군사기지 및 군사시설 보호법」 제9조 제1항 제1호에 따른 통제보호구역 등에의 출입허가, 같은 법 제13조에 따른 행정기관의 허가등에 관한 협의

6. 「농지법」 제34조에 따른 농지전용의 허가 또는 협의

7. 「도로법」 제36조에 따른 도로공사 시행의 허가, 같은 법 제61조에 따른 도로 점용허가

8. 「대기환경보전법」 제23조, 「물환경보전법」 제33조 및 「소음·진동관리법」 제8조에 따른 배출시설의 설치 허가 또는 신고

9. 「사도법」 제4조에 따른 사도(私道) 개설의 허가

10. 「사방사업법」 제14조에 따른 사방지에서의 벌채 등의 허가, 같은 법 제20조에 따른 사방지 지정의 해제

11. 「산업집적활성화 및 공장설립에 관한 법률」 제13조에 따른 공장설립 등의 승인(철도건설사업에 직접 필요한 공사용 시설로서 건설기간에 설치되는 공장만 해당한다)

12. 「산지관리법」 제14조에 따른 산지전용허가, 같은 법 제15조에 따른 산지전용신고, 같은 법 제15조의2에 따른 산지일시사용허가·신고, 「산림자원의 조성 및 관리에 관한 법률」 제36조 제1항 및 제5항에 따른 입목벌채 등의 허가 및 신고

13. 「소방시설 설치 및 관리에 관한 법률」 제6조 제1항에 따른 건축허가 등의 동의

14. 「수도법」 제52조에 따른 전용상수도 인가, 같은 법 제54조에 따른 전용공업용수도 인가

15. 「자연공원법」 제71조 제1항에 따른 공원관리청과의 협의(같은 법 제23조에 따른 공원구역에서의 행위허가에 관한 것만 해당한다)

16. 「장사 등에 관한 법률」 제27조 제1항에 따른 무연분묘(無緣墳墓)의 개장(改葬) 허가

17. 「전기사업법」 제61조에 따른 전기사업용전기설비 공사계획의 인가 또는 신고, 「전기안전관리법」 제8조에 따른 자가용전기설비 공사계획의 인가 또는 신고

18. 「초지법」 제21조의2에 따른 초지에서의 형질변경 등 같은 조 각 호의 행위에 대한 허가, 같은 법 제23조에 따른 초지전용의 허가 또는 협의

19. 「폐기물관리법」 제29조에 따른 폐기물처리시설 설치의 승인 또는 신고

20. 「하수도법」 제16조에 따른 공공하수도 사업의 허가, 같은 법 제24조에 따른 공공하수도의 점용허가

21. 「하천법」 제30조에 따른 하천공사 시행의 허가, 같은 법 제33조에 따른 하천의 점용허가, 같은 법 제50조에 따른 하천수의 사용허가

② **국토교통부장관**이 제7조 제1항에 따라 사업계획을 승인 또는 변경승인할 때에는 제1항 각 호에 해당하는 내용이 있는 경우 관계 행정기관의 장과 미리 협의하여야 한다.

③ 삭제

④ **국토교통부장관** 또는 **시·도지사**는 제2항에 따른 협의를 위하여 **대통령령**으로 정하는 바에 따라 일괄협의회를 개최하여야 한다. 이 경우 관계 행정기관의 장은 소속 공무원을 일괄협의회에 참석하게 하여야 한다.

⑤ 제1항·제2항 및 제4항에서 규정한 사항 외에 인가·허가 등 의제의 기준 및 효과 등에 관하여는 「행정기본법」 제24조부터 제26조까지를 준용한다.

● **시행령 제9조(일괄협의회)**

① 국토교통부장관 또는 시·도지사는 법 제8조 제4항에 따라 일괄협의회를 개최하려는 경우에는 회의 개최일 **7일** 전까지 회의 개최 사실을 관계 행정기관의 장에게 알려야 한다.

② 제1항에 따라 통지를 받은 관계 행정기관의 장은 일괄협의회의 회의에서 법 제8조 제1항에 따른 인가·허가 등(이하 이 조에서 "인가·허가 등"이라 한다)의 의제에 대한 의견을 제출하여야 한다. 다만, 관계 행정기관의 장은 법령 검토 및 사실 확인 등을 위한 추가 검토가 필요하여 해당 인가·허가 등에 대한 의견을 일괄협의회의 회의에서 제출하기 곤란한 경우에는 일괄협의회의 회의를 개최한 날부터 **5일** 이내에 그 의견을 제출할 수 있다.

③ 제1항 및 제2항에서 규정한 사항 외에 일괄협의회의 운영 등에 필요한 사항은 **국토교통부장관** 또는 **시·도지사**가 정한다.

제9조(지하부분에 대한 보상 등)

① 도시철도건설자가 도시철도건설사업을 위하여 타인 토지의 지하부분을 사용하려는 경우에는 그 토지의 이용 가치, 지하의 깊이 및 토지 이용을 방해하는 정도 등을 고려하여 보상한다.

② 제1항에 따른 지하부분 사용에 대한 구체적인 보상의 기준 및 방법에 관한 사항은 **대통령령**으로 정한다.

● **시행령 제10조(지하부분 사용에 대한 보상기준)**

① 법 제9조 제1항에 따른 토지의 지하부분 사용에 대한 보상대상은 도시철도시설의 건설 및 보호를 위하여 사용되는 토지의 지하부분으로 한다.

② 법 제9조 제1항에 따른 토지의 지하부분 사용에 대한 보상금액은 다음 제1호의 면적에 세2호의 적정가격과 제3호의 입체이용저해율을 곱하여 산정한 금액으로 한다.

1. 법 제12조에 따른 구분지상권 설정 또는 이전 면적
2. 제3항에 따른 해당 토지(지하부분의 면적과 수직으로 대응하는 지표의 토지를 말한다)의 적정가격
3. 도시철도건설사업으로 인하여 해당 토지의 이용을 방해하는 정도에 따른 다음 각 목의 이용저해율을 합산한 것(이하 "입체이용저해율"이라 한다)으로서 별표 1에 따라 산정되는 입체이용저해율

   가. 건물의 이용저해율
   나. 지하부분의 이용저해율
   다. 건물 및 지하부분을 제외한 그 밖의 이용저해율

③ 제2항 제2호에 따른 해당 토지의 적정가격은 「부동산 가격공시에 관한 법률」 제3조에 따른
표준지공시지가를 기준으로 하여 「감정평가 및 감정평가사에 관한 법률」에 따른 감정평가
법인 등 중 시·도지사가 지정하는 감정평가법인 등이 평가한 가액(價額)으로 한다.

● **시행령 제11조(지하부분 사용에 대한 보상방법 등)**

① 도시철도건설자가 법 제9조 제1항에 따라 토지의 지하부분 사용에 대한 보상을 할 때에는
토지소유자에게 개인마다 **일시불**로 보상금액을 지급하여야 한다.

② 도시철도건설자는 제1항에 따라 보상한 보상금액, 보상면적 및 토지의 지하부분 사용의 세
부 내용을 관할 지방자치단체의 장에게 통보하여야 한다.

제10조(토지 등의 수용 또는 사용)

① 도시철도건설자는 도시철도건설사업을 위하여 필요하면 「공익사업을 위한 토지 등의
취득 및 보상에 관한 법률」 제3조에 따른 토지·물건 및 권리(이하 "토지 등"이라 한다)를
수용 또는 사용할 수 있다.

② 제7조 제1항에 따른 사업계획의 승인과 같은 조 제6항에 따른 고시는 「공익사업을 위한
토지 등의 취득 및 보상에 관한 법률」 제20조 제1항 및 제22조에 따른 사업인정 및 사업
인정고시로 보며, 재결신청(裁決申請)의 기한은 같은 법 제23조 제1항 및 제28조 제1항
에도 불구하고 제7조 제1항에 따라 승인을 받은 사업계획에서 정한 도시철도사업기간의
종료일로 한다.

③ 토지 등의 수용 또는 사용에 관하여는 이 법에 규정이 있는 경우를 제외하고는 「공익사
업을 위한 토지 등의 취득 및 보상에 관한 법률」을 준용한다.

제11조(국유지·공유지의 처분 제한 등)

① 국가나 지방자치단체 소유의 토지로서 도시철도건설사업에 필요한 토지는 도시철도건
설사업 목적 외의 목적으로 매각하거나 양여(讓與)할 수 없다.

② 제1항에 따른 토지는 「국유재산법」 제33조, 제39조 및 제44조와 「공유재산 및 물품 관
리법」 제29조 및 제36조에도 불구하고 도시철도건설자에게 무상양여(無償讓與)하거나
수의계약으로 매각할 수 있다.

제12조(구분지상권의 설정등기 등)

① 도시철도건설자는 토지의 지하부분 사용이 필요한 경우에는 해당 부분에 대하여 구분지상권(區分地上權)을 설정하거나 이전하여야 한다.

② 도시철도건설자는 「공익사업을 위한 토지 등의 취득 및 보상에 관한 법률」에 따라 구분지상권을 설정하거나 이전하는 내용으로 수용 또는 사용의 재결을 받은 경우에는 「부동산등기법」 제99조를 준용하여 단독으로 그 구분지상권의 설정등기 또는 이전등기를 신청할 수 있다.

③ 토지의 지하부분 사용에 관한 구분지상권의 등기절차에 관하여 필요한 사항은 대법원규칙으로 정한다.

④ 제1항과 제2항에 따른 구분지상권의 존속기간은 「민법」 제281조에도 불구하고 도시철도시설이 존속하는 날까지로 한다.

제13조(행위 제한)

도시철도건설자가 지하부분 사용에 대하여 보상을 한 후에는 소유자 등은 보상받은 지하부분의 범위에서 도시철도시설의 안전을 해칠 우려가 있는 다음 각 호의 행위를 할 수 없다.

1. 인공구조물의 신축(新築)·개축(改築) 또는 증축(增築)
2. 땅을 파거나 뚫는 행위

제14조(토지에의 출입 등)

① 도시철도건설자는 도시철도건설사업을 위하여 필요하면 다음 각 호에 해당하는 행위를 할 수 있다.
   1. 타인의 토지에 출입하는 행위
   2. 타인의 토지를 일시 사용하는 행위
   3. 나무·흙·돌 또는 그 밖의 장애물을 변경하거나 제거하는 행위

② 제1항의 경우에는 「국토의 계획 및 이용에 관한 법률」 제130조 및 제131조를 준용한다.

제15조(공사장애물의 이전 등에 관한 협의 등)

① 도시철도건설자는 도시철도건설사업에 지장을 주는 장애물을 이전함으로써 생기는 손실이나 그 밖에 공사를 시행함으로써 생기는 손실의 보상에 대하여 소유자 등과 협의하여야 한다.

② 제1항에 따른 협의를 할 수 없거나 협의가 성립되지 아니한 경우에는 그 소유자 등 및 도시철도건설자는 「공익사업을 위한 토지 등의 취득 및 보상에 관한 법률」 제51조에 따라 관할 토지수용위원회에 재결을 신청할 수 있다.

③ 도시철도건설자는 제2항에 따른 재결이 있는 경우에는 그 공사장애물의 이전 등에 대한 보상금을 공탁(供託)하고 공사장애물 이전 등을 할 수 있다.

제16조(이주대책 등)

도시철도건설사업의 시행에 필요한 토지 등을 제공함으로써 생활근거를 잃게 되는 자를 위한 이주대책(移住對策) 등에 관하여는 「공익사업을 위한 토지 등의 취득 및 보상에 관한 법률」에서 정하는 바에 따른다.

제17조(피해 건축물의 개축 시 주차장의 설치기준)

도시철도건설사업으로 피해를 입은 건축물을 개축하는 경우 기존 건축물에 설치되었던 규모와 같은 크기의 주차장을 설치하는 경우에는 이를 「주차장법」 제19조에 따른 부설주차장 설치기준에 적합한 것으로 본다.

제18조(도시철도의 건설 및 운전)

도시철도의 건설 및 운전에 관한 사항은 국토교통부령으로 정한다.

제18조의2(노면전차의 건설·운전 및 전용로의 설치 등)

① 도시철도건설자는 노면전차를 도로에 건설하는 경우 다음 각 호의 노면전차 전용도로 또는 전용차로를 설치하여야 한다.

　1. 노면전차 전용도로 : 노면전차만이 통행할 수 있도록 분리대, 연석, 그 밖에 이와 유사한 시설물에 의하여 차도 및 보도와 구분하여 설치한 노면전차도로

　2. 노면전차 전용차로 : 차도의 일정 부분을 노면전차만 통행하도록 안전표지 등으로 다른 자동차 등이 통행하는 차로와 구분한 차로

② 제1항에도 불구하고 노면전차 전용도로 또는 전용차로의 설치로 인하여 도로 교통이 현저하게 혼잡해질 우려가 있는 등 국토교통부령으로 정하는 사유에 해당하는 경우에는 노면전차와 다른 자동차 등이 함께 통행하는 혼용차로를 설치할 수 있다.

③ 제1항에 따른 노면전차 전용도로와 전용차로 및 제2항에 따른 혼용차로의 설치와 노면
　전차의 건설·운전 등에 필요한 사항은 국토교통부령으로 정한다.

제19조(도시철도의 건설 및 운영을 위한 자금조달)

도시철도의 건설 및 운영에 필요한 자금은 다음 각 호의 재원 및 방법으로 조달한다.

1. 도시철도건설자 또는 도시철도운영자의 자기자금(自己資金)

2. 도시철도를 건설·운영하여 생긴 수익금

3. 제20조에 따른 도시철도채권의 발행

4. 국가 또는 지방자치단체로부터의 차입 및 보조

5. 국가 및 지방자치단체 외의 자(외국 정부 및 외국인을 포함한다)로부터의 차입·출자 및
   기부

6. 「역세권의 개발 및 이용에 관한 법률」에 따른 역세권개발사업으로 생긴 수익금

7. 도시철도부대사업으로 발생하는 수익금

제20조(도시철도채권의 발행)

① 국가, 지방자치단체 및 도시철도공사는 도시철도채권을 발행할 수 있다.

② 지방자치단체의 장은 제1항에 따른 도시철도채권을 발행하기 위하여 행정안전부장관의
　승인을 받으려는 경우에는 미리 국토교통부장관과 협의하여야 한다.

③ 도시철도공사는 도시철도채권을 발행하려면 관계 지방자치단체의 장 및 국토교통부장
　관과 협의하여야 한다.

④ 도시철도채권의 원금 및 이자의 소멸시효(消滅時效)는 상환일(償還日)부터 기산(起算)
　하여 5년으로 한다.

⑤ 도시철도채권은 기본계획이 확정된 연도부터 그 연도의 도시철도 운영수입금이 그 연도
　의 도시철도 운영비용(원리금 상환액을 포함한다)을 최초로 초과하는 연도까지 발행할
　수 있다.

● **시행령 제12조(도시철도채권의 발행절차)**

① 국가가 법 제20조 제1항에 따라 도시철도채권을 발행하려면 국토교통부장관이 다음 각 호
　의 사항을 명시하여 그 발행을 재정경제부장관 및 기획예산처장관에게 요청하여야 한다.

　1. 발행 금액　　　　　　　　2. 발행 방법

3. 발행 조건   4. 상환 방법 및 절차

5. 그 밖에 도시철도채권의 발행을 위하여 필요한 사항

TIP 발행 **금**액, 발행 **방법**, 발행 **조건**, **상**환 방법 및 절차 → **금방조상**

② 국가·지방자치단체 또는 도시철도공사(도시철도사업을 위하여 「지방공기업법」에 따라 설립된 지방공사를 말한다. 이하 같다)가 법 제20조 제1항에 따라 도시철도채권을 발행하려면 다음 각 호의 사항을 공고하여야 한다.

1. 발행 총액

2. 발행 기간

3. 도시철도채권의 이율

4. 원금 상환의 방법 및 시기

5. 이자 지급의 방법 및 시기

TIP 발행 **총**액, 발행 **기**간, 도시철도채권의 **이율**, 원금 **상**환의 방법 및 시기, **이자 지**급의 **방법** 및 **시기** → **총기이상이지방시**

③ **지방자치단체의 장**이 법 제20조 제2항에 따라 **행정안전부장관**의 승인을 받거나 **국토교통부장관**과 협의하는 경우와 도시철도공사가 같은 조 제3항에 따라 **관계 지방자치단체의 장** 및 **국토교통부장관**과 협의하는 경우에는 각각 제1항 각 호의 사항을 명시하여 승인 또는 협의를 요청하여야 한다.

1. 발행 금액   2. 발행 방법

3. 발행 조건   4. 상환 방법 및 절차

5. 그 밖에 도시철도채권의 발행을 위하여 필요한 사항

● 시행령 제13조(도시철도채권의 발행 방법 및 이율)

① 법 제20조에 따른 도시철도채권은 「주식·사채 등의 전자등록에 관한 법률」에 따라 전자등록하여 발행한다.

② 도시철도채권의 이율은 다음 각 호와 같다.

1. 국가가 발행하는 경우 : **재정경제부장관 및 기획예산처장관**이 **국토교통부장관**과 협의하여 정하는 이율

2. 지방자치단체가 발행하는 경우 : **연 10퍼센트**의 범위에서 해당 지방자치단체의 조례로 정하는 이율

3. 도시철도공사가 발행하는 경우 : **연 10퍼센트**의 범위에서 관계 지방자치단체의 장과 협의하여 해당 도시철도공사의 규칙으로 정하는 이율

① 다음 각 호의 자 중 대통령령으로 정하는 자는 도시철도채권을 매입하여야 한다.

  1. 국가나 지방자치단체로부터 면허·허가·인가를 받는 자

  2. 국가나 지방자치단체에 등기·등록을 신청하는 자. 다만, 「자동차관리법」 제3조에 따른 자동차로서 국토교통부령으로 정하는 경형자동차(이륜자동차는 제외한다)의 등록을 신청하는 자는 제외한다.

  3. 국가, 지방자치단체 또는 「공공기관의 운영에 관한 법률」 제4조에 따른 공공기관과 건설도급계약(建設都給契約)을 체결하는 자

  4. 도시철도건설자 또는 도시철도운영자와 도시철도 건설·운영에 필요한 건설도급계약, 용역계약 또는 물품구매계약을 체결하는 자

② 제1항에 따른 도시철도채권의 매입 금액과 절차 등에 관하여 필요한 사항은 대통령령으로 정한다.

● 시행령 제14조(도시철도채권의 매입 대상 및 금액)

법 제21조에 따른 도시철도채권의 매입 대상 및 대상별 매입 금액은 별표 2에서 정한 범위에서 시·도의 조례로 정한다.

※ 별표 2는 시험범위가 아니므로 제외한다.

● 시행령 제15조(도시철도채권의 사무취급기관 등)

① 국가가 발행하는 도시철도채권의 매출 및 상환업무의 사무취급기관은 「한국은행법」에 따른 한국은행으로 한다.

② 지방자치단체 및 도시철도공사가 발행하는 도시철도채권의 매출 및 상환업무의 사무취급기관은 해당 지방자치단체가 지정하는 금융기관 또는 「자본시장과 금융투자업에 관한 법률」 제294조에 따라 설립된 한국예탁결제원으로 한다.

③ 제1항과 제2항에 따른 도시철도채권의 사무취급기관(이하 "사무취급기관"이라 한다)이 도시철도채권을 매출할 때에는 도시철도채권 매입확인증(이하 "매입확인증"이라 한다)을 매입자에게 발급하여야 한다.

④ 사무취급기관은 도시철도채권 매입확인증 발행대장을 갖추어 두고, 매입확인증의 발급에 관한 사항을 적어야 한다.

⑤ 도시철도채권 매입자가 매입확인증을 멸실 또는 도난 등의 사유로 분실한 경우에 그 매입자가 해당 매입확인증을 매입한 목적에 사용하지 아니하였음을 해당 도시철도채권을 발행한 자가 확인한 경우에만 이를 재발급할 수 있다.

⑥ 사무취급기관이 제5항에 따라 매입확인증을 재발급할 때에는 그 매입확인증에 재발급 표시를 하여야 하고, 매입확인증 재발급대장에 재발급한 사실을 적어야 한다.

⑦ 제3항부터 제6항까지의 규정에 따른 도시철도채권의 매출 등은 전자적으로 처리할 수 있다. 이 경우 전자적 처리의 절차 및 방법은 해당 도시철도채권을 발행한 국가, 지방자치단체 또는 도시철도공사가 정한다.

● 시행령 제16조(도시철도채권 발행원부의 비치)

사무취급기관은 도시철도채권 발행원부를 갖추어 두고, 다음 각 호의 사항을 적어야 한다.

1. 도시철도채권 매입자의 성명·주소 및 주민등록번호

2. 도시철도채권의 금액

3. 도시철도채권의 이율

4. 도시철도채권의 발행일 및 상환일

> **TIP** 도시철도채권 **매입자**의~, 도시철도채권의 **금**액, 도시철도채권의 **이**율, 도시철도채권의 **발**행일 및 **상환**일 → **매입자의 금이 빨상환다.**

제22조(정부 지원 등)

① 정부는 지방자치단체나 도시철도공사가 시행하는 도시철도건설사업을 위하여 재정적 지원이 필요하다고 인정되면 소요자금(所要資金)의 일부를 보조하거나 융자할 수 있다.

② 정부는 제3조 제3호에 따른 법인이 시행하는 도시철도건설사업을 위하여 필요하다고 인정되면 소요자금의 일부를 융자할 수 있다.

③ 정부는 도시철도기술의 발전을 위하여 대통령령으로 정하는 도시철도기술을 연구하는 기관 또는 단체(이하 "연구기관 등"이라 한다)에 보조 등 재정적 지원을 할 수 있다.

④ 지방자치단체는 제1항에 따라 정부의 지원을 받은 경우 도시철도기술의 발전을 위하여 대통령령으로 정하는 바에 따라 연구기관 등에 보조하거나 출연(出捐)할 수 있다.

⑤ 정부는 지방자치단체, 도시철도공사 또는 제3조 제3호에 따른 법인이 건설·운영하고 있는 도시철도의 승강장에 전동차 출입문과 연동되어 열리고 닫히는 승하차용 출입문 설비를 설치하기 위한 소요자금의 일부를 보조할 수 있다.

⑥ 정부는 민자도시철도로 인한 지방자치단체의 재정상 부담을 경감할 수 있도록 행정적 지원을 할 수 있다.

⑦ 정부는 도시철도 이용자의 안전을 위하여 도시철도운영자가 국토교통부령으로 정하는 노후화된 도시철도차량을 교체하는 경우 필요한 소요자금의 일부를 보조할 수 있다.

● **시행령 제17조(도시철도기술연구기관)**

법 제22조 제3항에서 "대통령령으로 정하는 도시철도기술을 연구하는 기관 또는 단체"란 다음 각 호의 기관, 법인 또는 단체를 말한다.

1. 「과학기술분야 정부출연연구기관 등의 설립·운영 및 육성에 관한 법률」 제8조에 따라 설립된 다음 각 목의 기관

> 가. 한국철도기술연구원　　　　　나. 한국전자통신연구원
>
> 다. 한국기계연구원　　　　　　　라. 한국전기연구원
>
> 마. 한국생산기술연구원

2. 그 밖에 도시철도기술의 육성·발전을 위하여 국토교통부장관이 필요하다고 인정하는 법인 또는 단체

● **시행령 제18조(보조금 또는 출연금의 지급 등)**

① 제17조에 따른 기관, 법인 또는 단체가 법 제22조 제4항에 따라 보조금이나 출연금을 지급받으려면 보조금 또는 출연금의 지급신청서에 사업계획서와 예산집행계획서를 첨부하여 지방자치단체의 장에게 제출하여야 한다.

② 제1항에 따른 신청을 받은 지방자치단체의 장은 해당 사업계획 및 예산집행계획이 타당하다고 인정하는 경우에는 보조금이나 출연금을 지급할 수 있다.

③ 제2항에 따라 보조금이나 출연금을 지급받은 기관 또는 단체가 다음 각 호의 어느 하나에 해당할 때에는 해당 보조사업 또는 출연사업의 실적을 적은 보고서를 작성하여 지방자치단체의 장에게 제출하여야 한다.

　　1. 보조사업 또는 출연사업을 완료하였을 때

　　2. 보조사업 또는 출연사업의 폐지를 승인받았을 때

　　3. 회계연도가 끝났을 때

제23조(지원자금의 목적 외 사용금지 등)

① 도시철도건설자는 제22조에 따라 지급받은 지원자금을 그 지원 목적 외의 용도로 사용하지 못한다.

② 정부는 도시철도건설자가 지급받은 지원자금을 그 지원 목적 외의 용도로 사용하거나 부정한 방법으로 제22조에 따른 지원자금을 지급받은 경우에는 지급받은 지원자금을 회수한다.

┌─ **제24조(도시철도건설사업의 위탁)** ─────────────────────────

① 국가나 지방자치단체가 도시철도건설자인 경우에는 도시철도건설사업을 법인에 위탁할 수 있다. 이 경우 지방자치단체인 도시철도건설자는 국토교통부장관의 승인을 받아야 한다.

② 제1항의 위탁에 필요한 사항은 대통령령으로 정한다.

③ 제1항에 따라 수탁자가 건설한 도시철도의 시설물(도시철도의 차량·기계·기구 등을 포함한다. 이하 같다)은 위탁한 국가 또는 지방자치단체에 귀속(歸屬)한다.

④ 제3항에 따른 도시철도 시설물의 귀속절차는 대통령령으로 정한다.

⑤ 제1항에 따라 도시철도건설사업을 수탁한 자는 그 건설에 관하여 책임을 진다.

● 시행령 제19조(도시철도건설사업의 위탁승인신청 등)

① 지방자치단체인 도시철도건설자가 법 제24조 제1항 후단에 따라 국토교통부장관의 승인을 받으려면 미리 위탁받을 법인과 협의한 후 위탁의 내용과 기간 등 위탁사항을 명시한 위탁승인 신청서를 국토교통부장관에게 제출하여야 한다.

② 법 제24조 제1항에 따라 도시철도건설사업을 위탁받은 수탁법인(이하 이 조 및 제20조에서 "건설사업수탁법인"이라 한다)은 도시철도건설사업을 시행하기 전에 다음 각 호의 사항에 대하여 도시철도건설사업을 위탁한 국가 또는 지방자치단체의 승인을 받아야 한다. 승인받은 사항을 변경하려는 경우에도 또한 같다.

1. 도시철도건설사업 계획
2. 도시철도시설의 설계 등 도시철도 건설에 관한 각종 설계
3. 도시철도 건설공사의 계약 및 관리·감독에 관한 사항

③ 건설사업수탁법인이 도시철도 건설공사를 준공하였을 때에는 해당 도시철도건설사업을 위탁한 국가 또는 지방자치단체의 준공검사를 받아야 한다.

④ 국가나 지방자치단체는 건설사업수탁법인이 시행하는 도시철도건설사업에 대하여 필요한 지시를 할 수 있다.

● 시행령 제20조(도시철도 시설물의 귀속절차)

① 건설사업수탁법인은 법 제24조 제3항에 따라 국가 또는 지방자치단체에 귀속되는 도시철도의 시설물의 목록을 작성하여 국가 또는 지방자치단체에 제출하여야 한다.

② 법 제24조 제3항에 따라 국가 또는 지방자치단체에 귀속되는 도시철도의 시설물은 도시철도 건설공사의 준공과 동시에 국가 또는 지방자치단체에 귀속된다.

제25조(도시철도의 연계망 구축)

① 지방자치단체는 도시철도 노선망이 유기적인 기능을 발휘할 수 있도록 도시철도 노선 간 또는 도시철도 노선과 철도 노선 간 연계망 구축을 위하여 노력하여야 한다.

② 국가는 필요한 경우 지방자치단체 간의 도시철도 연계망 구축에 필요한 재원의 일부를 예산의 범위에서 지원할 수 있다.

짚고 넘어가기! OX 퀴즈

1. 시·도지사는 관할 도시교통권역에서 도시철도를 건설, 운영하려면 관계 시·도지사와 협의하여 매년 도시철도망 계획을 수립하여야 한다. ○ ✕

2. 시·도지사는 도시철도망계획을 수립하거나 변경하려면 국토교통부장관의 승인을 받아야 한다. ○ ✕

3. 민자도시철도의 경우에는 시·도지사가 국토교통부장관과 협의하여 기본계획의 수립을 생략할 수 있다. ○ ✕

4. 국토교통부장관 또는 시·도지사는 일괄협의회를 개최하려는 경우에는 회의 개최일 7일 전까지 회의 개최 사실을 관계 행정기관의 장에게 알려야 한다. ○ ✕

5. 도시철도건설자가 지하부분 사용에 대하여 보상을 한 후에는 소유자 등은 보상받은 지하부분의 범위에서 도시철도시설의 안전을 해칠 우려가 있는 나무·흙·돌 또는 그 밖의 장애물을 변경하거나 제거하는 행위를 할 수 없다. ○ ✕

6. 도시철도의 건설 및 운전에 관한 사항은 국토교통부령으로 정한다. ○ ✕

7. 국가, 지방자치단체 및 도시철도공사는 도시철도채권을 발행할 때 금융기관의 승인을 받아야 한다. ○ ✕

8. 도시철도채권의 원금 및 이자의 소멸시효(消滅時效)는 상환일부터 기산(起算)하여 10년으로 한다. ○ ✕

9. 정부는 도시철도 이용자의 안전을 위하여 도시철도운영자가 국토교통부령으로 정하는 노후화된 도시철도차량을 교체하는 경우 필요한 소요자금의 일부를 보조할 수 있다. ○ ✕

10. 국가는 도시철도 노선망이 유기적인 기능을 발휘할 수 있도록 도시철도 노선 간 또는 도시철도 노선과 철도 노선 간 연계망 구축을 위하여 노력하여야 한다. ○ ✕

정답 1 ✕ 2 ○ 3 ○ 4 ○ 5 ✕ 6 ○ 7 ✕ 8 ✕ 9 ○ 10 ✕

제26조(면허 등)

① 국가 또는 지방자치단체가 아닌 법인으로서 도시철도운송사업을 하려는 자는 **국토교통부령**으로 정하는 바에 따라 도시철도운송사업계획을 제출하여 **시·도지사**에게 면허를 받아야 한다.

② 도시철도운송사업의 사업구간이 인접한 시·도에 걸쳐있는 경우에는 해당 시·도지사 간 협의에 따라 면허를 줄 시·도지사를 정하되 협의가 성립되지 아니한 경우에는 **국토교통부장관**이 조정할 수 있다. 이 경우 시·도지사는 특별한 사유가 없으면 **국토교통부장관**의 조정에 따라야 한다.

③ 시·도지사는 제1항에 따라 면허를 주기 전 도시철도운송사업계획에 대하여 **국토교통부장관**과 미리 협의하여야 한다.

④ 시·도지사는 제1항에 따라 면허를 줄 때에는 도시교통의 원활화와 이용자의 안전 및 편의 증진을 위하여 필요한 조건을 붙일 수 있다.

제27조(면허의 기준)

도시철도운송사업의 면허기준은 다음 각 호와 같다.
1. 해당 사업이 도시교통의 수송수요에 적합할 것
2. 해당 사업을 수행하는 데 필요한 도시철도차량 및 운영인력 등이 **국토교통부령**으로 정하는 기준에 맞을 것

제28조(결격사유)

① 임원 중에 다음 각 호의 어느 하나에 해당하는 사람이 있는 법인은 도시철도운송사업의 면허를 받을 수 없다.
   1. 피성년후견인 또는 피한정후견인
   2. 파산선고를 받고 복권되지 아니한 사람
   3. 이 법 또는 **대통령령**으로 정하는 철도 및 도시철도 관계 법령을 위반하여 금고 이상의 실형을 선고받고 그 집행이 끝나거나(끝난 것으로 보는 경우를 포함한다) 면제된 날부터 **2년**이 지나지 아니한 사람

4. 이 법 또는 **대통령령**으로 정하는 철도 및 도시철도 관계 법령을 위반하여 금고 이상의
　 형의 집행유예를 선고받고 그 유예기간 중에 있는 사람
② 이 법에 따라 도시철도운송사업의 면허가 취소된 후 그 취소일부터 **2년**이 지나지 아니
　 한 법인은 도시철도운송사업의 면허를 받을 수 없다. 다만, 제1항제1호 및 제2호에 해당
　 하여 제37조 제1항 제3호에 따라 도시철도운송사업의 면허가 취소된 경우는 제외한다.

● 시행령 제21조(철도 및 도시철도 관계 법령)

법 제28조 제1항 제3호 및 제4호에서 "대통령령으로 정하는 철도 및 도시철도 관계 법령"이란
각각 다음 각 호의 법령을 말한다.
1. 「건널목 개량촉진법」
2. 「지방공기업법」
3. 「철도의 건설 및 철도시설 유지관리에 관한 법률」
4. 「철도사업법」
5. 「철도산업발전기본법」
6. 「철도안전법」
7. 「한국철도공사법」
8. 「국가철도공단법」
9. 「항공·철도 사고조사에 관한 법률」

제28조의2(도시철도부대사업의 승인 등)

① **도시철도운영자**는 도시철도의 건설 및 운영에 드는 자금을 충당하기 위하여 **시·도지사**
　 의 승인을 받아 도시철도부대사업을 할 수 있다.
② 제1항에 따른 승인의 절차 등에 필요한 사항은 **국토교통부령**으로 정한다.

제29조(도시철도공사의 설립 등 협의)

지방자치단체가 「지방공기업법」 제49조에 따라 도시철도공사를 설립하려는 경우에는 미
리 **국토교통부장관**과 협의하여야 한다.

제30조(운송개시의 의무)

① 제26조 제1항에 따라 도시철도운송사업의 면허를 받은 자(이하 "도시철도운송사업자"라 한다)는 시·도지사가 정하는 날짜 또는 기간 내에 운송을 개시하여야 한다. 다만, 천재지변이나 그 밖의 불가피한 사유로 시·도지사가 정하는 날짜 또는 기간 내에 운송을 개시할 수 없는 경우에는 시·도지사의 승인을 받아 날짜를 연기하거나 기간을 연장할 수 있다.

② 시·도지사가 제1항 단서에 따라 운송개시 변경의 승인을 할 때에는 국토교통부장관과 미리 협의하여야 한다.

제31조(운임의 신고 등)

① 도시철도운송사업자는 도시철도의 운임을 정하거나 변경하는 경우에는 원가(原價)와 버스 등 다른 교통수단 운임과의 형평성 등을 고려하여 시·도지사가 정한 범위에서 운임을 정하여 시·도지사에게 신고하여야 하며, 신고를 받은 시·도지사는 그 내용을 검토하여 이 법에 적합하면 신고를 받은 날부터 국토교통부령으로 정하는 기간 이내에 신고를 수리하여야 한다.

② 도시철도운영자는 도시철도의 운임을 정하거나 변경하는 경우 그 사항을 시행 1주일 이전에 예고하는 등 도시철도 이용자에게 불편이 없도록 필요한 조치를 하여야 한다.

● 시행령 제22조(도시철도운임의 조정 및 협의 등)

① 시·도지사는 법 제31조 제1항에 따른 도시철도 운임의 범위를 정하려면 해당 시·도에 운임조정위원회를 설치하여 도시철도 운임의 범위에 관한 의견을 들어야 한다.

② 제1항에 따른 운임조정위원회는 민간위원이 전체 위원의 2분의 1 이상이어야 한다.

③ 법 제26조 제1항에 따라 도시철도운송사업의 면허를 받은 자(이하 "도시철도운송사업자"라 한다)가 해당 도시철도를 「한국철도공사법」에 따라 설립된 한국철도공사(이하 "한국철도공사"라 한다)가 운영하는 철도 또는 다른 도시철도운영자가 운영하는 도시철도와 연결하여 운행하려는 경우에는 법 제31조제1항에 따라 도시철도의 운임을 신고하기 전에 그 운임 및 시행 시기에 관하여 미리 한국철도공사 또는 다른 도시철도운영자와 협의하여야 한다.

④ 시·도지사는 법 제31조 제1항에 따라 운임의 신고를 받으면 신고받은 사항을 재정경제부장관, 국토교통부장관 및 기획예산처장관에게 각각 통보하여야 한다.

제32조(도시철도운송약관)

도시철도운영자는 도시철도운송약관을 정하여야 하고, 도시철도운송사업자인 도시철도운영자는 이를 시·도지사에게 신고하여야 하며, 신고를 받은 시·도지사는 그 내용을 검토하여 이 법에 적합하면 신고를 받은 날부터 국토교통부령으로 정하는 기간 이내에 신고를 수리하여야 한다. 이를 변경하려는 경우에도 또한 같다.

제33조(도시철도운송사업계획의 변경)

① 도시철도운송사업자는 도시철도운송사업계획을 변경하려는 경우에는 시·도지사에게 신고하여야 하며, 신고를 받은 시·도지사는 그 내용을 검토하여 이 법에 적합하면 신고를 받은 날부터 국토교통부령으로 정하는 기간 이내에 신고를 수리하여야 한다.
② 시·도지사는 도시철도운송사업자로부터 도시철도운송사업계획에 대한 변경신고를 받거나 소관 도시철도운송사업계획을 변경한 경우에는 지체 없이 국토교통부장관에게 알려야 한다.

제34조(연락운송)

① 도시철도운영자가 다른 도시철도운영자 또는 「철도사업법」 제2조 제8호에 따른 철도사업자(이하 이 조에서 "철도사업자"라 한다)와 연계하여 운송을 하는 경우 노선의 연결, 도시철도시설 운영의 분담, 운임수입의 배분, 승객의 갈아타기 등에 관한 사항은 당사자 간의 협의로 정한다.
② 제1항에 따른 협의가 성립되지 아니하거나 협의 결과를 해석하는 데 분쟁이 있을 때에는 당사자의 신청을 받아 국토교통부장관이 결정한다.
③ 도시철도운영자 또는 철도사업자는 운임수입의 배분에 관한 사항에 대하여 해당 운임수입이 발생한 날이 속하는 연도의 **다음 연도 12월 31일**까지 제1항에 따른 협의를 완료하거나 제2항에 따른 결정을 신청하여야 한다. 다만, 운임수입의 배분과 관련되는 모든 도시철도운영자 및 철도사업자가 동의하는 경우에는 1회에 한하여 **6개월의 범위**에서 그 기간을 연장할 수 있다.
④ 도시철도운영자 또는 철도사업자가 운임수입을 배분하는 경우에는 제1항에 따른 협의가 완료된 날(국토교통부장관이 제2항에 따라 운임수입의 배분을 결정한 경우에는 그 결정이 있은 날을 말한다)에서 **30일**이 경과한 날부터 운임수입을 배분하는 날까지의 기간에 대하여 배분하여야 하는 운임수입에 대한 이자를 가산하여 지급하여야 한다.

① 도시철도운송사업자가 도시철도운송사업을 양도·양수하거나 합병하려는 경우에는 시·도지사의 인가를 받아야 한다.

② 시·도지사는 제1항에 따라 인가를 하려면 미리 **국토교통부장관**과 협의하여야 한다.

③ 제1항에 따른 인가가 있는 때에는 도시철도운송사업을 양수한 자는 도시철도운송사업을 양도한 자의 도시철도운송사업자로서의 지위를 승계하며, 합병으로 설립되거나 존속하는 법인은 합병으로 소멸되는 법인의 도시철도운송사업자로서의 지위를 승계한다.

① 도시철도운송사업자가 사업의 전부 또는 일부를 휴업 또는 폐업하려면 **국토교통부령**으로 정하는 바에 따라 시·도지사의 허가를 받아야 한다. 다만, 선로 또는 교량의 파괴, 도시철도시설의 개량, 그 밖의 정당한 사유로 인한 휴업의 경우에는 **국토교통부령**으로 정하는 바에 따라 시·도지사에게 신고하여야 하며, 신고를 받은 시·도지사는 그 내용을 검토하여 이 법에 적합하면 신고를 받은 날부터 **국토교통부령**으로 정하는 기간 이내에 신고를 수리하여야 한다.

② 시·도지사가 제1항 본문에 따라 허가하려는 경우에는 미리 **국토교통부장관**과 협의하여야 한다.

③ 제1항에 따른 휴업기간은 **6개월**을 넘지 못한다. 다만, 제1항 단서에 따른 휴업의 경우에는 해당 사유가 소멸할 때까지 휴업할 수 있다.

④ 제1항에 따라 허가를 받거나 신고한 휴업기간 중이라도 휴업 사유가 소멸되었을 때에는 시·도지사에게 신고하고 사업을 재개(再開)할 수 있다. 이 경우 신고를 받은 시·도지사는 그 내용을 검토하여 이 법에 적합하면 신고를 받은 날부터 **국토교통부령**으로 정하는 기간 이내에 신고를 수리하여야 한다.

⑤ 도시철도운영자는 도시철도운송사업의 전부 또는 일부를 휴업 또는 폐업하려는 경우에는 **대통령령**으로 정하는 바에 따라 휴업 또는 폐업하는 사업의 내용과 기간 등을 인터넷 홈페이지, 역 등 일반인이 보기 쉬운 곳에 게시하여야 한다.

● 시행령 제23조(사업의 휴업·폐업 내용의 게시)

도시철도운송사업자는 법 제36조 제1항 본문에 따라 휴업 또는 폐업의 허가를 받은 경우에는 휴업 또는 폐업 시작일 **5일** 이전에 법 제36조 제5항에 따라 다음 각 호의 사항을 인터넷 홈페이지와 관계 역·영업소 및 사업소의 일반인이 보기 쉬운 곳에 게시하여야 한다. 다만, 법 제36조

제1항 단서에 따라 휴업을 신고하는 경우에는 해당 휴업 사유가 발생하였을 때에 즉시 게시하여야 한다.

1. 휴업 또는 폐업하는 도시철도운송사업의 내용 및 그 사유
2. 휴업기간(휴업하는 경우만 해당한다)
3. 대체교통수단의 안내
4. 그 밖에 휴업 또는 폐업과 관련하여 도시철도운송사업자가 일반인에게 알려야 할 필요성이 있다고 인정하는 사항

TIP 내용 및 그 사유, 휴업기간, 대체교통수단의 안내 → 사내기대

제37조(면허의 취소 등)

① 시·도지사는 도시철도운송사업자가 다음 각 호의 어느 하나에 해당하는 경우에는 그 면허를 취소하거나 6개월 이내의 기간을 정하여 그 사업의 정지를 명할 수 있다. 다만, 제1호에 해당하는 경우에는 그 면허를 취소하여야 한다.

1. 거짓이나 그 밖의 부정한 방법으로 제26조에 따른 도시철도운송사업 면허를 받은 경우
2. 제27조에 따른 도시철도운송사업의 면허기준을 위반한 경우
3. 도시철도운송사업자가 제28조의 결격사유에 해당하는 경우. 다만, 법인의 임원 중에 그 사유에 해당하는 사람이 있는 경우로서 3개월 이내에 그 임원을 개임(改任)하였을 때에는 제외한다.
4. 제30조 제1항을 위반하여 시·도지사가 정한 날짜 또는 기간 내에 운송을 개시하지 아니한 경우
5. 제35조에 따른 인가를 받지 아니하고 양도·양수하거나 합병한 경우
6. 제36조 제1항에 따른 허가를 받지 아니하거나 신고를 하지 아니하고 도시철도운송사업을 휴업 또는 폐업하거나 같은 조 제3항에 따른 휴업기간이 지난 후에도 도시철노운송사업을 재개하지 아니한 경우
7. 제39조의 사업개선명령을 따르지 아니한 경우
8. 제41조 제1항을 위반하여 도시철도차량에 폐쇄회로 텔레비전을 설치하지 아니한 경우
9. 사업경영의 불확실 또는 자산상태의 현저한 불량이나 그 밖의 사유로 사업을 계속함이 적합하지 아니한 경우

② 제1항에 따른 행정처분의 세부기준은 위반행위의 종류와 위반 정도 등을 고려하여 국토교통부령으로 정한다.

③ 시·도지사는 제1항에 따라 도시철도운송사업의 면허를 취소하거나 사업의 정지를 명할 때에는 청문을 하여야 한다.

┌─ **제38조(과징금의 부과)** ─────────────────────────────

① 시·도지사는 도시철도운송사업자가 제37조 제1항 각 호의 어느 하나에 해당하여 사업
  정지처분을 하여야 할 경우로서 해당 사업의 정지가 그 사업의 이용자 등에게 심한 불편
  을 주거나 공익을 해칠 우려가 있을 때에는 **대통령령**으로 정하는 바에 따라 사업정지처
  분을 갈음하여 **2천만 원 이하**의 과징금을 부과할 수 있다.
② 제1항에 따른 과징금을 내야 할 자가 납부기한까지 과징금을 내지 아니하면 「지방세징
  수법」에 따른 지방세 체납처분의 예에 따라 징수한다.
③ 제1항과 제2항에 따라 징수한 과징금은 다음 각 호의 용도로만 사용하여야 한다.
  1. 도시철도 관련 시설의 확충 및 정비
  2. 도시철도기술의 연구개발
  3. 도시철도 이용자의 서비스 개선사업
  4. 도시철도종사자의 양성·교육훈련이나 그 밖에 자질 향상을 위한 교육훈련시설의 건
    설 및 운영
  5. 도시철도운송사업의 경영개선이나 그 밖에 도시철도운송사업의 발전을 위하여 필요
    한 사항
④ 제1항에 따른 과징금을 부과하는 위반행위의 종류, 위반 정도 등에 따른 과징금의 금액,
  그 밖에 필요한 사항은 **대통령령**으로 정한다.

● 시행령 제24조(과징금의 부과 및 납부)

① 법 제38조 제1항에 따라 과징금을 부과하는 위반행위의 종류와 과징금의 금액은 별표 3과
  같다.
② 시·도지사는 사업의 규모, 사업지역의 특수성, 위반행위의 정도 및 횟수 등을 고려하여 제1
  항에 따른 과징금의 금액을 2분의 1 범위에서 늘리거나 줄일 수 있다. 이 경우 과징금을 늘
  리는 경우에도 과징금의 총액은 법 제38조 제1항의 금액을 넘을 수 없다.
③ 시·도지사는 법 제38조 제1항에 따라 과징금을 부과하려면 그 위반행위의 종류와 해당 과징
  금의 금액을 명시하여 이를 낼 것을 서면으로 알려야 한다.
④ 제3항에 따른 통지를 받은 자는 통지를 받은 날부터 **20일** 이내에 시·도지사가 정하는 수납
  기관에 과징금을 내야 한다.
⑤ 제4항에 따라 과징금을 받은 수납기관은 과징금을 낸 자에게 과징금 영수증을 발급하고, 시·
  도지사에게 영수확인통지서를 보내야 한다.

위반행위의 종류와 과징금의 금액(제24조 제1항 관련)

위반행위	근거 법조문	과징금
1. 법 제27조에 따른 도시철도운송사업의 면허기준을 위반한 경우	법 제37조 제1항 제2호	500만 원
2. 도시철도운송사업자가 법 제28조의 결격사유에 해당하는 경우. 다만, 법인의 임원 중에 그 사유에 해당하는 사람이 있는 경우로서 3개월 이내에 그 임원을 개임(改任)하였을 때에는 제외한다.	법 제37조 제1항 제3호	500만 원
3. 법 제30조 제1항을 위반하여 시·도지사가 정한 날짜 또는 기간 내에 운송을 개시하지 않은 경우	법 제37조 제1항 제4호	300만 원
4. 법 제35조에 따른 인가를 받지 않고 양도·양수하거나 합병한 경우	법 제37조 제1항 제5호	300만 원
5. 법 제36조 제1항에 따른 허가를 받지 않거나 신고를 하지 않고 도시철도운송사업을 휴업하거나 같은 조 제3항에 따른 휴업기간이 지난 후에도 도시철도운송사업을 재개하지 않은 경우	법 제37조 제1항 제6호	500만 원
6. 법 제39조의 사업개선명령을 따르지 않은 경우	법 제37조 제1항 제7호	300만 원
7. 사업경영의 불확실 또는 자산상태의 현저한 불량이나 그 밖의 사유로 사업을 계속함이 적합하지 않은 경우	법 제37조 제1항 제8호	500만 원

제39조(사업개선명령)

시·도지사는 도시교통의 원활화와 도시철도 이용자의 안전 및 편의 증진을 위하여 필요하다고 인정하면 도시철도운송사업자에게 다음 각 호의 사항을 명할 수 있다.

1. 도시철도운송사업계획 및 도시철도운송약관의 변경
2. 운임의 조정
3. 도시철도차량이나 그 밖의 시설의 개선
4. 도시철도 노선의 연락운송
5. 도시철도차량 및 도시철도 사고에 관한 손해배상을 위한 보험에의 가입
6. 안전운송의 확보 및 서비스의 향상을 위하여 필요한 조치
7. 도시철도종사자의 양성 및 자질 향상을 위한 교육

제40조(명의대여의 금지)

도시철도운영자는 타인에게 자신의 상호를 사용하여 도시철도운송사업을 경영하게 하여서는 아니 된다.

제41조(폐쇄회로 텔레비전의 설치 · 운영)

① 도시철도운영자는 범죄 예방 및 교통사고 상황 파악을 위하여 도시철도차량에 **대통령령**으로 정하는 기준에 따라 폐쇄회로 텔레비전을 설치하여야 한다.

② 도시철도운영자는 승객이 폐쇄회로 텔레비전 설치를 쉽게 인식할 수 있도록 **대통령령**으로 정하는 바에 따라 안내판 설치 등 필요한 조치를 하여야 한다.

③ 도시철도운영자는 설치 목적과 다른 목적으로 폐쇄회로 텔레비전을 임의로 조작하거나 다른 곳을 비춰서는 아니 되며, 녹음기능은 사용할 수 없다.

④ 도시철도운영자는 다음 각 호의 어느 하나에 해당하는 경우 외에는 폐쇄회로 텔레비전으로 촬영한 영상기록을 이용하거나 다른 자에게 제공하여서는 아니 된다.
  1. 범죄 예방 및 교통사고 상황 파악을 위하여 필요한 경우
  2. 범죄의 수사와 공소의 제기 및 유지에 필요한 경우
  3. 법원의 재판업무수행을 위하여 필요한 경우

⑤ 도시철도운영자는 폐쇄회로 텔레비전 운영으로 얻은 영상기록이 분실·도난·유출·변조 또는 훼손되지 아니하도록 폐쇄회로 텔레비전의 운영·관리 지침을 마련하여야 한다.

● 시행령 제25조(폐쇄회로 텔레비전의 설치기준)

법 제41조 제1항에 따른 폐쇄회로 텔레비전의 설치 기준은 다음 각 호와 같다.

1. 해당 도시철도차량 내에 사각지대가 없도록 설치할 것
2. 해상도는 범죄 예방 및 교통사고 상황 파악에 지장이 없도록 할 것
3. 도시철도를 이용하는 승객 누구나 쉽게 인식할 수 있는 위치에 설치할 것

● 시행령 제26조(폐쇄회로 텔레비전의 안내판 설치 등)

① **도시철도운영자**는 법 제41조 제2항에 따라 승객이 도시철도차량 내 폐쇄회로 텔레비전의 설치를 쉽게 인식할 수 있도록 폐쇄회로 텔레비전이 설치된 위치 부근에 다음 각 호의 사항이 포함된 안내판을 설치하여야 한다. 이 경우 안내판에는 한글과 영문을 함께 표기하여야 한다.
  1. 설치 목적
  2. 설치 장소
  3. 촬영 범위
  4. 촬영 시간
  5. 담당 부서, 책임자 및 연락처
  6. 그 밖에 **도시철도운영자**가 필요하다고 인정하는 사항

TIP 설치 **목**적, 설치 **장**소, 촬영 **범**위, 촬영 **시**간, 담당 **부**서, 책임자 및 연락**처** → **목장시범부처**

② 도시철도운영자는 법 제41조 제2항에 따라 도시철도차량에 폐쇄회로 텔레비전이 설치되었
다는 사실을 주기적인 안내방송 등을 통하여 승객에게 알려야 한다.

제41조의2(보안요원의 배치 · 운영)

도시철도운영자는 승객의 안전 확보와 편의 증진을 위하여 역사 및 도시철도차량에 보안요
원을 배치하여 운영할 수 있다.

제42조(도시철도운송사업의 위탁)

① 국가나 지방자치단체가 도시철도운영자인 경우에는 도시철도운송사업을 법인에 위탁할
수 있다.
② 제1항에 따라 제2조 제6호 가목 또는 나목의 사업을 위탁받은 법인은 제26조에 따라 도
시철도운송사업 면허를 받아야 한다.

> [도시철도법 제2조 제6호]
> 6. "도시철도운송사업"이란 도시철도와 관련된 다음 각 목의 어느 하나에 해당하는
> 사업을 말한다.
> 가. 도시철도시설을 이용한 여객 및 화물 운송
> 나. 도시철도차량의 정비 및 열차의 운행 관리

③ 제1항의 위탁에 필요한 사항은 대통령령으로 정한다.

● **시행령 제27조(도시철도운송사업의 위탁)**

① 지방자치단체인 도시철노운영자가 법 제42조 제1항에 따라 도시철도운송사업을 법인에 위
탁하는 경우에는 그 사실을 국토교통부장관에게 통보하여야 한다.
② 법 제42조 제1항에 따라 도시철도운송사업을 위탁받은 수탁법인(이하 이 조에서 "운송사업
수탁법인"이라 한다)은 도시철도운송사업을 시행하기 전에 다음 각 호의 사항에 대하여 도
시철도운송사업을 위탁한 국가 또는 지방자치단체의 승인을 받아야 한다. 승인받은 사항을
변경하는 경우에도 또한 같다.
1. 연도별 도시철도운송사업의 계획 및 결산
2. 운송사업수탁법인의 정관의 제정 또는 변경에 관한 사항
3. 도시철도운송사업에 필요한 시설의 유지관리 계획에 관한 사항
③ 국가나 지방자치단체는 운송사업수탁법인이 시행하는 도시철도운송사업에 대하여 필요한
지시를 할 수 있다.

┌─ **제43조(철도사업법 준용)** ─────────────────────

① 도시철도운영자의 준수사항, 도시철도종사자의 준수사항, 도시철도차량 관리에 대한 책임, 도시철도 서비스 향상 등에 관하여는 「철도사업법」 제10조, 제20조, 제22조 및 제26조부터 제33조까지의 규정을 준용한다. 이 경우 "철도"는 "도시철도"로, "철도사업자"는 "도시철도운영자"로, "철도사업약관"은 "도시철도운송약관"으로, "철도운수종사자"는 "도시철도종사자"로, "철도차량"은 "도시철도차량"으로 본다.

② 민자도시철도의 관리에 관하여는 「철도사업법」 제25조 및 제25조의2부터 제25조의6까지를 준용한다. 이 경우 "국토교통부장관"은 "지방자치단체의 장"으로, "민자철도"는 "민자도시철도"로, "민자철도사업자"는 "민자도시철도운영자"로, "국세강제징수의 예"는 "「지방세징수법」에 따른 지방세 체납처분의 예"로, "철도사업"은 "도시철도사업"으로, "국가"는 "지방자치단체"로, "국회 소관 상임위원회"는 "지방의회"로 본다.

짚고 넘어가기! OX 퀴즈

1. 도시철도운송사업자가 도시철도 운임을 변경하는 경우 국토교통부장관의 승인을 받아야 한다. ○ ×
2. 도시철도운송사업자가 폐업 허가를 받은 경우 폐업 시작일 5일 이전에 일반인이 보기 쉬운 곳에 게시하여야 한다. ○ ×
3. 국토교통부장관은 도시철도운송사업의 면허를 취소하거나 사업의 정지를 명할 때에는 청문을 하여야 한다. ○ ×
4. 도시철도운영자는 타인에게 자신의 상호를 사용하여 도시철도운송사업을 경영하게 하여서는 아니 된다. ○ ×
5. 도시철도운영자가 폐쇄회로 텔레비전을 설치하는 경우 녹음기능은 사용할 수 없다. ○ ×
6. 폐쇄회로 텔레비전 설치로 인한 안내판 설치 시 안내판에 한글과 영문을 함께 표기하여야 한다. ○ ×
7. 국토교통부장관은 승객의 안전 확보와 편의 증진을 위하여 역사 및 도시철도차량에 보안요원을 배치하여 운영할 수 있다. ○ ×
8. 국가나 지방자치단체가 도시철도운영자인 경우에는 도시철도운송사업을 법인에 위탁할 수 없다. ○ ×

정답 1 × 2 ○ 3 × 4 ○ 5 ○ 6 ○ 7 × 8 ×

제44조(감독 등)

① **국토교통부장관**은 도시철도건설자 및 도시철도운영자(국가는 제외한다. 이하 이 조 및 제45조에서 같다)를 감독한다.

② **국토교통부장관**은 필요하다고 인정하면 도시철도건설자 및 도시철도운영자에게 업무에 관하여 감독상 필요한 명령을 할 수 있다.

③ **시·도지사**는 **국가·지방자치단체나 도시철도공사가 아닌** 도시철도건설자 및 도시철도운영자에 대하여 제1항 및 제2항의 감독 및 명령을 할 수 있다.

제45조(보고 및 검사)

① **국토교통부장관**은 필요하다고 인정하면 도시철도건설자 및 도시철도운영자로 하여금 그 업무 및 자산 상태에 관하여 보고를 하게 하거나 소속 공무원에게 도시철도건설자 및 도시철도운영자의 사무소나 그 밖의 사업소에 출입하여 업무 상황 또는 장부·서류나 그 밖에 필요한 물건을 검사하게 할 수 있다.

② **국가·지방자치단체나 도시철도공사가 아닌** 도시철도건설자 및 도시철도운영자에 대한 경우에는 **시·도지사**가 도시철도건설자 및 도시철도운영자로 하여금 보고를 하게 하거나 도시철도건설자 및 도시철도운영자를 검사할 수 있다.

③ 제1항 및 제2항에 따라 사무소나 그 밖의 사업소에 출입하여 검사를 하는 공무원은 그 권한을 표시하는 증표를 지니고 관계인에게 보여주어야 한다.

제46조(권한의 위임)

이 법에 따른 **국토교통부장관**의 권한은 **대통령령**으로 정하는 바에 따라 그 일부를 「대도시권 광역교통 관리에 관한 특별법」 제9조의2에 따른 **대도시권광역교통위원장** 또는 **시·도지사**에게 위임할 수 있다.

● 시행령 제28조(권한의 위임)

① 국토교통부장관은 법 제46조에 따라 다음 각 호의 권한(도시철도운송사업 사업구간의 전부 또는 일부가 「대도시권 광역교통 관리에 관한 특별법」 제2조제1호에 따른 대도시권 안에 있는 경우에 한정한다)을 「대도시권 광역교통 관리에 관한 특별법」 제8조에 따른 대도시권광역교통위원회에 위임한다.

  1. 법 제6조 제1항 단서에 따른 기본계획 수립의 생략 협의, 같은 조 제3항에 본문에 따른 기본계획 중 주요 사항에 대한 협의 및 기본계획의 접수, 같은 조 제4항에 따른 기본계획의 승인, 같은 조 제5항 본문에 따른 기본계획의 고시

  2. 법 제7조 제1항에 따른 사업계획의 승인 및 변경 승인, 같은 조 제6항에 따른 고시(제2항에 따라 시·도지사에게 위임한 권한은 제외한다)

  3. 법 제8조 제2항에 따른 인·허가 의제 등에 관한 협의 및 같은 조 제4항 전단에 따른 일괄협의회의 개최

  4. 법 제20조 제2항 및 제3항에 따른 도시철도채권 발행 협의

  5. 법 제22조에 따른 지원

  6. 법 제23조 제2항에 따른 지원자금의 회수

  7. 법 제24조 제1항 후단에 따른 도시철도건설사업의 위탁 승인

  8. 법 제25조 제2항에 따른 도시철도 연계망 구축 지원

  9. 법 제26조 제2항 전단에 따른 도시철도운송사업계획의 조정 및 같은 조 제3항에 따른 도시철도운송사업계획에 관한 협의

  10. 법 제30조 제2항에 따른 운송개시 변경 승인의 협의

  11. 법 제33조 제2항에 따른 도시철도운송사업계획 변경 신고 및 변경의 접수

  12. 법 제34조 제2항에 따른 연락운송 분쟁에 대한 결정

  13. 법 제35조 제2항에 따른 도시철도운송사업 양도·양수 및 합병 인가 협의

  14. 법 제36조 제2항에 따른 도시철도운송사업 휴업 및 폐업 허가 협의

  15. 법 제44조 제1항 및 제2항에 따른 도시철도건설자 및 도시철도운영자에 대한 감독 및 명령

  16. 법 제45조 제1항에 따른 도시철도건설자 및 도시철도운영자에 대한 보고요구 및 검사

  17. 제12조 제1항 및 제2항에 따른 도시철도채권 발행 요청 및 공고

  18. 제13조 제2항 제1호에 따른 도시철도채권 이율에 대한 협의

② 국토교통부장관은 법 제46조에 따라 다음 각 호의 권한을 시·도지사에게 위임한다.

  1. 도시철도건설자가 지방자치단체나 도시철도공사인 경우에 해당 도시철도건설자에 대한 다음 각 목의 권한

가. 법 제7조 제1항 후단에 따른 사업계획의 변경사항 중 다음의 어느 하나에 해당하는
    사항에 관한 변경승인
    1) 노선 연장을 **100분의 10**의 범위에서 변경
    2) 도시철도 부지를 **100분의 10**의 범위에서 변경과 그 범위에서의 도시철도시설의
       위치 등의 변경
나. 가목의 변경사항에 대한 법 제7조 제6항에 따른 고시

2. 국가·지방자치단체나 도시철도공사가 아닌 도시철도건설자에 대한 다음 각 목의 권한

가. 법 제7조 제1항에 따른 승인 및 변경승인
나. 법 제7조 제6항에 따른 고시

③ 시·도지사는 제2항에 따라 위임받은 업무를 처리하였을 때에는 그 내용을 지체 없이 국토교통부장관에게 보고하여야 한다.

● 시행령 제29조(규제의 재검토)

국토교통부장관은 제14조 및 별표 2에 따른 도시철도채권의 매입 대상 및 대상별 매입 금액에 대하여 2023년 1월 1일을 기준으로 **3년**마다(매 3년이 되는 해의 기준일과 같은 날 전까지를 말한다) 그 타당성을 검토하여 개선 등의 조치를 해야 한다.

짚고 넘어가기! OX 퀴즈

1. 국토교통부장관은 국가를 제외한 도시철도운영자 및 도시철도건설자를 감독한다.
   〇　✕

2. 시·도지사는 국가·지방자치단체나 도시철도공사가 아닌 도시철도건설자 및 도시철도운영자를 검사할 수 있다.
   〇　✕
3. 도시철도운송사업 사업구간의 일부가 대도시권 안에 있는 경우는 국토교통부장관의 일부 업무를 대도시권광역교통위원회에 위임할 수 없다.
   〇　✕

정답 1 〇 2 〇 3 ✕

05 벌칙

제47조(벌칙)

① 다음 각 호의 어느 하나에 해당하는 자는 **2년 이하의 징역 또는 2천만 원 이하**의 벌금에 처한다.

1. 제26조에 따른 면허를 받지 아니하고 도시철도운송사업을 경영한 자
2. 거짓이나 그 밖의 부정한 방법으로 제26조에 따른 도시철도운송사업의 면허를 받은 자
3. 제37조에 따른 사업정지 기간에 도시철도운송사업을 경영한 자
4. 제40조를 위반하여 타인에게 자신의 상호를 대여한 자
5. 제43조에 따라 준용되는 「철도사업법」 제31조를 위반하여 도시철도운영자의 공동활용에 관한 요청을 정당한 사유 없이 거부한 자

② 다음 각 호의 어느 하나에 해당하는 자는 **1년 이하의 징역 또는 1천만 원 이하**의 벌금에 처한다.

1. 제41조 제3항을 위반하여 설치 목적과 다른 목적으로 폐쇄회로 텔레비전을 임의로 조작하거나 다른 곳을 비춘 자 또는 녹음기능을 사용한 자
2. 제41조 제4항을 위반하여 영상기록을 목적 외의 용도로 이용하거나 다른 자에게 제공한 자

③ 다음 각 호의 어느 하나에 해당하는 자는 **1천만 원 이하**의 벌금에 처한다.

1. 제39조에 따른 사업개선명령을 위반한 자
2. 제43조에 따라 준용되는 「철도사업법」 제28조 제3항을 위반하여 우수서비스마크 또는 이와 유사한 표지를 도시철도차량 등에 붙이거나 인증사실을 홍보한 자
3. 제44조 제2항에 따른 감독상 필요한 명령을 위반한 자

제48조(양벌규정)

법인의 대표자나 법인 또는 개인의 대리인, 사용인, 그 밖의 종업원이 그 법인 또는 개인의 업무에 관하여 제47조의 어느 하나에 해당하는 위반행위를 하면 그 행위자를 벌하는 외에 그 법인 또는 개인에게도 해당 조문의 벌금형을 과(科)한다. 다만, 법인 또는 개인이 그 위반행위를 방지하기 위하여 해당 업무에 관하여 상당한 주의와 감독을 게을리하지 아니한 경우에는 그러하지 아니하다.

제49조(과태료)

① 제43조에 따라 준용되는 「철도사업법」 제32조 제1항 또는 제2항을 위반하여 회계를 구분하여 경리하지 아니한 자에게는 **500만 원 이하**의 과태료를 부과한다.
② 제41조 제1항을 위반하여 도시철도차량에 폐쇄회로 텔레비전을 설치하지 아니한 자에게는 **300만 원 이하**의 과태료를 부과한다.
③ 다음 각 호에 해당하는 자에게는 **100만 원 이하**의 과태료를 부과한다.
    1. 제43조에 따라 준용되는 「철도사업법」 제20조 제2항부터 제4항**〈철도사업자의 준수사항〉**까지에 따른 준수사항을 위반한 자
    2. 제43조에 따라 준용되는 「철도사업법」 제25조 제2항을 위반하여**〈민자철도사업자가〉** 도시철도차량의 점검·정비에 관한 책임자를 선임하지 아니한 자
④ 제43조에 따라 준용되는 「철도사업법」 제22조**〈철도운수종사자의 준수사항〉**를 위반한 도시철도종사자 및 그가 소속된 도시철도운영자에게는 **50만원 이하**의 과태료를 부과한다.

제50조(과태료 규정의 적용 특례)

제49조의 과태료에 관한 규정을 적용할 때 제38조에 따라 과징금을 부과한 행위에 대해서는 과태료를 부과할 수 없다.

짚고 넘어가기! OX 퀴즈

1. 사업개선명령을 위반한 자는 1년 이하의 징역 또는 1천만 원 이하의 벌금에 처한다.
    O   X
2. 과태료에 관한 규정을 적용할 때 제38조에 따라 과징금을 부과한 행위에 대해서는 과태료를 부과할 수 없다.
    O   X

정답 1 × 2 O

꼭 알아야 하는 법조문을 복습할 수 있도록 문제로 구성함 · 정답 408P

제1장 ▶ 총칙

[제1조(목적)] 이 법은 도시교통권역의 원활한 교통 소통을 위하여 01[도시철도의 발전/도시철도의 건설]을 촉진하고 그 운영을 합리화하며 02[도시철도차량/도시철도시설] 등을 효율적으로 관리함으로써 도시교통의 발전과 03[도시교통 이용자/시민]의 안전 및 편의 증진에 이바지함을 목적으로 한다.

[제2조(정의)] 이 법에서 사용하는 용어의 뜻은 다음과 같다.

3. "도시철도시설"이란 다음 각 목의 어느 하나에 해당하는 시설(04[부지를 포함/부지는 제외]한다)을 말한다.

7. "도시철도건설자"란 도시철도건설사업을 하는 자로서 제7조 제1항에 따라 도시철도사업계획의 승인을 받은 자를 말한다.

8. "도시철도운영자"란 도시철도운송사업을 하는 자로서 국가, 지방자치단체 및 제26조에 따라 05[도시철도운송사업/국토교통부의] 면허를 받은 자(제11호에 따른 06[민자도시철도운영자는 제외한다/민자도시철도운영자를 포함한다])를 말한다.

[시행령 제2조(도시철도시설)] 「도시철도법」(이하 "법"이라 한다) 제2조 제3호 바목에서 "대통령령으로 정하는 시설"이란 다음 각 호의 어느 하나에 해당하는 시설을 말한다.

4. 그 밖에 도시철도 안전 관련 시설, 안내시설 등 도시철도의 건설·유지보수 및 운영을 위하여 필요한 시설로서 07[대통령/국토교통부장관]이 정하는 시설

[시행령 제2조의2(도시철도부대사업)] ④ 법 제2조 제6호의2 사목에서 "대통령령으로 정하는 사업"이란 「관광진흥법」 제3조에서 정한 관광사업(08[카지노업을 포함한다/카지노업은 제외한다])으로서 도시철도운영과 관련된 사업을 말한다.

[제3조(적용 범위)] 이 법은 다음 각 호의 도시철도에 대하여 적용한다.

1. 09[국가가/공공기관이] 이 법에 따라 건설 또는 운영하는 도시철도

2. 제7조 제1항에 따라 10[국토교통부장관/도시철도사업계획]의 승인을 받은 지방자치단체, 도시철도사업을 위하여 「지방공기업법」에 따라 설립된 지방공사(이하 "도시철도공사"라 한다) 또는 다른 법인이 이 법에 따라 건설 또는 운영하는 도시철도

3. 제24조 또는 제42조에 따라 국가나 지방자치단체로부터 도시철도건설사업 또는 도시철도
   운송사업을 위탁받은 법인이 건설 또는 운영하는 도시철도

[제3조의2(국가 및 지방자치단체의 책무)]   11[국가 및 지방자치단체는/국토교통부장관은] 도
시철도 이용자의 권익보호를 위하여 다음 각 호의 시책을 강구하여야 한다.
1. 도시철도 이용자의 권익보호를 위한 홍보·교육 및 연구
2. 도시철도 이용자의 생명·신체 및 재산상의 위해 방지
3. 도시철도 이용자의 불만 및 피해에 대한 신속·공정한 구제조치
4. 그 밖에 도시철도 이용자 보호와 관련된 사항

[제4조(다른 법률과의 관계)]   도시철도의 안전에 관하여는 12[철도안전법/도시철도법]을 적용
한다.

제2장 **도시철도의 건설**

[제5조(도시철도망구축계획의 수립 등)]   ① 특별시장·광역시장·특별자치시장·도지사 및 특별
자치도지사(이하 "시·도지사"라 한다)는 관할 도시교통권역에서 도시철도를 건설·운영하려면
관계 01[시·도지사와/행정기관의 장과] 협의하여 02[5년/10년] 단위의 도시철도망구축계획(이
하 "도시철도망계획"이라 한다)을 수립하여야 한다. 이를 변경하려는 경우에도 또한 같다.
② 도시철도망계획에는 다음 각 호의 사항이 포함되어야 한다.
5. 그 밖에 체계적인 도시철도망 구축을 위하여 필요한 사항으로서 03[대통령령/국토교통부령]
   으로 정하는 사항
④ 시·도지사는 도시철도망계획을 수립하거나 변경하려면 04[국토교통부장관/도시철두운영
자]의 승인을 받아야 한다.
⑤ 국토교통부장관은 도시철도망계획의 내용 중 필요한 사항을 조정하여 관계 행정기관의 장
과 협의한 후 「국가통합교통체계효율화법」 제106조에 따른 국가교통위원회의 심의를 거쳐 승
인하고, 이를 05[관보/역]에 고시하여야 한다. 다만, 06[대통령령/국토교통부령]으로 정하는 경
미한 사항의 변경을 승인하는 경우에는 07[   ]의 심의 및 관보에의 고시를 생략한다.
⑥ 시·도지사는 도시철도망계획이 수립된 날부터 08[매년/5년마다] 도시철도망계획의 타당성
을 재검토하여 필요한 경우 이를 변경하여야 한다.

[시행령 제3조(도시철도망구축계획 및 노선별 도시철도기본계획의 제출)]   특별시장·광역시
장·특별자치시장·도지사 및 특별자치도지사(이하 "시·도지사"라 한다)는 법 제5조 제1항에 따
른 도시철도망구축계획(이하 "도시철도망계획"이라 한다) 또는 법 제6조 제1항에 따른 노선별

도시철도기본계획(이하 "기본계획"이라 한다)을 수립하였을 때에는 이를 해당 계획의 계획기간이 시작되는 해의 전년도 09[2월 말일/12월 말일]까지 10[국토교통부장관/도시철도운영자]에게 제출하여야 한다.

[시행령 제4조(도시철도망계획 중 경미한 사항 변경)] ① 법 제5조 제5항 단서에서 "대통령령으로 정하는 경미한 사항의 변경"이란 다음 각 호의 어느 하나에 해당하는 변경을 말한다.
1. 도시철도망계획에 포함된 도시철도 노선별 노선 연장을 11[100분의 1/100분의 10] 범위에서 변경하는 것
2. 도시철도망계획에 포함된 도시철도 노선별 사업기간을 12[1년/3년]의 범위에서 변경하는 것
② 국토교통부장관은 제1항 각 호에 따른 경미한 사항의 변경을 승인하였을 때에는 지체 없이 그 내용을 13[대통령/관계 행정기관의 장]에게 통보하여야 한다.

[제6조(노선별 도시철도기본계획의 수립 등)] ① 시·도지사는 도시철도망계획에 포함된 도시철도 노선 중 건설을 추진하려는 노선에 대해서는 관계 시·도지사와 협의하여 노선별 도시철도기본계획(이하 "기본계획"이라 한다)을 수립하여야 한다. 이를 변경하려는 경우에도 또한 같다. 다만, 민자도시철도의 경우에는 14[국토교통부장관이/시·도지사가] 15[국토교통부장관/해당 법인]과 협의하여 기본계획의 수립을 생략할 수 있다.
③ 시·도지사는 기본계획의 내용 중 대통령령으로 정하는 주요 사항에 대하여는 16[주민자치단체와/국토교통부장관과] 협의한 후 공청회를 열어 주민 및 관계 전문가 등으로부터 의견을 듣고 해당 지방의회의 의견을 들어 기본계획을 17[대통령/국토교통부장관]에게 제출하여야 한다. 다만, 대통령령으로 정하는 경미한 사항을 변경하려는 경우에는 사전협의, 공청회, 지방의회 의견청취의 절차를 생략할 수 있다.

[시행령 제6조(기본계획 중 경미한 사항 변경)] ① 법 제6조 제3항 단서에서 "대통령령으로 정하는 경미한 사항을 변경하려는 경우" 및 같은 조 제5항 단서에서 "대통령령으로 정하는 경미한 사항의 변경"이란 각각 다음 각 호의 어느 하나에 해당하는 변경을 말한다.
2. 사업기간을 18[1년/3년]의 범위에서 변경하는 것

[제7조(사업계획의 승인 등)] ① 기본계획에 따라 도시철도를 건설하려는 자는 대통령령으로 정하는 바에 따라 도시철도사업계획(이하 "사업계획"이라 한다)을 수립하여 19[국토교통부장관/지방자치단체의 장]의 승인을 받아야 한다. 이를 변경하려는 경우에도 또한 같다.
② 기본계획에 따라 도시철도를 건설하려는 자가 제1항에 따라 사업계획의 승인을 신청할 때에는 미리 그 뜻을 공고(公告)하고 관계 서류의 20[원본/사본]을 21[20일/30일] 이상 일반인이 열람할 수 있게 하여야 한다. 이 경우 도시철도시설 부지에 편입되는 토지의 소유자 및 「공익사업을 위한 토지 등의 취득 및 보상에 관한 법률」 제2조 제5호에 따른 관계인(이하 "소유자 등"이

라 한다)에게 그 사실을 통보하여야 한다. 다만, 소유자 등을 알 수 없거나 주소 불명(不明) 등 대통령령으로 정하는 경우에는 통보하지 아니할 수 있다.

③ 소유자 등은 사업계획의 승인을 신청하는 자에게 제2항에 따른 열람 기간에 22 [승인신청서/의견서]를 제출할 수 있다.

④ 사업계획의 승인을 신청하는 자는 제3항에 따라 제출된 의견이 타당하다고 인정하면 사업계획 승인신청 내용에 이를 반영하여야 하고, 반영하지 아니한 의견은 23 [재의견서/신청서]에 첨부하여야 한다.

[시행령 제7조(도시철도사업계획의 승인신청)] 법 제7조 제1항에 따라 도시철도사업계획(이하 "사업계획"이라 한다)의 승인을 신청하려는 자는 사업계획 승인신청서에 다음 각 호의 서류를 첨부하여 24 [시·도지사/공청회]를 거쳐 국토교통부장관에게 제출하여야 한다.

[시행령 제8조(사업계획 승인신청의 공고 등)] ① 법 제7조 제2항에 따라 사업계획의 승인을 신청하기 전에 그 뜻을 공고하려는 자는 다음 각 호의 사항을 25 [공공기관/해당 지역에서 발간되는 일간신문]과 특별시·광역시·특별자치시·도 및 특별자치도(이하 "시·도"라 한다) 공보에 각각 한 번 이상 공고하여야 한다.

1. 신청인의 성명·주소(법인인 경우에는 26 [제외한다/법인의 명칭·주소와 대표자의 성명·주소를 말한다].)

② 법 제7조 제2항에 따라 일반인이 열람할 수 있게 하여야 하는 관계 서류는 제7조 제3호 나목·제11호 및 제12호에 해당하는 서류를 말한다.

④ 법 제7조 제6항에 따른 고시는 같은 조 제1항에 따라 사업계획을 승인한 날부터 27 [7일/30일] 이내에 하여야 한다.

[시행령 제9조(일괄협의회)] ① 국토교통부장관 또는 시·도지사는 법 제8조 제4항에 따라 일괄협의회를 개최하려는 경우에는 회의 개최일 28 [5일/7일] 전까지 회의 개최 사실을 관계 행정기관의 장에게 알려야 한다.

② 제1항에 따라 통지를 받은 관계 행정기관의 장은 일괄협의회의 회의에서 법 제8조 제1항에 따른 인가·허가 등(이하 이 조에서 "인가·허가 등"이라 한다)의 의제에 대한 의견을 제출하여야 한다. 다만, 관계 행정기관의 장은 법령 검토 및 사실 확인 등을 위한 추가 검토가 필요하여 해당 인가·허가 등에 대한 의견을 일괄협의회의 회의에서 제출하기 곤란한 경우에는 일괄협의회의 회의를 개최한 날부터 29 [5일/7일] 이내에 그 의견을 제출할 수 있다.

③ 제1항 및 제2항에서 규정한 사항 외에 일괄협의회의 운영 등에 필요한 사항은 30 [국가/ 국토교통부장관 또는 시·도지사]가 정한다.

[제9조(지하부분에 대한 보상 등)] ① 31[국토교통부장관이/도시철도건설자가] 도시철도건설사업을 위하여 타인 토지의 지하부분을 사용하려는 경우에는 그 토지의 이용 가치, 지하의 깊이 및 토지 이용을 방해하는 정도 등을 고려하여 보상한다.

② 제1항에 따른 지하부분 사용에 대한 구체적인 보상의 기준 및 방법에 관한 사항은 32[국토교통부령/대통령령]으로 정한다.

[시행령 제11조(지하부분 사용에 대한 보상방법 등)] ① 도시철도건설자가 법 제9조 제1항에 따라 토지의 지하부분 사용에 대한 보상을 할 때에는 토지소유자에게 개인마다 33[일시불/할부]로 보상금액을 지급하여야 한다.

② 도시철도건설자는 제1항에 따라 보상한 보상금액, 보상면적 및 토지의 지하부분 사용의 세부 내용을 34[국토교통부장관/관할 지방자치단체의 장]에게 통보하여야 한다.

[제11조(국유지·공유지의 처분 제한 등)] ① 35[국가나 지방자치단체/개인] 소유의 토지로서 도시철도건설사업에 필요한 토지는 도시철도건설사업 목적 외의 목적으로 매각하거나 양여(讓與)할 수 없다.

② 제1항에 따른 토지는 「국유재산법」 제33조, 제39조 및 제44조와 「공유재산 및 물품 관리법」 제29조 및 제36조에도 불구하고 도시철도건설자에게 36[무상양여/유상양여]하거나 37[수의계약/경매방법]으로 매각할 수 있다.

[제13조(행위 제한)] 도시철도건설자가 지하부분 사용에 대하여 보상을 한 후에는 소유자 등은 보상받은 지하부분의 범위에서 도시철도시설의 안전을 해칠 우려가 있는 다음 각 호의 행위를 할 수 없다.

1. 인공구조물의 신축(新築)·개축(改築) 또는 증축(增築)
2. 38[농사 등 작물을 수확하는/땅을 파거나 뚫는] 행위

[제14조(토지에의 출입 등)] ① 39[국토교통부장관은/도시철도건설자는] 도시철도건설사업을 위하여 필요하면 다음 각 호에 해당하는 행위를 할 수 있다.

1. 타인의 토지에 출입하는 행위
2. 타인의 토지를 일시 사용하는 행위
3. 나무·흙·돌 또는 그 밖의 장애물을 변경하거나 제거하는 행위

[제15조(공사장애물의 이전 등에 관한 협의 등)] ① 40[국토교통부/도시철도건설자]는 도시철도건설사업에 지장을 주는 장애물을 이전함으로써 생기는 손실이나 그 밖에 공사를 시행함으로써 생기는 손실의 보상에 대하여 소유자 등과 협의하여야 한다.

② 제1항에 따른 협의를 할 수 없거나 협의가 성립되지 아니한 경우에는 그 소유자 등 및 도

시철도건설자는 「공익사업을 위한 토지 등의 취득 및 보상에 관한 법률」 제51조에 따라 관할 **41**[토지수용위원회/국토교통부]에 재결을 신청할 수 있다.

[제17조(피해 건축물의 개축 시 주차장의 설치기준)] 도시철도건설사업으로 피해를 입은 건축물을 개축하는 경우 기존 건축물에 설치되었던 **42**[규모와 관계없이/규모와 같은 크기의] 주차장을 설치하는 경우에는 이를 「주차장법」 제19조에 따른 부설주차장 설치기준에 적합한 것으로 본다.

[제18조(도시철도의 건설 및 운전)] 도시철도의 건설 및 운전에 관한 사항은 **43**[대통령령/국토교통부령]으로 정한다.

[제18조의2(노면전차의 건설·운전 및 전용로의 설치 등)] ① 도시철도건설자는 노면전차를 도로에 건설하는 경우 다음 각 호의 노면전차 전용도로 또는 전용차로를 설치하여야 한다.
1. 노면전차 **44**[전용도로/전용차로] : 노면전차만이 통행할 수 있도록 분리대, 연석, 그 밖에 이와 유사한 시설물에 의하여 차도 및 보도와 구분하여 설치한 노면전차도로
2. 노면전차 **45**[전용도로/전용차로] : 차도의 일정 부분을 노면전차만 통행하도록 안전표지 등으로 다른 자동차 등이 통행하는 차로와 구분한 차로
② 제1항에도 불구하고 노면전차 전용도로 또는 전용차로의 설치로 인하여 도로 교통이 현저하게 혼잡해질 우려가 있는 등 국토교통부령으로 정하는 사유에 해당하는 경우에는 노면전차와 다른 자동차 등이 함께 통행하는 **46**[비상차로/혼용차로]를 설치할 수 있다.

[제19조(도시철도의 건설 및 운영을 위한 자금조달)] 도시철도의 건설 및 운영에 필요한 자금은 다음 각 호의 재원 및 방법으로 조달한다.
1. 도시철도건설자 또는 도시철도운영자의 **47**[보조/자기자금]
2. 도시철도를 건설·운영하여 생긴 **48**[적사금/수익금]
3. 제20조에 따른 도시철도 **49**[채권/사채]의 발행
5. 국가 및 지방자치단체 외의 자(외국 정부 및 외국인을 **50**[포함/제외]한다)로부터의 차입·출자 및 기부

[제20조(도시철도채권의 발행)] ① 국가, 지방자치단체 및 도시철도공사는 도시철도채권을 발행할 수 있다.
② **51**[지방자치단체의 장은/도시철도운영자는] 제1항에 따른 도시철도채권을 발행하기 위하여 **52**[재정경제부장관/행정안전부장관]의 승인을 받으려는 경우에는 미리 국토교통부장관과 협의하여야 한다.

③ 도시철도공사는 도시철도채권을 발행하려면 53[기획예산처 및 재정경제부장관/관계 지방자치단체의 장 및 국토교통부장관]과 협의하여야 한다.

④ 도시철도채권의 원금 및 이자의 소멸시효(消滅時效)는 상환일(償還日)부터 기산(起算)하여 54[2년/5년]으로 한다.

⑤ 도시철도채권은 기본계획이 확정된 연도부터 그 연도의 도시철도 운영수입금이 그 연도의 도시철도 운영비용(원리금 상환액을 55[제외/포함]한다)을 최초로 초과하는 연도까지 발행할 수 있다.

[시행령 제12조(도시철도채권의 발행절차)] ① 56[국가/지방자치단체]가 법 제20조 제1항에 따라 도시철도채권을 발행하려면 국토교통부장관이 다음 각 호의 사항을 명시하여 그 발행을 57[행정안전부장관 및 국토교통부장관/재정경제부장관 및 기획예산처장관]에게 요청하여야 한다.

1. 발행 58[사유/금액]   2. 발행 59[인/방법]

3. 발행 60[기관/조건]   4. 상환 방법 및 절차

5. 그 밖에 도시철도채권의 발행을 위하여 필요한 사항

② 61[국가·지방자치단체 또는 도시철도공사가/국토교통부장관이] 법 제20조 제1항에 따라 도시철도채권을 발행하려면 다음 각 호의 사항을 공고하여야 한다.

1. 발행 총액   2. 발행 기간

3. 도시철도채권의 이율   4. 원금 상환의 방법 및 시기

5. 이자 지급의 방법 및 시기

③ 지방자치단체의 장이 법 제20조 제2항에 따라 62[국토교통부장관/행정안전부장관]의 승인을 받거나 63[관계 행정기관의 장/국토교통부장관]과 협의하는 경우와 64[국가/도시철도공사]가 같은 조 제3항에 따라 관계 지방자치단체의 장 및 국토교통부장관과 협의하는 경우에는 각각 제1항 각 호의 사항을 명시하여 승인 또는 협의를 요청하여야 한다.

[시행령 제13조(도시철도채권의 발행 방법 및 이율)] ① 법 제20조에 따른 도시철도채권은 「주식·사채 등의 전자등록에 관한 법률」에 따라 전자등록하여 발행한다.

② 도시철도채권의 이율은 다음 각 호와 같다.

1. 국가가 발행하는 경우 : 재정경제부장관 및 기획예산처장관이 65[국토교통부장관과/지방자치단체와] 협의하여 정하는 이율

2. 지방자치단체가 발행하는 경우 : 연 66[   ]퍼센트의 범위에서 해당 지방자치단체의 조례로 정하는 이율

3. 67[국가/도시철도공사]가 발행하는 경우 : 연 10퍼센트의 범위에서 관계 지방자치단체의 장과 협의하여 68[한국은행이/해당 도시철도공사의 규칙으로] 정하는 이율

[시행령 제15조(도시철도채권의 사무취급기관 등)] ① [69][국가가/국토교통부장관이] 발행하는 도시철도채권의 매출 및 상환업무의 사무취급기관은 「한국은행법」에 따른 한국은행으로 한다.
② 지방자치단체 및 도시철도공사가 발행하는 도시철도채권의 매출 및 상환업무의 사무취급기관은 해당 지방자치단체가 지정하는 금융기관 또는 「자본시장과 금융투자업에 관한 법률」 제294조에 따라 설립된 [70][한국은행/한국예탁결제원]으로 한다.
⑦ 제3항부터 제6항까지의 규정에 따른 도시철도채권의 매출 등은 [71][전자적으로/수기로] 처리할 수 있다. 이 경우 전자적 처리의 절차 및 방법은 해당 도시철도채권을 발행한 국가, 지방자치단체 또는 도시철도공사가 정한다.

[시행령 제16조(도시철도채권 발행원부의 비치)] 사무취급기관은 도시철도채권 발행원부를 갖추어 두고, 다음 각 호의 사항을 적어야 한다.
1. 도시철도채권 매입자의 성명·주소 및 주민등록번호
2. 도시철도채권의 [72][발행사유/금액]
3. 도시철도채권의 [73][이율/기간]
4. 도시철도채권의 발행일 및 상환일

[제22조(정부 지원 등)] ① [74][국가/정부]는 지방자치단체나 도시철도공사가 시행하는 도시철도건설사업을 위하여 재정적 지원이 필요하다고 인정되면 소요자금의 일부를 보조하거나 융자할 수 있다.
② 정부는 제3조 제3호에 따른 법인이 시행하는 도시철도건설사업을 위하여 필요하다고 인정되면 소요자금의 일부를 융자할 수 있다.
③ 정부는 도시철도기술의 발전을 위하여 [75][대통령령/국토교통부령]으로 정하는 도시철도기술을 연구하는 기관 또는 단체(이하 "연구기관 등"이라 한다)에 보조 등 재정적 지원을 할 수 있다.
④ [76][국토교통부장관은/지방자치단체는] 제1항에 따라 정부의 지원을 받은 경우 도시철도기술의 발전을 위하여 대통령령으로 정하는 바에 따라 연구기관 등에 보조하거나 출연(出捐)할 수 있다.
⑥ 정부는 [77][민자도시철도/무임승차]로 인한 지방자치단체의 재정상 부담을 경감할 수 있도록 행정적 지원을 할 수 있다.
⑦ 정부는 도시철도 이용자의 안전을 위하여 [78][국가/도시철도운영자]가 국토교통부령으로 정하는 노후화된 도시철도차량을 교체하는 경우 필요한 소요자금의 일부를 보조할 수 있다.

[시행령 제18조(보조금 또는 출연금의 지급 등)] ① 제17조에 따른 기관, 법인 또는 단체가 법 제22조 제4항에 따라 보조금이나 출연금을 지급받으려면 보조금 또는 출연금의 지급신청서에 사업계획서와 예산집행계획서를 첨부하여 [79][지방자치단체의 장/재정경제부장관]에게 제출하

여야 한다.

③ 제2항에 따라 보조금이나 출연금을 지급받은 기관 또는 단체가 다음 각 호의 어느 하나에 해당할 때에는 해당 보조사업 또는 출연사업의 실적을 적은 보고서를 작성하여 [80][기획예산처장관/지방자치단체의 장]에게 제출하여야 한다.

1. 보조사업 또는 출연사업을 완료하였을 때

2. 보조사업 또는 출연사업의 폐지를 승인받았을 때

3. 회계연도가 끝났을 때

[제23조(지원자금의 목적 외 사용금지 등)]　① [81][지방자치단체/도시철도건설자]는 제22조에 따라 지급받은 지원자금을 그 지원 목적 외의 용도로 사용하지 못한다.

② [82][정부는/국세청은] 도시철도건설자가 지급받은 지원자금을 그 지원 목적 외의 용도로 사용하거나 부정한 방법으로 제22조에 따른 지원자금을 지급받은 경우에는 지급받은 지원자금을 회수한다.

[제24조(도시철도건설사업의 위탁)]　① 국가나 지방자치단체가 도시철도건설자인 경우에는 도시철도건설사업을 [83][법인/국토교통부]에 위탁할 수 있다. 이 경우 지방자치단체인 도시철도건설자는 [84][시·도지사/국토교통부장관]의 승인을 받아야 한다.

② 제1항의 위탁에 필요한 사항은 [85][대통령령/국토교통부령]으로 정한다.

③ 제1항에 따라 수탁자가 건설한 도시철도의 시설물(도시철도의 차량·기계·기구 등을 [86][제외/포함]한다)은 위탁한 국가 또는 지방자치단체에 귀속한다.

[시행령 제19조(도시철도건설사업의 위탁승인신청 등)]　② 법 제24조 제1항에 따라 도시철도건설사업을 위탁받은 수탁법인(이하 이 조 및 제20조에서 "건설사업수탁법인"이라 한다)은 도시철도건설사업을 시행하기 전에 다음 각 호의 사항에 대하여 도시철도건설사업을 위탁한 [87][국가 또는 지방자치단체의/국토교통부장관의] 승인을 받아야 한다. 승인받은 사항을 변경하려는 경우에도 또한 같다.

1. 도시철도건설사업 계획

2. 도시철도시설의 설계 등 도시철도 건설에 관한 각종 설계

3. 도시철도 건설공사의 계약 및 관리·감독에 관한 사항

③ 건설사업수탁법인이 도시철도 건설공사를 준공하였을 때에는 해당 도시철도건설사업을 위탁한 국가 또는 지방자치단체의 [88][감시/준공검사]를 받아야 한다.

[제25조(도시철도의 연계망 구축)]　① [89][국가/지방자치단체]는 도시철도 노선망이 유기적인 기능을 발휘할 수 있도록 도시철도 노선 간 또는 도시철도 노선과 철도 노선 간 연계망 구축을 위하여 노력하여야 한다.

② ⁹⁰[국가/지방자치단체]는 필요한 경우 지방자치단체 간의 도시철도 연계망 구축에 필요한 재원의 일부를 예산의 범위에서 지원할 수 있다.

제3장 ▸ 도시철도운송사업 등

[제26조(면허 등)] ① 국가 또는 지방자치단체가 아닌 법인으로서 도시철도운송사업을 하려는 자는 ⁰¹[대통령령/국토교통부령]으로 정하는 바에 따라 도시철도운송사업계획을 제출하여 ⁰²[국토교통부장관/시·도지사]에게 면허를 받아야 한다.

② 도시철도운송사업의 사업구간이 인접한 시·도에 걸쳐있는 경우에는 해당 시·도지사 간 협의에 따라 면허를 줄 시·도지사를 정하되 협의가 성립되지 아니한 경우에는 ⁰³[정부가/국토교통부장관이] 조정할 수 있다. 이 경우 시·도지사는 특별한 사유가 없으면 ⁰⁴[   ]의 조정에 따라야 한다.

③ 시·도지사는 제1항에 따라 면허를 주기 전 도시철도운송사업계획에 대하여 ⁰⁵[지방자치단체와/국토교통부장관과] 미리 협의하여야 한다.

④ 시·도지사는 제1항에 따라 면허를 줄 때에는 도시교통의 원활화와 이용자의 안전 및 편의 증진을 위하여 필요한 조건을 붙일 수 있다.

[제27조(면허의 기준)] 도시철도운송사업의 면허기준은 다음 각 호와 같다.

1. 해당 사업이 도시교통의 수송수요에 적합할 것
2. 해당 사업을 수행하는 데 필요한 도시철도차량 및 운영인력 등이 ⁰⁶[대통령령/국토교통부령]으로 정하는 기준에 맞을 것

[제28조(결격사유)] ① 임원 중에 다음 각 호의 어느 하나에 해당하는 사람이 있는 법인은 도시철도운송사업의 면허를 받을 수 없다.

1. 피성년후견인 또는 피한정후견인
2. 파산선고를 받고 복권되지 아니한 사람
3. 이 법 또는 대통령령으로 정하는 철도 및 도시철도 관계 법령을 위반하여 금고 이상의 실형을 선고받고 그 집행이 끝나거나(끝난 것으로 보는 경우를 포함한다) 면제된 날부터 ⁰⁷[1년/2년]이 지나지 아니한 사람
4. 이 법 또는 대통령령으로 정하는 철도 및 도시철도 관계 법령을 위반하여 금고 이상의 형의 집행유예를 선고받고 그 유예기간 중에 있는 사람

② 이 법에 따라 도시철도운송사업의 면허가 취소된 후 그 취소일부터 ⁰⁸[1년/2년]이 지나지 아니한 법인은 도시철도운송사업의 면허를 받을 수 없다. 다만, 제1항 제1호 및 제2호에 해당하여 제37조 제1항 제3호에 따라 도시철도운송사업의 면허가 취소된 경우는 제외한다.

[제28조의2(도시철도부대사업의 승인 등)]　① 도시철도운영자는 도시철도의 건설 및 운영에 드는 자금을 충당하기 위하여 09[재정경제부장관/시·도지사]의 승인을 받아 도시철도부대사업을 할 수 있다.
② 제1항에 따른 승인의 절차 등에 필요한 사항은 10[조례로/국토교통부령으로] 정한다.

[제29조(도시철도공사의 설립 등 협의)]　지방자치단체가 「지방공기업법」 제49조에 따라 도시철도공사를 설립하려는 경우에는 미리 11[관계 행정기관의 장/국토교통부장관]과 협의하여야 한다.

[제30조(운송개시의 의무)]　① 제26조 제1항에 따라 도시철도운송사업의 면허를 받은 자(이하 "도시철도운송사업자"라 한다)는 12[국토교통부장관이/시·도지사가] 정하는 날짜 또는 기간 내에 운송을 개시하여야 한다. 다만, 천재지변이나 그 밖의 불가피한 사유로 시·도지사가 정하는 날짜 또는 기간 내에 운송을 개시할 수 없는 경우에는 시·도지사의 승인을 받아 날짜를 연기하거나 기간을 연장할 수 있다.
② 시·도지사가 제1항 단서에 따라 운송개시 변경의 승인을 할 때에는 13[국토교통부장관/행정안전부장관]과 미리 협의하여야 한다.

[제31조(운임의 신고 등)]　① 도시철도운송사업자는 도시철도의 운임을 정하거나 변경하는 경우에는 원가(原價)와 버스 등 다른 교통수단 운임과의 형평성 등을 고려하여 14[　　　　　]가 정한 범위에서 운임을 정하여 시·도지사에게 신고하여야 하며, 신고를 받은 시·도지사는 그 내용을 검토하여 이 법에 적합하면 신고를 받은 날부터 15[국토교통부령으로/시·도지사가] 정하는 기간 이내에 신고를 수리하여야 한다.
② 16[국토교통부장관은/도시철도운영자는] 도시철도의 운임을 정하거나 변경하는 경우 그 사항을 시행 17[1개월/1주일] 이전에 예고하는 등 도시철도 이용자에게 불편이 없도록 필요한 조치를 하여야 한다.

[시행령 제22조(도시철도운임의 조정 및 협의 등)]　① 시·도지사는 법 제31조 제1항에 따른 도시철도 운임의 범위를 정하려면 해당 시·도에 18[공청회/운임조정위원회]를 설치하여 도시철도 운임의 범위에 관한 의견을 들어야 한다.
② 제1항에 따른 운임조정위원회는 민간위원이 전체 위원의 19[3분의 1/2분의 1 이상]이어야 한다.
③ 법 제26조 제1항에 따라 도시철도운송사업의 면허를 받은 자(이하 "도시철도운송사업자"라 한다)가 해당 도시철도를 「한국철도공사법」에 따라 설립된 한국철도공사(이하 "한국철도공사"라 한다)가 운영하는 철도 또는 다른 도시철도운영자가 운영하는 도시철도와 연결하여 운행하려는 경우에는 법 제31조 제1항에 따라 도시철도의 운임을 신고하기 전에 그 운임 및 시행 시기

에 관하여 미리 20 [   ] 또는 다른 도시철도운영자와 협의하여야 한다.

④ 시·도지사는 법 제31조제1항에 따라 운임의 신고를 받으면 신고받은 사항을 21 [   ] 에게 각각 통보하여야 한다.

[제32조(도시철도운송약관)]   22[국토교통부장관은/도시철도운영자는] 도시철도운송약관을 정하여야 하고, 도시철도운송사업자인 도시철도운영자는 이를 시·도지사에게 신고하여야 하며, 신고를 받은 시·도지사는 그 내용을 검토하여 이 법에 적합하면 신고를 받은 날부터 23[대통령령/국토교통부령]으로 정하는 기간 이내에 신고를 수리하여야 한다. 이를 변경하려는 경우에도 또한 같다.

[제33조(도시철도운송사업계획의 변경)]   ① 도시철도운송사업자는 도시철도운송사업계획을 변경하려는 경우에는 24[국토교통부장관/시·도지사]에게 신고하여야 하며, 신고를 받은 시·도지사는 그 내용을 검토하여 이 법에 적합하면 신고를 받은 날부터 국토교통부령으로 정하는 기간 이내에 신고를 수리하여야 한다.

② 시·도지사는 도시철도운송사업자로부터 도시철도운송사업계획에 대한 변경신고를 받거나 소관 도시철도운송사업계획을 변경한 경우에는 지체 없이 25 [관보에 고시하여야 한다/국토교통부장관에게 알려야 한다].

[제34조(연락운송)]   ① 도시철도운영자가 다른 도시철도운영자 또는 「철도사업법」 제2조 제8호에 따른 철도사업자(이하 이 조에서 "철도사업자"라 한다)와 연계하여 운송을 하는 경우 노선의 연결, 도시철도시설 운영의 분담, 운임수입의 배분, 승객의 갈아타기 등에 관한 사항은 당사자 간의 협의로 정한다.

② 제1항에 따른 협의가 성립되지 아니하거나 협의 결과를 해석하는 데 분쟁이 있을 때에는 당사자의 신청을 받아 26 [시·도지사가/국토교통부장관이] 결정한다.

④ 도시철도운영자 또는 철도사업자가 운임수입을 배분하는 경우에는 제1항에 따른 협의가 완료된 날(27 [국토교통부장관이/시·도지사가] 제2항에 따라 운임수입의 배분을 결정한 경우에는 그 결정이 있은 날을 말한다)에서 28 [20일/30일]이 경과한 날부터 운임수입을 배분하는 날까지의 기간에 대하여 배분하여야 하는 운임수입에 대한 이자를 가산하여 지급하여야 한다.

[제35조(사업의 양도·양수 등)]   ① 도시철도운송사업자가 도시철도운송사업을 양도·양수하거나 합병하려는 경우에는 29[시·도지사/국토교통부장관]의 인가를 받아야 한다.

② 시·도지사는 제1항에 따라 인가를 하려면 미리 30 [주민공청회를 통해/국토교통부장관과] 협의하여야 한다.

[제36조(사업의 휴업·폐업)]   ① 도시철도운송사업자가 사업의 전부 또는 일부를 휴업 또는 폐업하려면 31[시·도지사가/국토교통부령]으로 정하는 바에 따라 32[시·도지사/국토교통부장관]의 허가를 받아야 한다. 다만, 선로 또는 교량의 파괴, 도시철도시설의 개량, 그 밖의 정당한 사유로 인한 휴업의 경우에는 국토교통부령으로 정하는 바에 따라 시·도지사에게 신고하여야 하며, 신고를 받은 시·도지사는 그 내용을 검토하여 이 법에 적합하면 신고를 받은 날부터 국토교통부령으로 정하는 기간 이내에 신고를 수리하여야 한다.

② 시·도지사가 제1항 본문에 따라 허가하려는 경우에는 미리 33[   ]과 협의하여야 한다.

③ 제1항에 따른 휴업기간은 34[6개월/1년]을 넘지 못한다. 다만, 제1항 단서에 따른 휴업의 경우에는 해당 사유가 소멸할 때까지 휴업할 수 있다.

④ 제1항에 따라 허가를 받거나 신고한 휴업기간 중이라도 휴업 사유가 소멸되었을 때에는 35[국토교통부장관/시·도지사]에게 신고하고 사업을 재개(再開)할 수 있다. 이 경우 신고를 받은 시·도지사는 그 내용을 검토하여 이 법에 적합하면 신고를 받은 날부터 국토교통부령으로 정하는 기간 이내에 신고를 수리하여야 한다.

⑤ 도시철도운영자는 도시철도운송사업의 전부 또는 일부를 휴업 또는 폐업하려는 경우에는 36[대통령령/국토교통부령]으로 정하는 바에 따라 휴업 또는 폐업하는 사업의 내용과 기간 등을 인터넷 홈페이지, 역 등 일반인이 보기 쉬운 곳에 게시하여야 한다.

[시행령 제23조(사업의 휴업·폐업 내용의 게시)]   도시철도운송사업자는 법 제36조제1항 본문에 따라 휴업 또는 폐업의 허가를 받은 경우에는 휴업 또는 폐업 시작일 37[5일/7일] 이전에 법 제36조 제5항에 따라 다음 각 호의 사항을 인터넷 홈페이지와 관계 역·영업소 및 사업소의 일반인이 보기 쉬운 곳에 게시하여야 한다. 다만, 법 제36조 제1항 단서에 따라 휴업을 신고하는 경우에는 해당 휴업 사유가 발생하였을 때에 즉시 게시하여야 한다.

4. 그 밖에 휴업 또는 폐업과 관련하여 38[국토교통부장관이/도시철도운송사업자가] 일반인에게 알려야 할 필요성이 있다고 인정하는 사항

[제37조(면허의 취소 등)]   ① 39[국토교통부장관은/시·도지사는] 도시철도운송사업자가 다음 각 호의 어느 하나에 해당하는 경우에는 그 면허를 취소하거나 40[1년/6개월] 이내의 기간을 정하여 그 사업의 정지를 명할 수 있다. 다만, 제1호에 해당하는 경우에는 그 면허를 취소하여야 한다.

1. 거짓이나 그 밖의 부정한 방법으로 제26조에 따른 도시철도운송사업 면허를 받은 경우

② 제1항에 따른 행정처분의 세부기준은 위반행위의 종류와 위반 정도 등을 고려하여 41[대통령령/국토교통부령]으로 정한다.

③ 42[국토교통부장관은/시·도지사는] 제1항에 따라 도시철도운송사업의 면허를 취소하거나 사업의 정지를 명할 때에는 청문을 하여야 한다.

[제38조(과징금의 부과)] ① 43[국토교통부장관은/시·도지사는] 도시철도운송사업자가 제37조 제1항 각 호의 어느 하나에 해당하여 사업정지처분을 하여야 할 경우로서 해당 사업의 정지가 그 사업의 이용자 등에게 심한 불편을 주거나 공익을 해칠 우려가 있을 때에는 대통령령으로 정하는 바에 따라 사업정지처분을 갈음하여 44[1천만 원/2천만 원] 이하의 과징금을 부과할 수 있다.

② 제1항에 따른 과징금을 내야 할 자가 납부기한까지 과징금을 내지 아니하면「지방세징수법」에 따른 지방세 체납처분의 예에 따라 징수한다.

④ 제1항에 따른 과징금을 부과하는 위반행위의 종류, 위반 정도 등에 따른 과징금의 금액, 그 밖에 필요한 사항은 45[국토교통부령/대통령령]으로 정한다.

[시행령 제24조(과징금의 부과 및 납부)] ① 법 제38조 제1항에 따라 과징금을 부과하는 위반행위의 종류와 과징금의 금액은 별표 3과 같다.

② 시·도지사는 사업의 규모, 사업지역의 특수성, 위반행위의 정도 및 횟수 등을 고려하여 제1항에 따른 과징금의 금액을 46[2분의 1/5분의 1] 범위에서 늘리거나 줄일 수 있다. 이 경우 과징금을 늘리는 경우에도 과징금의 총액은 법 제38조 제1항의 금액을 넘을 수 없다.

③ 시·도지사는 법 제38조 제1항에 따라 과징금을 부과하려면 그 위반행위의 종류와 해당 과징금의 금액을 명시하여 이를 낼 것을 서면으로 알려야 한다.

④ 제3항에 따른 통지를 받은 자는 통지를 받은 날부터 47[7일/20일] 이내에 시·도지사가 정하는 수납기관에 과징금을 내야 한다.

⑤ 제4항에 따라 과징금을 받은 수납기관은 과징금을 낸 자에게 과징금 영수증을 발급하고, 48[국토교통부장관/시·도지사]에게 영수확인통지서를 보내야 한다.

[제39조(사업개선명령)] 49[국토교통부장관은/시·도지사는] 도시교통의 원활화와 도시철도 이용자의 안전 및 편의 증진을 위하여 필요하다고 인정하면 도시철도운송사업자에게 다음 각 호의 사항을 명할 수 있다.

1. 도시철도운송사업계획 및 도시철도운송약관의 변경
2. 운임의 조정
3. 도시철도차량이나 그 밖의 시설의 개선
4. 도시철도 노선의 연락운송
5. 도시철도차량 및 도시철도 사고에 관한 손해배상을 위한 보험에의 가입
6. 안전운송의 확보 및 서비스의 향상을 위하여 필요한 조치
7. 도시철도종사자의 양성 및 자질 향상을 위한 교육

[제40조(명의대여의 금지)] 50[국토교통부장관은/도시철도운영자는] 타인에게 자신의 상호를 사용하여 도시철도운송사업을 경영하게 하여서는 아니 된다.

[제41조(폐쇄회로 텔레비전의 설치·운영)] ① 도시철도운영자는 범죄 예방 및 교통사고 상황 파악을 위하여 51[도시철도차량/도시철도시설]에 대통령령으로 정하는 기준에 따라 폐쇄회로 텔레비전을 설치하여야 한다.
② 도시철도운영자는 승객이 폐쇄회로 텔레비전 설치를 쉽게 인식할 수 있도록 대통령령으로 정하는 바에 따라 52[표지/안내판] 설치 등 필요한 조치를 하여야 한다.
③ 도시철도운영자는 설치 목적과 다른 목적으로 폐쇄회로 텔레비전을 임의로 조작하거나 다른 곳을 비춰서는 아니 되며, 53[   ]기능은 사용할 수 없다.

[시행령 제26조(폐쇄회로 텔레비전의 안내판 설치 등)] ① 도시철도운영자는 법 제41조 제2항에 따라 승객이 도시철도차량 내 폐쇄회로 텔레비전의 설치를 쉽게 인식할 수 있도록 폐쇄회로 텔레비전이 설치된 위치 부근에 다음 각 호의 사항이 포함된 안내판을 설치하여야 한다. 이 경우 안내판에는 한글과 영문을 54[함께/별도] 표기하여야 한다.
1. 설치 55[목적/위치]   2. 설치 56[장소/일시]
3. 촬영 57[범위/내용]   4. 촬영 시간
5. 담당 부서, 책임자 및 연락처
6. 그 밖에 도시철도운영자가 필요하다고 인정하는 사항
② 도시철도운영자는 법 제41조 제2항에 따라 도시철도차량에 폐쇄회로 텔레비전이 설치되었다는 사실을 주기적인 안내방송 등을 통하여 승객에게 알려야 한다.

제4장 **보칙**

[제44조(감독 등)] ① 국토교통부장관은 도시철도건설자 및 도시철도운영자(01[국가는 제외한다/국가를 포함한다])를 감독한다.
② 02[대통령/국토교통부장관]은 필요하다고 인정하면 도시철도건설자 및 도시철도운영자에게 업무에 관하여 감독상 필요한 명령을 할 수 있다.

[제46조(권한의 위임)] 이 법에 따른 03[대통령/국토교통부장관]의 권한은 대통령령으로 정하는 바에 따라 그 일부를 「대도시권 광역교통 관리에 관한 특별법」 제9조의2에 따른 대도시권광역교통위원장 또는 시·도지사에게 위임할 수 있다.

[제47조(벌칙)] ① 다음 각 호의 어느 하나에 해당하는 자는 04[2년 이하의 징역 또는 2천만 원 이하/1년 이하의 징역 또는 1천만 원 이하]의 벌금에 처한다.

1. 제26조에 따른 면허를 받지 아니하고 도시철도운송사업을 경영한 자

2. 거짓이나 그 밖의 부정한 방법으로 제26조에 따른 도시철도운송사업의 면허를 받은 자

3. 제37조에 따른 사업정지 기간에 도시철도운송사업을 경영한 자

4. 제40조를 위반하여 타인에게 자신의 상호를 대여한 자

5. 제43조에 따라 준용되는 「철도사업법」 제31조를 위반하여 도시철도운영자의 공동활용에 관한 요청을 정당한 사유 없이 거부한 자

② 다음 각 호의 어느 하나에 해당하는 자는 05[1년 이하의 징역 또는 1천만 원 이하/1천만 원 이하]의 벌금에 처한다.

1. 제39조에 따른 사업개선명령을 위반한 자

2. 제43조에 따라 준용되는 「철도사업법」 제28조 제3항을 위반하여 우수서비스마크 또는 이와 유사한 표지를 도시철도차량 등에 붙이거나 인증사실을 홍보한 자

3. 제44조 제2항에 따른 감독상 필요한 명령을 위반한 자

[제49조(과태료)] ① 제43조에 따라 준용되는 「철도사업법」 제32조 제1항 또는 제2항을 위반하여 회계를 구분하여 경리하지 아니한 자에게는 06[1천만 원/500만 원] 이하의 과태료를 부과한다.

② 제41조 제1항을 위반하여 도시철도차량에 폐쇄회로 텔레비전을 설치하지 아니한 자에게는 07[100만 원/300만 원] 이하의 과태료를 부과한다.

③ 다음 각 호에 해당하는 자에게는 08[100만 원/300만 원] 이하의 과태료를 부과한다.

1. 제43조에 따라 준용되는 「철도사업법」 제20조 제2항부터 제4항까지에 따른 준수사항을 위반한 자

2. 제43조에 따라 준용되는 「철도사업법」 제25조 제2항을 위반하여 도시철도차량의 점검·정비에 관한 책임자를 선임하지 아니한 자

④ 제43조에 따라 준용되는 「철도사업법」 제22조를 위반한 도시철도종사자 및 그가 소속된 도시철도운영자에게는 09[   ] 이하의 과태료를 부과한다.

01 다음 중 「도시철도법」의 목적으로 틀린 것은?

① 도시철도의 건설을 촉진

② 도시교통의 발전

③ 공공복리 증진

④ 도시교통 편의 증진

⑤ 도시철도차량 등을 효율적으로 관리

02 다음 중 도시철도에 해당하지 않는 교통수단은?

① BRT

② 선형유도전동기

③ 노면전차

④ 모노레일

⑤ 자기부상열차

해설 제2조(정의)

2. "도시철도"란 도시교통의 원활한 소통을 위하여 도시교통권역에서 건설·운영하는 철도·모노레일·노면전차(路面電車)·선형유도전동기(線形誘導電動機)·자기부상열차(磁氣浮上列車) 등 궤도(軌道)에 의한 교통시설 및 교통수단을 말한다.

03 다음 중 용어의 정의로 틀린 것은?

① 도시철도사업이란 도시철도건설사업, 도시철도운송사업 및 도시철도부대사업을 말한다.

② 도시철도건설사업이란 새로운 도시철도시설의 건설, 기존 도시철도시설의 성능 및 기능 향상을 위한 개량, 도시철

도시설의 증설 및 도시철도시설의 건설 시 수반되는 용역 업무 등에 해당하는 사업을 말한다.

③ 도시철도건설자란 도시철도건설사업을 하는 자로서 도시철도사업계획의 승인을 받은 자를 말한다.

④ 도시철도운영자란 도시철도운송사업을 하는 자로서 국가, 지방자치단체 및 민자도시철도운영자를 제외한 도시철도운송사업 면허를 받은 자를 말한다.

⑤ 도시철도종사자란 도시철도차량의 운전·운행관리 및 정비 업무, 도시철도 이용자를 상대로 하는 승무 및 역무서비스 업무, 도시철도시설의 유지보수 업무, 그 밖에 도시철도차량의 안전운행 또는 질서유지에 관한 업무에 종사하는 자를 말한다.

해설 제2조(정의)

8. "도시철도운영자"란 도시철도운송사업을 하는 자로서 국가, 지방자치단체 및 제26조에 따라 도시철도운송사업 면허를 받은 재(제11호에 따른 **민자도시철도운영자를 포함**한다)를 말한다.

04 다음 중 국가 및 지방자치단체가 강구하여야 하는 시책이 아닌 것은?

① 도시철도 이용자의 권익보호를 위한 홍보·교육 및 연구

② 도시철도 이용자의 생명·신체 및 재산상의 위해 방지

③ 도시철도 이용자의 불만 및 피해에 대한 신속·공정한 구제조치

01 ③　**02** ①　**03** ④　**04** ④　**정답**

④ 도시철도 이용자의 민원 해소 및 타 교
통수단 환승에 대한 조치
⑤ 그 밖에 도시철도 이용자 보호와 관련
된 사항

해설 제3조의2(국가 및 지방자치단체의 책무)
국가 및 지방자치단체는 도시철도 이용자의 권익보호를
위하여 다음 각 호의 시책을 강구하여야 한다.
1. 도시철도 이용자의 권익보호를 위한 홍보·교육 및
   연구
2. 도시철도 이용자의 생명·신체 및 재산상의 위해 방지
3. 도시철도 이용자의 불만 및 피해에 대한 신속·공정
   한 구제조치
4. 그 밖에 도시철도 이용자 보호와 관련된 사항

05 다음 중 도시철도시설이 아닌 것은?

① 도시철도의 선로, 역사 및 역 시설
② 도시철도 경영연수 및 철도전문인력을
양성하기 위한 교육훈련시설
③ 도시철도의 전철전력설비, 정보통신설
비, 신호 및 열차제어설비
④ 도시철도 기술의 개발·시험 및 연구를
위한 시설
⑤ 도시철도와 다른 교통수단의 연계운송
시설

해설 제2조(정의)
3. "도시철도시설"이란 다음 각 목의 어느 하나에 해당
   하는 시설(부지를 포함한다)을 말한다.

> 가. 도시철도의 선로(線路), 역사(驛舍) 및 역 시설
> (물류시설, 환승시설 및 역사와 같은 건물에 있
> 는 판매시설·업무시설·근린생활시설·숙박시
> 설·문화 및 집회시설 등을 포함한다)
> 나. 선로 및 도시철도차량을 보수·정비하기 위한 선
> 로보수기지, 차량정비기지, 차량유치시설, 창고
> 시설 및 기지시설
> 다. 도시철도의 전철전력설비, 정보통신설비, 신호
> 및 열차제어설비
> 라. 도시철도 기술의 개발·시험 및 연구를 위한 시설

> 마. 도시철도 경영연수 및 철도전문인력을 양성하기
> 위한 교육훈련시설
> 바. 그 밖에 도시철도의 건설, 유지보수 및 운영을
> 위한 시설로서 대통령령으로 정하는 시설

06 다음 중 용어와 뜻이 잘못된 것은?

① 도시철도종사자란 도시철도차량의 운
전·운행관리 및 정비 업무, 도시철도 이
용자를 상대로 하는 승무 및 역무서비
스 업무, 도시철도시설의 유지보수 업
무, 그 밖에 도시철도차량의 안전운행
또는 질서유지에 관한 업무에 종사하는
자를 말한다.
② 민자도시철도란 민간투자사업으로 건
설하는 도시철도를 말한다.
③ 민자도시철도운영자란 민자도시철도
에 대하여 운영권을 설정받은 자를 말
한다.
④ 도시철도건설사업이란 새로운 도시철
도시설의 건설, 기존 도시철도시설의
성능 및 기능 향상을 위한 개량, 도시철
도시설의 증설 및 도시철도시설의 건설
시 수반되는 용역 업무 등에 해당하는
사업을 말한다.
⑤ 도시철도사업이란 도시철도시설을 이
용한 여객 및 화물운송, 도시철도차량
의 정비 및 열차의 운행관리를 말한다.

해설 제2조(정의)
4. "도시철도사업"이란 도시철도건설사업, 도시철도운
   송사업 및 도시철도부대사업을 말한다.
6. "도시철도운송사업"이란 도시철도와 관련된 다음 각
   목의 어느 하나에 해당하는 사업을 말한다.

> 가. 도시철도시설을 이용한 여객 및 화물 운송
> 나. 도시철도차량의 정비 및 열차의 운행 관리
> 다. 삭제

정답 **05** ⑤ **06** ⑤

제2장 도시철도의 건설

07 다음 중 도시철도망구축계획의 단위로 옳은 것은?

① 1년
② 2년
③ 3년
④ 5년
⑤ 10년

> **해설** 제5조(도시철도망구축계획의 수립 등)
> ① 특별시장·광역시장·특별자치시장·도지사 및 특별자치도지사(이하 "**시·도지사**"라 한다)는 관할 도시교통권역에서 도시철도를 건설·운영하려면 관계 시·도지사와 협의하여 10년 단위의 도시철도망구축계획(이하 "도시철도망계획"이라 한다)을 수립하여야 한다. 이를 변경하려는 경우에도 또한 같다.

08 다음 중 도시철도망계획에 포함되어야 하는 사항으로 옳은 것은?

① 해당 도시교통권역의 특성·교통상황 및 장래의 교통수요 예측
② 도시철도의 수요 예측
③ 다른 교통수단과 연계한 교통체계의 구축
④ 필요한 재원(財源)의 조달방안과 투자 우선순위
⑤ 그 밖에 체계적인 도시철도망 구축을 위하여 필요한 사항으로서 국토교통부령으로 정하는 사항

> **해설** 제5조(도시철도망구축계획의 수립 등)
> ② 도시철도망계획에는 다음 각 호의 사항이 포함되어야 한다.
> 1. 해당 도시교통권역의 특성·교통상황 및 장래의 교통수요 예측
> 2. 도시철도망의 중기·장기 건설계획
> 3. 다른 교통수단과 연계한 교통체계의 구축
> 4. 필요한 재원(財源)의 조달방안과 투자 우선순위
> 5. 그 밖에 체계적인 도시철도망 구축을 위하여 필요한 사항으로서 국토교통부령으로 정하는 사항

09 다음 중 도시철도망계획 변경 시 누구의 승인을 받아야 하는가?

① 대통령
② 국토교통부장관
③ 행정안전부장관
④ 국가교통위원회
⑤ 시·도지사

> **해설** 제5조(도시철도망구축계획의 수립 등)
> ④ 시·도지사는 도시철도망계획을 수립하거나 변경하려면 **국토교통부장관**의 승인을 받아야 한다.

10 다음 중 도시철도망계획 수립 시 조화를 이루어야 되는 계획이 아닌 것은?

① 국가기간교통망계획
② 중기 교통시설투자계획
③ 대도시권 광역교통기본계획
④ 중장기 교통편의성과
⑤ 대중교통기본계획

> **해설** 제5조(도시철도망구축계획의 수립 등)
> ③ 도시철도망계획은 다음 각 호의 계획과 조화를 이루도록 수립되어야 한다.
> 1. 「국가통합교통체계효율화법」 제4조에 따른 국가기간교통망계획
> 2. 「국가통합교통체계효율화법」 제6조에 따른 중기 교통시설투자계획
> 3. 「대도시권 광역교통 관리에 관한 특별법」 제3조에 따른 대도시권 광역교통기본계획
> 4. 「대도시권 광역교통 관리에 관한 특별법」 제3조의2에 따른 대도시권 광역교통시행계획
> 5. 「도시교통정비 촉진법」 제5조에 따른 도시교통정비 기본계획
> 6. 「도시교통정비 촉진법」 제8조에 따른 도시교통정비 중기계획
> 7. 「대중교통의 육성 및 이용촉진에 관한 법률」 제5조에 따른 대중교통기본계획

07 ⑤ **08** ② **09** ② **10** ④ 정답

11 다음 중 빈칸에 들어갈 말로 알맞은 것은?

> 국토교통부장관은 도시철도망계획의 내용 중 필요한 사항을 조정하여 관계 행정기관의 장과 협의한 후 (   ) 의 심의를 거쳐 승인하고, 이를 관보에 고시하여야 한다.

① 국무회의
② 타당성조사위원회
③ 도시철도발전기원회
④ 국가교통위원회
⑤ 철도산업위원회

해설 제5조(도시철도망구축계획의 수립 등)
⑤ **국토교통부장관**은 도시철도망계획의 내용 중 필요한 사항을 조정하여 관계 행정기관의 장과 협의한 후 「국가통합교통체계효율화법」 제106조에 따른 국가교통위원회의 심의를 거쳐 승인하고, 이를 관보에 고시하여야 한다. 다만, **대통령령**으로 정하는 경미한 사항의 변경을 승인하는 경우에는 국가교통위원회의 심의 및 관보에의 고시를 생략한다.

12 다음 중 도시철도망계획 타당성 재검토 주기로 옳은 것은?

① 1년   ② 2년
③ 3년   ④ 4년
⑤ 5년

해설 제5조(도시철도망구축계획의 수립 등)
⑥ 시·도지사는 도시철도망계획이 수립된 날부터 5년마다 도시철도망계획의 타당성을 재검토하여 필요한 경우 이를 변경하여야 한다.

13 다음 중 빈칸에 들어갈 단어로 알맞은 것은?

> 시·도지사는 노선별 도시철도기본계획을 수립하였을 때 이를 해당 계획의 계획기간이 시작되는 해의 전년도 (   )까지 국토교통부장관에게 제출하여야 한다.

① 12월 31일   ② 1월 말일
③ 2월 말일   ④ 6월 말일
⑤ 7월 말일

해설 시행령 제3조(도시철도망구축계획 및 노선별 도시철도기본계획의 제출)
특별시장·광역시장·특별자치시장·도지사 및 특별자치도지사(이하 "시·도지사"라 한다)는 법 제5조제1항에 따른 도시철도망구축계획(이하 "도시철도망계획"이라 한다) 또는 법 제6조제1항에 따른 노선별 도시철도기본계획(이하 "기본계획"이라 한다)을 수립하였을 때에는 이를 해당 계획의 계획기간이 시작되는 해의 전년도 **2월 말**일까지 **국토교통부장관**에게 제출하여야 한다.

14 다음 중 빈칸에 들어갈 단어로 **옳은** 것은?

> [도시철도망계획 중 대통령령으로 정하는 경미한 사항]
>
> [중략]
> 2. 도시철도망계획에 포함된 도시철도 노선별 사업기간을 (   )의 범위에서 변경하는 것

① 6개월   ② 1년
③ 2년   ④ 3년
⑤ 5년

정답 11 ④   12 ⑤   13 ③   14 ④

[해설] **시행령 제4조(도시철도망계획 중 경미한 사항 변경)**

① 법 제5조 제5항 단서에서 "대통령령으로 정하는 경미한 사항의 변경"이란 다음 각 호의 어느 하나에 해당하는 변경을 말한다.

1. 도시철도망계획에 포함된 도시철도 노선별 노선 연장을 **100분의 10** 범위에서 변경하는 것
2. 도시철도망계획에 포함된 도시철도 노선별 사업기간을 **3년**의 범위에서 변경하는 것

15 다음 중 노선별 도시철도기본계획에 포함되어야 하는 사항이 아닌 것은?

① 해당 도시교통권역의 특성·교통상황 및 장래의 교통수요 예측
② 도시철도의 건설 및 운영의 경제성·재무성 분석과 그 밖의 타당성의 평가
③ 노선명, 노선 연장, 기점·종점, 정거장 위치, 차량기지 등 개략적인 노선망
④ 사업을 수주하는 회사
⑤ 지방자치단체의 재원 분담비율을 포함한 자금의 조달방안 및 운용계획

[해설] **제6조(노선별 도시철도기본계획의 수립 등)**

② 기본계획에는 다음 각 호의 사항이 포함되어야 한다.

1. 해당 도시교통권역의 특성·교통상황 및 장래의 교통수요 예측
2. 도시철도의 건설 및 운영의 경제성·재무성 분석과 그 밖의 타당성의 평가
3. 노선명(路線名), 노선 연장, 기점(起點)·종점(終點), 정거장 위치, 차량기지 등 개략적인 노선망(路線網)
4. 사업기간 및 총사업비
5. 지방자치단체의 재원 분담비율을 포함한 자금의 조달방안 및 운용계획
6. 건설기간 중 도시철도건설사업 지역의 도로교통대책
7. 다른 교통수단과의 연계 수송체계 구축에 관한 사항
8. 그 밖에 필요한 사항으로서 **국토교통부령**으로 정하는 사항

16 다음 중 시·도지사는 기본계획을 누구에게 제출하여야 하는가?

① 대통령
② 국토교통부장관
③ 공청회
④ 지방의회
⑤ 지방자치단체

[해설] **제6조(노선별 도시철도기본계획의 수립 등)**

③ 시·도지사는 기본계획의 내용 중 **대통령령**으로 정하는 주요 사항에 대하여는 **국토교통부장관**과 협의한 후 공청회를 열어 주민 및 관계 전문가 등으로부터 의견을 듣고 해당 지방의회의 의견을 들어 기본계획을 **국토교통부장관**에게 제출하여야 한다.

17 다음 중 빈칸에 들어갈 단어로 옳지 않은 것은?

> 국토교통부장관은 기본계획을 제출받으면 (   )을 포함한 자금의 조달방안 등 필요한 사항을 조정하여 관계 행정기관의 장과 협의를 거쳐 기본계획을 승인하여야 한다.

① 건설 노선
② 사업기간
③ 총사업비
④ 지방자치단체의 재원 분담 비율
⑤ 예비타당성

[해설] **제6조(노선별 도시철도기본계획의 수립 등)**

④ **국토교통부장관**은 기본계획을 제출받으면 건설 노선, 사업기간, 총사업비, 지방자치단체의 재원 분담비율을 포함한 자금의 조달방안 등 필요한 사항을 조정하여 관계 행정기관의 장과 협의를 거쳐 기본계획을 승인하여야 한다.

15 ④ **16** ② **17** ⑤ **정답**

18 다음 중 기본계획의 주요사항으로 틀린 것은?

① 도시철도의 건설 및 운영의 경제성·재무성 분석과 그 밖의 타당성의 평가

② 노선명(路線名), 노선 연장, 기점(起點)·종점(終點), 정거장 위치, 차량기지 등 개략적인 노선망(路線網)

③ 도시철도차량의 종류 및 운행계획

④ 도시철도 운영사

⑤ 도시철도의 건설 방식

해설 **시행령 제5조(기본계획의 주요 사항)**
법 제6조 제3항 본문에서 "대통령령으로 정하는 주요 사항"이란 다음 각 호의 어느 하나에 해당하는 사항을 말한다.
1. 법 제6조 제2항 제2호부터 제5호까지에 해당하는 사항

> 2. 도시철도의 건설 및 운영의 경제성·재무성 분석과 그 밖의 타당성의 평가
> 3. 노선명(路線名), 노선 연장, 기점(起點)·종점(終點), 정거장 위치, 차량기지 등 개략적인 노선망(路線網)
> 4. 사업기간 및 총사업비
> 5. 지방자치단체의 재원 분담비율을 포함한 자금의 조달방안 및 운용계획

2. 도시철도의 건설 방식
3. 도시철도차량의 종류 및 운행계획

19 다음 중 빈칸에 들어갈 단어로 옳은 것은?

> 국토교통부장관은 기본계획을 승인하면 이를 (   )에 고시하여야 한다.

① 신문
② 서류
③ 인터넷 홈페이지
④ 관보
⑤ 규정

해설 **제6조(노선별 도시철도기본계획의 수립 등)**
⑤ **국토교통부장관**은 제4항에 따라 기본계획을 승인하면 이를 관보에 고시하여야 한다. 다만, **대통령령**으로 정하는 경미한 사항의 변경을 승인하는 경우에는 그러하지 아니하다.

20 다음 중 빈칸에 들어갈 단어로 옳은 것은?

> [시행령 제6조 (기본계획 중 경미한 사항 변경)]
>
> ① 법 제6조 제3항 단서에서 "대통령령으로 정하는 경미한 사항을 변경하려는 경우" 및 같은 조 제5항 단서에서 "대통령령으로 정하는 경미한 사항의 변경"이란 각각 다음 각 호의 어느 하나에 해당하는 변경을 말한다.
> [중략]
> 2. 사업기간을 (   )의 범위에서 변경하는 것

① 1개월
② 6개월
③ 1년
④ 2년
⑤ 5년

해설 **시행령 제6조(기본계획 중 경미한 사항 변경)**
① 법 제6조 제3항 단서에서 "대통령령으로 정하는 경미한 사항을 변경하려는 경우" 및 같은 조 제5항 단서에서 "대통령령으로 정하는 경미한 사항의 변경"이란 각각 다음 각 호의 어느 하나에 해당하는 변경을 말한다.
1. 노선 연장을 **100분의 10** 범위에서 변경하는 것
2. 사업기간을 **1년**의 범위에서 변경하는 것
3. 총사업비를 **100분의 10** 범위에서 변경하는 것

정답 **18** ④ **19** ④ **20** ③

21 사업계획을 수립하여 다음 중 누구의 승인을 받아야 하는가?

① 대통령
② 국토교통부장관
③ 도시철도운영자
④ 지방자치단체의 장
⑤ 지방의회

해설 제7조(사업계획의 승인 등)

① 기본계획에 따라 도시철도를 건설하려는 자는 **대통령령**으로 정하는 바에 따라 도시철도사업계획(이하 "사업계획"이라 한다)을 수립하여 **국토교통부장관**의 승인을 받아야 한다. 이를 변경하려는 경우에도 또한 같다.

22 다음 중 도시철도를 건설하려는 자가 사업계획의 승인을 신청할 때에 관계 서류의 사본을 며칠 이상 일반인이 열람할 수 있게 하여야 하는가?

① 3일
② 7일
③ 15일
④ 20일
⑤ 30일

해설 제7조(사업계획의 승인 등)

② 기본계획에 따라 도시철도를 건설하려는 자가 제1항에 따라 사업계획의 승인을 신청할 때에는 미리 그 뜻을 공고(公告)하고 관계 서류의 사본을 **20일** 이상 일반인이 열람할 수 있게 하여야 한다.

23 다음 중 빈칸에 들어갈 단어로 알맞은 것은?

> 소유자 등은 사업계획의 승인을 신청하는 자에게 열람 기간에 ( )를 제출할 수 있다.

① 신청서
② 의견서
③ 제안서
④ 계획서
⑤ 사유서

해설 제7조(사업계획의 승인 등)

③ 소유자 등은 사업계획의 승인을 신청하는 자에게 제2항에 따른 열람 기간에 의견서를 제출할 수 있다.

24 다음 중 사업계획 승인신청서 첨부서류가 아닌 것은?

① 사업면허
② 공사시행계획서 및 공사 종류별 공정계획서
③ 도시철도 건설의 기본설계서
④ 도시철도시설의 개요
⑤ 연도별 투자계획 및 재원조달계획에 관한 서류

해설 시행령 제7조(도시철도사업계획의 승인신청)

법 제7조 제1항에 따라 도시철도사업계획(이하 "사업계획"이라 한다)의 승인을 신청하려는 자는 사업계획 승인신청서에 다음 각 호의 서류를 첨부하여 시·도지사를 거쳐 **국토교통부장관**에게 제출하여야 한다.

1. 공사시행계획서 및 공사 종류별 공정계획서
2. 도시철도 건설의 기본설계서
3. 다음 각 목의 축적에 따른 계획평면도 및 종단면도
   가. 축척 **500분의 1**부터 **2만 5천분의 1**까지의 것[노선의 실측도면(實測圖面)에 표시한 것을 말한다]
   나. 축척 **200분의 1**부터 **5천분의 1**까지의 것
4. 도시철도시설의 개요
5. 연도별 투자계획 및 재원조달계획에 관한 서류
6. 도시철도 건설기간 중 건설지역의 도로교통대책에 관한 서류
7. 교통영향평가 및 환경영향평가에 대한 관계 행정기관의 장과의 협의 결과에 관한 서류

21 ② **22** ④ **23** ② **24** ① 정답

8. 법 제7조제2항에 따른 사업계획의 공고 결과 제출된 의견 중 사업계획에 반영하지 아니한 의견을 적은 서류
9. 법 제8조제2항에 따른 관계 행정기관의 장과의 협의에 필요한 서류
10. 법 제9조·제10조·제15조 및 제16조에 따른 토지의 지하부분 사용, 토지·물건 및 권리(「공익사업을 위한 토지 등의 취득 및 보상에 관한 법률」 제3조에 따른 토지·물건 및 권리를 말한다. 이하 "토지 등"이라 한다)의 수용 및 사용, 공사장애물의 이전 등에 따른 매수·보상계획 및 이주대책에 관한 서류
11. 수용하거나 사용할 토지 등의 소재지·지번(地番)·지목(地目) 및 면적을 적은 서류
12. 도시철도 부지를 표시한 도면(**축척 500분의 1부터 5천분의 1**까지의 것만 해당한다)

---

25 다음 중 사업계획의 승인을 신청하기 전에 그 뜻을 공고하려는 자가 공보에 공고하여야 하는 사항으로 틀린 것은?

① 신청인의 성명·주소(법인인 경우에는 법인의 명칭·주소와 대표자의 성명·주소를 말한다)
② 도시철도 부지의 위치
③ 노선의 기점·종점, 정거장 위치, 차량기지 위치
④ 도시철도 건설의 착공 예정일 및 준공 예정일
⑤ 도시철도 요금

> **해설** **시행령 제8조(사업계획 승인신청의 공고 등)**
> ① 법 제7조 제2항에 따라 사업계획의 승인을 신청하기 전에 그 뜻을 공고하려는 자는 다음 각 호의 사항을 해당 지역에서 발간되는 일간신문과 특별시·광역시·특별자치시·도 및 특별자치도(이하 "시·도"라 한다) 공보에 각각 한 번 이상 공고하여야 한다.
> 1. 신청인의 성명·주소(법인인 경우에는 법인의 명칭·주소와 대표자의 성명·주소를 말한다)
> 2. 도시철도 부지의 위치
> 3. 노선의 기점·종점, 정거장 위치, 차량기지 위치
> 4. 도시철도 건설의 착공 예정일 및 준공 예정일
> 5. 제2항에 따른 관계 서류 사본을 열람할 수 있는 일시 및 장소

26 다음 중 국토교통부장관이 일괄협의회를 개최하려는 경우 며칠 전까지 관계 행정기관의 장에게 알려야 하는가?

① 3일　　② 7일
③ 10일　　④ 15일
⑤ 30일

> **해설** **시행령 제9조(일괄협의회)**
> ① 국토교통부장관 또는 시·도지사는 법 제8조제4항에 따라 일괄협의회를 개최하려는 경우에는 회의 개최일 **7일** 전까지 회의 개최 사실을 관계 행정기관의 장에게 알려야 한다.

27 다음 중 도시철도건설사업을 위하여 타인 토지의 지하부분을 사용하려는 경우 누가 보상해야 하는가?

① 국가
② 국토교통부장관
③ 지방자치단체의 장
④ 도시철도건설자
⑤ 감정평가법인

> **해설** **제9조(지하부분에 대한 보상 등)**
> ① 도시철도건설자가 도시철도건설사업을 위하여 타인 토지의 지하부분을 사용하려는 경우에는 그 토지의 이용 가치, 지하의 깊이 및 토지 이용을 방해하는 정도 등을 고려하여 보상한다.

정답 25 ⑤　26 ②　27 ④

28 다음 중 도시철도건설자가 지하부분 사용에 대한 보상 시 토지의 지하부분 사용의 세부 내용을 누구에게 통보하여야 하는가?

① 관할 지방자치단체의 장
② 국토교통부장관
③ 도시철도운영자
④ 기획예산처장관
⑤ 재정경제부장관

> **해설** 시행령 제11조(지하부분 사용에 대한 보상방법 등)
> ② 도시철도건설자는 제1항에 따라 보상한 보상금액, 보상면적 및 토지의 지하부분 사용의 세부 내용을 관할 **지방자치단체의 장**에게 통보하여야 한다.

29 다음 중 「도시철도법」 내용으로 틀린 것은?

① 도시철도건설자는 도시철도건설사업을 위하여 필요하면 「공익사업을 위한 토지 등의 취득 및 보상에 관한 법률」에 따른 토지·물건 및 권리를 수용 또는 사용할 수 있다.
② 사업계획의 승인과 고시는 「공익사업을 위한 토지 등의 취득 및 보상에 관한 법률」에 따른 사업인정 및 사업인정고시로 보며, 재결신청의 기한은 승인을 받은 사업계획에서 정한 도시철도사업 기간의 종료일로 한다.
③ 국가나 지방자치단체 소유의 토지로서 도시철도건설사업에 필요한 토지는 도시철도건설사업 목적 외의 목적으로 매각하거나 양여할 수 없다.

④ 도시철도건설사업의 시행에 필요한 토지 등을 제공함으로써 생활근거를 잃게 되는 자를 위한 이주대책 등에 관하여는 국토교통부와 국가에서 전액 배상하여야 한다.
⑤ 도시철도건설자는 도시철도건설사업에 지장을 주는 장애물을 이전함으로써 생기는 손실이나 그 밖에 공사를 시행함으로써 생기는 손실의 보상에 대하여 소유자등과 협의하여야 한다.

> **해설** 제16조(이주대책 등)
> 도시철도건설사업의 시행에 필요한 토지 등을 제공함으로써 생활근거를 잃게 되는 자를 위한 이주대책(移住對策) 등에 관하여는 「공익사업을 위한 토지 등의 취득 및 보상에 관한 법률」에서 정하는 바에 따른다.

30 다음 중 빈칸에 들어갈 단어로 알맞은 것은?

> 도시철도건설자는 토지의 지하부분 사용이 필요한 경우에는 해당 부분에 대하여 (   )을 설정하거나 이전하여야 한다.

① 시설물관리권
② 임시사용권
③ 구분지상권
④ 공동사용권
⑤ 대여가용권

> **해설** 제12조(구분지상권의 설정등기 등)
> ① 도시철도건설자는 토지의 지하부분 사용이 필요한 경우에는 해당 부분에 대하여 구분지상권(區分地上權)을 설정하거나 이전하여야 한다.

28 ① **29** ④ **30** ③ **정답**

31 다음 중 빈칸에 들어갈 말로 알맞은 것은?

> 국유지·공유지는 도시철도건설자에게
> (   )하거나 수의계약으로 매각할 수
> 있다.

① 유상대여
② 무상양여
③ 대부
④ 이전등기
⑤ 공동사용

 제11조(국유지·공유지의 처분 제한 등)
② 제1항에 따른 토지는 「국유재산법」 제33조, 제39조 및 제44조와 「공유재산 및 물품 관리법」 제29조 및 제36조에도 불구하고 도시철도건설자에게 무상양여(無償讓與)하거나 수의계약으로 매각할 수 있다.

32 다음 보기에서 도시철도건설자가 도시철도 건설사업을 위하여 필요하면 할 수 있는 행위로 옳은 것을 모두 고르면?

> ㉠ 임시구조물을 설치하는 행위
> ㉡ 타인의 토지에 출입하는 행위
> ㉢ 나무·흙·돌 또는 그 밖의 장애물을 변경하거나 제거하는 행위
> ㉣ 땅을 파거나 뚫는 행위
> ㉤ 타인의 토지를 일시 사용하는 행위

① ㉠, ㉡, ㉤   ② ㉠, ㉢, ㉤
③ ㉡, ㉢, ㉤   ④ ㉡, ㉣, ㉤
⑤ ㉡, ㉢, ㉣, ㉤

 제14조(토지에의 출입 등)
① 도시철도건설자는 도시철도건설사업을 위하여 필요하면 다음 각 호에 해당하는 행위를 할 수 있다.
1. 타인의 토지에 출입하는 행위
2. 타인의 토지를 일시 사용하는 행위
3. 나무·흙·돌 또는 그 밖의 장애물을 변경하거나 제거하는 행위

33 다음 중 「도시철도법」의 내용으로 틀린 것은?

① 도시철도건설사업으로 피해를 입은 건축물을 개축하는 경우 기존 건축물에 설치되었던 규모와 같은 크기의 주차장을 설치하는 경우에는 이를 부설주차장 설치기준에 적합한 것으로 본다.
② 도시철도의 건설 및 운전에 관한 사항은 국토교통부령으로 정한다.
③ 도시철도건설자는 노면전차를 도로에 건설하는 경우 노면전차 전용도로 또는 전용차로를 설치하여야 한다.
④ 노면전차 전용도로는 노면전차만이 통행할 수 있도록 분리대, 연석, 그 밖에 이와 유사한 시설물에 의하여 차도 및 보도와 구분하여 설치한 노면전차도로를 말한다.
⑤ 도로 교통이 현저하게 혼잡해질 우려가 있는 경우 노면전차와 다른 자동차 등이 함께 통행하는 혼용차로를 설치할 수 없다.

 제18조의2(노면전차의 건설·운전 및 전용로의 설치 등)
② 제1항에도 불구하고 노면전차 전용도로 또는 전용차로의 설치로 인하여 도로 교통이 현저하게 혼잡해질 우려가 있는 등 **국토교통부령**으로 정하는 사유에 해당하는 경우에는 노면전차와 다른 자동차 등이 함께 통행하는 혼용차로를 설치할 수 있다.

  31 ②   **32** ③   **33** ⑤

34 다음 중 도시철도의 건설 및 운영을 위한 자금조달 방법 및 재원으로 틀린 것은?

① 도시철도건설자 또는 도시철도운영자의 자기자금
② 도시철도를 건설·운영하여 생긴 수익금
③ 도시철도채권의 발행
④ 부가운임 등으로 생긴 수익금
⑤ 역세권개발사업으로 생긴 수익금

> **해설** 제19조(도시철도의 건설 및 운영을 위한 자금조달)
> 도시철도의 건설 및 운영에 필요한 자금은 다음 각 호의 재원 및 방법으로 조달한다.
> 1. 도시철도건설자 또는 도시철도운영자의 자기자금(自己資金)
> 2. 도시철도를 건설·운영하여 생긴 수익금
> 3. 제20조에 따른 도시철도채권의 발행
> 4. 국가 또는 지방자치단체로부터의 차입 및 보조
> 5. 국가 및 지방자치단체 외의 자(외국 정부 및 외국인을 포함한다)로부터의 차입·출자 및 기부
> 6. 「역세권의 개발 및 이용에 관한 법률」에 따른 역세권개발사업으로 생긴 수익금
> 7. 도시철도부대사업으로 발생하는 수익금

35 다음 중 빈칸에 들어갈 단어를 순서대로 나열한 것은?

> 지방자치단체의 장은 도시철도채권을 발행하기 위하여 (   )의 승인을 받으려는 경우에는 미리 (   )과 협의하여야 한다.

① 재정경제부장관, 국토교통부장관
② 재정경제부장관, 행정안전부장관
③ 행정안전부장관, 국토교통부장관
④ 행정안전부장관, 재정경제부장관
⑤ 국토교통부장관, 재정경제부장관

> **해설** 제20조(도시철도채권의 발행)
> ② 지방자치단체의 장은 제1항에 따른 도시철도채권을 발행하기 위하여 행정안전부장관의 승인을 받으려는 경우에는 미리 국토교통부장관과 협의하여야 한다.

36 다음 중 빈칸에 들어갈 주체로 옳은 것은?

> 도시철도공사는 도시철도채권을 발행하려면 (   ) 및 (   )과 협의하여야 한다.

① 관계 지방자치단체의 장, 국토교통부장관
② 관계 지방자치단체의 장, 재정경제부장관
③ 행정안전부장관, 국토교통부장관
④ 지방의회, 관계 지방자치단체의 장
⑤ 재정경제부장관, 국토교통부장관

> **해설** 제20조(도시철도채권의 발행)
> ③ 도시철도공사는 도시철도채권을 발행하려면 관계 지방자치단체의 장 및 국토교통부장관과 협의하여야 한다.

37 다음 중 도시철도채권의 원금 및 이자의 소멸시효는 상환일로부터 기산하여 몇 년인가?

① 1년　　② 2년
③ 3년　　④ 5년
⑤ 10년

> **해설** 제20조(도시철도채권의 발행)
> ④ 도시철도채권의 원금 및 이자의 소멸시효(消滅時效)는 상환일(償還日)부터 기산(起算)하여 **5년**으로 한다.

34 ④　**35** ③　**36** ①　**37** ④　**정답**

38 다음 중 도시철도채권 발행은 누구에게 요청하여야 하는가?

① 국가
② 지방자치단체
③ 도시철도공사
④ 국토교통부장관
⑤ 재정경제부장관 및 기획예산처장관

39 다음 중 국토교통부장관이 도시철도채권을 발행할 때 명시하여야 되는 사항으로 틀린 것은?

① 발행 금액
② 발행 방법
③ 발행 수단
④ 발행 조건
⑤ 상환 방법 및 절차

> **해설** 시행령 제12조(도시철도채권의 발행절차)
> ① 국가가 법 제20조 제1항에 따라 도시철도채권을 발행하려면 국토교통부장관이 다음 각 호의 사항을 명시하여 그 발행을 **재정경제부장관 및 기획예산처장관**에게 요청하여야 한다.
> 1. 발행 금액
> 2. 발행 방법
> 3. 발행 조건
> 4. 상환 방법 및 절차
> 5. 그 밖에 도시철도채권의 발행을 위하여 필요한 사항

40 다음 중 도시철도공사가 도시철도채권을 발행하는 경우 공고 사항이 아닌 것은?

① 발행 총액
② 발행 방법
③ 발행 기간

④ 도시철도채권의 이율
⑤ 이자 지급의 방법 및 시기

> **해설** 시행령 제12조(도시철도채권의 발행절차)
> ② 국가·지방자치단체 또는 도시철도공사(도시철도사업을 위하여 「지방공기업법」에 따라 설립된 지방공사를 말한다. 이하 같다)가 법 제20조 제1항에 따라 도시철도채권을 발행하려면 다음 각 호의 사항을 공고하여야 한다.
> 1. 발행 총액
> 2. 발행 기간
> 3. 도시철도채권의 이율
> 4. 원금 상환의 방법 및 시기
> 5. 이자 지급의 방법 및 시기

41 다음 중 보기의 설명에 해당하는 주체로 옳은 것은?

> 지방자치단체의 장이 행정안전부장관의 도시철도 채권 발행승인을 받은 경우 관계 지방자치단체의 장 및 국토교통부장관에게 승인 또는 협의를 요청하여야 되는 자

① 국가
② 국토교통부장관
③ 행정안전부장관
④ 관계 지방자치단체의 장
⑤ 도시철도공사

> **해설** 시행령 제12조(도시철도채권의 발행절차)
> ③ **지방자치단체의 장**이 법 제20조 제2항에 따라 **행정안전부장관**의 승인을 받거나 **국토교통부장관**과 협의하는 경우와 도시철도공사가 같은 조 제3항에 따라 **관계 지방자치단체의 장** 및 **국토교통부장관**과 협의하는 경우에는 각각 제1항 각 호의 사항을 명시하여 승인 또는 협의를 요청하여야 한다.

정답 38 ⑤ 39 ③ 40 ② 41 ⑤

42 다음 중 도시철도공사가 도시철도채권을 발행하는 경우 이율의 범위로 옳은 것은?

① 연 3퍼센트 　② 연 5퍼센트

③ 연 8퍼센트 　④ 연 10퍼센트

⑤ 연 15퍼센트

> **해설** 시행령 제13조(도시철도채권의 발행 방법 및 이율)
>
> ① 법 제20조에 따른 도시철도채권은 「주식·사채 등의 전자등록에 관한 법률」에 따라 전자등록하여 발행한다.
> ② 도시철도채권의 이율은 다음 각 호와 같다.
> 1. 국가가 발행하는 경우 : **재정경제부장관 및 기획예산처장관**이 **국토교통부장관**과 협의하여 정하는 이율
> 2. 지방자치단체가 발행하는 경우 : **연 10퍼센트**의 범위에서 해당 지방자치단체의 조례로 정하는 이율
> 3. 도시철도공사가 발행하는 경우 : **연 10퍼센트**의 범위에서 관계 지방자치단체의 장과 협의하여 해당 도시철도공사의 규칙으로 정하는 이율

43 다음 중 도시철도채권을 매입하여야 하는 자가 아닌 것은?

① 국가나 지방자치단체로부터 면허·허가·인가를 받는 자

② 국가나 지방자치단체에 등기·등록을 신청하는 자

③ 국가, 지방자치단체 또는 「공공기관의 운영에 관한 법률」에 따른 공공기관과 건설도급계약을 체결하는 자

④ 도시철도건설자 또는 도시철도운영자와 도시철도 건설·운영에 필요한 건설도급계약, 용역계약 또는 물품구매계약을 체결하는 자

⑤ 민간투자사업으로 건설된 도시철도의 지분을 갖고 있는 자

> **해설** 제21조(도시철도채권의 매입)
>
> ① 다음 각 호의 자 중 **대통령령**으로 정하는 자는 도시철도채권을 매입하여야 한다.
> 1. 국가나 지방자치단체로부터 면허·허가·인가를 받는 자

2. 국가나 지방자치단체에 등기·등록을 신청하는 자. 다만, 「자동차관리법」 제3조에 따른 자동차로서 **국토교통부령**으로 정하는 경형자동차(**이륜자동차는 제외**한다)의 등록을 신청하는 자는 제외한다.
3. 국가, 지방자치단체 또는 「공공기관의 운영에 관한 법률」 제4조에 따른 공공기관과 건설도급계약(建設都給契約)을 체결하는 자
4. 도시철도건설자 또는 **도시철도운영자**와 도시철도 건설·운영에 필요한 건설도급계약, 용역계약 또는 물품구매계약을 체결하는 자

44 다음 중 국가가 발행하는 도시철도채권의 매출 및 상환업무의 사무취급기관으로 옳은 것은?

① 국세청

② 한국은행

③ 제1금융기관

④ 한국예탁결제원

⑤ 국가가 지정하는 금융기관

> **해설** 시행령 제15조(도시철도채권의 사무취급기관 등)
>
> ① 국가가 발행하는 도시철도채권의 매출 및 상환업무의 사무취급기관은 「한국은행법」에 따른 한국은행으로 한다.

45 다음 중 도시철도공사가 발행하는 도시철도채권의 매출 및 상환업무의 사무취급기관으로 옳은 것은?

① 국세청

② 한국은행

③ 제1금융기관

④ 한국예탁결제원

⑤ 국가가 지정하는 금융기관

> **해설** 시행령 제15조(도시철도채권의 사무취급기관 등)
>
> ② **지방자치단체** 및 **도시철도공사**가 발행하는 도시철도채권의 매출 및 상환업무의 사무취급기관은 해당 지방자치단체가 지정하는 금융기관 또는 「자본시장과 금융투자업에 관한 법률」 제294조에 따라 설립된 한국예탁결제원으로 한다.

42 ④　**43** ⑤　**44** ②　**45** ④　**정답**

46 다음 중 사무취급기관이 도시철도채권 발행원부에 적어야 하는 사항으로 틀린 것은?

① 도시철도채권 매입자의 성명·주소 및 주민등록번호

② 도시철도채권의 금액

③ 도시철도채권의 발행기관

④ 도시철도채권의 이율

⑤ 도시철도채권의 발행일 및 상환일

해설 시행령 제16조(도시철도채권 발행원부의 비치)
사무취급기관은 도시철도채권 발행원부를 갖추어 두고, 다음 각 호의 사항을 적어야 한다.
1. 도시철도채권 매입자의 성명·주소 및 주민등록번호
2. 도시철도채권의 금액
3. 도시철도채권의 이율
4. 도시철도채권의 발행일 및 상환일
※ **암기법 : 매입자의 금이빨상환다.**

47 다음 중 빈칸에 들어갈 단어로 옳은 것은?

> (   )는 지방자치단체나 도시철도공사가 시행하는 도시철도건설사업을 위하여 재정적 지원이 필요하다고 인정되면 소요자금의 일부를 보조하거나 융자할 수 있다.

① 국가 ② 정부

③ 국회 ④ 기획예산처

⑤ 재정경제부

해설 제22조(정부 지원 등)
① **정부**는 지방자치단체나 도시철도공사가 시행하는 도시철도건설사업을 위하여 재정적 지원이 필요하다고 인정되면 소요자금(所要資金)의 일부를 보조하거나 융자할 수 있다.

48 다음 중 정부 지원 등에 관하여 틀린 것은?

① 정부는 법인이 시행하는 도시철도건설사업을 위하여 필요하다고 인정되면 소요자금의 일부를 융자할 수 있다.

② 정부는 도시철도기술의 발전을 위하여 대통령령으로 정하는 도시철도기술을 연구하는 기관 또는 단체에 보조 등 재정적 지원을 할 수 있다.

③ 지방자치단체는 정부의 지원을 받은 경우 도시철도기술의 발전을 위하여 대통령령으로 정하는 바에 따라 연구기관 등에 보조하거나 출연할 수 있다.

④ 정부는 지방자치단체, 도시철도공사 또는 도시철도법에 따른 법인이 건설·운영하고 있는 도시철도의 승강장에 전동차 출입문과 연동되어 열리고 닫히는 승하차용 출입문 설비를 설치하기 위한 소요자금의 일부를 보조할 수 있다.

⑤ 정부는 민자도시철도에 대해서는 대통령령으로 정하는 바에 따라 보조, 융자, 지원 등을 할 수 없다.

해설 제22조(정부 지원 등)
⑥ 정부는 민자도시철도로 인한 지방자치단체의 재정상 부담을 경감할 수 있도록 행정적 지원을 할 수 있다.

49 다음 중 보조금 또는 출연금 지급신청서는 누구에게 제출하여야 하는가?

① 국가

② 지방자치단체의 장

③ 기획예산처장관

④ 재정경제부장관

⑤ 국토교통부장관

정답 46 ③ 47 ② 48 ⑤ 49 ②

 시행령 제18조(보조금 또는 출연금의 지급 등)
① 제17조에 따른 기관, 법인 또는 단체가 법 제22조 제4항에 따라 보조금이나 출연금을 지급받으려면 보조금 또는 출연금의 지급신청서에 사업계획서와 예산집행계획서를 첨부하여 **지방자치단체의 장**에게 제출하여야 한다.

50 다음 중 도시철도건설사업을 위탁하려는 경우 누구의 승인을 받아야 하는가?

① 국가
② 지방자치단체의 장
③ 기획예산처장관
④ 재정경제부장관
⑤ 국토교통부장관

 제24조(도시철도건설사업의 위탁)
① **국가**나 **지방자치단체**가 도시철도건설자인 경우에는 도시철도건설사업을 법인에 위탁할 수 있다. 이 경우 지방자치단체인 도시철도건설자는 **국토교통부장관**의 승인을 받아야 한다.

51 다음 중 빈칸에 들어갈 단어로 알맞은 것은?

> (   )는(은) 도시철도 노선망이 유기적인 기능을 발휘할 수 있도록 도시철도 노선 간 또는 도시철도 노선과 철도 노선 간 연계망 구축을 위하여 노력하여야 한다.

① 국가
② 정부
③ 국토교통부장관
④ 지방자치단체
⑤ 행정안전부장관

 제25조(도시철도의 연계망 구축)
① 지방자치단체는 도시철도 노선망이 유기적인 기능을 발휘할 수 있도록 도시철도 노선 간 또는 도시철도 노선과 철도 노선 간 연계망 구축을 위하여 노력하여야 한다.

제3장 **도시철도운송사업 등**

52 다음 중 국가 또는 지방자치단체가 아닌 법인이 도시철도운송사업을 하려면 누구에게 면허를 받아야 하는가?

① 국가
② 대통령
③ 국토교통부장관
④ 지방자치단체의 장
⑤ 시·도지사

 제26조(면허 등)
① 국가 또는 지방자치단체가 아닌 법인으로서 도시철도운송사업을 하려는 자는 **국토교통부령**으로 정하는 바에 따라 도시철도운송사업계획을 제출하여 **시·도지사**에게 면허를 받아야 한다.

53 다음 중 도시철도운송사업의 사업구간이 인접한 시·도에 걸쳐있어 협의가 성립되지 않은 경우 조정할 수 있는 자로 옳은 것은?

① 국가
② 대통령
③ 국토교통부장관
④ 지방자치단체의 장
⑤ 시·도지사

 제26조(면허 등)
② 도시철도운송사업의 사업구간이 인접한 시·도에 걸쳐있는 경우에는 해당 시·도지사 간 협의에 따라 면허를 줄 시·도지사를 정하되 협의가 성립되지 아니한 경우에는 **국토교통부장관**이 조정할 수 있다. 이 경우 시·도지사는 특별한 사유가 없으면 **국토교통부장관**의 조정에 따라야 한다.

50 ⑤ **51** ③ **52** ⑤ **53** ③ **정답**

54 다음 중 도시철도운송사업의 면허의 결격 사유로 옳은 것은? (단, 모든 보기는 법인의 임원이다.)

① 피성년후견인
② 피한정후견인
③ 파산선고를 받고 복권되지 아니한 사람
④ 이 법 또는 대통령령으로 정하는 철도 및 도시철도 관계 법령을 위반하여 금고 이상의 실형을 선고받고 그 집행이 끝나거나 면제된 사람
⑤ 도시철도법을 위반하여 금고 이상의 형의 집행유예를 선고받고 그 유예기간 중에 있는 사람

> **해설** **제28조(결격사유)**
> ① 임원 중에 다음 각 호의 어느 하나에 해당하는 사람이 있는 법인은 도시철도운송사업의 면허를 받을 수 없다.
> 1. 피성년후견인 또는 피한정후견인
> 2. 파산선고를 받고 복권되지 아니한 사람
> 3. 이 법 또는 **대통령령**으로 정하는 철도 및 도시철도 관계 법령을 위반하여 금고 이상의 실형을 선고받고 그 집행이 끝나거나(끝난 것으로 보는 경우를 포함한다) 면제된 날부터 2년이 지나지 아니한 사람
> 4. 이 법 또는 **대통령령**으로 정하는 철도 및 도시철도 관계 법령을 위반하여 금고 이상의 형의 집행유예를 선고받고 그 유예기간 중에 있는 사람

55 다음 중 도시철도부대사업을 하려는 경우 누구의 승인을 받아야 하는가?

① 국가
② 대통령
③ 국토교통부장관
④ 행정안전부장관
⑤ 시·도지사

> **해설** **제28조의2(도시철도부대사업의 승인 등)**
> ① **도시철도운영자**는 도시철도의 건설 및 운영에 드는 자금을 충당하기 위하여 **시·도지사**의 승인을 받아 도시철도부대사업을 할 수 있다.

56 다음 중 도시철도공사를 설립하려는 경우 미리 누구와 협의를 해야 하는가?

① 국가
② 대통령
③ 국토교통부장관
④ 행정안전부장관
⑤ 시·도지사

> **해설** **제29조(도시철도공사의 설립 등 협의)**
> 지방자치단체가 「지방공기업법」 제49조에 따라 도시철도공사를 설립하려는 경우에는 미리 **국토교통부장관**과 협의하여야 한다.

57 다음 중 도시철도의 운임을 정하는 자로 옳은 것은?

① 국가
② 국토교통부장관
③ 시·도지사
④ 도시철도운송사업자
⑤ 재정경제부장관

> **해설** **제31조(운임의 신고 등)**
> ① 도시철도운송사업자는 도시철도의 운임을 정하거나 변경하는 경우에는 원가(原價)와 버스 등 다른 교통수단 운임과의 형평성 등을 고려하여 **시·도지사**가 정한 범위에서 운임을 정하여 시·도지사에게 신고하여야 하며, 신고를 받은 시·도지사는 그 내용을 검토하여 이 법에 적합하면 신고를 받은 날부터 **국토교통부령**으로 정하는 기간 이내에 신고를 수리하여야 한다.
> ※ **도시철도 운임 범위를 정하는 자 = 시, 도지사**
> **도시철도 운임을 정하는 자 = 도시철도운송사업자**

정답 54 ④ 55 ⑤ 56 ③ 57 ④

58 다음 중 빈칸에 들어갈 단어로 알맞은 것은?

> 도시철도운영자는 도시철도의 운임을 정하거나 변경하는 경우 그 사항을 시행 (　　) 이전에 예고하는 등 도시철도 이용자에게 불편이 없도록 필요한 조치를 하여야 한다.

① 1주일
② 1개월
③ 3개월
④ 6개월
⑤ 1년

해설 제31조(운임의 신고 등)
② 도시철도운영자는 도시철도의 운임을 정하거나 변경하는 경우 그 사항을 시행 1주일 이전에 예고하는 등 도시철도 이용자에게 불편이 없도록 필요한 조치를 하여야 한다.

59 다음 중 도시철도운송약관을 정해야 하는 자로 옳은 것은?

① 국가
② 시·도지사
③ 국토교통부장관
④ 도시철도운송사업자
⑤ 도시철도운영자

해설 제32조(도시철도운송약관)
도시철도운영자는 도시철도운송약관을 정하여야 하고, 도시철도운송사업자인 도시철도운영자는 이를 시·도지사에게 신고하여야 하며, 신고를 받은 시·도지사는 그 내용을 검토하여 이 법에 적합하면 신고를 받은 날부터 **국토교통부령**으로 정하는 기간 이내에 신고를 수리하여야 한다. 이를 변경하려는 경우에도 또한 같다.

60 다음 중 빈칸에 들어갈 말로 알맞은 것은?

> 시·도지사는 소관 도시철도운송사업계획을 변경한 경우에는 지체 없이 (　　)에게 알려야 한다.

① 도시철도운영자
② 도시철도운송사업자
③ 국토교통부장관
④ 재정경제부장관
⑤ 기획예산처장관

해설 제33조(도시철도운송사업계획의 변경)
② 시·도지사는 도시철도운송사업자로부터 도시철도운송사업계획에 대한 변경신고를 받거나 소관 도시철도운송사업계획을 변경한 경우에는 지체 없이 **국토교통부장관**에게 알려야 한다.

61 다음 중 빈칸에 들어갈 말로 알맞은 것은?

> 도시철도운영자 또는 철도사업자는 운임수입의 배분에 관한 사항에 대하여 해당 운임수입이 발생한 날이 속하는 연도의 다음 연도 12월 31일까지 협의를 완료하거나 국토교통부장관의 결정을 신청하여야 한다. 다만, 운임수입의 배분과 관련되는 모든 도시철도운영자 및 철도사업자가 동의하는 경우에는 1회에 한하여 (　　)의 범위에서 그 기간을 연장할 수 있다.

① 1개월
② 3개월
③ 6개월
④ 1년
⑤ 2년

58 ②　**59** ⑤　**60** ③　**61** ③　**정답**

 제34조(연락운송)

③ 도시철도운영자 또는 철도사업자는 운임수입의 배분에 관한 사항에 대하여 해당 운임수입이 발생한 날이 속하는 연도의 다음 연도 12월 31일까지 제1항에 따른 협의를 완료하거나 제2항에 따른 결정을 신청하여야 한다. 다만, 운임수입의 배분과 관련되는 모든 도시철도운영자 및 철도사업자가 동의하는 경우에는 1회에 한하여 6개월의 범위에서 그 기간을 연장할 수 있다.

62 다음 중 도시철도운송사업자가 도시철도운송사업을 합병하려는 경우 누구의 인가를 받아야 하는가?

① 국토교통부장관
② 시·도지사
③ 조정위원회
④ 공기업정책위원회
⑤ 공정거래위원회

 제35조(사업의 양도·양수 등)

① 도시철도운송사업자가 도시철도운송사업을 양도·양수하거나 합병하려는 경우에는 시·도지사의 인가를 받아야 한다.

63 다음 중 도시철도운송사업자의 휴업기간 상한선으로 옳은 것은?

① 1개월   ② 3개월
③ 6개월   ④ 1년
⑤ 2년

 제36조(사업의 휴업·폐업)

③ 제1항에 따른 휴업기간은 **6개월**을 넘지 못한다. 다만, 제1항 단서에 따른 휴업의 경우에는 해당 사유가 소멸할 때까지 휴업할 수 있다.

64 다음 중 휴업 시작 전에 게시하여야 하는 사항이 아닌 것은?

① 휴업하는 도시철도운송사업의 내용 및 그 사유
② 휴업기간
③ 휴업승인자
④ 대체교통수단의 안내
⑤ 그 밖에 휴업 또는 폐업과 관련하여 도시철도운송사업자가 일반인에게 알려야 할 필요성이 있다고 인정하는 사항

 시행령 제23조(사업의 휴업·폐업 내용의 게시)

도시철도운송사업자는 법 제36조 제1항 본문에 따라 휴업 또는 폐업의 허가를 받은 경우에는 휴업 또는 폐업 시작일 5일 이전에 법 제36조 제5항에 따라 다음 각 호의 사항을 인터넷 홈페이지와 관계 역·영업소 및 사업소의 일반인이 보기 쉬운 곳에 게시하여야 한다. 다만, 법 제36조 제1항 단서에 따라 휴업을 신고하는 경우에는 해당 휴업 사유가 발생하였을 때에 즉시 게시하여야 한다.
1. 휴업 또는 폐업하는 도시철도운송사업의 내용 및 그 사유
2. 휴업기간(휴업하는 경우만 해당한다)
3. 대체교통수단의 안내
4. 그 밖에 휴업 또는 폐업과 관련하여 도시철도운송사업자가 일반인에게 알려야 할 필요성이 있다고 인정하는 사항

65 다음 중 도시철도운송사업자 면허를 취소하여야 하는 경우로 옳은 것은?

① 거짓이나 그 밖의 부정한 방법으로 도시철도운송사업 면허를 받은 경우
② 도시철도운송사업의 면허기준을 위반한 경우
③ 시·도지사가 정한 날짜 또는 기간 내에 운송을 개시하지 아니한 경우
④ 인가를 받지 아니하고 양도·양수하거나 합병한 경우

⑤ 도시철도차량에 폐쇄회로 텔레비전을
설치하지 아니한 경우

[해설] 제37조(면허의 취소 등)
① 시·도지사는 도시철도운송사업자가 다음 각 호의 어느 하나에 해당하는 경우에는 그 면허를 취소하거나 **6개월** 이내의 기간을 정하여 그 사업의 정지를 명할 수 있다. 다만, 제1호에 해당하는 경우에는 그 면허를 취소하여야 한다.
1. 거짓이나 그 밖의 부정한 방법으로 제26조에 따른 도시철도운송사업 면허를 받은 경우

---

66 다음 중 시·도지사가 도시철도운송사업자에게 부과할 수 있는 과징금의 최대 금액으로 옳은 것은?

① 1억 원　　　　② 5천만 원
③ 2천만 원　　　④ 1천만 원
⑤ 500만 원

[해설] 제38조(과징금의 부과)
① **시·도지사**는 도시철도운송사업자가 제37조 제1항 각 호의 어느 하나에 해당하여 사업정지처분을 하여야 할 경우로서 해당 사업의 정지가 그 사업의 이용자 등에게 심한 불편을 주거나 공익을 해칠 우려가 있을 때에는 **대통령령**으로 정하는 바에 따라 사업정지처분을 갈음하여 2천만 원 이하의 과징금을 부과할 수 있다.

---

67 다음 중 징수된 과징금의 사용 용도가 아닌 것은?

① 도시철도 관련 시설의 확충 및 정비
② 도시철도기술의 연구개발
③ 도시철도 적자의 개선
④ 도시철도종사자의 양성·교육훈련이나 그 밖에 자질 향상을 위한 교육훈련시설의 건설 및 운영

---

⑤ 도시철도운송사업의 경영개선이나 그 밖에 도시철도운송사업의 발전을 위하여 필요한 사항

[해설] 제38조(과징금의 부과)
③ 제1항과 제2항에 따라 징수한 과징금은 다음 각 호의 용도로만 사용하여야 한다.
1. 도시철도 관련 시설의 확충 및 정비
2. 도시철도기술의 연구개발
3. 도시철도 이용자의 서비스 개선사업
4. 도시철도종사자의 양성·교육훈련이나 그 밖에 자질 향상을 위한 교육훈련시설의 건설 및 운영
5. 도시철도운송사업의 경영개선이나 그 밖에 도시철도 운송사업의 발전을 위하여 필요한 사항

---

68 다음 중 과징금은 며칠 이내로 납부해야 하는가?

① 7일　　　　② 20일
③ 30일　　　④ 60일
⑤ 90일

[해설] 시행령 제24조(과징금의 부과 및 납부)
④ 제3항에 따른 통지를 받은 자는 통지를 받은 날부터 20일 이내에 시·도지사가 정하는 수납기관에 과징금을 내야 한다.

---

69 다음 중 시, 도지사가 정한 날짜에 운송을 개시하지 않은 경우 과징금으로 옳은 것은?

① 100만 원　　　② 300만 원
③ 500만 원　　　④ 1,000만 원
⑤ 2,000만 원

[해설] 시행령 [별표 3] 위반행위의 종류와 과징금의 금액(제24조제1항 관련) 중

위반행위	근거 법조문	과징금
3. 법 제30조 제1항을 위반하여 시·도지사가 정한 날짜 또는 기간 내에 운송을 개시하지 않은 경우	법 제37조 제1항 제4호	300만 원

70 다음 중 시·도지사가 도시철도운송사업자에게 명할 수 있는 사항으로 틀린 것은?

① 도시철도운송사업계획 및 도시철도운송약관의 변경

② 운임의 조정

③ 도시철도차량이나 그 밖의 시설의 개선

④ 도시철도 사업자의 재무제표에 대한 개선

⑤ 도시철도차량 및 도시철도 사고에 관한 손해배상을 위한 보험에의 가입

 제39조(사업개선명령)

시·도지사는 도시교통의 원활화와 도시철도 이용자의 안전 및 편의 증진을 위하여 필요하다고 인정하면 도시철도운송사업자에게 다음 각 호의 사항을 명할 수 있다.
1. 도시철도운송사업계획 및 도시철도운송약관의 변경
2. 운임의 조정
3. 도시철도차량이나 그 밖의 시설의 개선
4. 도시철도 노선의 연락운송
5. 도시철도차량 및 도시철도 사고에 관한 손해배상을 위한 보험에의 가입
6. 안전운송의 확보 및 서비스의 향상을 위하여 필요한 조치
7. 도시철도종사자의 양성 및 자질 향상을 위한 교육

71 다음 중 도시철도 운영자가 폐쇄회로 텔레비전을 설치하는 경우 안내판에 포함되어야 하는 사항이 아닌 것은?

① 설치 목적

② 설치 장소

③ 촬영 범위

④ 촬영 시간

⑤ 촬영 등급

 시행령 제26조(폐쇄회로 텔레비전의 안내판 설치 등)

① **도시철도운영자**는 법 제41조 제2항에 따라 승객이 도시철도차량 내 폐쇄회로 텔레비전의 설치를 쉽게 인식할 수 있도록 폐쇄회로 텔레비전이 설치된 위치 부근에 다음 각 호의 사항이 포함된 안내판을 설치하여야 한다. 이 경우 안내판에는 한글과 영문을 함께 표기하여야 한다.
1. 설치 목적
2. 설치 장소
3. 촬영 범위
4. 촬영 시간
5. 담당 부서, 책임자 및 연락처
6. 그 밖에 **도시철도운영자**가 필요하다고 인정하는 사항

72 다음 중 도시철도운영자인 지방자치단체가 도시철도운송사업을 법인에 위탁하는 경우 누구에게 통보하여야 하는가?

① 국가

② 지방자치단체

③ 국토교통부장관

④ 행정안전부장관

⑤ 시·도지사

• **제42조(도시철도운송사업의 위탁)** ① **국가**나 **지방자치단체**가 도시철도운영자인 경우에는 도시철도운송사업을 법인에 위탁할 수 있다.
• **시행령 제27조(도시철도운송사업의 위탁)** ① 지방자치단체인 도시철도운영자가 법 제42조 제1항에 따라 도시철도운송사업을 법인에 위탁하는 경우에는 그 사실을 **국토교통부장관**에게 통보하여야 한다.

 70 ④　**71** ⑤　**72** ③

73　다음 중 빈칸에 들어갈 단어로 옳은 것은?

> (　　)는(은) 국가·지방자치단체나 도시철도공사가 아닌 도시철도건설자 및 도시철도운영자에 대하여 감독 및 명령을 할 수 있다.

① 대통령
② 국토교통부장관
③ 행정안전부장관
④ 대도시권광역교통위원장
⑤ 시·도지사

해설 제44조(감독 등)
③ **시·도지사**는 국가·지방자치단체나 도시철도공사가 아닌 도시철도건설자 및 도시철도운영자에 대하여 제1항 및 제2항의 감독 및 명령을 할 수 있다.

제5장　벌칙

74　다음 중 2년 이하의 징역 또는 2천만 원 이하의 벌금에 처해지지 않는 자는?

① 면허를 받지 아니하고 도시철도운송사업을 경영한 자
② 거짓이나 그 밖의 부정한 방법으로 도시철도운송사업의 면허를 받은 자
③ 사업정지 기간에 도시철도운송사업을 경영한 자
④ 타인에게 자신의 상호를 대여한 자
⑤ 영상기록을 목적 외의 용도로 이용하거나 다른 자에게 제공한 자

해설 제47조(벌칙)
① 다음 각 호의 어느 하나에 해당하는 자는 2년 이하의 징역 또는 2천만 원 이하의 벌금에 처한다.
1. 제26조에 따른 면허를 받지 아니하고 도시철도운송사업을 경영한 자
2. 거짓이나 그 밖의 부정한 방법으로 제26조에 따른 도시철도운송사업의 면허를 받은 자
3. 제37조에 따른 사업정지 기간에 도시철도운송사업을 경영한 자
4. 제40조를 위반하여 타인에게 자신의 상호를 대여한 자
5. 제43조에 따라 준용되는 「철도사업법」 제31조를 위반하여 도시철도운영자의 공동활용에 관한 요청을 정당한 사유 없이 거부한 자
② 다음 각 호의 어느 하나에 해당하는 자는 1년 이하의 징역 또는 1천만 원 이하의 벌금에 처한다.
2. 제41조 제4항을 위반하여 영상기록을 목적 외의 용도로 이용하거나 다른 자에게 제공한 자

75　다음 중 도시철도차량에 폐쇄회로 텔레비전을 설치하지 아니한 자의 과태료로 옳은 것은?

① 100만 원 이하
② 200만 원 이하
③ 300만 원 이하
④ 500만 원 이하
⑤ 1,000만 원 이하

해설 제49조(과태료)
② 제41조 제1항을 위반하여 도시철도차량에 폐쇄회로 텔레비전을 설치하지 아니한 자에게는 300만 원 이하의 과태료를 부과한다.

73 ⑤　74 ⑤　75 ③　정답

76 다음 중 형벌에 해당하지 않는 자는?

① 도시철도운영자의 공동활용에 관한 요청을 정당한 사유 없이 거부한 자
② 사업정지 기간에 도시철도운송사업을 경영한 자
③ 설치 목적과 다른 목적으로 폐쇄회로 텔레비전을 임의로 조작하거나 다른 곳을 비춘 자
④ 회계를 구분하여 경리하지 아니한 자
⑤ 감독상 필요한 명령을 위반한 자

> **해설**
> • 4번 선지의 경우 과태료에 해당한다. 형벌이라 함은 징역 혹은 금고형을 뜻한다. 그러므로 47조와 같은 벌칙이 형벌에 해당한다.
> • **제49조(과태료)** ① 제43조에 따라 준용되는 「철도사업법」 제32조 제1항 또는 제2항을 위반하여 회계를 구분하여 경리하지 아니한 자에게는 500만 원 이하의 과태료를 부과한다.

정답 76 ④

제1장 **총칙**

01 다음 중 「도시철도법」의 구성으로 옳은 것은?
① 국토교통부령이다.
② 약칭은 도철법이다.
③ 부칙을 포함한 50조로 구성되어 있다.
④ 5장 50조 29령으로 구성되어 있다.
⑤ 목적은 도시철도 이용활성화가 있다.

해설
법률이며, 약칭 없이 「도시철도법」이다. 부칙을 제외한 5장 50조 29령으로 구성되어 있으며, 목적은 제1조(목적) 참고

02 다음 중 도시철도시설로 틀린 것은?
① 도시철도의 전철전력설비, 정보통신설비, 신호 및 열차제어설비
② 도시철도차량의 기술의 개발·시험 및 연구를 위한 시설
③ 도시철도의 건설 및 유지보수에 필요한 자재를 가공·조립·운반 또는 보관하기 위하여 해당 사업기간 동안 사용되는 시설
④ 도시철도의 건설 및 유지보수를 위한 공사에 사용되는 진입도로, 주차장, 야적장, 토석채취장 및 사토장과 그 설치 또는 운영에 필요한 시설
⑤ 그 밖에 도시철도 안전 관련 시설, 안내시설 등 도시철도의 건설·유지보수 및 운영을 위하여 필요한 시설로서 국토교통부장관이 정하는 시설

해설 제2조(정의) 3호

03 다음 중 도시철도부대사업으로 틀린 것은?
① 도시철도 차량·장비와 도시철도용품의 제작·판매·정비 및 임대사업
② 도시철도 이용객을 위한 편의시설의 설치·운영사업
③ 복합환승센터의 개발사업
④ 도시철도시설의 유지·보수 등 국가·지방자치단체 또는 공공법인 등으로부터 위탁받은 사업
⑤ 카지노를 포함한 관광사업으로서 도시철도운영과 관련된 사업일체

해설
• 카지노를 제외한 관광사업이다.
• 시행령 제2조의2(도시철도부대사업)

04 다음 중 도시철도운송사업에 해당하는 사업분야를 모두 고른 것은?

> ㉠ 도시철도와 연계된 시설을 이용한 수송
> ㉡ 도시철도시설을 이용한 여객 및 화물 운송
> ㉢ 도시철도차량의 정비 및 열차의 운행 관리
> ㉣ 도시철도시설 및 도시철도차량 등을 활용한 부대사업 개발 및 서비스

① ㉠, ㉡   ② ㉠, ㉢
③ ㉡, ㉢   ④ ㉡, ㉣
⑤ ㉠, ㉡, ㉢

해설 제2조(정의) 6호

01 ④　**02** ②　**03** ⑤　**04** ③　**정답**

05 다음 중 도시철도망계획에 포함되어야 하는 사항이 아닌 것은?

① 해당 도시교통권역의 특성·교통상황 및 장래의 교통수요 예측
② 도시철도망의 단기 건설계획
③ 다른 교통수단과 연계한 교통체계의 구축
④ 필요한 재원(財源)의 조달방안과 투자 우선순위
⑤ 그 밖에 체계적인 도시철도망 구축을 위하여 필요한 사항으로서 국토교통부령으로 정하는 사항

해설 제5조(도시철도망구축계획의 수립 등) 2항

06 다음 중 도시철도망계획 수립 시 조화를 이뤄야 하는 계획으로 옳은 것은?

① 국가기간교통망계획
② 대중교통기본계획
③ 도시철도차량정비계획
④ 대도시권 광역교통시행계획
⑤ 중기 교통시설투자계획

해설 제5조(도시철도망구축계획의 수립 등) 3항

07 다음 중 도시철도망구축계획의 수립 등에 관하여 틀린 것은?

① 시·도지사는 관할 도시교통권역에서 도시철도를 건설·운영하려면 관계 시·도지사와 협의하여 10년 단위의 도시철도망구축계획을 수립하여야 한다.
② 시·도지사는 도시철도망계획을 수립하거나 변경하려면 국토교통부장관의 승인을 받아야 한다.
③ 국토교통부장관은 대통령령으로 정하는 경미한 사항의 변경을 승인하는 경우에는 관계 행정기관의 장과 협의 후 국가교통위원회의 심의를 거쳐 승인하여야 한다.
④ 시·도지사는 도시철도망계획이 수립된 날부터 5년마다 도시철도망계획의 타당성을 재검토하여 필요한 경우 이를 변경하여야 한다.
⑤ 시·도지사는 도시철도망계획 또는 기본계획을 수립하였을 때는 이를 해당 계획의 계획기간이 시작되는 해의 전년도 2월 말일까지 국토교통부장관에게 제출하여야 한다.

해설 제5조(도시철도망구축계획의 수립 등)
⑤ **국토교통부장관**은 도시철도망계획의 내용 중 필요한 사항을 조정하여 관계 행정기관의 장과 협의한 후 「국가통합교통체계효율화법」 제106조에 따른 국가교통위원회의 심의를 거쳐 승인하고, 이를 관보에 고시하여야 한다. 다만, **대통령령**으로 정하는 경미한 사항의 변경을 승인하는 경우에는 국가교통위원회의 심의 및 관보에의 고시를 생략한다.

정답 05 ② 06 ③ 07 ③

08 다음 중 노선별 도시철도기본계획의 수립 등에 대한 내용으로 옳은 것은?

① 민자도시철도의 경우에는 시·도지사가 국토교통부장관과 협의하여 기본계획의 수립을 생략할 수 있다.

② 기본계획에는 해당 도시교통권역의 특성·교통상황 및 장래의 교통수요 예측을 포함하여야 한다.

③ 시·도지사는 대통령령으로 정하는 경미한 기본계획 사항을 변경하려는 경우에는 사전협의, 공청회, 지방의회 의견 청취의 절차, 관보에 고시를 생략할 수 있다.

④ 국토교통부장관은 기본계획을 제출받으면 건설 노선, 사업기간, 총사업비, 지방자치단체의 재원 분담비율을 포함한 자금의 조달방안 등 필요한 사항을 조정하여 관계 행정기관의 장과 협의를 거쳐 기본계획을 승인하여야 한다. 다만, 대통령령으로 정하는 경미한 사항을 변경하려는 경우에는 승인을 생략할 수 있다.

⑤ 국토교통부장관은 기본계획 중 경미한 사항의 변경을 승인하였을 때에는 1년 안에 시·도지사에게 신고하여야 한다.

해설 제6조(노선별 도시철도기본계획의 수립 등), 시행령 제5조(기본계획의 주요 사항), 시행령 제6조(기본계획 중 경미한 사항 변경)

09 다음 중 사업계획의 승인 등에 대한 내용으로 틀린 것은?

① 기본계획에 따라 도시철도를 건설하려는 자는 대통령령으로 정하는 바에 따라 도시철도사업계획을 변경하려는 경우 국토교통부장관의 승인을 받아야 한다.

② 기본계획에 따라 도시철도를 건설하려는 자가 사업계획의 승인을 신청할 때에는 미리 그 뜻을 공고하고 관계 서류의 사본을 20일 이상 일반인이 열람할 수 있게 하여야 한다.

③ 소유자 등을 알 수 없거나 주소 불명 등 대통령령으로 정하는 경우에는 사업계획을 통보하지 아니할 수 있다.

④ 사업계획의 승인을 신청하는 자는 의견서에 제출된 의견이 타당하다고 인정하면 사업계획 승인신청 내용에 이를 반영하여야 하고, 반영하지 아니한 의견은 이의신청서에 첨부하여야 한다.

⑤ 지방자치단체의 장은 사업계획 승인 내용 중 도시·군관리계획 결정사항이 포함되어 있는 경우에는 「국토의 계획 및 이용에 관한 법률」 및 「토지이용규제 기본법」에 따라 지형도면의 고시 등 필요한 조치를 하여야 한다.

해설 제7조(사업계획의 승인 등)

10 다음 중 사업계획 승인신청서 첨부서류로 틀린 것은?

① 공사시행계획서 및 공사 종류별 공정계획서

② 관계 행정기관의 장과의 협의에 필요한 서류

③ 사업계획의 공고 결과 제출된 의견 중 사업계획에 반영하지 아니한 의견을 적은 서류
④ 도시철도차량의 도면도
⑤ 도시철도 부지를 표시한 도면(축척 500분의 1부터 5천분의 1까지의 것만 해당한다)

해설 시행령 제7조(도시철도사업계획의 승인신청)

11 다음 중 사업계획 승인신청의 공고 사항으로 틀린 것은?
① 도시철도 부지의 위치
② 도시철도 건설의 착공 예정일 및 준공 예정일
③ 노선의 기점·종점, 정거장 위치, 차량기지 위치
④ 소유자 등이 열람할 수 있게 하여야 하는 관계 서류 사본을 열람할 수 있는 일시 및 장소
⑤ 신청인의 성명·주소(법인인 경우에는 법인의 명칭·주소와 대표자의 성명·주소를 말한다)

해설 시행령 제8조(사업계획 승인신청의 공고 등)

12 다음 중 기본계획 중 경미한 사항으로 옳은 것을 모두 고른 것은?

> ㉠ 노선 연장을 100분의 10 범위에서 변경하는 것
> ㉡ 사업기간을 3년의 범위에서 변경하는 것
> ㉢ 총사업비를 100분의 10 범위에서 변경하는 것

① ㉠　　　　　　② ㉠, ㉡
③ ㉠, ㉢　　　　④ ㉡, ㉢
⑤ ㉠, ㉡, ㉢

해설 시행령 제6조(기본계획 중 경미한 사항 변경)

13 다음 중 다른 법률에 따른 인가, 허가 등의 의제에 해당하지 않는 것은?
① 건설기술심의위원회의 심의
② 통제보호구역 등에의 출입허가
③ 폐기물처리시설 설치의 승인 또는 신고
④ 공공하수도의 점용허가
⑤ 하천의 방류허가

해설 제8조(다른 법률에 따른 인가·허가 등의 의제) 1항

14 다음 중 빈칸에 들어갈 단어로 알맞은 것은?

> 사업계획을 승인할 때에 다른 법률에 따른 인가, 허가 등의 의제 내용이 있어 협의가 필요한 경우 대통령령으로 정하는 바에 따라 (　　)를 개최하여야 한다.

① 공청회　　　　② 토론회
③ 청문회　　　　④ 회의
⑤ 일괄협의회

해설 제8조(다른 법률에 따른 인가·허가 등의 의제) 4항

정답 11 ④　12 ③　13 ⑤　14 ⑤

15 다음 중 빈칸에 들어갈 말로 옳은 것은?

> 관계 행정기관의 장은 법령 검토 및 사실 확인 등을 위한 추가 검토가 필요하여 해당 인가·허가 등에 대한 의견을 일괄협의회의 회의에서 제출하기 곤란한 경우에는 일괄협의회의 회의를 개최한 날부터 ( ) 이내에 그 의견을 제출할 수 있다.

① 3일   ② 5일
③ 30일   ④ 60일
⑤ 90일

해설 시행령(일괄협의회) 제9조
※ 일괄협의회 개최 7일 전에 개최 사실을 관계 행정기관의 장에게 알리므로 7일보다 길 수 없다.

16 다음 중 지하부분에 대한 보상에 관한 내용으로 틀린 것은?

① 도시철도건설자가 도시철도건설사업을 위하여 타인 토지의 지하부분을 사용하려는 경우에는 그 토지의 이용 가치, 지하의 깊이 및 토지 이용을 방해하는 정도 등을 고려하여 보상한다.
② 지하부분 사용에 대한 구체적인 보상의 기준 및 방법에 관한 사항은 대통령령으로 정한다.
③ 도시철도건설자가 법에 따라 토지의 지하부분 사용에 대한 보상을 할 때에는 토지소유자에게 개인마다 1년에 걸쳐 순차적으로 보상금액을 지급하여야 한다.

④ 토지의 적정가격은 「부동산 가격공시에 관한 법률」에 따른 표준지공시지가를 기준으로 하여 「감정평가 및 감정평가사에 관한 법률」에 따른 감정평가법인 등 중 시·도지사가 지정하는 감정평가법인 등이 평가한 가액으로 한다.
⑤ 도시철도건설자는 보상한 보상금액, 보상면적 및 토지의 지하부분 사용의 세부 내용을 관할 지방자치단체의 장에게 통보하여야 한다.

해설 시행령 제11조(지하부분 사용에 대한 보상방법 등) 1항

17 다음 중 도시철도건설자의 토지사용 등에 대한 내용으로 틀린 것은?

① 도시철도건설자는 도시철도건설사업을 위하여 필요하면 토지 등을 수용 또는 사용할 수 있다.
② 국가나 지방자치단체 소유의 토지로서 도시철도건설사업에 필요한 토지는 도시철도건설사업 목적 외의 목적으로 매각하거나 양여할 수 없다.
③ 도시철도건설자가 지하부분 사용에 대하여 보상을 한 후에는 소유자 등은 보상받은 지하부분의 범위에서 도시철도시설의 안전을 해칠 우려가 있는 인공구조물의 신축·개축 또는 증축, 땅을 파거나 뚫는 행위를 할 수 없다.
④ 토지의 지하부분 사용에 관한 구분지상권의 등기절차에 관하여 필요한 사항은 대통령령으로 정한다.

15 ②   **16** ③   **17** ④   정답

⑤ 도시철도건설자는 공사장애물의 이전 등에 관한 협의가 성립되지 않음에 따른 재결이 있는 경우에는 그 공사장애물의 이전 등에 대한 보상금을 공탁하고 공사장애물 이전 등을 할 수 있다.

 제12조(구분지상권의 설정등기 등) 3항

18 다음 중 도시철도의 건설 및 운영에 필요한 자금의 조달 방법 및 재원이 아닌 것은?

① 도시철도채권의 발행
② 관광사업을 통한 여행사의 수수료
③ 국가 및 지방자치단체 외의 자(외국 정부 및 외국인을 포함한다)로부터의 차입·출자 및 기부
④ 도시철도를 건설·운영하여 생긴 수익금
⑤ 역세권개발사업으로 생긴 수익금

 제19조(도시철도의 건설 및 운영을 위한 자금 조달)

19 다음 중 도시철도채권의 발행 내용으로 틀린 것은?

① 국가, 지방자치단체 및 도시철도공사는 도시철도채권을 발행할 수 있다.
② 국가는 도시철도채권을 발행하기 위하여 행정안전부장관의 승인을 받으려는 경우에는 미리 국토교통부장관과 협의하여야 한다.

③ 도시철도공사는 도시철도채권을 발행하려면 관계 지방자치단체의 장 및 국토교통부장관과 협의하여야 한다.
④ 도시철도채권의 원금 및 이자의 소멸시효는 상환일부터 기산하여 5년으로 한다.
⑤ 도시철도채권은 기본계획이 확정된 연도부터 그 연도의 도시철도 운영수입금이 그 연도의 도시철도 운영비용(원리금 상환액을 포함한다)을 최초로 초과하는 연도까지 발행할 수 있다.

 제20조(도시철도채권의 발행)

20 다음 중 도시철도채권에 대한 내용으로 틀린 것은?

① 국가·지방자치단체 또는 도시철도공사가 도시철도채권을 발행하려면 재정경제부장관 및 기획예산처장관에게 요청하여야 한다.
② 도시철도채권은 전자등록하여 발행한다.
③ 국가가 발행하는 경우 도시철도채권의 이율은 재정경제부장관 및 기획예산처장관이 국토교통부장관과 협의하여 정하는 이율이다.
④ 국토교통부령으로 정하는 경형자동차의 등록을 신청하는 자는 도시철도 채권을 매입하지 않아도 된다.
⑤ 도시철도채권의 매입 금액과 절차 등에 관하여 필요한 사항은 대통령령으로 정한다.

 시행령 제12조(도시철도채권의 발행절차)

 18 ② **19** ② **20** ①

21 다음 중 도시철도채권 관련 내용으로 틀린 것은?

① 국가가 발행하는 도시철도채권의 매출 및 상환업무의 사무취급기관은 한국은행으로 한다.

② 지방자치단체 및 도시철도공사가 발행하는 도시철도채권의 매출 및 상환업무의 사무취급기관은 해당 지방자치단체가 지정하는 금융기관 또는 한국예탁결제원으로 한다.

③ 국가, 지방자치단체 또는 도시철도공사가 도시철도채권을 매출할 때에는 도시철도채권 매입확인증을 매입자에게 발급하여야 한다.

④ 도시철도채권 매입자가 매입확인증을 멸실 또는 도난 등의 사유로 분실한 경우에 그 매입자가 해당 매입확인증을 매입한 목적에 사용하지 아니하였음을 해당 도시철도채권을 발행한 자가 확인한 경우에만 이를 재발급할 수 있다.

⑤ 도시철도채권의 매출 등은 전자적으로 처리할 수 있다. 이 경우 전자적 처리의 절차 및 방법은 해당 도시철도채권을 발행한 국가, 지방자치단체 또는 도시철도공사가 정한다.

> **해설** 시행령 제15조(도시철도채권의 사무취급기관 등)

22 다음 중 정부가 지원할 수 있는 도시철도기술을 연구하는 기관 또는 단체가 아닌 것은?

① 한국철도기술연구원
② 한국전자통신연구원
③ 한국기계연구원
④ 한국전기연구원
⑤ 한국교통연구원

> **해설** 시행령 제17조(도시철도기술연구기관)

23 다음 중 정부 지원 등에 관한 내용으로 틀린 것은?

① 정부는 지방자치단체나 도시철도공사가 시행하는 도시철도건설사업을 위하여 재정적 지원이 필요하다고 인정되면 소요자금(所要資金)의 일부를 보조하거나 융자할 수 있다.

② 정부는 제3조제3호에 따른 법인이 시행하는 도시철도건설사업을 위하여 필요하다고 인정되면 소요자금의 일부를 융자할 수 있다.

③ 지방자치단체는 정부의 지원을 받은 경우 도시철도기술의 발전을 위하여 대통령령으로 정하는 바에 따라 연구기관등에 보조하거나 출연(出捐)할 수 있다.

④ 정부는 민자도시철도로 인한 지방자치단체의 재정상 부담을 경감할 수 있도록 행정적 지원을 할 수 있다.

⑤ 정부는 도시철도 이용자의 안전을 위하여 도시철도운영자가 국토교통부령으로 정하는 노후화된 도시철도시설을 교체하는 경우 필요한 소요자금의 전액을 보조할 수 있다.

> **해설** 제22조(정부 지원 등)

24 다음 중 보조금 또는 출연금 지급신청서의 첨부서류로 옳은 것은?

> ㉠ 사업계획서
> ㉡ 재무제표
> ㉢ 부채 및 상환계획
> ㉣ 예산집행계획서

① ㉠, ㉡ 　　　　② ㉠, ㉣
③ ㉠, ㉢ 　　　　④ ㉡, ㉢
⑤ ㉡, ㉣

 시행령 제18조(보조금 또는 출연금의 지급 등)

25 다음 중 보조금 등에 대한 내용으로 틀린 것은?

① 출연금의 지급신청서는 지방자치단체의 장에게 제출하여야 한다.
② 신청을 받은 지방자치단체의 장은 해당 사업계획 및 예산집행계획이 타당하다고 인정하는 경우에는 보조금이나 출연금을 지급할 수 있다.
③ 보조사업 또는 출연사업을 완료하였을 때 해당 보조사업 또는 출연사업의 실적을 적은 보고서를 작성하여 지방자치단체의 장에게 제출하여야 한다.
④ 도시철도건설자는 지급받은 지원자금을 그 지원 목적 외의 용도로 사용하지 못한다.

⑤ 정부는 도시철도건설자가 지급받은 지원자금을 그 지원 목적 외의 용도로 사용하거나 부정한 방법으로 지원자금을 지급받은 경우에는 횡령죄로 고소고발한다.

 제23조(지원자금의 목적 외 사용금지 등)

26 다음 중 도시철도건설사업의 위탁 등에 관한 내용으로 틀린 것은?

① 국가나 지방자치단체가 도시철도건설자인 경우에는 도시철도건설사업을 법인에 위탁할 수 있다.
② 도시철도건설자가 지방자치단체인 경우 지방자치단체의 승인을 받아야 한다.
③ 수탁자가 건설한 도시철도의 시설물은 위탁한 국가 또는 지방자치단체에 귀속한다.
④ 건설사업수탁법인은 도시철도건설사업을 시행하기 전 위탁한 국가 또는 지방자치단체의 승인을 받아야 한다.
⑤ 국가나 지방자치단체는 건설사업수탁법인이 시행하는 도시철도건설사업에 대하여 필요한 지시를 할 수 있다.

 제24조(도시철도건설사업의 위탁)

 24 ② 　**25** ⑤ 　**26** ②

27 다음 중 도시철도운송사업의 면허기준으로 옳은 것을 모두 고르면?

> ㉠ 해당 사업이 도시교통의 수송수요에 적합할 것
> ㉡ 해당 사업이 지방자치단체 운영하는데 도움이 될 것
> ㉢ 해당 사업을 수행하는 데 필요한 도시철도차량 및 운영인력 등이 국토교통부령으로 정하는 기준에 맞을 것
> ㉣ 해당 사업이 도시교통발전에 이바지하여 공익성 향상에 도움이 될 것

① ㉠, ㉡　　　　② ㉠, ㉢
③ ㉠, ㉣　　　　④ ㉡, ㉢
⑤ ㉡, ㉣

해설 제27조(면허의 기준)

28 다음 중 철도 및 도시철도 관계 법령을 모두 고른 것은?

> ㉠ 「부산교통공사법」
> ㉡ 「지방공기업법」
> ㉢ 「한국철도공사법」
> ㉣ 「철도산업발전기본법」
> ㉤ 「도시철도건설규칙」

① ㉠, ㉡, ㉢
② ㉠, ㉡, ㉣
③ ㉡, ㉢, ㉣
④ ㉡, ㉣, ㉤
⑤ ㉡, ㉢, ㉣, ㉤

해설 시행령 제21조(철도 및 도시철도 관계 법령)

29 다음 중 빈칸에 들어갈 단어를 순서대로 나열한 것은?

> (　　　)가 천재지변이나 그 밖의 불가피한 사유로 운송개시 변경의 승인을 할 때에는 (　　　)과(와) 미리 협의하여야 한다.

① 시·도지사, 국토교통부장관
② 시·도지사, 행정안전부장관
③ 시·도지사, 정부
④ 국토교통부장관, 시·도지사
⑤ 국토교통부장관, 행정안전부장관

해설 제30조(운송개시의 의무) 2항

30 다음 중 도시철도 운임 등에 대한 내용으로 틀린 것은?

① 도시철도운송사업자는 도시철도의 운임을 정하거나 변경하는 경우에는 원가와 버스 등 다른 교통수단 운임과의 형평성 등을 고려하여 시·도지사가 정한 범위에서 운임을 정하여 시·도지사에게 신고하여야 한다.
② 도시철도운영자는 도시철도의 운임을 정하거나 변경하는 경우 그 사항을 시행 1주일 이전에 예고하는 등 도시철도 이용자에게 불편이 없도록 필요한 조치를 하여야 한다.
③ 시·도지사는 도시철도 운임을 변경하는 경우 해당 시·도에 운임조정위원회를 설치하여 도시철도 운임의 범위에 관한 의견을 들어야 한다.
④ 운임조정위원회는 민간위원이 전체 위원의 2분의 1 이상이어야 한다.

27 ②　**28** ③　**29** ①　**30** ③　정답

⑤ 도시철도운송사업자가 해당 도시철도를 한국철도공사가 운영하는 철도 또는 다른 도시철도운영자가 운영하는 도시철도와 연결하여 운행하려는 경우에는 도시철도의 운임을 신고하기 전에 그 운임 및 시행 시기에 관하여 미리 한국철도공사 또는 다른 도시철도운영자와 협의하여야 한다.

[해설] 제31조(운임의 신고 등), 시행령 제22조(도시철도운임의 조정 및 협의 등)

31 다음 중 빈칸에 들어갈 주체가 아닌 것을 모두 고르면?

> 시·도지사는 법에 따라 운임의 신고를 받으면 신고 받은 사항을 (   )에게 각각 통보하여야 한다.

㉠ 국토교통부장관
㉡ 재정경제부장관
㉢ 기획예산처장관
㉣ 행정안전부장관
㉤ 도시철도운영자

① ㉡, ㉢
② ㉡, ㉣
③ ㉢, ㉣
④ ㉢, ㉤
⑤ ㉣, ㉤

[해설] 시행령 제22조(도시철도운임의 조정 및 협의 등) 4항

[정답] 31 ⑤ 32 ②

32 다음 중 연락운송에 대한 내용으로 틀린 것은?

① 도시철도운영자가 다른 도시철도운영자 또는 철도사업자와 연계하여 운송을 하는 경우 노선의 연결, 도시철도시설 운영의 분담, 운임수입의 배분, 승객의 갈아타기 등에 관한 사항은 당사자 간의 협의로 정한다.
② 협의가 성립되지 아니하거나 협의 결과를 해석하는 데 분쟁이 있을 때에는 당사자의 신청을 받아 시·도지사가 결정한다.
③ 도시철도운영자 또는 철도사업자는 운임수입의 배분에 관한 사항에 대하여 해당 운임수입이 발생한 날이 속하는 연도의 다음 연도 12월 31일까지 협의를 완료하거나 결정을 신청하여야 한다.
④ 다만, 운임수입의 배분과 관련되는 모든 도시철도운영자 및 철도사업자가 동의하는 경우에는 1회에 한하여 6개월의 범위에서 그 기간을 연장할 수 있다.
⑤ 도시철도운영자 또는 철도사업자가 운임수입을 배분하는 경우에는 협의가 완료된 날에서 30일이 경과한 날부터 운임수입을 배분하는 날까지의 기간에 대하여 배분하여야 하는 운임수입에 대한 이자를 가산하여 지급하여야 한다.

[해설] 제34조(연락운송)

33 다음 중 사업의 휴업, 폐업에 대한 내용으로 틀린 것은?

① 도시철도운송사업자가 사업의 전부 또는 일부를 휴업 또는 폐업하려면 국토교통부령으로 정하는 바에 따라 시·도지사의 허가를 받아야 한다.

② 선로 또는 교량의 파괴, 도시철도시설의 개량, 그 밖의 정당한 사유로 인한 휴업의 경우에는 국토교통부령으로 정하는 바에 따라 시·도지사에게 신고하여야 하며, 신고를 받은 시·도지사는 그 내용을 검토하여 이 법에 적합하면 신고를 받은 날부터 국토교통부령으로 정하는 기간 이내에 신고를 수리하여야 한다.

③ 시·도지사가 휴업, 폐업을 허가하려는 경우에는 미리 도시철도운영자와 협의하여야 한다.

④ 허가를 받거나 신고한 휴업기간 중이라도 휴업 사유가 소멸되었을 때에는 시·도지사에게 신고하고 사업을 재개할 수 있다.

⑤ 도시철도운영자는 도시철도운송사업의 전부 또는 일부를 휴업 또는 폐업하려는 경우에는 대통령령으로 정하는 바에 따라 휴업 또는 폐업하는 사업의 내용과 기간 등을 인터넷 홈페이지, 역 등 일반인이 보기 쉬운 곳에 게시하여야 한다.

34 다음 중 빈칸에 들어갈 단어로 알맞은 것은?

> **[제37조(면허의 취소 등)]**
> ① 시·도지사는 도시철도운송사업자가 다음 각 호의 어느 하나에 해당하는 경우에는 그 면허를 취소하거나 6개월 이내의 기간을 정하여 그 사업의 정지를 명할 수 있다.
> **[중략]**
> 3. 도시철도운송사업자가 제28조의 결격사유에 해당하는 경우. 다만, 법인의 임원 중에 그 사유에 해당하는 사람이 있는 경우로서 (　) 이내에 그 임원을 개임하였을 때에는 제외한다.

① 1주일　　　　② 1개월
③ 3개월　　　　④ 6개월
⑤ 1년

35 다음 중 과징금의 부과에 대하여 틀린 것은?

① 시·도지사는 도시철도운송사업자가 제37조 제1항 각 호의 어느 하나에 해당하여 사업정지처분을 하여야 할 경우로서 해당 사업의 정지가 그 사업의 이용자 등에게 심한 불편을 주거나 공익을 해칠 우려가 있을 때에는 대통령령으로 정하는 바에 따라 사업정지처분을 갈음하여 2천만 원 이하의 과징금을 부과할 수 있다.

② 과징금을 부과하는 위반행위의 종류, 위반 정도 등에 따른 과징금의 금액, 그 밖에 필요한 사항은 대통령령으로 정한다.

33 ③　**34** ④　**35** ③　정답

③ 시·도지사는 사업의 규모, 사업지역의 특수성, 위반행위의 정도 및 횟수 등을 고려하여 제1항에 따른 과징금의 금액을 2분의 1 범위에서 늘리거나 줄일 수 있다. 이 경우 과징금을 늘리는 경우에는 과징금의 총액을 일시적으로 2천만 원을 넘을 수 있다.

④ 시·도지사는 과징금을 부과하려면 그 위반행위의 종류와 해당 과징금의 금액을 명시하여 이를 낼 것을 서면으로 알려야 한다.

⑤ 과징금 통지를 받은 자는 통지를 받은 날부터 20일 이내에 시·도지사가 정하는 수납기관에 과징금을 내야 한다.

해설 제38조(과징금의 부과), 시행령 제24조(과징금의 부과 및 납부)

36 다음 중 시, 도지사의 운임의 조정명령을 따르지 않은 경우 과징금 금액으로 옳은 것은?

① 100만 원 ② 300만 원
③ 500만 원 ④ 1천만 원
⑤ 2천만 원

해설 시행령 [별표 3] 위반행위의 종류와 과징금의 금액(제24조 제1항 관련) 중

위반행위	근거 법조문	과징금
6. 법 제39조의 사업개선명령을 따르지 않은 경우	법 제37조 제1항 제7호	300만 원

37 다음 중 사업개선명령 사항으로 틀린 것은?

① 도시철도운송사업계획 및 도시철도운송약관의 변경
② 도시철도차량이나 그 밖의 시설의 개선

③ 도시철도차량 및 도시철도 사고에 관한 손해배상을 위한 보험에의 가입
④ 안전운송의 확보 및 서비스의 향상을 위하여 필요한 조치
⑤ 안전사고 예방을 위한 교육

해설 제39조(사업개선명령)

38 다음 중 폐쇄회로 설치에 대한 내용으로 틀린 것은?

① 도시철도운영자는 범죄 예방 및 교통사고 상황 파악을 위하여 도시철도차량에 대통령령으로 정하는 기준에 따라 폐쇄회로 텔레비전을 설치하여야 한다.
② 도시철도운영자는 승객이 폐쇄회로 텔레비전 설치를 쉽게 인식할 수 있도록 대통령령으로 정하는 바에 따라 안내판 설치 등 필요한 조치를 하여야 한다.
③ 도시철도운영자는 설치 목적과 다른 목적으로 폐쇄회로 텔레비전을 임의로 조작하거나 다른 곳을 비춰서는 아니 되며, 녹음기능은 사용할 수 없다.
④ 도시철도운영자는 폐쇄회로 텔레비전 운영으로 얻은 영상기록이 분실·도난·유출·변조 또는 훼손되지 아니하도록 폐쇄회로 텔레비전의 운영·관리 지침을 마련하여야 한다.
⑤ 도시철도운영자는 도시철도차량에 폐쇄회로 텔레비전이 설치되었다는 사실을 안내판을 통하여 승객에게 알려야 한다.

해설 제41조(폐쇄회로 텔레비전의 설치·운영), 시행령 제26조(폐쇄회로 텔레비전의 안내판 설치 등)

정답 36 ② 37 ⑤ 38 ⑤

39 다음 중 폐쇄회로 텔레비전 설치로 인한 안내판에 포함되어야 하는 사항이 아닌 것은?

① 설치 장소
② 담당 부서
③ 촬영 시간
④ 촬영 범위
⑤ 제작사 및 연락처

해설 시행령 제26조(폐쇄회로 텔레비전의 안내판 설치 등)

40 다음 중 도시철도운송사업의 위탁 내용으로 틀린 것은?

① 국가나 지방자치단체가 도시철도운영자인 경우에는 도시철도운송사업을 법인에 위탁할 수 있다.
② 도시철도차량의 정비 사업을 위탁받은 법인은 도시철도운송사업 면허를 받아야 한다.
③ 지방자치단체인 도시철도운영자가 도시철도운송사업을 법인에 위탁하는 경우에는 그 사실을 국토교통부장관에게 통보하여야 한다.
④ 운송사업수탁법인은 연도별 도시철도운송사업의 계획 및 결산에 대하여 도시철도운송사업을 시행하기 전에 위탁한 국가 또는 지방자치단체의 승인을 받아야 한다.
⑤ 국토교통부장관은 운송사업수탁법인이 시행하는 도시철도운송사업에 대하여 필요한 지시를 할 수 있다.

해설 제42조(도시철도운송사업의 위탁), 시행령 제27조(도시철도운송사업의 위탁)

41 다음 중 국토교통부장관이 대도시권광역교통위원회에 위임하는 권한이 아닌 것은?

① 도시철도채권 발행 협의
② 사업계획의 승인 및 변경 승인
③ 도시철도 연계망 구축 지원
④ 연락운송 분쟁에 대한 결정
⑤ 도시철도건설자가 지방자치단체나 도시철도공사인 경우에 노선 연장을 100분의 10의 범위에서 변경승인

해설 시행령 제28조(권한의 위임)

42 다음 중 보칙의 내용으로 틀린 것은?

① 국토교통부장관은 도시철도건설자 및 국가나 지방자치단체를 포함한 도시철도운영자를 감독한다.
② 국토교통부장관은 필요하다고 인정하면 도시철도건설자 및 도시철도운영자에게 업무에 관하여 감독상 필요한 명령을 할 수 있다.
③ 국토교통부장관은 필요하다고 인정하면 도시철도건설자 및 도시철도운영자로 하여금 그 업무 및 자산 상태에 관하여 보고를 하게 하거나 소속 공무원에게 도시철도건설자 및 도시철도운영자의 사무소나 그 밖의 사업소에 출입하여 업무 상황 또는 장부·서류나 그 밖에 필요한 물건을 검사하게 할 수 있다.

39 ⑤   40 ⑤   41 ⑤   42 ①   **정답**

④ 국토교통부장관의 권한은 대통령령으로 정하는 바에 따라 그 일부를 대도시권광역교통위원장 또는 시·도지사에게 위임할 수 있다.

⑤ 시·도지사가 위임받은 업무를 처리하였을 때에는 그 내용을 지체 없이 국토교통부장관에게 보고하여야 한다.

해설 제44조(감독 등)

제5장 벌칙

43 다음 중 우수서비스마크 또는 이와 유사한 표지를 도시철도차량 등에 붙이거나 인증 사실을 홍보한 자의 벌칙으로 옳은 것은?

① 1년 이하의 징역 또는 1천만 원 이하의 벌금

② 2년 이하의 징역 또는 2천만 원 이하의 벌금

③ 1천만 원 이하의 벌금

④ 500만 원 이하의 벌금

⑤ 500만 원 이하의 과태료

해설 제47조(벌칙) 3항 2호

44 다음 중 2년 이하의 징역 또는 2천만 원 이하의 벌금에 처하는 벌칙 행위자로 틀린 것은?

① 면허를 받지 아니하고 도시철도운송사업을 경영한 자

② 거짓이나 그 밖의 부정한 방법으로 도시철도건설사업 면허를 받은 자

③ 사업정지 기간에 도시철도운송사업을 경영한 자

④ 타인에게 자신의 상호를 대여한 자

⑤ 도시철도운영자의 공동활용에 관한 요청을 정당한 사유 없이 거부한 자

해설 도시철도운송사업면허이다. 제47조(벌칙) 참고

45 다음 중 회계를 구분하여 경리하지 않은 자의 처벌로 옳은 것은?

① 2년 이하의 징역 또는 2천만 원 이하의 벌금

② 1년 이하의 징역 또는 1천만 원 이하의 벌금

③ 1천만 원 이하의 벌금

④ 500만 원 이하의 과태료

⑤ 300만 원 이하의 과태료

해설 제49조(과태료) 1항

정답 43 ③ 44 ② 45 ④

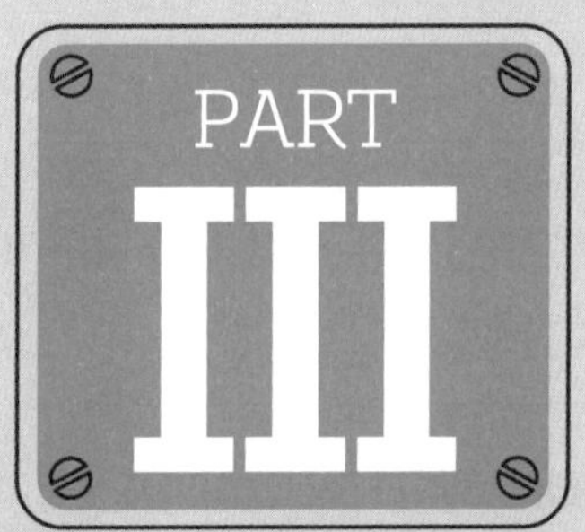

철도안전법

철도안전법[시행 2026. 3. 3.] [법률 제21188호, 2025. 12. 2., 일부개정]
철도안전법 시행령[시행 2026. 3. 24.] [대통령령 제36220호, 2026. 3. 24., 타법개정]

총칙

제1조(목적)

이 법은 철도안전을 확보하기 위하여 필요한 사항을 규정하고 철도안전 관리체계를 확립함으로써 공공복리의 증진에 이바지함을 목적으로 한다.

TIP 철도안전 **확보**, 철도안전 **관리**체계 확립, **공공복리** 증진에 **이바**지 → **공복 이빠이 관리확보**

● 시행령 제1조(목적)

이 영은 「철도안전법」에서 위임된 사항과 그 시행에 필요한 사항을 규정함을 목적으로 한다.

제2조(정의)

이 법에서 사용하는 용어의 뜻은 다음과 같다.

1. "철도"란 「철도산업발전기본법」(이하 "기본법"이라 한다) 제3조 제1호에 따른 철도를 말한다.
2. "전용철도"란 「철도사업법」 제2조 제5호에 따른 전용철도를 말한다.
3. "철도시설"이란 기본법 제3조 제2호에 따른 철도시설을 말한다.
4. "철도운영"이란 기본법 제3조 제3호에 따른 철도운영을 말한다.
5. "철도차량"이란 기본법 제3조 제4호에 따른 철도차량을 말한다.

> **[철도산업발전기본법 제3조 제1호 ~ 제4호]**
> 1. "철도"라 함은 여객 또는 화물을 운송하는 데 필요한 철도시설과 철도차량 및 이와 관련된 운영·지원체계가 유기적으로 구성된 운송체계를 말한다.
> 2. "철도시설"이라 함은 다음 각 목의 어느 하나에 해당하는 시설(부지를 포함한다)을 말한다.
>   가. 철도의 선로(선로에 부대되는 시설을 포함한다), 역시설(물류시설·환승시설 및 편의시설 등을 포함한다) 및 철도운영을 위한 건축물·건축설비
>   나. 선로 및 철도차량을 보수·정비하기 위한 선로보수기지, 차량정비기지 및 차량유치시설

다. 철도의 전철전력설비, 정보통신설비, 신호 및 열차제어설비

라. 철도노선간 또는 다른 교통수단과의 연계운영에 필요한 시설

마. 철도기술의 개발·시험 및 연구를 위한 시설

바. 철도경영연수 및 철도전문인력의 교육훈련을 위한 시설

사. 그 밖에 철도의 건설·유지보수 및 운영을 위한 시설로서 대통령령으로 정하는 시설

3. "철도운영"이라 함은 철도와 관련된 다음 각 목의 어느 하나에 해당하는 것을 말한다.

가. 철도 여객 및 화물 운송

나. 철도차량의 정비 및 열차의 운행관리

다. 철도시설·철도차량 및 철도부지 등을 활용한 부대사업개발 및 서비스

4. "철도차량"이라 함은 선로를 운행할 목적으로 제작된 동력차·객차·화차 및 특수차를 말한다.

5의2. "철도용품"이란 철도시설 및 철도차량 등에 사용되는 부품·기기·장치 등을 말한다.

6. "열차"란 선로를 운행할 목적으로 철도운영자가 편성하여 열차번호를 부여한 철도차량을 말한다.

7. "선로"란 철도차량을 운행하기 위한 궤도와 이를 받치는 노반(路盤) 또는 인공구조물로 구성된 시설을 말한다.

8. "철도운영자"란 철도운영에 관한 업무를 수행하는 자를 말한다.

9. "철도시설관리자"란 철도시설의 건설 또는 관리에 관한 업무를 수행하는 자를 말한다.

10. "철도종사자"란 다음 각 목의 어느 하나에 해당하는 사람을 말한다.

가. 철도차량의 운전업무에 종사하는 사람(이하 "운전업무종사자"라 한다)

나. 철도차량의 운행을 집중 제어·통제·감시하는 업무(이하 "관제업무"라 한다)에 종사하는 사람

다. 여객에게 승무(乘務) 서비스를 제공하는 사람(이하 "여객승무원"이라 한다)

라. 여객에게 역무(驛務) 서비스를 제공하는 사람(이하 "여객역무원"이라 한다)

마. 철도차량의 운행선로 또는 그 인근에서 철도시설의 건설 또는 관리와 관련한 작업의 협의·지휘·감독·안전관리 등의 업무에 종사하도록 철도운영자 또는 철도시설관리자가 지정한 사람(이하 "작업책임자"라 한다)

바. 철도차량의 운행선로 또는 그 인근에서 철도시설의 건설 또는 관리와 관련한 작업의 일정을 조정하고 해당 선로를 운행하는 열차의 운행일정을 조정하는 사람(이하 "철도운행안전관리자"라 한다)

사. 그 밖에 철도운영 및 철도시설관리와 관련하여 철도차량의 안전운행 및 질서유지와 철도차량 및 철도시설의 점검·정비 등에 관한 업무에 종사하는 사람으로서 대통령령으로 정하는 사람

11. "철도사고"란 철도운영 또는 철도시설관리와 관련하여 사람이 죽거나 다치거나 물건이 파손되는 사고로 국토교통부령으로 정하는 것을 말한다.
12. "철도준사고"란 철도안전에 중대한 위해를 끼쳐 철도사고로 이어질 수 있었던 것으로 국토교통부령으로 정하는 것을 말한다.
13. "운행장애"란 철도사고 및 철도준사고 외에 철도차량의 운행에 지장을 주는 것으로서 국토교통부령으로 정하는 것을 말한다.
14. "철도차량정비"란 철도차량(철도차량을 구성하는 부품·기기·장치를 포함한다)을 점검·검사, 교환 및 수리하는 행위를 말한다.
15. "철도차량정비기술자"란 철도차량정비에 관한 자격, 경력 및 학력 등을 갖추어 제24조의2에 따라 국토교통부장관의 인정을 받은 사람을 말한다.

● 시행령 제2조(정의)

이 영에서 사용하는 용어의 뜻은 다음 각 호와 같다.
1. "정거장"이란 여객의 승하차(여객 이용시설 및 편의시설을 포함한다), 화물의 적하(積荷), 열차의 조성(組成 : 철도차량을 연결하거나 분리하는 작업을 말한다), 열차의 교차통행 또는 대피를 목적으로 사용되는 장소를 말한다.

TIP 화물**적**하, 여객 승**하**차, 열차의 **조성 교차통행 대피** → **적하 조교대피**

2. "선로전환기"란 철도차량의 운행선로를 변경시키는 기기를 말한다.

● 시행령 제3조(안전운행 또는 질서유지 철도종사자)

「철도안전법」(이하 "법"이라 한다) 제2조 제10호 사목에서 "대통령령으로 정하는 사람"이란 다음 각 호의 어느 하나에 해당하는 사람을 말한다.
1. 철도사고, 철도준사고 및 운행장애(이하 "철도사고 등"이라 한다)가 발생한 현장에서 조사·수습·복구 등의 업무를 수행하는 사람
2. 철도차량의 운행선로 또는 그 인근에서 철도시설의 건설 또는 관리와 관련된 작업의 현장감독업무를 수행하는 사람
3. 철도시설 또는 철도차량을 보호하기 위한 순회점검업무 또는 경비업무를 수행하는 사람

4. 정거장에서 철도신호기·선로전환기 또는 조작판 등을 취급하거나 열차의 조성업무를 수행
   하는 사람
5. 철도에 공급되는 전력의 원격제어장치를 운영하는 사람
6.「사법경찰관리의 직무를 수행할 자와 그 직무범위에 관한 법률」제5조 제11호에 따른 철도
   경찰 사무에 종사하는 국가공무원
7. 철도차량 및 철도시설의 점검·정비 업무에 종사하는 사람

제3조(다른 법률과의 관계)

철도안전에 관하여 다른 법률에 특별한 규정이 있는 경우를 제외하고는 이 법에서 정하는
바에 따른다.

제3조의2(조약과의 관계)

국제철도(대한민국을 포함한 둘 이상의 국가에 걸쳐 운행되는 철도를 말한다)를 이용한 화
물 및 여객 운송에 관하여 대한민국과 외국 간 체결된 조약에 이 법과 다른 규정이 있는 때
에는 그 조약의 규정에 따른다. 다만, 이 법의 규정내용이 조약의 안전기준보다 강화된 기
준을 포함하는 때에는 그러하지 아니하다.

제4조(국가 등의 책무)

① 국가와 지방자치단체는 국민의 생명·신체 및 재산을 보호하기 위하여 철도안전시책을
   마련하여 성실히 추진하여야 한다.
② 철도운영자 및 철도시설관리자(이하 "철도운영자 등"이라 한다)는 철도운영이나 철도시
   설관리를 할 때에는 법령에서 정하는 바에 따라 철도안전을 위하여 필요한 조치를 하고,
   국가나 지방자치단체가 시행하는 철도안전시책에 적극 협조하여야 한다.

1. 「철도안전법」의 목적 중 하나는 철도안전 관리체계를 확립함으로써 공공복리의 증진에 이바지함이 있다. ○ ×

2. 철도라 함은 여객 또는 화물을 운송하는 데 필요한 철도시설과 철도차량 및 이와 관련된 운영·지원체계가 유기적으로 구성된 운송체계를 말한다. ○ ×

3. 정거장에서 철도신호기·선로전환기 또는 조작판 등을 취급하거나 열차의 조성업무를 수행하는 사람은 안전운행 또는 질서유지 철도종사자에 해당된다. ○ ×

4. 국제철도는 대한민국을 제외하고 둘 이상 국가에 걸쳐 운행되는 철도를 말한다. ○ ×

5. 철도운영자는 국민의 생명·신체 및 재산을 보호하기 위하여 철도안전시책을 마련하여 성실히 추진하여야 한다. ○ ×

정답 1 ○ 2 ○ 3 ○ 4 × 5 ×

02 철도안전 관리체계

제5조(철도안전 종합계획)

① 국토교통부장관은 5년마다 철도안전에 관한 종합계획(이하 "철도안전 종합계획"이라 한다)을 수립하여야 한다.

② 철도안전 종합계획에는 다음 각 호의 사항이 포함되어야 한다.

1. 철도안전 종합계획의 추진 목표 및 방향
2. 철도안전에 관한 시설의 확충, 개량 및 점검 등에 관한 사항
3. 철도차량의 정비 및 점검 등에 관한 사항
4. 철도안전 관계 법령의 정비 등 제도개선에 관한 사항
5. 철도안전 관련 전문 인력의 양성 및 수급관리에 관한 사항
6. 철도종사자의 안전 및 근무환경 향상에 관한 사항
7. 철도안전 관련 교육훈련에 관한 사항
8. 철도안전 관련 연구 및 기술개발에 관한 사항
9. 그 밖에 철도안전에 관한 사항으로서 국토교통부장관이 필요하다고 인정하는 사항

③ 국토교통부장관은 철도안전 종합계획을 수립할 때에는 미리 관계 중앙행정기관의 장 및 철도운영자 등과 협의한 후 기본법 제6조 제1항에 따른 철도산업위원회의 심의를 거쳐야 한다. 수립된 철도안전 종합계획을 변경(대통령령으로 정하는 경미한 사항의 변경은 제외한다)할 때에도 또한 같다.

④ 국토교통부장관은 철도안전 종합계획을 수립하거나 변경하기 위하여 필요하다고 인정하면 관계 중앙행정기관의 장 또는 특별시장·광역시장·특별자치시장·도지사·특별자치도지사(이하 "시·도지사"라 한다)에게 관련 자료의 제출을 요구할 수 있다. 자료 제출 요구를 받은 관계 중앙행정기관의 장 또는 시·도지사는 특별한 사유가 없으면 이에 따라야 한다.

⑤ 국토교통부장관은 제3항에 따라 철도안전 종합계획을 수립하거나 변경하였을 때에는 이를 관보에 고시하여야 한다.

● **시행령 제4조(철도안전 종합계획의 경미한 변경)**

법 제5조 제3항 후단에서 "대통령령으로 정하는 경미한 사항의 변경"이란 다음 각 호의 어느 하

나에 해당하는 변경을 말한다.

1. 법 제5조 제1항에 따른 철도안전 종합계획(이하 "철도안전 종합계획"이라 한다)에서 정한 총 사업비를 원래 계획의 **100분의 10** 이내에서의 변경
2. 철도안전 종합계획에서 정한 시행기한 내에 단위사업의 시행시기의 변경
3. 법령의 개정, 행정구역의 변경 등과 관련하여 철도안전 종합계획을 변경하는 등 당초 수립된 철도안전 종합계획의 기본방향에 영향을 미치지 아니하는 사항의 변경

제6조(시행계획)

① 국토교통부장관, 시·도지사 및 철도운영자 등은 철도안전 종합계획에 따라 소관별로 철도안전 종합계획의 단계적 시행에 필요한 연차별 시행계획(이하 "시행계획"이라 한다)을 수립·추진하여야 한다.

② 시행계획의 수립 및 시행절차 등에 관하여 필요한 사항은 대통령령으로 정한다.

● 시행령 제5조(시행계획 수립절차 등)

① 법 제6조에 따라 특별시장·광역시장·특별자치시장·도지사 또는 특별자치도지사(이하 "시·도지사"라 한다)와 철도운영자 및 철도시설관리자(이하 "철도운영자 등"이라 한다)는 다음 연도의 시행계획을 **매년 10월 말**까지 국토교통부장관에게 제출하여야 한다.

② 시·도지사 및 철도운영자 등은 전년도 시행계획의 추진실적을 **매년 2월 말**까지 국토교통부장관에게 제출하여야 한다.

③ 국토교통부장관은 제1항에 따라 시·도지사 및 철도운영자등이 제출한 다음 연도의 시행계획이 철도안전 종합계획에 위반되거나 철도안전 종합계획을 원활하게 추진하기 위하여 보완이 필요하다고 인정될 때에는 시·도지사 및 철도운영자등에게 시행계획의 수정을 요청할 수 있다.

④ 제3항에 따른 수정 요청을 받은 시·도지사 및 철도운영자등은 특별한 사유가 없는 한 이를 시행계획에 반영하여야 한다.

제6조의2(철도안전투자의 공시)

① 철도운영자는 철도차량의 교체, 철도시설의 개량 등 철도안전 분야에 투자(이하 이 조에서 "철도안전투자"라 한다)하는 예산 규모를 매년 공시하여야 한다.

② 제1항에 따른 철도안전투자의 공시 기준, 항목, 절차 등에 필요한 사항은 국토교통부령으로 정한다.

제7조(안전관리체계의 승인)

① 철도운영자 등(**전용철도의 운영자는 제외**한다. 이하 이 조 및 제8조에서 같다)은 철도운영을 하거나 철도시설을 관리하려는 경우에는 인력, 시설, 차량, 장비, 운영절차, 교육훈련 및 비상대응계획 등 철도 및 철도시설의 안전관리에 관한 유기적 체계(이하 "안전관리체계"라 한다)를 갖추어 국토교통부장관의 승인을 받아야 한다.

② 전용철도의 운영자는 자체적으로 안전관리체계를 갖추고 지속적으로 유지하여야 한다.

③ 철도운영자등은 제1항에 따라 승인받은 안전관리체계를 변경(제5항에 따른 안전관리기준의 변경에 따른 **안전관리체계의 변경을 포함**한다. 이하 이 조에서 같다)하려는 경우에는 국토교통부장관의 변경승인을 받아야 한다. 다만, 국토교통부령으로 정하는 경미한 사항을 변경하려는 경우에는 국토교통부장관에게 신고하여야 한다.

   ※ 변경할 때는 변경승인, 경미한 변경 때는 신고 → 줄여서 경고

④ 국토교통부장관은 제1항 또는 제3항 본문에 따른 안전관리체계의 승인 또는 변경승인의 신청을 받은 경우에는 해당 안전관리체계가 제5항에 따른 안전관리기준에 적합한지를 검사한 후 승인 여부를 결정하여야 한다.

⑤ 국토교통부장관은 철도안전경영, 위험관리, 사고 조사 및 보고, 내부점검, 비상대응계획, 비상대응훈련, 교육훈련, 안전정보관리, 운행안전관리, 차량·시설의 유지관리(차량의 기대수명에 관한 사항을 포함한다) 등 철도운영 및 철도시설의 안전관리에 필요한 기술기준을 정하여 고시하여야 한다.

⑥ 제1항부터 제5항까지의 규정에 따른 승인절차, 승인방법, 검사기준, 검사방법, 신고절차 및 고시방법 등에 관하여 필요한 사항은 국토교통부령으로 정한다.

제8조(안전관리체계의 유지 등)

① 철도운영자 등은 철도운영을 하거나 철도시설을 관리하는 경우에는 제7조에 따라 승인받은 안전관리체계를 지속적으로 유지하여야 한다.

② 국토교통부장관은 안전관리체계 위반 여부 확인 및 철도사고 예방 등을 위하여 철도운영자 등이 제1항에 따른 안전관리체계를 지속적으로 유지하는지 다음 각 호의 검사를 통해 국토교통부령으로 정하는 바에 따라 점검·확인할 수 있다.

   1. 정기검사 : 철도운영자등이 국토교통부장관으로부터 승인 또는 변경승인 받은 안전관리체계를 지속적으로 유지하는지를 점검·확인하기 위하여 정기적으로 실시하는 검사

   2. 수시검사 : 철도운영자등이 철도사고 및 운행장애 등을 발생시키거나 발생시킬 우려가 있는 경우에 안전관리체계 위반사항 확인 및 안전관리체계 위해요인 사전예방을 위해 수행하는 검사

③ 국토교통부장관은 제2항에 따른 검사 결과 안전관리체계가 지속적으로 유지되지 아니하거나 그 밖에 철도안전을 위하여 필요하다고 인정하는 경우에는 국토교통부령으로 정하는 바에 따라 시정조치를 명할 수 있다.

제9조(승인의 취소 등)

① 국토교통부장관은 안전관리체계의 승인을 받은 철도운영자 등이 다음 각 호의 어느 하나에 해당하는 경우에는 그 승인을 취소하거나 6개월 이내의 기간을 정하여 업무의 제한이나 정지를 명할 수 있다. 다만, 제1호에 해당하는 경우에는 그 승인을 취소하여야 한다.
1. 거짓이나 그 밖의 부정한 방법으로 승인을 받은 경우
2. 제7조 제3항을 위반하여 변경승인을 받지 아니하거나 변경신고를 하지 아니하고 안전관리체계를 변경한 경우
3. 제8조 제1항을 위반하여 안전관리체계를 지속적으로 유지하지 아니하여 철도운영이나 철도시설의 관리에 중대한 지장을 초래한 경우
4. 제8조 제3항에 따른 시정조치명령을 정당한 사유 없이 이행하지 아니한 경우
② 제1항에 따른 승인 취소, 업무의 제한 또는 정지의 기준 및 절차 등에 관하여 필요한 사항은 국토교통부령으로 정한다.

제9조의2(과징금)

① 국토교통부장관은 제9조 제1항에 따라 철도운영자등에 대하여 업무의 제한이나 정지를 명하여야 하는 경우로서 그 업무의 제한이나 정지가 철도 이용자 등에게 심한 불편을 주거나 그 밖에 공익을 해할 우려가 있는 경우에는 업무의 제한이나 정지를 갈음하여 30억원 이하의 과징금을 부과할 수 있다.
② 제1항에 따라 과징금을 부과하는 위반행위의 종류, 과징금의 부과기준 및 징수방법, 그 밖에 필요한 사항은 대통령령으로 정한다.
③ 국토교통부장관은 제1항에 따른 과징금을 내야 할 자가 납부기한까지 과징금을 내지 아니하는 경우에는 국세 체납처분의 예에 따라 징수한다.

● 제6조(안전관리체계 관련 과징금의 부과기준)

법 제9조의2 제2항에 따른 과징금을 부과하는 위반행위의 종류와 과징금의 금액은 별표 1과 같다.

안전관리체계 관련 과징금의 부과기준(제6조 관련)

1. 일반기준

가. 위반행위의 횟수에 따른 과징금의 가중된 부과기준은 최근 **2년간** 같은 위반행위로 과징금 부과처분을 받은 경우에 적용한다. 이 경우 기간의 계산은 위반행위에 대하여 과징금 부과처분을 받은 날과 그 처분 후 다시 같은 위반행위를 하여 적발된 날을 기준으로 한다.

나. 가목에 따라 가중된 부과처분을 하는 경우 가중처분의 적용 차수는 그 위반행위 전 부과처분 차수(가목에 따른 기간 내에 과징금 부과처분이 둘 이상 있었던 경우에는 높은 차수를 말한다)의 다음 차수로 한다.

다. 위반행위가 둘 이상인 경우로서 각 처분내용이 모두 업무정지인 경우에는 각 처분기준에 따른 과징금을 합산한 금액을 넘지 않는 범위에서 무거운 처분기준에 해당하는 과징금 금액의 **2분의 1**의 범위에서 가중할 수 있다.

라. 국토교통부장관은 다음의 어느 하나에 해당하는 경우에는 제2호의 개별기준에 따른 과징금 금액의 **2분의 1** 범위에서 그 금액을 줄일 수 있다. 다만, 과징금을 체납하고 있는 위반행위자의 경우에는 그렇지 않다.

> 1) 위반행위가 사소한 부주의나 오류로 인한 것으로 인정되는 경우
> 2) 위반행위자가 법 위반상태를 시정하거나 해소하기 위한 노력이 인정되는 경우
> 3) 그 밖에 사업 규모, 사업 지역의 특수성, 위반행위의 정도, 위반행위의 동기와 그 결과 및 위반 횟수 등을 고려하여 과징금 금액을 줄일 필요가 있다고 인정되는 경우

마. 국토교통부장관은 다음의 어느 하나에 해당하는 경우에는 제2호의 개별기준에 따른 과징금 금액의 **2분의 1** 범위에서 그 금액을 늘릴 수 있다. 다만, 법 제9조의2 제1항에 따른 과징금 금액의 상한을 넘을 경우 상한금액으로 한다.

> 1) 위반의 내용 및 정도가 중대하여 공중에게 미치는 피해가 크다고 인정되는 경우
> 2) 법 위반상태의 기간이 **6개월 이상**인 경우
> 3) 그 밖에 사업 규모, 사업 지역의 특수성, 위반행위의 정도, 위반행위의 동기와 그 결과 및 위반 횟수 등을 고려하여 과징금 금액을 늘릴 필요가 있다고 인정되는 경우

2. 개별기준

(단위 : 백만 원)

위반행위	근거 법조문	과징금 금액
가. 법 제7조 제3항을 위반하여 변경승인을 받지 않고 안전관리체계를 변경한 경우	법 제9조 제1항 제2호	
1) 1차 위반		120
2) 2차 위반		240
3) 3차 위반		480
4) 4차 이상 위반		960
나. 법 제7조 제3항을 위반하여 변경신고를 하지 않고 안전관리체계를 변경한 경우	법 제9조 제1항제2호	
1) 1차 위반		경고
2) 2차 위반		120
3) 3차 이상 위반		240
다. 법 제8조 제1항을 위반하여 안전관리체계를 지속적으로 유지하지 않아 철도운영이나 철도시설의 관리에 중대한 지장을 초래한 경우	법 제9조 제1항 제3호	
1) 철도사고로 인한 사망자 수		
가) 1명 이상 3명 미만		360
나) 3명 이상 5명 미만		720
다) 5명 이상 10명 미만		1,440
라) 10명 이상		2,160
2) 철도사고로 인한 중상자 수		
가) 5명 이상 10명 미만		180
나) 10명 이상 30명 미민		360
다) 30명 이상 50명 미만		720
라) 50명 이상 100명 미만		1,440
마) 100명 이상		2,160
3) 철도사고 또는 운행장애로 인한 재산피해액		
가) 5억 원 이상 10억 원 미만		180
나) 10억 원 이상 20억 원 미만		360
다) 20억 원 이상		720

라. 법 제8조 제3항에 따른 시정조치명령을 정당한 사유 없이 이행하지 않은 경우	법 제9조 제1항 제4호	
1) 1차 위반		240
2) 2차 위반		480
3) 3차 위반		960
4) 4차 이상 위반		1,920

[비고]
1. "사망자"란 철도사고가 발생한 날부터 **30일 이내**에 그 사고로 사망한 사람을 말한다.
2. "중상자"란 철도사고로 인해 부상을 입은 날부터 **7일 이내** 실시된 의사의 최초 진단결과 **24시간 이상** 입원 치료가 필요한 상해를 입은 사람(**의식불명, 시력상실을 포함**)를 말한다.
3. "재산피해액"이란 시설피해액(**인건비와 자재비 등 포함**), 차량피해액(**인건비와 자재비 등 포함**), 운임환불 등을 포함한 직접손실액을 말한다.
4. 위 표의 다목 1)부터 3)까지의 규정에 따른 과징금을 부과하는 경우에 사망자, 중상자, 재산피해가 동시에 발생한 경우는 각각의 과징금을 합산하여 부과한다. 다만, 합산한 금액이 법 제9조의2 제1항에 따른 과징금 금액의 상한을 초과하는 경우에는 법 제9조의2 제1항에 따른 상한금액을 과징금으로 부과한다.
5. 위 표 및 제4호에 따른 과징금 금액이 해당 철도운영자 등의 전년도(위반행위가 발생한 날이 속하는 해의 직전 연도를 말한다) 매출액의 **100분의 4를 초과**하는 경우에는 전년도 매출액의 **100분의 4**에 해당하는 금액을 과징금으로 부과한다.

● **시행령 제7조(과징금의 부과 및 납부)**

① 국토교통부장관은 법 제9조의2 제1항에 따라 과징금을 부과할 때에는 그 위반행위의 종류와 해당 과징금의 금액을 명시하여 이를 납부할 것을 서면으로 통지하여야 한다.

② 제1항에 따라 통지를 받은 자는 통지를 받은 날부터 **20일 이내**에 국토교통부장관이 정하는 수납기관에 과징금을 내야 한다.

③ 제2항에 따라 과징금을 받은 수납기관은 그 과징금을 낸 자에게 영수증을 내주어야 한다.

④ 과징금의 수납기관은 제2항에 따른 과징금을 받으면 지체 없이 그 사실을 국토교통부장관에게 통보하여야 한다.

제9조의3(철도운영자 등에 대한 안전관리 수준평가)

① 국토교통부장관은 철도운영자 등의 자발적인 안전관리를 통한 철도안전 수준의 향상을 위하여 철도운영자등의 안전관리 수준에 대한 평가를 실시할 수 있다.

② 국토교통부장관은 제1항에 따른 안전관리 수준평가를 실시한 결과 그 평가결과가 미흡한 철도운영자등에 대하여 제8조 제2항에 따른 검사를 시행하거나 같은 조 제3항에 따른 시정조치 등 개선을 위하여 필요한 조치를 명할 수 있다.

③ 제1항에 따른 안전관리 수준평가의 대상, 기준, 방법, 절차 등에 필요한 사항은 국토교통부령으로 정한다.

제9조의4(철도안전 우수운영자 지정)

① 국토교통부장관은 제9조의3에 따른 안전관리 수준평가 결과에 따라 철도운영자 등을 대상으로 철도안전 우수운영자를 지정할 수 있다.

② 제1항에 따른 철도안전 우수운영자로 지정을 받은 자는 철도차량, 철도시설이나 관련 문서 등에 철도안전 우수운영자로 지정되었음을 나타내는 표시를 할 수 있다.

③ 제1항에 따른 지정을 받은 자가 아니면 철도차량, 철도시설이나 관련 문서 등에 우수운영자로 지정되었음을 나타내는 표시를 하거나 이와 유사한 표시를 하여서는 아니 된다.

④ 국토교통부장관은 제3항을 위반하여 우수운영자로 지정되었음을 나타내는 표시를 하거나 이와 유사한 표시를 한 자에 대하여 해당 표시를 제거하게 하는 등 필요한 시정조치를 명할 수 있다.

⑤ 제1항에 따른 철도안전 우수운영자 지정의 대상, 기준, 방법, 절차 등에 필요한 사항은 국토교통부령으로 정한다.

제9조의5(우수운영자 지정의 취소)

국토교통부장관은 제9조의4에 따라 철도안전 우수운영자 지정을 받은 자가 다음 각 호의 어느 하나에 해당하는 경우에는 그 지정을 취소할 수 있다. 다만, 제1호 또는 제2호에 해당하는 경우에는 지정을 취소하여야 한다.

1. 거짓이나 그 밖의 부정한 방법으로 철도안전 우수운영자 지정을 받은 경우
2. 제9조에 따라 안전관리체계의 승인이 취소된 경우
3. 제9조의4 제5항에 따른 지정기준에 부적합하게 되는 등 그 밖에 국토교통부령으로 정하는 사유가 발생한 경우

짚고 넘어가기! OX 퀴즈

1. 국토교통부장관은 매년 철도안전에 관한 종합계획을 수립하여야 한다. 　O　　X
2. 국토교통부장관은 철도안전 종합계획을 수립할 때에는 미리 관계 중앙행정기관의 장 및 철도운영자 등과 협의한 후 철도산업위원회의 심의를 거쳐야 한다. 　O　　X
3. 철도안전투자의 공시 기준, 항목, 절차 등에 필요한 사항은 국토교통부령으로 정한다. 　O　　X
4. 과징금 합산 시 30억 원이 넘는 경우 30억 원만 부과한다. 　O　　X

5. 과징금을 부과하는 위반행위의 종류, 과징금의 부과기준 및 징수방법, 그 밖에 필요한 사항은 국토교통부령으로 정한다. 이다. ○ ✕

6. 법령의 개정, 행정구역의 변경 등과 관련하여 철도안전 종합계획을 변경하는 등 당초 수립된 철도안전 종합계획의 기본방향에 영향을 미치지 아니하는 사항의 변경은 철도안전 종합계획의 경미한 변경 사항에 해당된다. ○ ✕

7. 국토교통부장관은 법에 따라 과징금을 부과할 때에는 그 위반행위의 종류와 해당 과징금의 금액을 명시하여 이를 납부할 것을 전화로 통지하여야 한다. ○ ✕

8. 과징금의 수납기관은 과징금을 받으면 지체 없이 그 사실을 국토교통부장관에게 통보하여야 한다. ○ ✕

9. 안전관리체계를 지속적으로 유지하지 않아 철도사고가 발생해 재산피해액이 10억 원인 경우 과징금은 1억 8천만 원이다. ○ ✕

10. 국토교통부장관, 시·도지사 및 철도운영자 등은 철도안전 종합계획에 따라 소관별로 철도안전 종합계획의 단계적 시행에 필요한 연차별 시행계획을 수립·추진하여야 하며, 시행계획의 수립 및 시행절차 등에 관하여 필요한 사항은 국토교통부령으로 정한다. ○ ✕

정답 1 ✕ 2 ○ 3 ○ 4 ○ 5 ✕ 6 ○ 7 ✕ 8 ○ 9 ✕ 10 ✕

제10조(철도차량 운전면허)

① 철도차량을 운전하려는 사람은 국토교통부장관으로부터 철도차량 운전면허(이하 "운전면허"라 한다)를 받아야 한다. 다만, 제16조에 따른 교육훈련 또는 제17조에 따른 운전면허시험을 위하여 철도차량을 운전하는 경우 등 대통령령으로 정하는 경우에는 그러하지 아니하다.

② 「도시철도법」 제2조 제2호에 따른 노면전차를 운전하려는 사람은 제1항에 따른 운전면허 외에 「도로교통법」 제80조에 따른 운전면허(연습운전면허는 제외한다)를 받아야 한다.

③ 제1항에 따른 운전면허는 대통령령으로 정하는 바에 따라 철도차량의 종류별로 받아야 한다.

● **시행령 제10조(운전면허 없이 운전할 수 있는 경우)**

① 법 제10조 제1항 단서에서 "대통령령으로 정하는 경우"란 다음 각 호의 어느 하나에 해당하는 경우를 말한다.

  1. 법 제16조 제3항에 따른 철도차량 운전에 관한 전문 교육훈련기관(이하 "운전교육훈련기관"이라 한다)에서 실시하는 운전교육훈련을 받기 위하여 철도차량을 운전하는 경우

  2. 법 제17조 제1항에 따른 운전면허시험(이하 이 조에서 "운전면허시험"이라 한다)을 치르기 위하여 철도차량을 운전하는 경우

  3. 철도차량을 제작·조립·정비하기 위한 공장 안의 선로에서 철도차량을 운전하여 이동하는 경우

  4. 철도사고 등을 복구하기 위하여 열차운행이 중지된 선로에서 사고복구용 특수차량을 운전하여 이동하는 경우

② 제1항 제1호 또는 제2호에 해당하는 경우에는 해당 철도차량에 운전교육훈련을 담당하는 사람이나 운전면허시험에 대한 평가를 담당하는 사람을 승차시켜야 하며, 국토교통부령으로 정하는 표지를 해당 철도차량의 앞면 유리에 붙여야 한다.

● **시행령 제11조(운전면허 종류)**

① 법 제10조 제3항에 따른 철도차량의 종류별 운전면허는 다음 각 호와 같다.

1. 고속철도차량 운전면허

2. 제1종 전기차량 운전면허

3. 제2종 전기차량 운전면허

4. 디젤차량 운전면허

5. 철도장비 운전면허

6. 노면전차(路面電車) 운전면허

TIP **고속철**도차량, **제1종, 제2종, 디젤**차량, 철도**장**비, **노면전차** → **고철 1전 2전 디젤 노장**

② 제1항 각 호에 따른 운전면허(이하 "운전면허"라 한다)를 받은 사람이 운전할 수 있는 철도차량의 종류는 국토교통부령으로 정한다.

제11조(운전면허의 결격사유 등)

① 다음 각 호의 어느 하나에 해당하는 사람은 운전면허를 받을 수 없다.

1. **19세 미만**인 사람
2. 철도차량 운전상의 위험과 장해를 일으킬 수 있는 정신질환자 또는 뇌전증환자로서 대통령령으로 정하는 사람
3. 철도차량 운전상의 위험과 장해를 일으킬 수 있는 약물(「마약류 관리에 관한 법률」 제2조 제1호에 따른 마약류 및 「화학물질관리법」 제22조 제1항에 따른 환각물질을 말한다. 이하 같다) 또는 알코올 중독자로서 대통령령으로 정하는 사람
4. 두 귀의 청력 또는 두 눈의 시력을 완전히 상실한 사람
5. 운전면허가 취소된 날부터 **2년**이 지나지 아니하였거나 운전면허의 효력정지기간 중인 사람

② **국토교통부장관**은 제1항에 따른 결격사유의 확인을 위하여 개인정보를 보유하고 있는 기관의 장에게 해당 정보의 제공을 요청할 수 있다. 이 경우 요청을 받은 기관의 장은 특별한 사유가 없으면 이에 따라야 한다.

③ 제2항에 따라 요청하는 대상기관과 개인정보의 내용 및 제공방법 등에 필요한 사항은 **대통령령**으로 정한다.

● **시행령 제12조(운전면허를 받을 수 없는 사람)**

법 제11조 제1항 제2호 및 제3호에서 "대통령령으로 정하는 사람"이란 해당 분야 전문의가 정상적인 운전을 할 수 없다고 인정하는 사람을 말한다.

● **시행령 제12조의2(운전면허의 결격사유 관련 개인정보의 제공 요청)**

① 국토교통부장관은 법 제11조 제2항 전단에 따라 운전면허의 결격사유 확인을 위하여 다음 각 호의 기관의 장에게 해당 기관이 보유하고 있는 개인정보의 제공을 요청할 수 있다.

    1. 보건복지부장관

    2. 병무청장

    3. 시·도지사 또는 시장·군수·구청장(자치구의 구청장을 말한다. 이하 같다)

    4. 육군참모총장, 해군참모총장, 공군참모총장 또는 해병대사령관

② 국토교통부장관이 법 제11조 제2항 전단에 따라 이 조 제1항 각 호의 대상기관의 장에게 요청할 수 있는 개인정보의 내용은 별표 1의2와 같다.

③ 제1항 각 호의 대상기관의 장은 법 제11조 제2항 후단에 따라 개인정보를 제공하는 경우에는 국토교통부령으로 정하는 서식에 따라 서면 또는 전자적 방법으로 제공해야 한다.

철도안전법 시행령 [별표 1의2] <신설 2024. 7. 9.>

운전면허의 결격사유 확인을 위하여 요청할 수 있는 개인정보의 내용(제12조의2 제2항 관련)

보유기관	개인정보의 내용	근거 법조문
1. 보건복지부장관 또는 시·도지사	마약류 중독자로 판명되거나 마약류 중독으로 치료보호기관에서 치료 중인 사람에 대한 자료	「마약류 관리에 관한 법률」 제40조
2. 병무청장	정신질환 및 뇌전증으로 신체등급이 5급 또는 6급으로 판정된 사람에 대한 자료	「병역법」 제12조
3. 특별자치시장·특별자치도지사·시장·군수 또는 구청장	가. 시각장애인 또는 청각장애인으로 등록된 사람에 대한 자료	「장애인복지법」 제32조
	나. 정신질환으로 6개월 이상 입원·치료 중인 사람에 대한 자료	「정신건강증진 및 정신질환자 복지서비스 지원에 관한 법률」 제43조 및 제44조
4. 육군참모총장, 해군참모총장, 공군참모총장 또는 해병대사령관	군 재직 중 정신질환 또는 뇌전증으로 전역 조치된 사람에 대한 자료	「군인사법」 제37조

제12조(운전면허의 신체검사)

① 운전면허를 받으려는 사람은 철도차량 운전에 적합한 신체상태를 갖추고 있는지를 판정받기 위하여 국토교통부장관이 실시하는 신체검사에 합격하여야 한다.

② 국토교통부장관은 제1항에 따른 신체검사를 제13조에 따른 의료기관에서 실시하게 할 수 있다.

③ 제1항에 따른 신체검사의 합격기준, 검사방법 및 절차 등에 관하여 필요한 사항은 국토
교통부령으로 정한다.

제13조(신체검사 실시 의료기관)

제12조 제1항에 따른 신체검사를 실시할 수 있는 의료기관은 다음 각 호와 같다.
1. 「의료법」 제3조 제2항 제1호 가목의 의원
2. 「의료법」 제3조 제2항 제3호 가목의 병원
3. 「의료법」 제3조 제2항 제3호 마목의 종합병원

제15조(운전적성검사)

① 운전면허를 받으려는 사람은 철도차량 운전에 적합한 적성을 갖추고 있는지를 판정받기
위하여 국토교통부장관이 실시하는 적성검사(이하 "운전적성검사"라 한다.)에 합격하여
야 한다.
② 운전적성검사에 불합격한 사람 또는 운전적성검사 과정에서 부정행위를 한 사람은 다음
각 호의 구분에 따른 기간 동안 운전적성검사를 받을 수 없다.
  1. 운전적성검사에 불합격한 사람: 검사일부터 **3개월**
  2. 운전적성검사 과정에서 부정행위를 한 사람: 검사일부터 **1년**
③ 운전적성검사의 합격기준, 검사의 방법 및 절차 등에 관하여 필요한 사항은 국토교통부
령으로 정한다.
④ 국토교통부장관은 운전적성검사에 관한 전문기관(이하 "운전적성검사기관"이라 한다)
을 지정하여 운전적성검사를 하게 할 수 있다.
⑤ 운전적성검사기관의 지정기준, 지정절차 등에 관하여 필요한 사항은 대통령령으로 정한다.
⑥ 운전적성검사기관은 정당한 사유 없이 운전적성검사 업무를 거부하여서는 아니 되고,
거짓이나 그 밖의 부정한 방법으로 운전적성검사 판정서를 발급하여서는 아니 된다.

● 시행령 제13조(운전적성검사기관 지정절차)

① 법 제15조 제4항에 따른 운전적성검사에 관한 전문기관(이하 "운전적성검사기관"이라 한다)
으로 지정을 받으려는 자는 국토교통부장관에게 지정 신청을 하여야 한다.
② 국토교통부장관은 제1항에 따라 운전적성검사기관 지정 신청을 받은 경우에는 제14조에 따
른 지정기준을 갖추었는지 여부, 운전적성검사기관의 운영계획, 운전업무종사자의 수급상
황 등을 종합적으로 심사한 후 그 지정 여부를 결정하여야 한다.

③ 국토교통부장관은 제2항에 따라 운전적성검사기관을 지정한 경우에는 그 사실을 관보에 고시하여야 한다.

④ 제1항부터 제3항까지의 규정에 따른 운전적성검사기관 지정절차에 관한 세부적인 사항은 국토교통부령으로 정한다.

● 시행령 제14조(운전적성검사기관 지정기준)

① 운전적성검사기관의 지정기준은 다음 각 호와 같다.

1. 운전적성검사 업무의 통일성을 유지하고 운전적성검사 업무를 원활히 수행하는데 필요한 상설 전담조직을 갖출 것
2. 운전적성검사 업무를 수행할 수 있는 전문검사인력을 **3명 이상** 확보할 것
3. 운전적성검사 시행에 필요한 사무실, 검사장과 검사 장비를 갖출 것
4. 운전적성검사기관의 운영 등에 관한 업무규정을 갖출 것

② 제1항에 따른 운전적성검사기관 지정기준에 관한 세부적인 사항은 국토교통부령으로 정한다.

● 시행령 제15조(운전적성검사기관의 변경사항 통지)

① 운전적성검사기관은 그 명칭·대표자·소재지나 그 밖에 운전적성검사 업무의 수행에 중대한 영향을 미치는 사항의 변경이 있는 경우에는 해당 사유가 발생한 날부터 **15일 이내**에 국토교통부장관에게 그 사실을 알려야 한다.

② 국토교통부장관은 제1항에 따라 통지를 받은 때에는 그 사실을 관보에 고시하여야 한다.

제15조의2(운전적성검사기관의 지정취소 및 업무정지)

① 국토교통부장관은 운전적성검사기관이 다음 각 호의 어느 하나에 해당할 때에는 지정을 취소하거나 **6개월 이내**의 기간을 정하여 업무의 정지를 명할 수 있다. 다만, 제1호 및 제2호에 해당할 때에는 지정을 취소하여야 한다.

1. 거짓이나 그 밖의 부정한 방법으로 지정을 받았을 때
2. 업무정지 명령을 위반하여 그 정지기간 중 운전적성검사 업무를 하였을 때
3. 제15조 제5항에 따른 지정기준에 맞지 아니하게 되었을 때
4. 제15조 제6항을 위반하여 정당한 사유 없이 운전적성검사 업무를 거부하였을 때
5. 제15조 제6항을 위반하여 거짓이나 그 밖의 부정한 방법으로 운전적성검사 판정서를 발급하였을 때

② 제1항에 따른 지정취소 및 업무정지의 세부기준 등에 관하여 필요한 사항은 국토교통부령으로 정한다.

③ 국토교통부장관은 제1항에 따라 지정이 취소된 운전적성검사기관이나 그 기관의 설립·운영자 및 임원이 그 지정이 취소된 날부터 2년이 지나지 아니하고 설립·운영하는 검사기관을 운전적성검사기관으로 지정하여서는 아니 된다.

제16조(운전교육훈련)

① 운전면허를 받으려는 사람은 철도차량의 안전한 운행을 위하여 국토교통부장관이 실시하는 운전에 필요한 지식과 능력을 습득할 수 있는 교육훈련(이하 "운전교육훈련"이라 한다)을 받아야 한다.

② 운전교육훈련의 기간, 방법 등에 관하여 필요한 사항은 국토교통부령으로 정한다.

③ 국토교통부장관은 철도차량 운전에 관한 전문 교육훈련기관(이하 "운전교육훈련기관"이라 한다)을 지정하여 운전교육훈련을 실시하게 할 수 있다.

④ 운전교육훈련기관의 지정기준, 지정절차 등에 관하여 필요한 사항은 대통령령으로 정한다.

⑤ 운전교육훈련기관의 지정취소 및 업무정지 등에 관하여는 제15조 제6항 및 제15조의2를 준용한다. 이 경우 "운전적성검사기관"은 "운전교육훈련기관"으로, "운전적성검사 업무"는 "운전교육훈련 업무"로, "제15조 제5항"은 "제16조 제4항"으로, "운전적성검사 판정서"는 "운전교육훈련 수료증"으로 본다.

● 시행령 제16조(운전교육훈련기관 지정절차)

① 운전교육훈련기관으로 지정을 받으려는 자는 국토교통부장관에게 지정 신청을 하여야 한다.

② 국토교통부장관은 제1항에 따라 운전교육훈련기관의 지정 신청을 받은 경우에는 제17조에 따른 지정기준을 갖추었는지 여부, 운전교육훈련기관의 운영계획 및 운전업무종사자의 수급 상황 등을 종합적으로 심사한 후 그 지정 여부를 결정하여야 한다.

③ 국토교통부장관은 제2항에 따라 운전교육훈련기관을 지정한 때에는 그 사실을 관보에 고시하여야 한다.

④ 제1항부터 제3항까지의 규정에 따른 운전교육훈련기관의 지정절차에 관한 세부적인 사항은 국토교통부령으로 정한다.

● **시행령 제17조(운전교육훈련기관 지정기준)**

① 운전교육훈련기관 지정기준은 다음 각 호와 같다.

    1. 운전교육훈련 업무 수행에 필요한 상설 전담조직을 갖출 것

    2. 운전면허의 종류별로 운전교육훈련 업무를 수행할 수 있는 전문인력을 확보할 것

    3. 운전교육훈련 시행에 필요한 사무실·교육장과 교육 장비를 갖출 것

    4. 운전교육훈련기관의 운영 등에 관한 업무규정을 갖출 것

② 제1항에 따른 운전교육훈련기관 지정기준에 관한 세부적인 사항은 국토교통부령으로 정한다.

● **시행령 제18조(운전교육훈련기관의 변경사항 통지)**

① 운전교육훈련기관은 그 명칭·대표자·소재지나 그 밖에 운전교육훈련 업무의 수행에 중대한 영향을 미치는 사항의 변경이 있는 경우에는 해당 사유가 발생한 날부터 **15일 이내**에 국토교통부장관에게 그 사실을 알려야 한다.

② 국토교통부장관은 제1항에 따라 통지를 받은 경우에는 그 사실을 관보에 고시하여야 한다.

제17조(운전면허시험)

① 운전면허를 받으려는 사람은 국토교통부장관이 실시하는 철도차량 운전면허시험(이하 "운전면허시험"이라 한다)에 합격하여야 한다.

② 운전면허시험은 제11조 제1항 제2호부터 제5호까지의 결격사유에 해당하지 아니하는 사람으로서 제12조에 따른 신체검사 및 운전적성검사에 합격한 후 운전교육훈련을 받은 사람이 응시할 수 있다.

③ 운전면허시험의 과목, 절차 등에 관하여 필요한 사항은 국토교통부령으로 정한다.

제18조(운전면허증의 발급 등)

① 국토교통부장관은 운전면허시험에 합격한 사람이 철도차량 운전면허증(이하 "운전면허증"이라 한다) 발급일을 기준으로 제11조 제1항 각 호의 결격사유에 해당하지 아니하는 경우에는 국토교통부령으로 정하는 바에 따라 운전면허증을 발급하여야 한다.

② 제1항에 따라 운전면허증을 발급받은 사람(이하 "운전면허 취득자"라 한다)이 운전면허증을 잃어버렸거나 운전면허증이 헐어서 쓸 수 없게 되었을 때 또는 운전면허증의 기재사항이 변경되었을 때에는 국토교통부령으로 정하는 바에 따라 운전면허증의 재발급이나 기재사항의 변경을 신청할 수 있다.

제19조(운전면허의 갱신)

① 운전면허의 유효기간은 **10년**으로 한다.

② 운전면허 취득자로서 제1항에 따른 유효기간 이후에도 그 운전면허의 효력을 유지하려는 사람은 운전면허의 유효기간 만료 전에 국토교통부령으로 정하는 바에 따라 운전면허의 갱신을 받아야 한다.

③ 국토교통부장관은 제2항 및 제5항에 따라 운전면허의 갱신을 신청한 사람이 다음 각 호의 어느 하나에 해당하는 경우에는 운전면허증을 갱신하여 발급하여야 한다.

   1. 운전면허의 갱신을 신청하는 날 전 **10년** 이내에 국토교통부령으로 정하는 철도차량의 운전업무에 종사한 경력이 있거나 국토교통부령으로 정하는 바에 따라 이와 같은 수준 이상의 경력이 있다고 인정되는 경우

   2. 국토교통부령으로 정하는 교육훈련을 받은 경우

④ 운전면허 취득자가 제2항에 따른 운전면허의 갱신을 받지 아니하면 그 운전면허의 유효기간이 만료되는 날의 다음 날부터 그 운전면허의 효력이 정지된다.

⑤ 제4항에 따라 운전면허의 효력이 정지된 사람이 6개월의 범위에서 대통령령으로 정하는 기간 내에 운전면허의 갱신을 신청하여 운전면허의 갱신을 받지 아니하면 그 기간이 만료되는 날의 다음 날부터 그 운전면허는 효력을 잃는다.

⑥ 국토교통부장관은 운전면허 취득자에게 그 운전면허의 유효기간이 만료되기 전에 국토교통부령으로 정하는 바에 따라 운전면허의 갱신에 관한 내용을 통지하여야 한다.

⑦ 국토교통부장관은 제5항에 따라 운전면허의 효력이 실효된 사람이 운전면허를 다시 받으려는 경우 대통령령으로 정하는 바에 따라 그 절차의 일부를 면제할 수 있다.

● 시행령 제19조(운전면허 갱신 등)

① 법 제19조 제4항에 따라 운전면허의 효력이 정지된 사람이 제2항에 따른 기간 내에 운전면허 갱신을 받은 경우 해당 운전면허의 유효기간은 갱신 받기 전 운전면허의 유효기간 만료일 다음 날부터 기산한다.

② 법 제19조 제5항에서 "대통령령으로 정하는 기간"이란 **6개월**을 말한다.

● 시행령 제20조(운전면허 취득절차의 일부 면제)

법 제19조 제7항에 따라 운전면허의 효력이 실효된 사람이 운전면허가 실효된 날부터 **3년** 이내에 실효된 운전면허와 동일한 운전면허를 취득하려는 경우에는 다음 각 호의 구분에 따라 운전면허 취득절차의 일부를 면제한다.

1. 법 제19조 제3항 각 호에 해당하지 아니하는 경우 : 법 제16조에 따른 운전교육훈련 면제
2. 법 제19조 제3항 각 호에 해당하는 경우 : 법 제16조에 따른 운전교육훈련과 법 제17조에 따른 운전면허시험 중 필기시험 면제

제19조의2(운전면허증의 대여 등 금지)

누구든지 운전면허증을 다른 사람에게 빌려주거나 빌리거나 이를 알선하여서는 아니 된다.

제20조(운전면허의 취소·정지 등)

① 국토교통부장관은 운전면허 취득자가 다음 각 호의 어느 하나에 해당할 때에는 운전면허를 취소하거나 **1년** 이내의 기간을 정하여 운전면허의 효력을 정지시킬 수 있다. 다만, 제1호부터 제4호까지의 규정에 해당할 때에는 운전면허를 취소하여야 한다.
   1. 거짓이나 그 밖의 부정한 방법으로 운전면허를 받았을 때
   2. 제11조 제1항 제2호부터 제4호까지의 규정에 해당하게 되었을 때
   3. 운전면허의 효력정지기간 중 철도차량을 운전하였을 때
   4. 제19조의2를 위반하여 운전면허증을 다른 사람에게 빌려주었을 때
   5. 철도차량을 운전 중 고의 또는 중과실로 철도사고를 일으켰을 때
   5의2. 제40조의2 제1항 또는 제5항을 위반하였을 때
   6. 제41조 제1항을 위반하여 술을 마시거나 약물을 사용한 상태에서 철도차량을 운전하였을 때
   7. 제41조 제2항을 위반하여 술을 마시거나 약물을 사용한 상태에서 업무를 하였다고 인정할 만한 상당한 이유가 있음에도 불구하고 국토교통부장관 또는 시·도지사의 확인 또는 검사를 거부하였을 때
   8. 이 법 또는 이 법에 따라 철도의 안전 및 보호와 질서유지를 위하여 한 명령·처분을 위반하였을 때
② 국토교통부장관이 제1항에 따라 운전면허의 취소 및 효력정지 처분을 하였을 때에는 국토교통부령으로 정하는 바에 따라 그 내용을 해당 운전면허 취득자와 운전면허 취득자를 고용하고 있는 철도운영자등에게 통지하여야 한다.
③ 제2항에 따른 운전면허의 취소 또는 효력정지 통지를 받은 운전면허 취득자는 그 통지를 받은 날부터 **15일 이내**에 운전면허증을 국토교통부장관에게 반납하여야 한다.
④ 국토교통부장관은 제3항에 따라 운전면허의 효력이 정지된 사람으로부터 운전면허증을 반납받았을 때에는 보관하였다가 정지기간이 끝나면 즉시 돌려주어야 한다.

⑤ 제1항에 따른 취소 및 효력정지 처분의 세부기준 및 절차는 그 위반의 유형 및 정도에 따라 국토교통부령으로 정한다.

⑥ 국토교통부장관은 국토교통부령으로 정하는 바에 따라 운전면허의 발급, 갱신, 취소 등에 관한 자료를 유지·관리하여야 한다.

제21조(운전업무 실무수습)

철도차량의 운전업무에 종사하려는 사람은 국토교통부령으로 정하는 바에 따라 실무수습을 이수하여야 한다.

제21조의2(무자격자의 운전업무 금지 등)

철도운영자 등은 운전면허를 받지 아니하거나(제20조에 따라 운전면허가 취소되거나 그 효력이 정지된 경우를 포함한다) 제21조에 따른 실무수습을 이수하지 아니한 사람을 철도차량의 운전업무에 종사하게 하여서는 아니 된다.

제21조의3(관제자격증명)

① 관제업무에 종사하려는 사람은 국토교통부장관으로부터 철도교통관제사 자격증명(이하 "관제자격증명"이라 한다)을 받아야 한다.

② 관제자격증명은 대통령령으로 정하는 바에 따라 관제업무의 종류별로 받아야 한다.

● 시행령 제20조의2(관제자격증명의 종류)

법 제21조의3 제1항에 따른 철도교통관제사 자격증명(이하 "관제자격증명"이라 한다)은 같은 조 제2항에 따라 다음 각 호의 구분에 따른 관제업무의 종류별로 받아야 한다.

1. 「도시철도법」 제2조 제2호에 따른 도시철도 차량에 관한 관제업무 : 도시철도 관제자격증명
2. 철도차량에 관한 관제업무(제1호에 따른 도시철도 차량에 관한 관제업무를 포함한다) : 철도 관제자격증명

제21조의4(관제자격증명의 결격사유)

관제자격증명의 결격사유에 관하여는 제11조를 준용한다. 이 경우 "운전면허"는 "관제자격증명"으로, "철도차량 운전"은 "관제업무"로 본다.

제21조의5(관제자격증명의 신체검사)

① 관제자격증명을 받으려는 사람은 관제업무에 적합한 신체상태를 갖추고 있는지 판정받기 위하여 **국토교통부장관**이 실시하는 신체검사에 합격하여야 한다.
② 제1항에 따른 신체검사의 방법 및 절차 등에 관하여는 제12조 및 제13조를 준용한다. 이 경우 "운전면허"는 "관제자격증명"으로, "철도차량 운전"은 "관제업무"로 본다.

제21조의6(관제적성검사)

① 관제자격증명을 받으려는 사람은 관제업무에 적합한 적성을 갖추고 있는지 판정받기 위하여 **국토교통부장관**이 실시하는 적성검사(이하 "관제적성검사"라 한다)에 합격하여야 한다.
② 관제적성검사의 방법 및 절차 등에 관하여는 제15조제2항 및 제3항을 준용한다. 이 경우 "운전적성검사"는 "관제적성검사"로 본다.
③ **국토교통부장관**은 관제적성검사에 관한 전문기관(이하 "관제적성검사기관"이라 한다)을 지정하여 관제적성검사를 하게 할 수 있다.
④ 관제적성검사기관의 지정기준 및 지정절차 등에 필요한 사항은 **대통령령**으로 정한다.
⑤ 관제적성검사기관의 지정취소 및 업무정지 등에 관하여는 제15조 제6항 및 제15조의2를 준용한다. 이 경우 "운전적성검사기관"은 "관제적성검사기관"으로, "운전적성검사"는 "관제적성검사"로, "제15조 제5항"은 "제21조의6 제4항"으로 본다.

● 시행령 제20조의3(관제적성검사기관의 지정절차 등)

법 제21조의6 제3항에 따른 관제적성검사에 관한 전문기관(이하 "관제적성검사기관"이라 한다)의 지성설자, 지정기준 및 변경사항 통지에 관하여는 제13조부터 제15조까지의 규정을 준용한다. 이 경우 "운전적성검사기관"은 "관제적성검사기관"으로, "운전업무종사자"는 "관제업무종사자"로, "운전적성검사"는 "관제적성검사"로 본다.

제21조의7(관제교육훈련)

① 관제자격증명을 받으려는 사람은 관제업무의 안전한 수행을 위하여 **국토교통부장관**이 실시하는 관제업무에 필요한 지식과 능력을 습득할 수 있는 교육훈련(이하 "관제교육훈련"이라 한다)을 받아야 한다. 다만, 다음 각 호의 어느 하나에 해당하는 사람에게는 **국토교통부령**으로 정하는 바에 따라 관제교육훈련의 일부를 면제할 수 있다.

1. 「고등교육법」 제2조에 따른 학교에서 국토교통부령으로 정하는 관제업무 관련 교과
   목을 이수한 사람
2. 다음 각 목의 어느 하나에 해당하는 업무에 대하여 **5년 이상**의 경력을 취득한 사람
   가. 철도차량의 운전업무
   나. 철도신호기·선로전환기·조작판의 취급업무
3. 관제자격증명을 받은 후 제21조의3 제2항에 따른 다른 종류의 관제자격증명을 받으
   려는 사람
② 관제교육훈련의 기간 및 방법 등에 필요한 사항은 국토교통부령으로 정한다.
③ 국토교통부장관은 관제업무에 관한 전문 교육훈련기관(이하 "관제교육훈련기관"이라
   한다)을 지정하여 관제교육훈련을 실시하게 할 수 있다.
④ 관제교육훈련기관의 지정기준 및 지정절차 등에 필요한 사항은 대통령령으로 정한다.
⑤ 관제교육훈련기관의 지정취소 및 업무정지 등에 관하여는 제15조 제6항 및 제15조의2
   를 준용한다. 이 경우 "운전적성검사기관"은 "관제교육훈련기관"으로, "운전적성검사"는
   "관제교육훈련"으로, "제15조 제5항"은 "제21조의7 제4항"으로, "운전적성검사 판정서"
   는 "관제교육훈련 수료증"으로 본다.

● 시행령 제20조의4(관제교육훈련기관의 지정절차 등)

법 제21조의7 제3항에 따른 관제업무에 관한 전문 교육훈련기관(이하 "관제교육훈련기관"이라
한다)의 지정절차, 지정기준 및 변경사항 통지에 관하여는 제16조부터 제18조까지의 규정을 준
용한다. 이 경우 "운전교육훈련기관"은 "관제교육훈련기관"으로, "운전업무종사자"는 "관제업
무종사자"로, "운전교육훈련"은 "관제교육훈련"으로 본다.

제21조의8(관제자격증명시험)

① 관제자격증명을 받으려는 사람은 관제업무에 필요한 지식 및 실무역량에 관하여 국토교
   통부장관이 실시하는 학과시험 및 실기시험(이하 "관제자격증명시험"이라 한다)에 합격
   하여야 한다.
② 관제자격증명시험은 제21조의4에 따라 준용되는 제11조 제1항 제2호부터 제5호까지의
   결격사유에 해당하지 아니하는 사람으로서 제21조의5에 따른 신체검사와 관제적성검사
   에 합격한 후 관제교육훈련을 받은 사람이 응시할 수 있다.
③ 국토교통부장관은 다음 각 호의 어느 하나에 해당하는 사람에게는 국토교통부령으로 정
   하는 바에 따라 관제자격증명시험의 일부를 면제할 수 있다.

> 1. 운전면허를 받은 사람
>
> 2. 삭제
>
> 3. 관제자격증명을 받은 후 제21조의3 제2항에 따른 다른 종류의 관제자격증명에 필요
>   한 시험에 응시하려는 사람
>
> ④ 관제자격증명시험의 과목, 방법 및 절차 등에 필요한 사항은 국토교통부령으로 정한다.

제21조의9(관제자격증명서의 발급 및 관제자격증명의 갱신 등)

관제자격증명서의 발급 및 관제자격증명의 갱신 등에 관하여는 제18조 및 제19조를 준용한다. 이 경우 "운전면허시험"은 "관제자격증명시험"으로, "운전면허"는 "관제자격증명"으로, "운전면허증"은 "관제자격증명서"로, "철도차량의 운전업무"는 "관제업무"로 본다.

● **시행령 제20조의5(관제자격증명 갱신 및 취득절차의 일부 면제)**

관제자격증명의 갱신 및 취득절차의 일부 면제에 관하여는 제19조 및 제20조를 준용한다. 이 경우 "운전면허"는 "관제자격증명"으로, "운전교육훈련"은 "관제교육훈련"으로, "운전면허시험 중 필기시험"은 "관제자격증명시험 중 학과시험"으로 본다.

제21조의10(관제자격증명서의 대여 등 금지)

누구든지 관제자격증명서를 다른 사람에게 빌려주거나 빌리거나 이를 알선하여서는 아니 된다.

제21조의11(관제자격증명의 취소 · 정지 등)

① 국토교통부장관은 관제자격증명을 받은 사람이 다음 각 호의 어느 하나에 해당할 때에는 관제자격증명을 취소하거나 **1년** 이내의 기간을 정하여 관제자격증명의 효력을 정지시킬 수 있다. 다만, 제1호부터 제4호까지의 어느 하나에 해당할 때에는 관제자격증명을 취소하여야 한다.

1. 거짓이나 그 밖의 부정한 방법으로 관제자격증명을 취득하였을 때

2. 제21조의4에서 준용하는 제11조 제1항 제2호부터 제4호까지의 어느 하나에 해당하게 되었을 때

3. 관제자격증명의 효력정지 기간 중에 관제업무를 수행하였을 때

4. 제21조의10을 위반하여 관제자격증명서를 다른 사람에게 빌려주었을 때

5. 관제업무 수행 중 고의 또는 중과실로 철도사고의 원인을 제공하였을 때

6. 제40조의2 제2항을 위반하였을 때

7. 제41조 제1항을 위반하여 술을 마시거나 약물을 사용한 상태에서 관제업무를 수행하였을 때

8. 제41조 제2항을 위반하여 술을 마시거나 약물을 사용한 상태에서 관제업무를 하였다고 인정할 만한 상당한 이유가 있음에도 불구하고 국토교통부장관 또는 시·도지사의 확인 또는 검사를 거부하였을 때

② 제1항에 따른 관제자격증명의 취소 또는 효력정지의 기준 및 절차 등에 관하여는 제20조 제2항부터 제6항까지를 준용한다. 이 경우 "운전면허"는 "관제자격증명"으로, "운전면허증"은 "관제자격증명서"로 본다.

제22조(관제업무 실무수습)

관제업무에 종사하려는 사람은 국토교통부령으로 정하는 바에 따라 실무수습을 이수하여야 한다.

제22조의2(무자격자의 관제업무 금지 등)

철도운영자 등은 관제자격증명을 받지 아니하거나(제21조의11에 따라 관제자격증명이 취소되거나 그 효력이 정지된 경우를 포함한다) 제22조에 따른 실무수습을 이수하지 아니한 사람을 관제업무에 종사하게 하여서는 아니 된다.

제23조(운전업무종사자 등의 관리)

① 철도차량 운전·관제업무 등 대통령령으로 정하는 업무에 종사하는 철도종사자는 정기적으로 신체검사와 적성검사를 받아야 한다.

② 제1항에 따른 신체검사·적성검사의 시기, 방법 및 합격기준 등에 관하여 필요한 사항은 국토교통부령으로 정한다.

③ 철도운영자 등은 제1항에 따른 업무에 종사하는 철도종사자가 같은 항에 따른 신체검사·적성검사에 불합격하였을 때에는 그 업무에 종사하게 하여서는 아니 된다.

④ 제1항에 따른 업무에 종사하는 철도종사자로서 적성검사에 불합격한 사람 또는 적성검사 과정에서 부정행위를 한 사람은 제15조 제2항 각 호의 구분에 따른 기간 동안 적성검사를 받을 수 없다.

⑤ 철도운영자 등은 제1항에 따른 신체검사와 적성검사를 제13조에 따른 신체검사 실시 의
료기관 및 운전적성검사기관·관제적성검사기관에 각각 위탁할 수 있다.

● **시행령 제21조(신체검사 등을 받아야 하는 철도종사자)**

법 제23조 제1항에서 "대통령령으로 정하는 업무에 종사하는 철도종사자"란 다음 각 호의 어느
하나에 해당하는 철도종사자를 말한다.

1. 운전업무종사자

2. 관제업무종사자

3. 정거장에서 철도신호기·선로전환기 및 조작판 등을 취급하는 업무를 수행하는 사람

제24조(철도종사자에 대한 안전 및 직무교육)

① 철도운영자 등 또는 철도운영자등과의 계약에 따라 철도운영이나 철도시설 등의 업무에
종사하는 사업주(이하 이 조에서 "사업주"라 한다)는 자신이 고용하고 있는 철도종사자
에 대하여 정기적으로 철도안전에 관한 교육을 실시하여야 한다.

② 철도운영자 등은 자신이 고용하고 있는 철도종사자가 적정한 직무수행을 할 수 있도록
정기적으로 직무교육을 실시하여야 한다.

③ 철도운영자 등은 제1항에 따른 사업주의 안전교육 실시 여부를 확인하여야 하고, 확인
결과 사업주가 안전교육을 실시하지 아니한 경우 안전교육을 실시하도록 조치하여야 한
다.

④ 제1항 및 제2항에 따라 철도운영자 등 및 사업주가 실시하여야 하는 교육의 대상, 내용
및 그 밖에 필요한 사항은 국토교통부령으로 정한다.

제24조의2(철도차량정비기술자의 인정 등)

① 철도차량정비기술자로 인정을 받으려는 사람은 국토교통부장관에게 자격 인정을 신청
하여야 한다.

② 국토교통부장관은 제1항에 따른 신청인이 대통령령으로 정하는 자격, 경력 및 학력 등
철도차량정비기술자의 인정 기준에 해당하는 경우에는 철도차량정비기술자로 인정하여
야 한다.

③ 국토교통부장관은 제1항에 따른 신청인을 철도차량정비기술자로 인정하면 철도차량정
비기술자로서의 등급 및 경력 등에 관한 증명서(이하 "철도차량정비경력증"이라 한다)
를 그 철도차량정비기술자에게 발급하여야 한다.

④ 제1항부터 제3항까지의 규정에 따른 인정의 신청, 철도차량정비경력증의 발급 및 관리 등에 필요한 사항은 국토교통부령으로 정한다.

● 시행령 제21조의2(철도차량정비기술자의 인정 기준)

법 제24조의2 제2항에 따른 철도차량정비기술자의 인정 기준은 별표 1의3과 같다.

 **철도안전법 시행령 [별표 1의3]**

철도차량정비기술자의 인정 기준(제21조의2 관련)

1. 철도차량정비기술자는 자격, 경력 및 학력에 따라 등급별로 구분하여 인정하되, 등급별 세부 기준은 다음 표와 같다.

등급구분	역량지수
1등급 철도차량정비기술자	80점 이상
2등급 철도차량정비기술자	60점 이상 80점 미만
3등급 철도차량정비기술자	40점 이상 60점 미만
4등급 철도차량정비기술자	10점 이상 40점 미만

2. 제1호에 따른 역량지수의 계산식은 다음과 같다.

$$역량지수 = 자격별 경력점수 + 학력점수$$

가. 자격별 경력점수

국가기술자격 구분	점수
기술사 및 기능장	10점/년
기사	8점/년
산업기사	7점/년
기능사	6점/년
국가기술자격증이 없는 경우	3점/년

1) 철도차량정비기술자의 자격별 경력에 포함되는 「국가기술자격법」에 따른 국가기술자격의 종목은 국토교통부장관이 정하여 고시한다. 이 경우 둘 이상의 다른 종목 국가기술자격을 보유한 사람의 경우 그 중 점수가 높은 종목의 경력점수만 인정한다.

2) 경력점수는 다음 업무를 수행한 기간에 따른 점수의 합을 말하며, 마) 및 바)의 경력의 경우 **100분의 50**을 인정한다.

> 가) 철도차량의 부품·기기·장치 등의 마모·손상, 변화 상태 및 기능을 확인하는 등 철도차량 점검 및 검사에 관한 업무
> 나) 철도차량의 부품·기기·장치 등의 수리, 교체, 개량 및 개조 등 철도차량 정비 및 유지관리에 관한 업무
> 다) 철도차량 정비 및 유지관리 등에 관한 계획수립 및 관리 등에 관한 행정업무
> 라) 철도차량의 안전에 관한 계획수립 및 관리, 철도차량의 점검·검사, 철도차량에 대한 설계·기술검토·규격관리 등에 관한 행정업무
> 마) 철도차량 부품의 개발 등 철도차량 관련 연구 업무 및 철도관련 학과 등에서의 강의 업무
> 바) 그 밖에 기계설비·장치 등의 정비와 관련된 업무

3) 2)를 적용할 때 다음의 어느 하나에 해당하는 경력은 제외한다.

> 가) **18세 미만**인 기간의 경력(국가기술자격을 취득한 이후의 경력은 제외한다)
> 나) 주간학교 재학 중의 경력(「직업교육훈련 촉진법」 제9조에 따른 현장실습계약에 따라 산업체에 근무한 경력은 제외한다)
> 다) 이중취업으로 확인된 기간의 경력
> 라) 철도차량정비업무 외의 경력으로 확인된 기간의 경력

4) 경력점수는 월 단위까지 계산한다. 이 경우 월 단위의 기간으로 산입되지 않는 일수의 합이 **30일 이상**인 경우 1개월로 본다.

나. 학력점수

학력 구분	점 수	
	철도차량정비 관련 학과	철도차량정비 관련 학과 외의 학과
석사 이상	25점	10점
학사	20점	9점
전문학사(3년제)	15점	8점
전문학사(2년제)	10점	7점
고등학교 졸업	5점	

1) "철도차량정비 관련 학과"란 철도차량 유지보수와 관련된 학과 및 기계·전기·전자·통신 관련 학과를 말한다. 다만, 대상이 되는 학력점수가 둘 이상인 경우 그 중 점수가 높은 학력점수에 따른다.

2) 철도차량정비 관련 학과의 학위 취득자 및 졸업자의 학력 인정 범위는 다음과 같다.

가) 석사 이상
  (1)「고등교육법」에 따른 학교에서 철도차량정비 관련 학과의 석사 또는 박사 학위 과정을 이수하고 졸업한 사람
  (2) 그 밖에 관계 법령에 따라 국내 또는 외국에서 (1)과 같은 수준 이상의 학력이 있다고 인정되는 사람

나) 학사
  (1)「고등교육법」에 따른 학교에서 철도차량정비 관련 학과의 학사 학위과정을 이수하고 졸업한 사람
  (2) 그 밖에 관계 법령에 따라 국내 또는 외국에서 (1)과 같은 수준의 학력이 있다고 인정되는 사람

다) 전문학사(3년제)
  (1)「고등교육법」에 따른 학교에서 철도차량정비 관련 학과의 전문학사 학위과정을 이수하고 졸업한 사람(철도차량정비 관련 학과의 학위과정 3년을 이수한 사람을 포함한다)
  (2) 그 밖의 관계 법령에 따라 국내 또는 외국에서 (1)과 같은 수준의 학력이 있다고 인정되는 사람

라) 전문학사(2년제)
  (1)「고등교육법」에 따른 4년제 대학, 2년제 대학 또는 전문대학에서 2년 이상 철도차량정비 관련 학과의 교육과정을 이수한 사람
  (2) 그 밖에 관계 법령에 따라 국내 또는 외국에서 (1)과 같은 수준의 학력이 있다고 인정되는 사람

마) 고등학교 졸업
  (1)「초·중등교육법」에 따른 해당 학교에서 철도차량정비 관련 학과의 고등학교 과정을 이수하고 졸업한 사람
  (2) 그 밖에 관계 법령에 따라 국내 또는 외국에서 (1)과 같은 수준의 학력이 있다고 인정되는 사람

3) 철도차량정비 관련 학과 외의 학위 취득자 및 졸업자의 학력 인정 범위는 다음과 같다.

가) 석사 이상

(1)「고등교육법」에 따른 학교에서 석사 또는 박사 학위과정을 이수하고 졸업한 사람

(2) 그 밖에 관계 법령에 따라 국내 또는 외국에서 (1)과 같은 수준 이상의 학력이
있다고 인정되는 사람

나) 학사

(1)「고등교육법」에 따른 학교에서 학사 학위과정을 이수하고 졸업한 사람

(2) 그 밖에 관계 법령에 따라 국내 또는 외국에서 (1)과 같은 수준의 학력이 있다
고 인정되는 사람

다) 전문학사(3년제)

(1)「고등교육법」에 따른 학교에서 전문학사 학위과정을 이수하고 졸업한 사람(전
문학사 학위과정 3년을 이수한 사람을 포함한다)

(2) 그 밖의 관계 법령에 따라 국내 또는 외국에서 (1)과 같은 수준의 학력이 있다
고 인정되는 사람

라) 전문학사(2년제)

(1)「고등교육법」에 따른 4년제 대학, 2년제 대학 또는 전문대학에서 2년 이상 교
육과정을 이수한 사람

(2) 그 밖에 관계 법령에 따라 국내 또는 외국에서 (1)과 같은 수준의 학력이 있다
고 인정되는 사람

마) 고등학교 졸업

(1)「초·중등교육법」에 따른 해당 학교에서 고등학교 과정을 이수하고 졸업한 사
람

(2) 그 밖에 관계 법령에 따라 국내 또는 외국에서 (1)과 같은 수준의 학력이 있다
고 인정되는 사람

● **시행령 제21조의3(정비교육훈련 실시기준)**

① 법 제24조의4 제1항에 따른 정비교육훈련(이하 "정비교육훈련"이라 한다)의 실시기준은 다
음 각 호와 같다.

1. 교육내용 및 교육방법 : 철도차량정비에 관한 법령, 기술기준 및 정비기술 등 실무에 관한
이론 및 실습 교육

2. 교육시간 : 철도차량정비업무의 수행기간 **5년마다 35시간 이상**

② 제1항에서 정한 사항 외에 정비교육훈련에 필요한 구체적인 사항은 국토교통부령으로 정한다.

- **시행령 제21조의4(정비교육훈련기관 지정기준 및 절차)**

① 법 제24조의4 제2항에 따른 정비교육훈련기관(이하 "정비교육훈련기관"이라 한다)의 지정기준은 다음 각 호와 같다.

　1. 정비교육훈련 업무 수행에 필요한 상설 전담조직을 갖출 것

　2. 정비교육훈련 업무를 수행할 수 있는 전문인력을 확보할 것

　3. 정비교육훈련에 필요한 사무실, 교육장 및 교육 장비를 갖출 것

　4. 정비교육훈련기관의 운영 등에 관한 업무규정을 갖출 것

② 정비교육훈련기관으로 지정을 받으려는 자는 제1항에 따른 지정기준을 갖추어 **국토교통부장관**에게 정비교육훈련기관 지정 신청을 해야 한다.

③ **국토교통부장관**은 제2항에 따라 정비교육훈련기관 지정 신청을 받으면 제1항에 따른 지정기준을 갖추었는지 여부 및 철도차량정비기술자의 수급 상황 등을 종합적으로 심사한 후 그 지정 여부를 결정해야 한다.

④ **국토교통부장관**은 정비교육훈련기관을 지정한 때에는 다음 각 호의 사항을 관보에 고시해야 한다.

　1. 정비교육훈련기관의 명칭 및 소재지

　2. 대표자의 성명

　3. 그 밖에 정비교육훈련에 중요한 영향을 미친다고 국토교통부장관이 인정하는 사항

⑤ 제1항부터 제4항까지에서 규정한 사항 외에 정비교육훈련기관의 지정기준 및 절차 등에 관한 세부적인 사항은 **국토교통부령**으로 정한다.

- **시행령 제21조의5(정비교육훈련기관의 변경사항 통지 등)**

① 정비교육훈련기관은 제21조의4 제4항 각 호의 사항이 변경된 때에는 그 사유가 발생한 날부터 **15일** 이내에 **국토교통부장관**에게 그 내용을 통지해야 한다.

② **국토교통부장관**은 제1항에 따른 통지를 받은 때에는 그 내용을 관보에 고시해야 한다.

제24조의3(철도차량정비기술자의 명의 대여금지 등)

① 철도차량정비기술자는 자기의 성명을 사용하여 다른 사람에게 철도차량정비 업무를 수행하게 하거나 철도차량정비경력증을 빌려 주어서는 아니 된다.

② 누구든지 다른 사람의 성명을 사용하여 철도차량정비 업무를 수행하거나 다른 사람의 철도차량정비경력증을 빌려서는 아니 된다.

③ 누구든지 제1항이나 제2항에서 금지된 행위를 알선해서는 아니 된다.

제24조의4(철도차량정비기술교육훈련)

① 철도차량정비기술자는 업무 수행에 필요한 소양과 지식을 습득하기 위하여 대통령령으로 정하는 바에 따라 국토교통부장관이 실시하는 교육·훈련(이하 "정비교육훈련"이라 한다)을 받아야 한다.

② 국토교통부장관은 철도차량정비기술자를 육성하기 위하여 철도차량정비 기술에 관한 전문 교육훈련기관(이하 "정비교육훈련기관"이라 한다)을 지정하여 정비교육훈련을 실시하게 할 수 있다.

③ 정비교육훈련기관의 지정기준 및 절차 등에 필요한 사항은 대통령령으로 정한다.

④ 정비교육훈련기관은 정당한 사유 없이 정비교육훈련 업무를 거부하여서는 아니 되고, 거짓이나 그 밖의 부정한 방법으로 정비교육훈련 수료증을 발급하여서는 아니 된다.

⑤ 정비교육훈련기관의 지정취소 및 업무정지 등에 관하여는 제15조의2를 준용한다. 이 경우 "운전적성검사기관"은 "정비교육훈련기관"으로, "운전적성검사 업무"는 "정비교육훈련 업무"로, "제15조 제5항"은 "제24조의4 제3항"으로, "제15조 제6항"은 "제24조의4 제4항"으로, "운전적성검사 판정서"는 "정비교육훈련 수료증"으로 본다.

제24조의5(철도차량정비기술자의 인정취소 등)

① 국토교통부장관은 철도차량정비기술자가 다음 각 호의 어느 하나에 해당하는 경우 그 인정을 취소하여야 한다.
　　1. 거짓이나 그 밖의 부정한 방법으로 철도차량정비기술자로 인정받은 경우
　　2. 제24조의2 제2항에 따른 자격기준에 해당하지 아니하게 된 경우
　　3. 철도차량정비 업무 수행 중 고의로 철도사고의 원인을 제공한 경우

② 국토교통부장관은 철도차량정비기술자가 다음 각 호의 어느 하나에 해당하는 경우 1년의 범위에서 철도차량정비기술자의 인정을 정지시킬 수 있다.
　　1. 다른 사람에게 철도차량정비경력증을 빌려 준 경우
　　2. 철도차량정비 업무 수행 중 중과실로 철도사고의 원인을 제공한 경우

1. 「도시철도법」에 따른 노면전차를 운전하려는 사람은 노면전차와 도로교통법에 따른 연습운전면허를 제외한 운전면허를 받아야 한다. 　○　　×

2. 운전면허를 받은 사람이 운전할 수 있는 철도차량의 종류는 대통령령으로 정한다. 　○　　×

3. 운전업무종사자는 국토교통부장관이 실시하는 운전에 필요한 지식과 능력을 습득할 수 있는 교육훈련을 받아야 한다. 　○　　×

4. 철도차량 운전면허시험을 실시하는 자는 국토교통부장관이다. 　○　　×

5. 철도차량의 운전업무에 종사하려는 사람은 국토교통부령으로 정하는 바에 따라 실무수습을 이수하여야 한다. 　○　　×

6. 철도차량 운전면허는 필기시험과 기능시험을 합격하여야 하며, 관제자격증명시험은 학과시험과 실기시험에 합격하여야 한다. 　○　　×

7. 사업주는 자신이 고용하고 있는 철도종사자에게 정기적으로 직무교육을 실시하여야 한다. 　○　　×

8. 철도차량정비기술자의 인정 기준 中 역량지수 = 자격별 경력점수 + 학력점수이다. 　○　　×

9. 철도차량정비기술자의 인정기준은 대통령령으로 정하고 철도차량정비경력증은 국토교통부장관이 발급한다. 　○　　×

10. 다른사람에게 철도차량정비경력증을 빌려 준 경우 1년의 범위에서 철도차량정비기술자의 인정을 정지시킬 수 있다. 　○　　×

정답 1 ○ 2 × 3 × 4 ○ 5 ○ 6 ○ 7 × 8 ○ 9 ○ 10 ○

제39조(철도차량의 운행)

열차의 편성, 철도차량 운전 및 신호방식 등 철도차량의 안전운행에 필요한 사항은 국토교통부령으로 정한다.

제39조의2(철도교통관제)

① 철도차량을 운행하는 자는 국토교통부장관이 지시하는 이동·출발·정지 등의 명령과 운행 기준·방법·절차 및 순서 등에 따라야 한다.
② 국토교통부장관은 철도차량의 안전하고 효율적인 운행을 위하여 철도시설의 운용상태 등 철도차량의 운행과 관련된 조언과 정보를 철도종사자 또는 철도운영자등에게 제공할 수 있다.
③ 국토교통부장관은 철도차량의 안전한 운행을 위하여 철도시설 내에서 사람, 자동차 및 철도차량의 운행제한 등 필요한 안전조치를 취할 수 있다.
④ 제1항부터 제3항까지의 규정에 따라 국토교통부장관이 행하는 업무의 대상, 내용 및 절차 등에 관하여 필요한 사항은 국토교통부령으로 정한다.

제39조의3(영상기록장치의 설치·운영 등)

① 철두운영자 등은 철도차량의 운행상황 기록, 교통사고 상황 파악, 안전사고 방지, 범죄 예방 등을 위하여 다음 각 호의 철도차량 또는 철도시설에 영상기록장치를 설치·운영하여야 한다. 이 경우 영상기록장치의 설치 기준, 방법 등은 대통령령으로 정한다.
1. 철도차량 중 대통령령으로 정하는 동력차 및 객차
2. 승강장 등 대통령령으로 정하는 안전사고의 우려가 있는 역 구내
3. 대통령령으로 정하는 차량정비기지
4. 변전소 등 대통령령으로 정하는 안전확보가 필요한 철도시설
5. 「건널목 개량촉진법」 제2조 제3호에 따른 건널목으로서 대통령령으로 정하는 안전확보가 필요한 건널목

② 철도운영자 등은 제1항에 따라 영상기록장치를 설치하는 경우 운전업무종사자, 여객 등이 쉽게 인식할 수 있도록 **대통령령**으로 정하는 바에 따라 안내판 설치 등 필요한 조치를 하여야 한다.

③ 철도운영자 등은 설치 목적과 다른 목적으로 영상기록장치를 임의로 조작하거나 다른 곳을 비추어서는 아니 되며, 운행기간 외에는 영상기록(음성기록을 포함한다. 이하 같다)을 하여서는 아니 된다.

④ 철도운영자 등은 다음 각 호의 어느 하나에 해당하는 경우 외에는 영상기록을 이용하거나 다른 자에게 제공하여서는 아니 된다.

　1. 교통사고 상황 파악을 위하여 필요한 경우

　2. 범죄의 수사와 공소의 제기 및 유지에 필요한 경우

　3. 법원의 재판업무수행을 위하여 필요한 경우

⑤ 철도운영자등은 영상기록장치에 기록된 영상이 분실·도난·유출·변조 또는 훼손되지 아니하도록 **대통령령**으로 정하는 바에 따라 영상기록장치의 운영·관리 지침을 마련하여야 한다.

⑥ 영상기록장치의 설치·관리 및 영상기록의 이용·제공 등은 「개인정보 보호법」에 따라야 한다.

⑦ 제4항에 따른 영상기록의 제공과 그 밖에 영상기록의 보관 기준 및 보관 기간 등에 필요한 사항은 **국토교통부령**으로 정한다.

● **시행령 제30조(영상기록장치 설치대상)**

① 법 제39조의3 제1항 제1호에서 "대통령령으로 정하는 동력차 및 객차"란 다음 각 호의 동력차 및 객차를 말한다.

　1. 열차의 맨 앞에 위치한 동력차로서 운전실 또는 운전설비가 있는 동력차

　2. 승객 설비를 갖추고 여객을 수송하는 객차

② 법 제39조의3 제1항 제2호에서 "승강장 등 대통령령으로 정하는 안전사고의 우려가 있는 역 구내"란 승강장, 대합실 및 승강설비를 말한다.

③ 법 제39조의3 제1항 제3호에서 "대통령령으로 정하는 차량정비기지"란 다음 각 호의 차량정비기지를 말한다.

　1. 「철도사업법」 제4조의2 제1호에 따른 고속철도차량을 정비하는 차량정비기지

　2. 철도차량을 **중정비**(철도차량을 완전히 분해하여 검수·교환하거나 탈선·화재 등으로 중대하게 훼손된 철도차량을 정비하는 것을 말한다)하는 차량정비기지

　3. 대지면적이 **3천제곱미터** 이상인 차량정비기지

④ 법 제39조의3 제1항 제4호에서 "변전소 등 대통령령으로 정하는 안전확보가 필요한 철도시설"이란 다음 각 호의 철도시설을 말한다.

　　1. 변전소(구분소를 포함한다), 무인기능실(전철전력설비, 정보통신설비, 신호 또는 열차 제어설비 운영과 관련된 경우만 해당한다)

　　2. 노선이 분기되는 구간에 설치된 분기기(선로전환기를 포함한다), 역과 역 사이에 설치된 건넘선

　　3. 「통합방위법」 제21조 제4항에 따라 국가중요시설로 지정된 교량 및 터널

　　4. 「철도의 건설 및 철도시설 유지관리에 관한 법률」 제2조 제2호에 따른 고속철도에 설치된 길이 1킬로미터 이상의 터널

⑤ 법 제39조의3 제1항 제5호에서 "대통령령으로 정하는 안전확보가 필요한 건널목"이란 「건널목 개량촉진법」 제4조 제1항에 따라 개량건널목으로 지정된 건널목(같은 법 제6조에 따라 입체교차화 또는 구조 개량된 건널목은 제외한다)을 말한다.

● 시행령 제30조의2(영상기록장치의 설치 기준 및 방법)

법 제39조의3 제1항에 따른 영상기록장치의 설치 기준 및 방법은 별표 4의4와 같다.

● 시행령 제31조(영상기록장치 설치 안내)

철도운영자 등은 법 제39조의3 제2항에 따라 운전업무종사자 및 여객 등 「개인정보 보호법」 제2조 제3호에 따른 정보주체가 쉽게 인식할 수 있는 운전실 및 객차 출입문 등에 다음 각 호의 사항이 표시된 안내판을 설치해야 한다.

1. 영상기록장치의 설치 목적
2. 영상기록장치의 설치 위치, 촬영 범위 및 촬영 시간
3. 영상기록장치 관리 책임 부서, 관리책임자의 성명 및 연락처
4. 그 밖에 철도운영자 등이 필요하다고 인정하는 사항

● 시행령 제32조(영상기록장치의 운영·관리 지침)

철도운영자 등은 법 제39조의3 제5항에 따라 영상기록장치에 기록된 영상이 분실·도난·유출·변조 또는 훼손되지 않도록 다음 각 호의 사항이 포함된 영상기록장치 운영·관리 지침을 마련해야 한다.

1. 영상기록장치의 설치 근거 및 설치 목적
2. 영상기록장치의 설치 대수, 설치 위치 및 촬영 범위
3. 관리책임자, 담당 부서 및 영상기록에 대한 접근 권한이 있는 사람

4. 영상기록의 촬영 시간, 보관기간, 보관장소 및 처리방법

5. 철도운영자등의 영상기록 확인 방법 및 장소

6. 정보주체의 영상기록 열람 등 요구에 대한 조치

7. 영상기록에 대한 접근 통제 및 접근 권한의 제한 조치

8. 영상기록을 안전하게 저장·전송할 수 있는 암호화 기술의 적용 또는 이에 상응하는 조치

9. 영상기록 침해사고 발생에 대응하기 위한 접속기록의 보관 및 위조·변조 방지를 위한 조치

10. 영상기록에 대한 보안프로그램의 설치 및 갱신

11. 영상기록의 안전한 보관을 위한 보관시설의 마련 또는 잠금장치의 설치 등 물리적 조치

12. 그 밖에 영상기록장치의 설치·운영 및 관리에 필요한 사항

제40조(열차운행의 일시 중지)

① **철도운영자**는 다음 각 호의 어느 하나에 해당하는 경우로서 열차의 안전운행에 지장이 있다고 인정하는 경우에는 열차운행을 일시 중지할 수 있다.

1. 지진, 태풍, 폭우, 폭설 등 천재지변 또는 악천후로 인하여 재해가 발생하였거나 재해가 발생할 것으로 예상되는 경우

TIP 1. 지진, 태풍, 폭**우**, 폭**설** 등 천재지변 또는 **악**천후로 인하여 재해가 발생하였거나 재해가 발생할 것으로 예상되는 경우 → **우설 악태지**

2. 그 밖에 열차운행에 중대한 장애가 발생하였거나 발생할 것으로 예상되는 경우

② 철도종사자는 철도사고 및 운행장애의 징후가 발견되거나 발생 위험이 높다고 판단되는 경우에는 관제업무종사자에게 열차운행을 일시 중지할 것을 요청할 수 있다. 이 경우 요청을 받은 관제업무종사자는 특별한 사유가 없으면 즉시 열차운행을 중지하여야 한다.

③ 철도종사자는 제2항에 따른 열차운행의 중지 요청과 관련하여 고의 또는 중대한 과실이 없는 경우에는 민사상 책임을 지지 아니한다.

④ 누구든지 제2항에 따라 열차운행의 중지를 요청한 철도종사자에게 이를 이유로 불이익한 조치를 하여서는 아니 된다.

제40조의2(철도종사자의 준수사항)

① 운전업무종사자는 철도차량의 운전업무 수행 중 다음 각 호의 사항을 준수하여야 한다.

1. 철도차량 출발 전 **국토교통부령**으로 정하는 조치 사항을 이행할 것

2. **국토교통부령**으로 정하는 철도차량 운행에 관한 안전 수칙을 준수할 것

② 관제업무종사자는 관제업무 수행 중 다음 각 호의 사항을 준수하여야 한다.

1. 국토교통부령으로 정하는 바에 따라 운전업무종사자 등에게 열차 운행에 관한 정보를 제공할 것

2. 철도사고, 철도준사고 및 운행장애(이하 "철도사고 등"이라 한다) 발생 시 국토교통부령으로 정하는 조치 사항을 이행할 것

③ 작업책임자는 철도차량의 운행선로 또는 그 인근에서 철도시설의 건설 또는 관리와 관련된 작업 수행 중 다음 각 호의 사항을 준수하여야 한다.

1. 국토교통부령으로 정하는 바에 따라 작업 수행 전에 작업원을 대상으로 안전교육을 실시할 것

2. 국토교통부령으로 정하는 작업안전에 관한 조치 사항을 이행할 것

④ 철도운행안전관리자는 철도차량의 운행선로 또는 그 인근에서 철도시설의 건설 또는 관리와 관련된 작업 수행 중 다음 각 호의 사항을 준수하여야 한다.

1. 작업일정 및 열차의 운행일정을 작업수행 전에 조정할 것

2. 제1호의 작업일정 및 열차의 운행일정을 작업과 관련하여 관할 역의 관리책임자(정거장에서 철도신호기·선로전환기 또는 조작판 등을 취급하는 사람을 포함한다. 이하 이 조에서 같다) 및 관제업무종사자와 협의하여 조정할 것

3. 국토교통부령으로 정하는 열차운행 및 작업안전에 관한 조치 사항을 이행할 것

⑤ 철도사고 등이 발생하는 경우 해당 철도차량의 운전업무종사자와 여객승무원은 철도사고등의 현장을 이탈하여서는 아니 되며, 철도차량 내 안전 및 질서유지를 위하여 승객구호조치 등 국토교통부령으로 정하는 후속조치를 이행하여야 한다. 다만, 의료기관으로의 이송이 필요한 경우 등 국토교통부령으로 정하는 경우에는 그러하지 아니하다.

⑥ 철도운행안전관리자와 관할 역의 관리책임자 및 관제업무종사자는 제4항 제2호에 따른 협의를 거친 경우에는 그 협의 내용을 국토교통부령으로 정하는 바에 따라 작성·보관하여야 한다.

제40조의3(철도종사자의 흡연 금지)

철도종사자(제21조에 따른 운전업무 실무수습을 하는 사람을 포함한다)는 업무에 종사하는 동안에는 열차 내에서 흡연을 하여서는 아니 된다.

제41조(철도종사자의 음주 제한 등)

① 다음 각 호의 어느 하나에 해당하는 철도종사자(실무수습 중인 사람을 포함한다)는 술(「주세법」 제3조 제1호에 따른 주류를 말한다. 이하 같다)을 마시거나 약물을 사용한 상태에서 업무를 하여서는 아니 된다.

1. 운전업무종사자   2. 관제업무종사자

3. 여객승무원   4. 작업책임자

5. 철도운행안전관리자

6. 정거장에서 철도신호기·선로전환기 및 조작판 등을 취급하거나 열차의 조성(組成: 철도차량을 연결하거나 분리하는 작업을 말한다)업무를 수행하는 사람

7. 철도차량 및 철도시설의 점검·정비 업무에 종사하는 사람

② **국토교통부장관** 또는 **시·도지사**(「도시철도법」 제3조 제2호에 따른 도시철도 및 같은 법 제24조에 따라 지방자치단체로부터 도시철도의 건설과 운영의 위탁을 받은 법인이 건설·운영하는 도시철도만 해당한다. 이하 이 조, 제42조, 제45조, 제46조 및 제82조 제6항에서 같다)는 철도안전과 위험방지를 위하여 필요하다고 인정하거나 제1항에 따른 철도종사자가 술을 마시거나 약물을 사용한 상태에서 업무를 하였다고 인정할 만한 상당한 이유가 있을 때에는 철도종사자에 대하여 술을 마셨거나 약물을 사용하였는지 확인 또는 검사할 수 있다. 이 경우 그 철도종사자는 **국토교통부장관** 또는 시·도지사의 확인 또는 검사를 거부하여서는 아니 된다.

③ 제2항에 따른 확인 또는 검사 결과 철도종사자가 술을 마시거나 약물을 사용하였다고 판단하는 기준은 다음 각 호의 구분과 같다.

1. 술 : 혈중 알코올농도가 0.02퍼센트(제1항 제4호부터 제6호까지의 철도종사자는 0.03퍼센트) 이상인 경우

2. 약물 : 양성으로 판정된 경우

④ 제2항에 따른 확인 또는 검사의 방법·절차 등에 관하여 필요한 사항은 **대통령령**으로 정한다.

● 시행령 제43조의2(철도종사자의 음주 등에 대한 확인 또는 검사)

① 삭제

② 법 제41조 제2항에 따른 술을 마셨는지에 대한 확인 또는 검사는 호흡측정기 검사의 방법으로 실시하고, 검사 결과에 불복하는 사람에 대해서는 그 철도종사자의 동의를 받아 혈액 채취 등의 방법으로 다시 측정할 수 있다.

③ 법 제41조 제2항에 따른 약물을 사용하였는지에 대한 확인 또는 검사는 소변 검사 또는 모발 채취 등의 방법으로 실시한다.

> **TIP** **약물**은 **소변** 또는 **모발** → **약소모**
>
> 음주는 **호흡측정기, 불복 시 ㅎ혈**액 채취 → **호불호**

④ 제2항 및 제3항에 따른 확인 또는 검사의 세부절차와 방법 등 필요한 사항은 국토교통부장관이 정한다.

제42조(위해물품의 휴대 금지)

① 누구든지 무기, 화약류, 허가물질, 제한물질, 금지물질, 유해화학물질 또는 인화성이 높은 물질 등 공중(公衆)이나 여객에게 위해를 끼치거나 끼칠 우려가 있는 물건 또는 물질(이하 "위해물품"이라 한다)을 열차에서 휴대하거나 적재(積載)할 수 없다. 다만, 국토교통부장관 또는 시·도지사의 허가를 받은 경우 또는 국토교통부령으로 정하는 특정한 직무를 수행하기 위한 경우에는 그러하지 아니하다.
② 위해물품의 종류, 휴대 또는 적재 허가를 받은 경우의 안전조치 등에 관하여 필요한 세부사항은 국토교통부령으로 정한다.

제43조(위험물의 운송위탁 및 운송 금지)

누구든지 점화류(點火類) 또는 점폭약류(點爆藥類)를 붙인 폭약, 니트로글리세린, 건조한 기폭약(起爆藥), 뇌홍질화연(雷汞窒化鉛)에 속하는 것 등 대통령령으로 정하는 위험물의 운송을 위탁할 수 없으며, 철도운영자는 이를 철도로 운송할 수 없다.

TIP 휴대금지와 운송금지 구분 잘하기!
휴대금지는 허가나 직무수행 시 적재 가능, 운송금지는 무조건적 운송 금지

● 시행령 제44조(운송위탁 및 운송 금지 위험물 등)

법 제43조에서 "점화류(點火類) 또는 점폭약류(點爆藥類)를 붙인 폭약, 니트로글리세린, 건조한 기폭약(起爆藥), 뇌홍질화연(雷汞窒化鉛)에 속하는 것 등 대통령령으로 정하는 위험물"이란 다음 각 호의 위험물을 말한다.

1. 점화 또는 점폭약류를 붙인 폭약
2. 니트로글리세린
3. 건조한 기폭약
4. 뇌홍질화연에 속하는 것
5. 그 밖에 사람에게 위해를 주거나 물건에 손상을 줄 수 있는 물질로서 국토교통부장관이 정하여 고시하는 위험물

제44조(위험물의 운송 등)

① 대통령령으로 정하는 위험물(이하 "위험물"이라 한다)의 운송을 위탁하여 철도로 운송
하려는 자와 이를 운송하는 철도운영자(이하 "위험물취급자"라 한다)는 국토교통부령으
로 정하는 바에 따라 철도운행상의 위험 방지 및 인명(人命) 보호를 위하여 위험물을 안
전하게 포장·적재·관리·운송(이하 "위험물취급"이라 한다)하여야 한다.

② 위험물의 운송을 위탁하여 철도로 운송하려는 자는 위험물을 안전하게 운송하기 위하여
철도운영자의 안전조치 등에 따라야 한다.

● **시행령 제45조(운송취급주의 위험물)**

법 제44조 제1항에서 "대통령령으로 정하는 위험물"이란 다음 각 호의 어느 하나에 해당하는
것으로서 국토교통부령으로 정하는 것을 말한다.

1. 철도운송 중 폭발할 우려가 있는 것

2. 마찰·충격·흡습(吸濕) 등 주위의 상황으로 인하여 발화할 우려가 있는 것

3. 인화성·산화성 등이 강하여 그 물질 자체의 성질에 따라 발화할 우려가 있는 것

4. 용기가 파손될 경우 내용물이 누출되어 철도차량·레일·기구 또는 다른 화물 등을 부식시키
거나 침해할 우려가 있는 것

5. 유독성 가스를 발생시킬 우려가 있는 것

6. 그 밖에 화물의 성질상 철도시설·철도차량·철도종사자·여객 등에 위해나 손상을 끼칠 우려
가 있는 것

제44조의2(위험물 포장 및 용기의 검사 등)

① 위험물을 철도로 운송하는 데 사용되는 포장 및 용기(부속품을 포함한다. 이하 이 조에
서 같다)를 제조·수입하여 판매하려는 자 또는 이를 소유하거나 임차하여 사용하는 자는
국토교통부장관이 실시하는 포장 및 용기의 안전성에 관한 검사에 합격하여야 한다.

② 제1항에 따른 위험물 포장 및 용기의 검사의 합격기준·방법 및 절차 등에 필요한 사항은
국토교통부령으로 정한다.

③ 국토교통부장관은 제1항에도 불구하고 다음 각 호의 어느 하나에 해당하는 경우에는 국
토교통부령으로 정하는 바에 따라 위험물 포장 및 용기의 안전성에 관한 검사의 전부 또
는 일부를 면제할 수 있다.

　1. 「고압가스 안전관리법」 제17조에 따른 검사에 합격하거나 검사가 생략된 경우

　2. 「선박안전법」 제41조 제2항에 따른 검사에 합격한 경우

3. 「항공안전법」 제71조 제1항에 따른 검사에 합격한 경우

4. 대한민국이 체결한 협정 또는 대한민국이 가입한 협약에 따라 검사하여 외국 정부 등이 발행한 증명서가 있는 경우

5. 그 밖에 국토교통부령으로 정하는 경우

④ 국토교통부장관은 위험물 포장 및 용기에 관한 전문검사기관(이하 "위험물 포장·용기검사기관"이라 한다)을 지정하여 제1항에 따른 검사를 하게 할 수 있다.

⑤ 위험물 포장·용기검사기관의 지정 기준·절차 등에 필요한 사항은 국토교통부령으로 정한다.

⑥ 국토교통부장관은 위험물 포장·용기검사기관이 다음 각 호의 어느 하나에 해당하는 경우에는 그 지정을 취소하거나 6개월 이내의 기간을 정하여 그 업무의 전부 또는 일부의 정지를 명할 수 있다. 다만, 제1호 또는 제2호에 해당하는 경우에는 그 지정을 취소하여야 한다.

1. 거짓이나 그 밖의 부정한 방법으로 위험물 포장·용기검사기관으로 지정받은 경우

2. 업무정지 기간 중에 제1항에 따른 검사 업무를 수행한 경우

3. 제2항에 따른 포장 및 용기의 검사방법·합격기준 등을 위반하여 제1항에 따른 검사를 한 경우

4. 제5항에 따른 지정기준에 맞지 아니하게 된 경우

⑦ 제6항에 따른 처분의 세부기준 등에 필요한 사항은 국토교통부령으로 정한다.

제44조의3(위험물취급에 관한 교육 등)

① 위험물취급자는 자신이 고용하고 있는 종사자(철도로 운송하는 위험물을 취급하는 종사자에 한정한다)가 위험물취급에 관하여 국토교통부장관이 실시하는 교육(이히 "위험물취급안전교육"이라 한다)을 받도록 하여야 한다. 다만, 종사자가 다음 각 호의 어느 하나에 해당하는 경우에는 위험물취급안전교육의 전부 또는 일부를 면제할 수 있다.

1. 제24조 제1항에 따른 철도안전에 관한 교육을 통하여 위험물취급에 관한 교육을 이수한 철도종사자

2. 「화학물질관리법」 제33조에 따른 유해화학물질 안전교육을 이수한 유해화학물질 취급 담당자

3. 「위험물안전관리법」 제28조에 따른 안전교육을 이수한 위험물의 안전관리와 관련된 업무를 수행하는 자

4. 「고압가스 안전관리법」 제23조에 따른 안전교육을 이수한 운반책임자

5. 그 밖에 국토교통부령으로 정하는 경우

② 제1항에 따른 교육의 대상·내용·방법·시기 등 위험물취급안전교육에 필요한 사항은 국토교통부령으로 정한다.

③ 국토교통부장관은 제1항에 따른 교육을 효율적으로 하기 위하여 위험물취급안전교육을 수행하는 전문교육기관(이하 "위험물취급전문교육기관"이라 한다)을 지정하여 위험물취급안전교육을 실시하게 할 수 있다.

④ 교육시설·장비 및 인력 등 위험물취급전문교육기관의 지정기준 및 운영 등에 필요한 사항은 국토교통부령으로 정한다.

⑤ 국토교통부장관은 위험물취급전문교육기관이 다음 각 호의 어느 하나에 해당하는 경우에는 그 지정을 취소하거나 6개월 이내의 기간을 정하여 그 업무의 전부 또는 일부의 정지를 명할 수 있다. 다만, 제1호 또는 제2호에 해당하는 경우에는 그 지정을 취소하여야 한다.

1. 거짓이나 그 밖의 부정한 방법으로 위험물취급전문교육기관으로 지정받은 경우

2. 업무정지 기간 중에 위험물취급안전교육을 수행한 경우

3. 제4항에 따른 지정기준에 맞지 아니하게 된 경우

⑥ 제5항에 따른 처분의 세부기준 및 절차 등에 필요한 사항은 국토교통부령으로 정한다.

제45조(철도보호지구에서의 행위제한 등)

① 철도경계선(가장 바깥쪽 궤도의 끝선을 말한다)으로부터 30미터 이내[「도시철도법」제2조제2호에 따른 도시철도 중 노면전차(이하 "노면전차"라 한다)의 경우에는 10미터 이내]의 지역(이하 "철도보호지구"라 한다)에서 다음 각 호의 어느 하나에 해당하는 행위를 하려는 자는 대통령령으로 정하는 바에 따라 국토교통부장관 또는 시·도지사에게 신고하여야 한다.

1. 토지의 형질변경 및 굴착(掘鑿)

2. 토석, 자갈 및 모래의 채취

3. 건축물의 신축·개축(改築)·증축 또는 인공구조물의 설치

4. 나무의 식재(대통령령으로 정하는 경우만 해당한다)

5. 그 밖에 철도시설을 파손하거나 철도차량의 안전운행을 방해할 우려가 있는 행위로서 대통령령으로 정하는 행위

② 노면전차 철도보호지구의 바깥쪽 경계선으로부터 20미터 이내의 지역에서 굴착, 인공구조물의 설치 등 철도시설을 파손하거나 철도차량의 안전운행을 방해할 우려가 있는 행위로서 대통령령으로 정하는 행위를 하려는 자는 대통령령으로 정하는 바에 따라 국토교통부장관 또는 시·도지사에게 신고하여야 한다.

③ **국토교통부장관** 또는 **시·도지사**는 철도차량의 안전운행 및 철도 보호를 위하여 필요하다고 인정할 때에는 제1항 또는 제2항의 행위를 하는 자에게 그 행위의 금지 또는 제한을 명령하거나 **대통령령**으로 정하는 필요한 조치를 하도록 명령할 수 있다.

④ **국토교통부장관** 또는 **시·도지사**는 철도차량의 안전운행 및 철도 보호를 위하여 필요하다고 인정할 때에는 토지, 나무, 시설, 건축물, 그 밖의 공작물(이하 "시설 등"이라 한다)의 소유자나 점유자에게 다음 각 호의 조치를 하도록 명령할 수 있다.

1. 시설 등이 시야에 장애를 주면 그 장애물을 제거할 것

2. 시설 등이 붕괴하여 철도에 위해(危害)를 끼치거나 끼칠 우려가 있으면 그 위해를 제거하고 필요하면 방지시설을 할 것

3. 철도에 토사 등이 쌓이거나 쌓일 우려가 있으면 그 토사 등을 제거하거나 방지시설을 할 것

⑤ 철도운영자 등은 철도차량의 안전운행 및 철도 보호를 위하여 필요한 경우 **국토교통부장관** 또는 **시·도지사**에게 제3항 또는 제4항에 따른 해당 행위 금지·제한 또는 조치 명령을 할 것을 요청할 수 있다.

● 시행령 제46조(철도보호지구에서의 행위 신고절차)

① 법 제45조 제1항에 따라 신고하려는 자는 해당 행위의 목적, 공사기간 등이 기재된 신고서에 설계도서(필요한 경우에 한정한다) 등을 첨부하여 **국토교통부장관** 또는 **시·도지사**에게 제출하여야 한다. 신고한 사항을 변경하는 경우에도 또한 같다.

② **국토교통부장관** 또는 **시·도지사**는 제1항에 따라 신고나 변경신고를 받은 경우에는 신고인에게 법 제45조 제3항에 따른 행위의 금지 또는 제한을 명령하거나 제49조에 따른 안전조치(이하 "안전조치등"이라 한다)를 명령할 필요성이 있는지를 검토하여야 한다.

③ **국토교통부장관** 또는 **시·도지사**는 제2항에 따른 검토 결과 안전조치등을 명령할 필요가 있는 경우에는 제1항에 따른 신고를 받은 날부터 30일 이내에 신고인에게 그 이유를 분명히 밝히고 안전조치등을 명하여야 한다.

④ 제1항부터 제3항까지에서 규정한 사항 외에 철도보호지구에서의 행위에 대한 신고와 안전조치등에 관하여 필요한 세부적인 사항은 **국토교통부장관**이 정하여 고시한다.

● 시행령 제47조(철도보호지구에서의 나무 식재)

법 제45조 제1항 제4호에서 "대통령령으로 정하는 경우"란 다음 각 호의 어느 하나에 해당하는 경우를 말한다.

1. 철도차량 운전자의 전방 시야 확보에 지장을 주는 경우

2. 나뭇가지가 전차선이나 신호기 등을 침범하거나 침범할 우려가 있는 경우

3. 호우나 태풍 등으로 나무가 쓰러져 철도시설물을 훼손시키거나 열차의 운행에 지장을 줄 우려가 있는 경우

● 시행령 제48조(철도보호지구에서의 안전운행 저해행위 등)

법 제45조 제1항 제5호에서 "대통령령으로 정하는 행위"란 다음 각 호의 어느 하나에 해당하는 행위를 말한다.

1. 폭발물이나 인화물질 등 위험물을 제조·저장하거나 전시하는 행위

2. 철도차량 운전자 등이 선로나 신호기를 확인하는 데 지장을 주거나 줄 우려가 있는 시설이나 설비를 설치하는 행위

3. 철도신호등(鐵道信號燈)으로 오인할 우려가 있는 시설물이나 조명 설비를 설치하는 행위

4. 전차선로에 의하여 감전될 우려가 있는 시설이나 설비를 설치하는 행위

5. 시설 또는 설비가 선로의 위나 밑으로 횡단하거나 선로와 나란히 되도록 설치하는 행위

6. 그 밖에 열차의 안전운행과 철도 보호를 위하여 필요하다고 인정하여 국토교통부장관이 정하여 고시하는 행위

● 시행령 제48조의2(노면전차의 안전운행 저해행위 등)

① 법 제45조 제2항에서 "대통령령으로 정하는 행위"란 다음 각 호의 어느 하나에 해당하는 행위를 말한다.

　1. 깊이 10미터 이상의 굴착

　2. 다음 각 목의 어느 하나에 해당하는 것을 설치하는 행위

　　가. 「건설기계관리법」 제2조제1항제1호에 따른 건설기계 중 최대높이가 10미터 이상인 건설기계

　　나. 높이가 10미터 이상인 인공구조물

　3. 「위험물안전관리법」 제2조 제1항 제1호에 따른 위험물을 같은 항 제2호에 따른 지정수량 이상 제조·저장하거나 전시하는 행위

② 법 제45조 제2항에 따른 신고절차에 관하여는 제46조 제1항부터 제4항까지의 규정을 준용한다. 이 경우 "법 제45조 제1항"은 "법 제45조 제2항"으로, "철도보호지구"는 "노면전차 철도보호지구의 바깥쪽 경계선으로부터 20미터 이내의 지역"으로 본다.

● **시행령 제49조(철도 보호를 위한 안전조치)**

법 제45조 제3항에서 "대통령령으로 정하는 필요한 조치"란 다음 각 호의 어느 하나에 해당하는 조치를 말한다.

1. 공사로 인하여 약해질 우려가 있는 지반에 대한 보강대책 수립·시행
2. 선로 옆의 제방 등에 대한 흙막이공사 시행
3. 굴착공사에 사용되는 장비나 공법 등의 변경
4. 지하수나 지표수 처리대책의 수립·시행
5. 시설물의 구조 검토·보강
6. 먼지나 티끌 등이 발생하는 시설·설비나 장비를 운용하는 경우 방진막, 물을 뿌리는 설비 등 분진방지시설 설치
7. 신호기를 가리거나 신호기를 보는데 지장을 주는 시설이나 설비 등의 철거
8. 안전울타리나 안전통로 등 안전시설의 설치
9. 그 밖에 철도시설의 보호 또는 철도차량의 안전운행을 위하여 필요한 안전조치

제46조(손실보상)

① 국토교통부장관, 시·도지사 또는 철도운영자 등은 제45조제3항 또는 제4항에 따른 행위의 금지·제한 또는 조치 명령으로 인하여 손실을 입은 자가 있을 때에는 그 손실을 보상하여야 한다.

② 제1항에 따른 손실의 보상에 관하여는 국토교통부장관, 시·도지사 또는 철도운영자 등이 그 손실을 입은 자와 협의하여야 한다.

③ 제2항에 따른 협의가 성립되지 아니하거나 협의를 할 수 없을 때에는 대통령령으로 정하는 바에 따라 「공익사업을 위한 토지 등의 취득 및 보상에 관한 법률」에 따른 관할 토지수용위원회에 재결(裁決)을 신청할 수 있다.

④ 제3항의 재결에 대한 이의신청에 관하여는 「공익사업을 위한 토지 등의 취득 및 보상에 관한 법률」 제83조부터 제86조까지의 규정을 준용한다.

● **시행령 제50조(손실보상)**

① 법 제46조에 따른 행위의 금지 또는 제한으로 인하여 손실을 받은 자에 대한 손실보상 기준 등에 관하여는 「공익사업을 위한 토지 등의 취득 및 보상에 관한 법률」 제68조, 제70조 제2항·제5항, 제71조, 제75조, 제75조의2, 제76조, 제77조 및 제78조 제6항부터 제8항까지의 규정을 준용한다.

② 법 제46조 제3항에 따른 재결신청에 대해서는 「공익사업을 위한 토지 등의 취득 및 보상에 관한 법률」 제80조 제2항을 준용한다.

제47조(여객열차에서의 금지행위)

① 여객(무임승차자를 포함한다. 이하 이 조에서 같다)은 여객열차에서 다음 각 호의 어느 하나에 해당하는 행위를 하여서는 아니 된다.

1. 정당한 사유 없이 국토교통부령으로 정하는 여객출입 금지장소에 출입하는 행위
2. 정당한 사유 없이 운행 중에 비상정지버튼을 누르거나 철도차량의 옆면에 있는 승강용 출입문을 여는 등 철도차량의 장치 또는 기구 등을 조작하는 행위
3. 여객열차 밖에 있는 사람을 위험하게 할 우려가 있는 물건을 여객열차 밖으로 던지는 행위
4. 흡연하는 행위
5. 철도종사자와 여객 등에게 성적(性的) 수치심을 일으키는 행위
6. 술을 마시거나 약물을 복용하고 다른 사람에게 위해를 주는 행위
7. 그 밖에 공중이나 여객에게 위해를 끼치는 행위로서 국토교통부령으로 정하는 행위

② 여객은 여객열차에서 다른 사람을 폭행하여 열차운행에 지장을 초래하여서는 아니 된다.

③ 운전업무종사자, 여객승무원 또는 여객역무원은 제1항 또는 제2항의 금지행위를 한 사람에 대하여 필요한 경우 다음 각 호의 조치를 할 수 있다.

1. 금지행위의 제지
2. 금지행위의 녹음·녹화 또는 촬영

④ 철도운영자는 국토교통부령으로 정하는 바에 따라 제1항 각 호 및 제2항에 따른 여객열차에서의 금지행위에 관한 사항을 여객에게 안내하여야 한다.

제48조(철도 보호 및 질서유지를 위한 금지행위)

① 누구든지 정당한 사유 없이 철도 보호 및 질서유지를 해치는 다음 각 호의 어느 하나에 해당하는 행위를 하여서는 아니 된다.

1. 철도시설 또는 철도차량을 파손하여 철도차량 운행에 위험을 발생하게 하는 행위
2. 철도차량을 향하여 돌이나 그 밖의 위험한 물건을 던져 철도차량 운행에 위험을 발생하게 하는 행위
3. 궤도의 중심으로부터 양측으로 폭 3미터 이내의 장소에 철도차량의 안전 운행에 지장을 주는 물건을 방치하는 행위
4. 철도교량 등 국토교통부령으로 정하는 시설 또는 구역에 국토교통부령으로 정하는 폭발물 또는 인화성이 높은 물건 등을 쌓아 놓는 행위

5. 선로(철도와 교차된 도로는 제외한다) 또는 **국토교통부령**으로 정하는 철도시설에 **철도운영자 등**의 승낙 없이 출입하거나 통행하는 행위. 다만, 「도로교통법」 제5조에 따른 신호 또는 지시에 따라 노면전차의 선로를 통행하는 경우는 제외한다.

6. 역시설 등 공중이 이용하는 철도시설 또는 철도차량에서 폭언 또는 고성방가 등 소란을 피우는 행위

7. 철도시설에 **국토교통부령**으로 정하는 유해물 또는 열차운행에 지장을 줄 수 있는 오물을 버리는 행위

8. 역시설 또는 철도차량에서 노숙(露宿)하는 행위

9. 열차운행 중에 타고 내리거나 정당한 사유 없이 승강용 출입문의 개폐를 방해하여 열차운행에 지장을 주는 행위

10. 정당한 사유 없이 열차 승강장의 비상정지버튼을 작동시켜 열차운행에 지장을 주는 행위

11. 그 밖에 철도시설 또는 철도차량에서 공중의 안전을 위하여 질서유지가 필요하다고 인정되어 **국토교통부령**으로 정하는 금지행위

② 제1항의 금지행위를 한 사람에 대한 조치에 관하여는 제47조 제3항을 준용한다.

제48조의2(여객 등의 안전 및 보안)

① **국토교통부장관**은 철도차량의 안전운행 및 철도시설의 보호를 위하여 필요한 경우에는 「사법경찰관리의 직무를 수행할 자와 그 직무범위에 관한 법률」 제5조 제11호에 규정된 사람(이하 "철도특별사법경찰관리"라 한다)으로 하여금 여객열차에 승차하는 사람의 신체·휴대물품 및 수하물에 대한 보안검색을 실시하게 할 수 있다.

② **국토교통부장관**은 제1항의 보안검색 정보 및 그 밖의 철도보안·치안 관리에 필요한 정보를 효율적으로 활용하기 위하여 철도보안정보체계를 구축·운영하여야 한다.

③ **국토교통부장관**은 철도보안·치안을 위하여 필요하다고 인정하는 경우에는 차량 운행정보 등을 철도운영자에게 요구할 수 있고, 철도운영자는 정당한 사유 없이 그 요구를 거절할 수 없다.

④ **국토교통부장관**은 철도보안정보체계를 운영하기 위하여 철도차량의 안전운행 및 철도시설의 보호에 필요한 최소한의 정보만 수집·관리하여야 한다.

⑤ 제1항에 따른 보안검색의 실시방법과 절차 및 보안검색장비 종류 등에 필요한 사항과 제2항에 따른 철도보안정보체계 및 제3항에 따른 정보 확인 등에 필요한 사항은 **국토교통부령**으로 정한다.

제48조의3(보안검색장비의 성능인증 등)

① 제48조의2 제1항에 따른 보안검색을 하는 경우에는 국토교통부장관으로부터 성능인증을 받은 보안검색장비를 사용하여야 한다.

② 제1항에 따른 성능인증을 위한 기준·방법·절차 등 운영에 필요한 사항은 국토교통부령으로 정한다.

③ 국토교통부장관은 제1항에 따른 성능인증을 받은 보안검색장비의 운영, 유지관리 등에 관한 기준을 정하여 고시하여야 한다.

④ 국토교통부장관은 제1항에 따라 성능인증을 받은 보안검색장비가 운영 중에 계속하여 성능을 유지하고 있는지를 확인하기 위하여 국토교통부령으로 정하는 바에 따라 정기적으로 또는 수시로 점검을 실시하여야 한다.

⑤ 국토교통부장관은 제1항에 따른 성능인증을 받은 보안검색장비가 다음 각 호의 어느 하나에 해당하는 경우에는 그 인증을 취소할 수 있다. 다만, 제1호에 해당하는 때에는 그 인증을 취소하여야 한다.

  1. 거짓이나 그 밖의 부정한 방법으로 인증을 받은 경우

  2. 보안검색장비가 제2항에 따른 성능인증 기준에 적합하지 아니하게 된 경우

제48조의4(시험기관의 지정 등)

① 국토교통부장관은 제48조의3에 따른 성능인증을 위하여 보안검색장비의 성능을 평가하는 시험(이하 "성능시험"이라 한다)을 실시하는 기관(이하 "시험기관"이라 한다)을 지정할 수 있다.

② 제1항에 따라 시험기관의 지정을 받으려는 법인이나 단체는 국토교통부령으로 정하는 지정기준을 갖추어 국토교통부장관에게 지정신청을 하여야 한다.

③ 국토교통부장관은 제1항에 따라 시험기관으로 지정받은 법인이나 단체가 다음 각 호의 어느 하나에 해당하는 경우에는 그 지정을 취소하거나 1년 이내의 기간을 정하여 그 업무의 전부 또는 일부의 정지를 명할 수 있다. 다만, 제1호 또는 제2호에 해당하는 때에는 그 지정을 취소하여야 한다.

  1. 거짓이나 그 밖의 부정한 방법을 사용하여 시험기관으로 지정을 받은 경우

  2. 업무정지 명령을 받은 후 그 업무정지 기간에 성능시험을 실시한 경우

  3. 정당한 사유 없이 성능시험을 실시하지 아니한 경우

  4. 제48조의3 제2항에 따른 기준·방법·절차 등을 위반하여 성능시험을 실시한 경우

  5. 제48조의4 제2항에 따른 시험기관 지정기준을 충족하지 못하게 된 경우

  6. 성능시험 결과를 거짓으로 조작하여 수행한 경우

④ 국토교통부장관은 인증업무의 전문성과 신뢰성을 확보하기 위하여 제48조의3에 따른 보안검색장비의 성능 인증 및 점검 업무를 대통령령으로 정하는 기관(이하 "인증기관"이라 한다)에 위탁할 수 있다.

● 시행령 제50조의2(인증업무의 위탁)

국토교통부장관은 법 제48조의4 제4항에 따라 법 제48조의3에 따른 보안검색장비의 성능 인증 및 점검 업무를 한국철도기술연구원에 위탁한다.

제48조의5(직무장비의 휴대 및 사용 등)

① 철도특별사법경찰관리는 이 법 및 「사법경찰관리의 직무를 수행할 자와 그 직무범위에 관한 법률」 제6조 제9호에 따른 직무를 수행하기 위하여 필요하다고 인정되는 상당한 이유가 있을 때에는 합리적으로 판단하여 필요한 한도에서 직무장비를 사용할 수 있다.

② 제1항에서의 "직무장비"란 철도특별사법경찰관리가 휴대하여 범인검거와 피의자 호송 등의 직무수행에 사용하는 수갑, 포승, 가스분사기, 가스발사총(고무탄 발사겸용인 것을 포함한다. 이하 같다), 전자충격기, 경비봉을 말한다.

> TIP **수갑, 포승**, 가스**분**사기, 가스**발**사총, **전자충격기**, **경비봉**을 말한다. → **수포분발전경**

③ 철도특별사법경찰관리가 제1항에 따라 직무수행 중 직무장비를 사용할 때 사람의 생명이나 신체에 위해를 끼칠 수 있는 직무장비(가스분사기, 가스발사총 및 전자충격기를 말한다)를 사용하는 경우에는 사전에 필요한 안전교육과 안전검사를 받은 후 사용하여야 한다.

> TIP 가스**분**사기, 가스**발**사총 및 **전**자충격기를 말한다.
> → **안전은 분발해야 한다. 분발전 = 안전교육, 안전검사**

④ 제2항 및 제3항에 따른 직무장비의 사용기준, 안전교육과 안전검사 등에 관하여 필요한 사항은 국토교통부령으로 정한다.

제49조(철도종사자의 직무상 지시 준수)

① 열차 또는 철도시설을 이용하는 사람은 이 법에 따라 철도의 안전·보호와 질서유지를 위하여 하는 철도종사자의 직무상 지시에 따라야 한다.

② 누구든지 폭행·협박으로 철도종사자의 직무집행을 방해하여서는 아니 된다.

● **시행령 제51조(철도종사자의 권한표시)**

① 법 제49조에 따른 철도종사자는 복장·모자·완장·증표 등으로 그가 직무상 지시를 할 수 있는 사람임을 표시하여야 한다.

② 철도운영자 등은 철도종사자가 제1항에 따른 표시를 할 수 있도록 복장·모자·완장·증표 등의 지급 등 필요한 조치를 하여야 한다.

제50조(사람 또는 물건에 대한 퇴거 조치 등)

철도종사자는 다음 각 호의 어느 하나에 해당하는 사람 또는 물건을 열차 밖이나 대통령령으로 정하는 지역 밖으로 퇴거시키거나 철거할 수 있다.

1. 제42조를 위반하여 여객열차에서 위해물품을 휴대한 사람 및 그 위해물품

2. 제43조를 위반하여 운송 금지 위험물을 운송위탁하거나 운송하는 자 및 그 위험물

3. 제45조 제3항 또는 제4항에 따른 행위 금지·제한 또는 조치 명령에 따르지 아니하는 사람 및 그 물건

4. 제47조 제1항 또는 제2항을 위반하여 금지행위를 한 사람 및 그 물건

5. 제48조 제1항을 위반하여 금지행위를 한 사람 및 그 물건

6. 제48조의2에 따른 보안검색에 따르지 아니한 사람

7. 제49조를 위반하여 철도종사자의 직무상 지시를 따르지 아니하거나 직무집행을 방해하는 사람

● **시행령 제52조(퇴거지역의 범위)**

법 제50조 각 호 외의 부분에서 "대통령령으로 정하는 지역"이란 다음 각 호의 어느 하나에 해당하는 지역을 말한다.

1. 정거장

2. 철도신호기·철도차량정비소·통신기기·전력설비 등의 설비가 설치되어 있는 장소의 담장이나 경계선 안의 지역

3. 화물을 적하하는 장소의 담장이나 경계선 안의 지역

1. 열차의 편성, 철도차량 운전 및 신호방식 등 철도차량의 안전운행에 필요한 사항은 철도운영자가 정한다. ○ ✕

2. 철도차량을 운행하는 자는 관제사가 지시하는 이동·출발·정지 등의 명령과 운행 기준, 방법, 절차 및 순서 등에 따라야 한다. ○ ✕

3. 영상기록의 제공과 그 밖에 영상기록의 보관 기준 및 보관기간 등에 필요한 사항은 국토교통부령으로 정한다. ○ ✕

4. 천재지변 등으로 열차 안전운행에 지장이 있다고 인정하는 경우 국토교통부장관은 열차운행을 일시 중지할 수 있다. ○ ✕

5. 철도운영자는 철도사고 및 운행장애의 징후가 발견되거나 발생 위험이 높다고 판단되는 경우에는 관제업무종사자에게 열차운행을 일시 중지할 것을 요청할 수 있다. ○ ✕

6. 음주 제한 철도종사자에는 철도에 공급되는 전력의 원격제어장치를 운영하는 사람이 있다. ○ ✕

7. 위해물품의 종류, 휴대 또는 적재 허가를 받은 경우의 안전조치 등에 관하여 필요한 세부사항은 대통령령으로 정한다. ○ ✕

8. 니트로글리세린은 철도운영자가 철도로 운송할 수 없는 위험물이다. ○ ✕

9. 위험물 포장 및 용기의 검사의 합격기준·방법 및 절차 등에 필요한 사항은 국토교통부령으로 정한다. ○ ✕

10. 노면전차의 철도보호지구는 철도경계선으로부터 10미터 이내의 지역을 말한다. ○ ✕

11. 무임승차자는 여객에 포함되지 않는다. ○ ✕

12. 철도운영자는 국토교통부령으로 정하는 바에 따라 여객열차에서의 금지행위에 관한 사항을 여객에게 안내하여야 한다. ○ ✕

13. 국토교통부장관은 철도보안정보체계를 운영하기 위하여 철도차량의 안전운행 및 철도시설의 보호에 최대한 많은 정보를 수집, 관리하여야 한다. ○ ✕

14. 국토교통부장관은 보안검색장비의 성능 인증 및 점검 업무를 경찰청에 위탁한다. ○ ✕

15. 철도종사자는 여객열차에 승차하는 사람 상대로 보안검색을 실시할 수 있다. ○ ✕

16. 직무장비에 테이저건도 포함된다. ○ ✕

17. 철도종사자는 철도종사자의 직무상 지시를 따르지 아니하거나 직무 집행을 방해하는 사람을 정거장에서 퇴거시킬 수 있다. ○ ✕

정답 1 ✕ 2 ✕ 3 ○ 4 ✕ 5 ✕ 6 ○ 7 ✕ 8 ○ 9 ○ 10 ○ 11 ✕ 12 ○ 13 ✕ 14 ✕ 15 ✕ 16 ✕ 17 ○

제60조(철도사고 등의 발생 시 조치)

① 철도운영자 등은 철도사고 등이 발생하였을 때에는 사상자 구호, 유류품(遺留品) 관리, 여객 수송 및 철도시설 복구 등 인명피해 및 재산피해를 최소화하고 열차를 정상적으로 운행할 수 있도록 필요한 조치를 하여야 한다.

② 철도사고 등이 발생하였을 때의 사상자 구호, 여객 수송 및 철도시설 복구 등에 필요한 사항은 대통령령으로 정한다.

③ 국토교통부장관은 제61조에 따라 사고 보고를 받은 후 필요하다고 인정하는 경우에는 철도운영자 등에게 사고 수습 등에 관하여 필요한 지시를 할 수 있다. 이 경우 지시를 받은 철도운영자 등은 특별한 사유가 없으면 지시에 따라야 한다.

● **시행령 제56조(철도사고 등의 발생 시 조치사항)**

법 제60조 제2항에 따라 철도사고등이 발생한 경우 철도운영자 등이 준수하여야 하는 사항은 다음 각 호와 같다.

1. 사고수습이나 복구작업을 하는 경우에는 인명의 구조와 보호에 가장 우선순위를 둘 것
2. 사상자가 발생한 경우에는 법 제7조 제1항에 따른 안전관리체계에 포함된 비상대응계획에서 정한 절차(이하 "비상대응절차"라 한다)에 따라 응급처치, 의료기관으로 긴급이송, 유관기관과의 협조 등 필요한 조치를 신속히 할 것
3. 철도차량 운행이 곤란한 경우에는 비상대응절차에 따라 대체교통수단을 마련하는 등 필요한 조치를 할 것

제61조(철도사고 등 의무보고)

① 철도운영자 등은 사상자가 많은 사고 등 대통령령으로 정하는 철도사고등이 발생하였을 때에는 국토교통부령으로 정하는 바에 따라 즉시 국토교통부장관에게 보고하여야 한다.

② 철도운영자 등은 제1항에 따른 철도사고 등을 제외한 철도사고 등이 발생하였을 때에는 국토교통부령으로 정하는 바에 따라 사고 내용을 조사하여 그 결과를 국토교통부장관에게 보고하여야 한다.

● **시행령 제57조(국토교통부장관에게 즉시 보고하여야 하는 철도사고 등)**

법 제61조 제1항에서 "사상자가 많은 사고 등 대통령령으로 정하는 철도사고 등"이란 다음 각 호의 어느 하나에 해당하는 사고를 말한다.

1. 열차의 충돌이나 탈선사고

2. 철도차량이나 열차에서 화재가 발생하여 운행을 중지시킨 사고

3. 철도차량이나 열차의 운행과 관련하여 **3명 이상** 사상자가 발생한 사고

　　TIP **3명 이상 사상 → 삼사**

4. 철도차량이나 열차의 운행과 관련하여 **5천만 원 이상**의 재산피해가 발생한 사고

　　TIP **5천만 원 재산 → 오산**

제61조의2(철도차량 등에 발생한 고장 등 보고 의무)

① 제26조 또는 제27조에 따라 철도차량 또는 철도용품에 대하여 형식승인을 받거나 제26조의3 또는 제27조의2에 따라 철도차량 또는 철도용품에 대하여 제작자승인을 받은 자는 그 승인받은 철도차량 또는 철도용품이 설계 또는 제작의 결함으로 인하여 **국토교통부령**으로 정하는 고장, 결함 또는 기능장애가 발생한 것을 알게 된 경우에는 **국토교통부령**으로 정하는 바에 따라 **국토교통부장관**에게 그 사실을 보고하여야 한다.

② 제38조의7에 따라 철도차량 정비조직인증을 받은 자가 철도차량을 운영하거나 정비하는 중에 **국토교통부령**으로 정하는 고장, 결함 또는 기능장애가 발생한 것을 알게 된 경우에는 **국토교통부령**으로 정하는 바에 따라 **국토교통부장관**에게 그 사실을 보고하여야 한다.

> **요약** 철도차량 또는 철도용품 승인을 받고도 결함으로 고장 등이 발생/정비 중에 고장, 결함 등이 발생하면 국토부장관에게 보고

※ 해당 내용이 시험범위에 포함되지 않는 부분에 대한 설명이므로 시험에 출제될 가능성이 적다.

제61조의3(철도안전 자율보고)

① 철도안전을 해치거나 해칠 우려가 있는 사건·상황·상태 등(이하 "철도안전위험요인"이라 한다)을 발생시켰거나 철도안전위험요인이 발생한 것을 안 사람 또는 철도안전위험요인이 발생할 것이 예상된다고 판단하는 사람은 **국토교통부장관**에게 그 사실을 보고할 수 있다.

② **국토교통부장관**은 제1항에 따른 보고(이하 "철도안전 자율보고"라 한다)를 한 사람의 의사에 반하여 보고자의 신분을 공개해서는 아니 되며, 철도안전 자율보고를 사고예방 및 철도안전 확보 목적 외의 다른 목적으로 사용해서는 아니 된다.

③ 누구든지 철도안전 자율보고를 한 사람에 대하여 이를 이유로 신분이나 처우와 관련하여 불이익한 조치를 하여서는 아니 된다.

④ 제1항부터 제3항까지에서 규정한 사항 외에 철도안전 자율보고에 포함되어야 할 사항, 보고 방법 및 절차는 **국토교통부령**으로 정한다.

짚고 넘어가기! OX 퀴즈

1. 철도사고 등이 발생하였을 때의 사상자 구호, 여객 수송 및 철도시설 복구 등에 필요한 사항은 대통령령으로 정한다. ○ ×

2. 철도사고 등이 발생하였을 때 철도종사자는 사고수습이나 복구작업을 하는 경우에는 인명의 구조와 보호에 가장 우선순위를 두어야 한다. ○ ×

3. 철도운영자 등은 사상자가 많은 사고 등 대통령령으로 정하는 철도사고 등이 발생하였을 때에는 국토교통부령으로 정하는 바에 따라 현재 상황 파악 및 원인을 분석하여 국토교통부장관에게 보고하여야 한다. ○ ×

4. 철도안전을 해치거나 해칠 우려가 있는 사건·상황·상태 등을 철도안전위험요인이라 한다. ○ ×

5. 철도안전 자율보고는 철도운영자 등에게 하여야 한다. ○ ×

정답 1 ○ 2 × 3 × 4 ○ 5 ×

제73조(보고 및 검사)

① **국토교통부장관**이나 **관계 지방자치단체**는 다음 각 호의 어느 하나에 해당하는 경우 **대통령령**으로 정하는 바에 따라 철도관계기관등에 대하여 필요한 사항을 보고하게 하거나 자료의 제출을 명할 수 있다.

1. 철도안전 종합계획 또는 시행계획의 수립 또는 추진을 위하여 필요한 경우

1의2. 제6조의2 제1항에 따른 철도안전투자의 공시가 적정한지를 확인하려는 경우

2. 제8조 제2항에 따른 점검·확인을 위하여 필요한 경우

2의2. 제9조의3 제1항에 따른 안전관리 수준평가를 위하여 필요한 경우

3. 운전적성검사기관, 관제적성검사기관, 운전교육훈련기관, 관제교육훈련기관, 안전전문기관, 정비교육훈련기관, 정밀안전진단기관, 인증기관, 시험기관, 위험물 포장·용기검사기관 및 위험물취급전문교육기관의 업무 수행 또는 지정기준 부합 여부에 대한 확인이 필요한 경우

4. 철도운영자 등의 제21조의2, 제22조의2 또는 제23조 제3항에 따른 철도종사자 관리의무 준수 여부에 대한 확인이 필요한 경우

4의2. 제31조 제4항에 따른 조치의무 준수 여부를 확인하려는 경우

5. 제38조 제2항에 따른 검토를 위하여 필요한 경우

5의2. 제38조의9에 따른 준수사항 이행 여부를 확인하려는 경우

6. 제40조에 따라 **철도운영자**가 열차운행을 일시 중지한 경우로서 그 결정 근거 등의 적정성에 대한 확인이 필요한 경우

7. 제44조 제2항에 따른 철도운영자의 안전조치 등이 적정한지에 대한 확인이 필요한 경우

7의2. 제44조의2 제1항에 따라 위험물 포장 및 용기의 안전성에 대한 확인이 필요한 경우

7의3. 제44조의3 제1항에 따른 철도로 운송하는 위험물을 취급하는 종사자의 위험물취급안전교육 이수 여부에 대한 확인이 필요한 경우

8. 제61조에 따른 보고와 관련하여 사실 확인 등이 필요한 경우

9. 제68조, 제69조 제2항 또는 제70조에 따른 시책을 마련하기 위하여 필요한 경우

10. 제72조의2 제1항에 따른 비용의 지원을 결정하기 위하여 필요한 경우

② **국토교통부장관**이나 **관계 지방자치단체**는 제1항 각 호의 어느 하나에 해당하는 경우 소속 공무원으로 하여금 철도관계기관 등의 사무소 또는 사업장에 출입하여 관계인에게 질문하게 하거나 서류를 검사하게 할 수 있다.

③ 제2항에 따라 출입·검사를 하는 공무원은 **국토교통부령**으로 정하는 바에 따라 그 권한을 표시하는 증표를 지니고 이를 관계인에게 보여주어야 한다.

④ 제3항에 따른 증표에 관하여 필요한 사항은 **국토교통부령**으로 정한다.

● 시행령 제61조(보고 및 검사)

① **국토교통부장관** 또는 **관계 지방자치단체의 장**은 법 제73조 제1항에 따라 보고 또는 자료의 제출을 명할 때에는 7일 이상의 기간을 주어야 한다. 다만, 공무원이 철도사고 등이 발생한 현장에 출동하는 등 긴급한 상황인 경우에는 그러하지 아니하다.

② 국토교통부장관은 법 제73조 제2항에 따른 검사 등의 업무를 효율적으로 수행하기 위하여 특히 필요하다고 인정하는 경우에는 철도안전에 관한 전문가를 위촉하여 검사 등의 업무에 관하여 자문에 응하게 할 수 있다.

제74조(수수료)

① 이 법에 따른 교육훈련, 면허, 검사, 진단, 성능인증 및 성능시험 등을 신청하는 자는 **국토교통부령**으로 정하는 수수료를 내야 한다. 다만, 이 법에 따라 **국토교통부장관**의 지정을 받은 운전적성검사기관, 관제적성검사기관, 운전교육훈련기관, 관제교육훈련기관, 정비교육훈련기관, 정밀안전진단기관, 인증기관, 시험기관, 안전전문기관, 위험물 포장·용기 검사기관 및 위험물취급전문교육기관(이하 이 조에서 "대행기관"이라 한다) 또는 제77조 제2항에 따라 업무를 위탁받은 기관(이하 이 조에서 "수탁기관"이라 한다)의 경우에는 대행기관 또는 수탁기관이 정하는 수수료를 대행기관 또는 수탁기관에 내야 한다.

② 제1항 단서에 따라 수수료를 정하려는 대행기관 또는 수탁기관은 그 기준을 정하여 **국토교통부장관**의 승인을 받아야 한다. 승인받은 사항을 변경하려는 경우에도 또한 같다.

제75조(청문)

국토교통부장관은 다음 각 호의 어느 하나에 해당하는 처분을 하는 경우에는 청문을 하여야 한다.

1. 제9조 제1항에 따른 안전관리체계의 승인 취소

2. 제15조의2에 따른 운전적성검사기관의 지정취소(제16조 제5항, 제21조의6 제5항, 제21조의7 제5항, 제24조의4 제5항 또는 제69조 제7항에서 준용하는 경우를 포함한다)

3. 삭제

4. 제20조 제1항에 따른 운전면허의 취소 및 효력정지

4의2. 제21조의11 제1항에 따른 관제자격증명의 취소 또는 효력정지

4의3. 제24조의5 제1항에 따른 철도차량정비기술자의 인정 취소

5. 제26조의2 제1항(제27조 제4항에서 준용하는 경우를 포함한다)에 따른 형식승인의 취소

6. 제26조의7(제27조의2 제4항에서 준용하는 경우를 포함한다)에 따른 제작자승인의 취소

7. 제38조의10 제1항에 따른 인증정비조직의 인증 취소

8. 제38조의13 제3항에 따른 정밀안전진단기관의 지정 취소

8의2. 제44조의2 제6항에 따른 위험물 포장·용기검사기관의 지정 취소 또는 업무정지

8의3. 제44조의3 제5항에 따른 위험물취급전문교육기관의 지정 취소 또는 업무정지

9. 제48조의4 제3항에 따른 시험기관의 지정 취소

10. 제69조의5 제1항에 따른 철도운행안전관리자의 자격 취소

11. 제69조의5 제2항에 따른 철도안전전문기술자의 자격 취소

제75조의2(통보 및 징계권고)

① 국토교통부장관은 이 법 등 철도안전과 관련된 법규의 위반에 따른 범죄혐의가 있다고 인정할 만한 상당한 이유가 있을 때에는 관할 수사기관에 그 내용을 통보할 수 있다.

② 국토교통부장관은 이 법 등 철도안전과 관련된 법규의 위반에 따라 사고가 발생했다고 인정할 만한 상당한 이유가 있을 때에는 사고에 책임이 있는 사람을 징계할 것을 해당 철도운영자등에게 권고할 수 있다. 이 경우 권고를 받은 철도운영자등은 이를 존중하여야 하며 그 결과를 국토교통부장관에게 통보하여야 한다.

제76조(벌칙 적용에서 공무원 의제)

다음 각 호의 어느 하나에 해당하는 사람은 「형법」 제129조부터 제132조까지의 규정을 적용할 때에는 공무원으로 본다.

1. 운전적성검사 업무에 종사하는 운전적성검사기관의 임직원 또는 관제적성검사 업무에 종사하는 관제적성검사기관의 임직원

2. 운전교육훈련 업무에 종사하는 운전교육훈련기관의 임직원 또는 관제교육훈련 업무에 종사하는 관제교육훈련기관의 임직원

2의2. 정비교육훈련 업무에 종사하는 정비교육훈련기관의 임직원

2의3. 정밀안전진단 업무에 종사하는 정밀안전진단기관의 임직원

2의4. 제27조의3에 따라 위탁받은 검사 업무에 종사하는 기관 또는 단체의 임직원

2의5. 제48조의4에 따른 성능시험 업무에 종사하는 시험기관의 임직원 및 성능인증·점검
  업무에 종사하는 인증기관의 임직원

2의6. 제69조 제5항에 따른 철도안전 전문인력의 양성 및 자격관리 업무에 종사하는 안전
  전문기관의 임직원

2의7. 제44조의2 제4항에 따른 위험물 포장·용기검사 업무에 종사하는 위험물 포장·용기
  검사기관의 임직원

2의8. 제44조의3 제3항에 따른 위험물취급안전교육 업무에 종사하는 위험물취급전문교육
  기관의 임직원

3. 제77조 제2항에 따라 위탁업무에 종사하는 철도안전 관련 기관 또는 단체의 임직원

제77조(권한의 위임·위탁)

① 국토교통부장관은 이 법에 따른 권한의 일부를 대통령령으로 정하는 바에 따라 소속 기
  관의 장 또는 시·도지사에게 위임할 수 있다.
② 국토교통부장관은 이 법에 따른 업무의 일부를 대통령령으로 정하는 바에 따라 철도안
  전 관련 기관 또는 단체에 위탁할 수 있다.

● 시행령 제62조(권한의 위임)

① 국토교통부장관은 법 제77조 제1항에 따라 해당 특별시·광역시·특별자치시·도 또는 특별자
  치도의 소관 도시철도(「도시철도법」 제3조 제2호에 따른 도시철도 또는 같은 법 제24조 또
  는 제42조에 따라 도시철도건설사업 또는 도시철도운송사업을 위탁받은 법인이 건설·운영
  하는 도시철도를 말한다)에 대한 다음 각 호의 권한을 해당 시·도지사에게 위임한다.
  1. 법 제39조의2 제1항부터 제3항까지에 따른 이동·출발 등의 명령과 운행기준 등의 지시,
    조언·정보의 제공 및 안전조치 업무
  2. 법 제82조 제1항 제10호에 따른 과태료의 부과·징수
② 국토교통부장관은 법 제77조 제1항에 따라 다음 각 호의 권한을 「국토교통부와 그 소속기관
  직제」 제40조에 따른 철도특별사법경찰대장에게 위임한다.
  1. 법 제41조 제2항에 따른 술을 마셨거나 약물을 사용하였는지에 대한 확인 또는 검사
  2. 법 제48조의2 제2항에 따른 철도보안정보체계의 구축·운영

3. 법 제82조 제1항 제14호, 같은 조 제2항 제7호·제8호·제9호·제10호, 같은 조 제4항 및 같
은 조 제5항 제2호에 따른 과태료의 부과·징수

● 시행령 제63조(업무의 위탁)

① 국토교통부장관은 법 제77조 제2항에 따라 다음 각 호의 업무를 한국교통안전공단에 위탁
한다.

1. 법 제7조 제4항에 따른 안전관리기준에 대한 적합 여부 검사

1의2. 법 제7조 제5항에 따른 기술기준의 제정 또는 개정을 위한 연구·개발

1의3. 법 제8조 제2항에 따른 안전관리체계에 대한 정기검사 또는 수시검사

1의4. 법 제9조의3 제1항에 따른 철도운영자 등에 대한 안전관리 수준평가

2. 법 제17조 제1항에 따른 운전면허시험의 실시

3. 법 제18조 제1항(법 제21조의9에서 준용하는 경우를 포함한다)에 따른 운전면허증 또는
관제자격증명서의 발급과 법 제18조 제2항(법 제21조의9에서 준용하는 경우를 포함한
다)에 따른 운전면허증 또는 관제자격증명서의 재발급이나 기재사항의 변경

4. 법 제19조 제3항(법 제21조의9에서 준용하는 경우를 포함한다)에 따른 운전면허증 또는
관제자격증명서의 갱신 발급과 법 제19조 제6항(법 제21조의9에서 준용하는 경우를 포함
한다)에 따른 운전면허 또는 관제자격증명 갱신에 관한 내용 통지

5. 법 제20조 제3항 및 제4항(법 제21조의11 제2항에서 준용하는 경우를 포함한다)에 따른
운전면허증 또는 관제자격증명서의 반납의 수령 및 보관

6. 법 제20조 제6항(법 제21조의11 제2항에서 준용하는 경우를 포함한다)에 따른 운전면허
또는 관제자격증명의 발급·갱신·취소 등에 관한 자료의 유지·관리

6의2. 법 제21조의8 제1항에 따른 관제자격증명시험의 실시

6의3. 법 제24조의2 제1항부터 제3항까지에 따른 철도차량정비기술자의 인정 및 철도차량
정비경력증의 발급·관리

6의4. 법 제24조의5 제1항 및 제2항에 따른 철도차량정비기술자 인정의 취소 및 정지에 관
한 사항

6의5. 법 제38조 제2항에 따른 종합시험운행 결과의 검토

6의6. 법 제38조의5 제5항에 따른 철도차량의 이력관리에 관한 사항

6의7. 법 제38조의7 제1항 및 제2항에 따른 철도차량 정비조직의 인증 및 변경인증의 적합
여부에 관한 확인

6의8. 법 제38조의7 제3항에 따른 정비조직운영기준의 작성

6의9. 법 제38조의14 제1항에 따른 정밀안전진단기관이 수행한 해당 정밀안전진단의 결과
평가

6의10. 법 제61조의3 제1항에 따른 철도안전 자율보고의 접수

7. 법 제70조에 따른 철도안전에 관한 지식 보급과 법 제71조에 따른 철도안전에 관한 정보의 종합관리를 위한 정보체계 구축 및 관리

7의2. 법 제75조 제4호의3에 따른 철도차량정비기술자의 인정 취소에 관한 청문

② **국토교통부장관**은 법 제77조 제2항에 따라 다음 각 호의 업무를 **한국철도기술연구원**에 위탁한다.

1. 법 제25조 제1항, 제26조 제3항, 제26조의3 제2항, 제27조 제2항 및 제27조의2 제2항에 따른 기술기준의 제정 또는 개정을 위한 연구·개발

5. 법 제26조의8 및 제27조의2 제4항에서 준용하는 법 제8조 제2항에 따른 정기검사 또는 수시검사

8. 법 제34조 제1항에 따른 철도차량·철도용품 표준규격의 제정·개정 등에 관한 업무 중 다음 각 목의 업무

9. 법 제38조의2 제4항에 따른 철도차량 개조승인검사

③ **국토교통부장관**은 법 제77조 제2항에 따라 철도보호지구 등의 관리에 관한 다음 각 호의 업무를 「국가철도공단법」에 따른 **국가철도공단**에 위탁한다.

1. 법 제45조 제1항에 따른 철도보호지구에서의 행위의 신고 수리, 같은 조 제2항에 따른 노면전차 철도보호지구의 바깥쪽 경계선으로부터 **20미터** 이내의 지역에서의 행위의 신고 수리 및 같은 조 제3항에 따른 행위 금지·제한이나 필요한 조치명령

2. 법 제46조에 따른 손실보상과 손실보상에 관한 협의

④ **국토교통부장관**은 법 제77조 제2항에 따라 다음 각 호의 업무를 **국토교통부장관**이 지정하여 고시하는 철도안전에 관한 전문기관이나 단체에 위탁한다.

1. 삭제

2. 법 제69조 제4항에 따른 자격부여 등에 관한 업무 중 제60조의2에 따른 자격부여신청 접수, 자격증명서 발급, 관계 자료 제출 요청 및 자격부여에 관한 자료의 유지·관리 업무

● **시행령 제63조의2(민감정보 및 고유식별정보의 처리)**

국토교통부장관(제63조 제1항에 따라 **국토교통부장관**의 권한을 위탁받은 자를 포함한다), 법

제13조에 따른 의료기관과 운전적성검사기관, 운전교육훈련기관, 관제적성검사기관 및 관제교육훈련기관은 다음 각 호의 사무를 수행하기 위하여 불가피한 경우 「개인정보 보호법」 제23조에 따른 건강에 관한 정보나 같은 법 시행령 제19조제1호 또는 제2호에 따른 주민등록번호 또는 여권번호가 포함된 자료를 처리할 수 있다.

1. 법 제12조에 따른 운전면허의 신체검사에 관한 사무
2. 법 제15조에 따른 운전적성검사에 관한 사무
3. 법 제16조에 따른 운전교육훈련에 관한 사무
4. 법 제17조에 따른 운전면허시험에 관한 사무
5. 법 제21조의5에 따른 관제자격증명의 신체검사에 관한 사무
6. 법 제21조의6에 따른 관제적성검사에 관한 사무
7. 법 제21조의7에 따른 관제교육훈련에 관한 사무
8. 법 제21조의8에 따른 관제자격증명시험에 관한 사무
9. 법 제24조의2에 따른 철도차량정비기술자의 인정에 관한 사무
10. 제1호부터 제9호까지의 규정에 따른 사무를 수행하기 위하여 필요한 사무

짚고 넘어가기! OX 퀴즈

1. 국토교통부장관은 이 법 등 철도안전과 관련된 법규의 위반에 따라 사고가 발생했다고 인정할 만한 상당한 이유가 있을 때에는 사고에 책임이 있는 사람을 징계할 것을 해당 철도운영자 등에게 권고할 수 있다. O X
2. 철도보호지구에서의 행위의 신고 수리 업무는 국토교통부장관이 국가철도공단에 위탁한다. O X
3. 국토교통부장관은 운전면허시험의 실시업무는 철도운영자에게 위탁한다. O X

정답 1 O 2 O 3 ×

09 벌칙

제78조(벌칙)

① 다음 각 호의 어느 하나에 해당하는 사람은 **무기징역 또는 5년 이상**의 징역에 처한다.

　1. 사람이 탑승하여 운행 중인 철도차량에 불을 놓아 소훼한 사람

　2. 사람이 탑승하여 운행 중인 철도차량을 탈선 또는 충돌하게 하거나 파괴한 사람

② 제48조 제1항 제1호를 위반하여 철도시설 또는 철도차량을 파손하여 철도차량 운행에 위험을 발생하게 한 사람은 **10년 이하의 징역 또는 1억 원 이하**의 벌금에 처한다.

③ 과실로 제1항의 죄를 지은 사람은 **1년 이하의 징역 또는 1천만 원 이하**의 벌금에 처한다.

④ 과실로 제2항의 죄를 지은 사람은 **1천만 원 이하의 벌금**에 처한다.

⑤ 업무상 과실이나 중대한 과실로 제1항의 죄를 지은 사람은 **3년 이하의 징역 또는 3천만 원 이하**의 벌금에 처한다.

⑥ 업무상 과실이나 중대한 과실로 제2항의 죄를 지은 사람은 **2년 이하의 징역 또는 2천만 원 이하**의 벌금에 처한다.

⑦ 제1항 및 제2항의 미수범은 처벌한다.

제79조(벌칙)

① 제49조 제2항을 위반하여 폭행·협박으로 철도종사자의 직무집행을 방해한 자는 **5년 이하의 징역 또는 5천만 원 이하**의 벌금에 처한다.

② 다음 각 호의 어느 하나에 해당하는 자는 **3년 이하의 징역 또는 3천만 원 이하**의 벌금에 처한다.

　1. 제7조 제1항을 위반하여 안전관리체계의 승인을 받지 아니하고 철도운영을 하거나 철도시설을 관리한 자

　4. 철도사고 등 발생 시 제40조의2 제2항 제2호 또는 제5항을 위반하여 사람을 사상(死傷)에 이르게 하거나 철도차량 또는 철도시설을 파손에 이르게 한 자

　5. 제41조 제1항을 위반하여 술을 마시거나 약물을 사용한 상태에서 업무를 한 사람

　6. 제43조를 위반하여 운송 금지 위험물의 운송을 위탁하거나 그 위험물을 운송한 자

　7. 제44조 제1항을 위반하여 위험물을 운송한 자

7의2. 제47조 제2항을 위반하여 여객열차에서 다른 사람을 폭행하여 열차운행에 지장을 초래한 자

8. 제48조 제1항 제2호부터 제4호까지의 규정에 따른 금지행위를 한 자

> **[제48조 제1항]**
>
> 2. 철도차량을 향하여 돌이나 그 밖의 위험한 물건을 던져 철도차량 운행에 위험을 발생하게 하는 행위
>
> 3. 궤도의 중심으로부터 양측으로 폭 3미터 이내의 장소에 철도차량의 안전 운행에 지장을 주는 물건을 방치하는 행위
>
> 4. 철도교량 등 국토교통부령으로 정하는 시설 또는 구역에 국토교통부령으로 정하는 폭발물 또는 인화성이 높은 물건 등을 쌓아 놓는 행위

③ 다음 각 호의 어느 하나에 해당하는 자는 **2년 이하의 징역 또는 2천만 원 이하**의 벌금에 처한다.

1. 거짓이나 그 밖의 부정한 방법으로 제7조 제1항에 따른 안전관리체계의 승인을 받은 자

2. 제8조 제1항을 위반하여 철도운영이나 철도시설의 관리에 중대하고 명백한 지장을 초래한 자

3. 거짓이나 그 밖의 부정한 방법으로 제15조 제4항, 제16조 제3항, 제21조의6 제3항, 제21조의7 제3항, 제24조의4 제2항, 제38조의13 제1항 또는 제69조 제5항에 따른 지정을 받은 자

4. 제15조의2(제16조 제5항, 제21조의6 제5항, 제21조의7 제5항, 제24조의4 제5항 또는 제69조 제7항에서 준용하는 경우를 포함한다)에 따른 업무정지 기간 중에 해당 업무를 한 자

13의7. 제40조 제2항 후단을 위반하여 특별한 사유 없이 열차운행을 중지하지 아니한 자

13의8. 제40조 제4항을 위반하여 철도종사자에게 불이익한 조치를 한 자

14. 삭제

15. 제41조 제2항에 따른 확인 또는 검사에 불응한 자

16. 정당한 사유 없이 제42조 제1항을 위반하여 위해물품을 휴대하거나 적재한 사람

17. 제45조 제1항 및 제2항에 따른 신고를 하지 아니하거나 같은 조 제3항에 따른 명령에 따르지 아니한 자

18. 제47조 제1항 제2호를 위반하여 운행 중 비상정지버튼을 누르거나 승강용 출입문을 여는 행위를 한 사람

19. 제61조의3 제3항을 위반하여 철도안전 자율보고를 한 사람에게 불이익한 조치를 한 자

④ 다음 각 호의 어느 하나에 해당하는 자는 **1년 이하의 징역 또는 1천만 원 이하**의 벌금에 처한다.

1. 제10조 제1항을 위반하여 운전면허를 받지 아니하고(제20조에 따라 운전면허가 취소되거나 그 효력이 정지된 경우를 포함한다) 철도차량을 운전한 사람

2. 거짓이나 그 밖의 부정한 방법으로 운전면허를 받은 사람

2의2. 거짓이나 그 밖의 부정한 방법으로 관제자격증명을 받은 사람

2의3. 거짓이나 그 밖의 부정한 방법으로 철도차량정비기술자로 인정받은 사람

2의4. 제19조의2를 위반하여 운전면허증을 다른 사람에게 빌려주거나 빌리거나 이를 알선한 사람

3. 제21조를 위반하여 실무수습을 이수하지 아니하고 철도차량의 운전업무에 종사한 사람

3의2. 제21조의2를 위반하여 운전면허를 받지 아니하거나(제20조에 따라 운전면허가 취소되거나 그 효력이 정지된 경우를 포함한다) 실무수습을 이수하지 아니한 사람을 철도차량의 운전업무에 종사하게 한 철도운영자 등

3의3. 제21조의3을 위반하여 관제자격증명을 받지 아니하고(제21조의11에 따라 관제자격증명이 취소되거나 그 효력이 정지된 경우를 포함한다) 관제업무에 종사한 사람

3의4. 제21조의10을 위반하여 관제자격증명서를 다른 사람에게 빌려주거나 빌리거나 이를 알선한 사람

4. 제22조를 위반하여 실무수습을 이수하지 아니하고 관제업무에 종사한 사람

4의2. 제22조의2를 위반하여 관제자격증명을 받지 아니하거나(제21조의11에 따라 관제자격증명이 취소되거나 그 효력이 정지된 경우를 포함한다) 실무수습을 이수하지 아니한 사람을 관제업무에 종사하게 한 철도운영자 등

5. 제23조 제1항을 위반하여 신체검사와 적성검사를 받지 아니하거나 같은 조 제3항을 위반하여 신체검사와 적성검사에 합격하지 아니하고 같은 조 제1항에 따른 업무를 한 사람 및 그로 하여금 그 업무에 종사하게 한 자

5의2. 제24조의3을 위반한 다음 각 목의 어느 하나에 해당하는 사람

　가. 다른 사람에게 자기의 성명을 사용하여 철도차량정비 업무를 수행하게 하거나 자신의 철도차량정비경력증을 빌려 준 사람

　나. 다른 사람의 성명을 사용하여 철도차량정비 업무를 수행하거나 다른 사람의 철도차량정비경력증을 빌린 사람

　다. 가목 및 나목의 행위를 알선한 사람

8. 제39조의2 제1항〈철도차량을 운행하는 자는 국토교통부장관이 지시하는 이동·출발·정지 등의 명령〉에 따른 지시를 따르지 아니한 자

9. 제39조의3 제3항을 위반하여 설치 목적과 다른 목적으로 영상기록장치를 임의로 조작하거나 다른 곳을 비춘 자 또는 운행기간 외에 영상기록을 한 자

10. 제39조의3 제4항을 위반하여 영상기록을 목적 외의 용도로 이용하거나 다른 자에게 제공한 자

11. 제39조의3 제5항을 위반하여 안전성 확보에 필요한 조치를 하지 아니하여 영상기록장치에 기록된 영상정보를 분실·도난·유출·변조 또는 훼손당한 자

12. 제47조 제1항 제6호를 위반하여 술을 마시거나 약물을 복용하고 다른 사람에게 위해를 주는 행위를 한 사람

⑤ 제47조 제1항 제5호〈철도종사자와 여객 등에게 성적(性的) 수치심을 일으키는 행위〉를 위반한 자는 **500만 원 이하**의 벌금에 처한다.

제80조(형의 가중)

① 제78조 제1항의 죄〈사람이 탑승하여 운행 중인 철도차량에 불을 놓아 소훼하거나 탈선 또는 충돌하게 하거나 파괴한 사람〉를 지어 사람을 사망에 이르게 한 자는 **사형, 무기징역 또는 7년 이상**의 징역에 처한다.

② 제79조 제1항〈폭행, 협박으로 철도종사자의 직무집행 방해〉, 제3항 제16호〈정당한 사유없이 위해 물품을 휴대하거나 적재한 자〉 또는 제17호〈철도보호지구에서의 행위제한 및 명령〉의 죄를 범하여 열차운행에 지장을 준 자는 그 죄에 규정된 형의 2분의 1까지 가중한다.

③ 제79조 제3항 제16호〈정당한 사유없이 위해 물품을 휴대하거나 적재한 자〉 또는 제17호의 죄〈철도보호지구에서의 행위제한 및 명령〉를 범하여 사람을 사상에 이르게 한 자는 **5년 이하의 징역 또는 5천만 원 이하**의 벌금에 처한다.

제81조(양벌규정)

법인의 대표자나 법인 또는 개인의 대리인, 사용인, 그 밖의 종업원이 그 법인 또는 개인의 업무에 관하여 제79조 제2항, 같은 조 제3항(제16호〈정당한 사유없이 위해 물품을 휴대하거나 적재한 자〉는 제외한다) 및 제4항(제2호〈거짓이나 부정한 방법으로 운전면허를 받은 자〉는 제외한다) 또는 제80조(제79조 제3항 제17호〈철도보호지구에서의 행위제한 및 명령〉의 가중죄를 범한 경우만 해당한다)의 어느 하나에 해당하는 위반행위를 하면 그 행위자를

벌하는 외에 그 법인 또는 개인에게도 해당 조문의 벌금형을 과(科)한다. 다만, 법인 또는 개인이 그 위반행위를 방지하기 위하여 해당 업무에 관하여 상당한 주의와 감독을 게을리하지 아니한 경우에는 그러하지 아니하다.

제82조(과태료)

① 다음 각 호의 어느 하나에 해당하는 자에게는 **1천만 원 이하**의 과태료를 부과한다.

1. 제7조 제3항(제26조의8 및 제27조의2 제4항에서 준용하는 경우를 포함한다)을 위반하여 안전관리체계의 변경승인을 받지 아니하고 안전관리체계를 변경한 자

2. 제8조 제3항(제26조의8 및 제27조의2 제4항에서 준용하는 경우를 포함한다)을 위반하여 정당한 사유 없이 시정조치 명령에 따르지 아니한 자

2의2. 제9조의4 제4항을 위반하여 시정조치 명령을 따르지 아니한 자

3. 삭제

10. 제39조의2 제3항에 따른 안전조치를 따르지 아니한 자

10의2. 제39조의3 제1항을 위반하여 영상기록장치를 설치·운영하지 아니한 자

11. 삭제   12. 삭제   13. 삭제

13의2. 제48조의3 제1항을 위반하여 국토교통부장관의 성능인증을 받은 보안검색장비를 사용하지 아니한 자

13의3. 삭제

14. 제49조제1항을 위반하여 철도종사자의 직무상 지시에 따르지 아니한 사람

15. 제61조 제1항 및 제61조의2 제1항·제2항에 따른 **〈철도사고 등 의무보고, 철도차량 등에 발생한 고장 등 보고 의무〉** 보고를 하지 아니하거나 거짓으로 보고한 자

15의2. 삭제

16. 제73조 제1항에 따른 **〈국토교통부장관이나 관계 지방자치단체가 명한 필요한 사항〉** 보고를 하지 아니하거나 거짓으로 보고한 자

17. 제73조 제1항에 따른 자료제출을 거부, 방해 또는 기피한 자

18. 제73조 제2항에 따른 소속 공무원의 출입·검사를 거부, 방해 또는 기피한 자

② 다음 각 호의 어느 하나에 해당하는 자에게는 **500만 원 이하**의 과태료를 부과한다.

1. 제7조 제3항(제26조의8 및 제27조의2 제4항에서 준용하는 경우를 포함한다)을 위반하여 안전관리체계의 변경신고를 하지 아니하고 안전관리체계를 변경한 자

2. 제24조 제1항을 위반하여 안전교육을 실시하지 아니한 자 또는 제24조 제2항을 위반하여 직무교육을 실시하지 아니한 자

2의2. 제24조 제3항을 위반하여 안전교육 실시 여부를 확인하지 아니하거나 안전교육을
　　　실시하도록 조치하지 아니한 철도운영자 등

7. 제40조의2에 따른 준수사항을 위반한 자

7의2. 제44조 제1항에 따른 위험물취급의 방법, 절차 등을 따르지 아니하고 위험물취급
　　　을 한 자(위험물을 철도로 운송한 자는 제외한다)

7의3. 제44조의2 제1항에 따른 검사를 받지 아니하고 포장 및 용기를 판매 또는 사용한 자

7의4. 제44조의3 제1항을 위반하여 자신이 고용하고 있는 종사자가 위험물취급안전교
　　　육을 받도록 하지 아니한 위험물취급자

8. 제47조 제1항 제1호 또는 제3호를 위반하여 여객출입 금지장소에 출입하거나 물건을
　　여객열차 밖으로 던지는 행위를 한 사람

8의2. 제47조 제4항을 위반하여 여객열차에서의 금지행위에 관한 사항을 안내하지 아니
　　　한 자

9. 제48조 제1항 제5호를 위반하여 철도시설(선로는 제외한다)에 승낙 없이 출입하거나
　　통행한 사람

10. 제48조 제1항 제7호·제9호 또는 제10호를 위반하여 철도시설에 유해물 또는 오물을
　　　버리거나 열차운행에 지장을 준 사람

11. 제48조의3 제2항에 따른 보안검색장비의 성능인증을 위한 기준·방법·절차 등을 위
　　　반한 인증기관 및 시험기관

12. 제61조 제2항에 따른 보고를 하지 아니하거나 거짓으로 보고한 자

③ 다음 각 호의 어느 하나에 해당하는 자에게는 **300만 원 이하**의 과태료를 부과한다.

　1. 제9조의4 제3항을 위반하여 우수운영자로 지정되었음을 나타내는 표시를 하거나 이
　　　와 유사한 표시를 한 자

　2. 삭제　3. 삭제

　4. 제20조 제3항(제21조의11 제2항에서 준용하는 경우를 포함한다)을 위반하여 운전면
　　　허증을 반납하지 아니한 사람

④ 다음 각 호의 어느 하나에 해당하는 자에게는 **100만 원 이하**의 과태료를 부과한다.

　1. 제40조의3을 위반하여 업무에 종사하는 동안에 열차 내에서 흡연을 한 사람

　2. 제47조 제1항 제4호를 위반하여 여객열차에서 흡연을 한 사람

　3. 제48조 제1항 제5호를 위반하여 선로에 승낙 없이 출입하거나 통행한 사람

　4. 제48조 제1항 제6호를 위반하여 폭언 또는 고성방가 등 소란을 피우는 행위를 한 사람

⑤ 다음 각 호의 어느 하나에 해당하는 자에게는 **50만 원 이하**의 과태료를 부과한다.

　1. 제45조 제4항을 위반하여 조치명령을 따르지 아니한 자

2. 제47조 제1항 제7호를 위반하여 공중이나 여객에게 위해를 끼치는 행위를 한 사람

⑥ 제1항부터 제5항까지에 따른 과태료는 대통령령으로 정하는 바에 따라 국토교통부장관 또는 시·도지사(이 조 제1항제14호·제16호 및 제17호, 제2항 제8호부터 제10호까지, 제4항 제1호·제2호 및 제5항 제1호·제2호만 해당한다)가 부과·징수한다.

제83조(과태료 규정의 적용 특례)

제82조의 과태료에 관한 규정을 적용할 때 제9조의2(제26조의8, 제27조의2 제4항, 제38조의4, 제38조의11 및 제38조의15에서 준용하는 경우를 포함한다)에 따라 과징금을 부과한 행위에 대해서는 과태료를 부과할 수 없다.

● 시행령 제64조(과태료 부과기준)

법 제82조 제1항부터 제5항까지의 규정에 따른 과태료 부과기준은 별표 6과 같다.

 철도안전법 시행령 [별표 6] <개정 2024. 9. 26.>

과태료 부과기준(제64조 관련)

1. 일반기준

　가. 위반행위의 횟수에 따른 과태료의 가중된 부과기준은 최근 1년간 같은 위반행위로 과태료 부과처분을 받은 경우에 적용한다. 이 경우 기간의 계산은 위반행위에 대하여 과태료 부과처분을 받은 날과 그 처분 후 다시 같은 위반행위를 하여 적발된 날을 기준으로 한다.

　나. 가목에 따라 가중된 부과처분을 하는 경우 가중처분의 적용 차수는 그 위반행위 전 부과처분 차수(가목에 따른 기간 내에 과태료 부과처분이 둘 이상 있었던 경우에는 높은 차수를 말한다)의 다음 차수로 한다.

　다. 하나의 행위가 둘 이상의 위반행위에 해당하는 경우에는 그 중 무거운 과태료의 부과기준에 따른다.

　라. 부과권자는 다음의 어느 하나에 해당하는 경우에는 제2호에 따른 과태료 금액의 2분의 1 범위에서 그 금액을 줄일 수 있다. 다만, 과태료를 체납하고 있는 위반행위자의 경우에는 그렇지 않다.

　　1) 삭제 <2020. 10. 8.>

　　2) 위반행위가 사소한 부주의나 오류로 인한 것으로 인정되는 경우

　　3) 위반행위자가 법 위반상태를 시정하거나 해소하기 위해 노력한 것이 인정되는 경우

마. 부과권자는 다음의 어느 하나에 해당하는 경우에는 제2호의 개별기준에 따른 과태료 금액의 2분의 1 범위에서 그 금액을 늘릴 수 있다. 다만, 법 제82조제1항부터 제5항까지의 규정에 따른 과태료 금액의 상한을 넘을 수 없다.

2. 개별기준

위반행위	근거 법조문	과태료 금액(단위 : 만 원)		
		1회 위반	2회 위반	3회 이상위반
가. 법 제7조 제3항(법 제26조의8 및 제27조의2 제4항에서 준용하는 경우를 포함한다)을 위반하여 안전관리체계의 변경승인을 받지 않고 안전관리체계를 변경한 경우	법 제82조 제1항 제1호	300	600	900
나. 법 제7조 제3항(법 제26조의8 및 제27조의2 제4항에서 준용하는 경우를 포함한다)을 위반하여 안전관리체계의 변경신고를 하지 않고 안전관리체계를 변경한 경우	법 제82조 제2항 제1호	150	300	450
다. 법 제8조 제3항(법 제26조의8 및 제27조의2 제4항에서 준용하는 경우를 포함한다)을 위반하여 정당한 사유 없이 시정조치 명령에 따르지 않은 경우	법 제82조 제1항 제2호	300	600	900
라. 법 제9조의4 제3항을 위반하여 우수운영자로 지정되었음을 나타내는 표시를 하거나 이와 유사한 표시를 한 경우	법 제82조 제3항 제1호	90	180	270
마. 법 제9조의4 제4항을 위반하여 시정조치명령을 따르지 않은 경우	법 제82조 제1항 제2호의2	300	600	900
바. 법 제20조 제3항(법 제21조의11 제2항에서 준용하는 경우를 포함한다)을 위반하여 운전면허증을 반납하지 않은 경우	법 제82조 제3항 제4호	90	180	270
사. 법 제24조 제1항을 위반하여 안전교육을 실시하지 않거나 같은 조 제2항을 위반하여 직무교육을 실시하지 않은 경우	법 제82조 제2항 제2호	150	300	450
아. 법 제24조 제3항을 위반하여 철도운영자 등이 안전교육 실시 여부를 확인하지 않거나 안전교육을 실시하도록 조치하지 않은 경우	법 제82조 제2항 제2호의2	150	300	450

처. 법 제39조의2 제3항에 따른 안전조치를 따르지 않은 경우	법 제82조 제1항 제10호	300	600	900
커. 법 제39조의3 제1항을 위반하여 영상기록장치를 설치·운영하지 않은 경우	법 제82조 제1항 제10호의2	300	600	900
터. 법 제40조의2에 따른 준수사항을 위반한 경우	법 제82조 제2항 제7호	150	300	450
퍼. 법 제40조의3을 위반하여 업무에 종사하는 동안에 열차 내에서 흡연을 한 경우	법 제82조 제4항 제1호	30	60	90
허. 법 제44조 제1항에 따른 위험물취급의 방법, 절차 등을 따르지 않고 위험물취급을 한 경우(위험물을 철도로 운송한 경우는 제외한다)	법 제82조 제2항 제7호의2	150	300	450
고. 법 제44조의2 제1항에 따른 검사를 받지 않고 포장 및 용기를 판매 또는 사용한 경우	법 제82조 제2항 제7호의3	150	300	450
노. 위험물취급자가 법 제44조의3 제1항을 위반하여 자신이 고용하고 있는 종사자가 위험물취급안전교육을 받도록 하지 않은 경우	법 제82조 제2항 제7호의4	150	300	450
도. 법 제45조 제4항을 위반하여 조치명령을 따르지 않은 경우	법 제82조 제5항 제1호	15	30	45
로. 법 제47조 제1항 제1호 또는 제3호를 위반하여 여객출입 금지장소에 출입하거나 물건을 여객열차 밖으로 던지는 행위를 한 경우	법 제82조 제2항 제8호	150	300	450
모. 법 제47조 제1항 제4호를 위반하여 여객열차에서 흡연을 한 경우	법 제82조 제4항 제2호	30	60	90
보. 법 제47조 제1항 제7호를 위반하여 공중이나 여객에게 위해를 끼치는 행위를 한 경우	법 제82조 제5항 제2호	15	30	45
소. 법 제47조 제4항에 따른 여객열차에서의 금지행위에 관한 사항을 안내하지 않은 경우	법 제82조 제2항 제8호의2	150	300	450
오. 법 제48조 제1항 제5호를 위반하여 철도시설(선로는 제외한다)에 승낙 없이 출입하거나 통행한 경우	법 제82조 제2항 제9호	150	300	450
조. 법 제48조 제1항 제5호를 위반하여 선로에 승낙 없이 출입하거나 통행한 경우	법 제82조 제4항 제3호	30	60	90
초. 법 제48조 제1항 제6호를 위반하여 폭언 또는 고성방가 등 소란을 피우는 행위를 한 경우	법 제82조 제4항 제4호	30	60	90
코. 법 제48조 제1항 제7호·제9호 또는 제10호를 위반하여 철도시설에 유해물 또는 오물을 버리거나 열차운행에 지장을 준 경우	법 제82조 제2항 제10호	150	300	450
토. 법 제48조의3 제1항을 위반하여 국토교통부장관의 성능인증을 받은 보안검색장비를 사용하지 않은 경우	법 제82조 제1항 제13호의2	300	600	900

위반행위	근거 법조문	1차 위반	2차 위반	3차 이상 위반
포. 인증기관 및 시험기관이 법 제48조의3 제2항에 따른 보안 검색장비의 성능인증을 위한 기준·방법·절차 등을 위반한 경우	법 제82조 제2항 제11호	150	300	450
호. 법 제49조 제1항을 위반하여 철도종사자의 직무상 지시에 따르지 않은 경우	법 제82조 제1항 제14호	300	600	900
구. 법 제61조 제1항에 따른 보고를 하지 않거나 거짓으로 보고한 경우	법 제82조 제1항 제15호	300	600	900
누. 법 제61조 제2항에 따른 보고를 하지 않거나 거짓으로 보고한 경우	법 제82조 제2항 제12호	150	300	450
두. 법 제61조의2 제1항·제2항에 따른 보고를 하지 않거나 거짓으로 보고한 경우	법 제82조 제1항 제15호	300	600	900
루. 법 제73조 제1항에 따른 보고를 하지 않거나 거짓으로 보고한 경우	법 제82조 제1항 제16호	300	600	900
무. 법 제73조 제1항에 따른 자료제출을 거부, 방해 또는 기피한 경우	법 제82조 제1항 제17호	300	600	900
부. 법 제73조 제2항에 따른 소속 공무원의 출입·검사를 거부, 방해 또는 기피한 경우	법 제82조 제1항 제18호	300	600	900

짚고 넘어가기! OX 퀴즈

1. 사람이 탑승하여 운행 중인 철도차량을 충돌하게 하여 사람을 사망에 이르게 한 자는 사형, 무기징역 또는 7년 이상의 징역에 처한다.　　○　　×
2. 법인의 대표가 안전하게 포장하지 않은 위험물 운송 시 법인은 3천만 원 이하의 벌금에 처하며, 법인의 대표자는 3년 이하의 징역 또는 3천만 원 이하의 벌금에 처한다.　　○　　×
3. 철도시설을 파손하여 철도차량 운행에 위험을 발생시키려다 미수에 그친 경우에는 처벌하지 않는다.　　○　　×
4. 폭행으로 철도종사자의 직무집행 방해 시 5년 이하의 징역 또는 5천만 원 이하의 벌금에 처한다.　　○　　×
5. 여객출입금지장소에 출입 1회 위반 시 과태료는 30만 원이다　　○　　×

정답　1 ○　2 ○　3 ×　4 ○　5 ×

꼭 알아야 하는 법조문을 복습할 수 있도록 문제로 구성함

• 정답 412P

제1장 ▶ 총칙

[제1조(목적)] 이 법은 철도안전을 확보하기 위하여 필요한 사항을 규정하고 01[철도안전 관리체계를/철도안전 의식을] 확립함으로써 02[인명사고 및 재해 예방/공공복리의 증진]에 이바지함을 목적으로 한다.

[시행령 제1조(목적)] 이 영은 「철도안전법」에서 위임된 사항과 그 시행에 필요한 사항을 규정함을 목적으로 한다.

[제2조(정의)] 이 법에서 사용하는 용어의 뜻은 다음과 같다.

1. "철도"란 「철도산업발전기본법」(이하 "기본법"이라 한다) 제3조 제1호에 따른 철도를 말한다.

2. "전용철도"란 03[「철도사업법」/「철도산업발전기본법」] 제2조 제5호에 따른 전용철도를 말한다.

3. "철도시설"이란 기본법 제3조 제2호에 따른 철도시설을 말한다.

4. "철도운영"이란 기본법 제3조 제3호에 따른 철도운영을 말한다.

5. "철도차량"이란 기본법 제3조 제4호에 따른 철도차량을 말한다.

5의2. "철도용품"이란 철도시설 및 철도차량 등에 사용되는 부품·기기·장치 등을 말한다.

6. "열차"란 선로를 운행할 목적으로 04[국토교통부장관이/철도운영자가] 편성하여 05[   ]를 부여한 철도차량을 말한다.

7. "선로"란 철도차량을 운행하기 위한 06[궤도/선로]와 이를 받치는 노반(路盤) 또는 인공구조물로 구성된 시설을 말한다.

8. "철도운영자"란 철도운영에 관한 업무를 수행하는 자를 말한다.

9. "철도시설관리자"란 철도시설의 건설 또는 관리에 관한 업무를 수행하는 자를 말한다.

10. "철도종사자"란 다음 각 목의 어느 하나에 해당하는 사람을 말한다.

    가. 철도차량의 운전업무에 종사하는 사람(이하 "운전업무종사자"라 한다)

    나. 철도차량의 운행을 집중 07[   ]하는 업무
    (이하 "관제업무"라 한다)에 종사하는 사람

    다. 여객에게 승무(乘務) 서비스를 제공하는 사람(이하 "여객승무원"이라 한다)

    라. 여객에게 역무(驛務) 서비스를 제공하는 사람(이하 "여객역무원"이라 한다)

마. 철도차량의 운행선로 또는 그 인근에서 철도시설의 건설 또는 관리와 관련한 작업의 협
   의·지휘·감독·안전관리 등의 업무에 종사하도록 철도운영자 또는 철도시설관리자가 지
   정한 사람(이하 "작업책임자"라 한다)

바. 철도차량의 운행선로 또는 그 인근에서 철도시설의 건설 또는 관리와 관련한 작업의 일
   정을 조정하고 해당 선로를 운행하는 열차의 운행일정을 조정하는 사람(이하 "철도운행
   안전관리자"라 한다)

사. 그 밖에 철도운영 및 철도시설관리와 관련하여 철도차량의 안전운행 및 질서유지와 철
   도차량 및 철도시설의 점검·정비 등에 관한 업무에 종사하는 사람으로서 08[대통령령/
   국토교통부령]으로 정하는 사람

11. "철도사고"란 철도운영 또는 철도시설관리와 관련하여 사람이 죽거나 다치거나 물건이 파
   손되는 사고로 09[대통령령/국토교통부령]으로 정하는 것을 말한다.

12. "철도준사고"란 철도안전에 중대한 위해를 끼쳐 철도사고로 이어질 수 있었던 것으로 10[대
   통령령/국토교통부령]으로 정하는 것을 말한다.

13. "운행장애"란 철도사고 및 철도준사고 외에 철도차량의 운행에 지장을 주는 것으로서 11[대
   통령령/국토교통부령]으로 정하는 것을 말한다.

14. "철도차량정비"란 철도차량(철도차량을 구성하는 부품·기기·장치를 포함한다)을 점검·검
   사, 교환 및 수리하는 행위를 말한다.

15. "철도차량정비기술자"란 철도차량정비에 관한 자격, 경력 및 학력 등을 갖추어 제24조의2
   에 따라 12[대통령/국토교통부장관]의 인정을 받은 사람을 말한다.

[시행령 제2조(정의)] 이 영에서 사용하는 용어의 뜻은 다음 각 호와 같다.

1. "정거장"이란 여객의 승하차(여객 이용시설 및 편의시설을 포함한다), 화물의 13[운송/적하],
   열차의 14[조성/통과], 열차의 15[환승을/교차통행 또는 대피를] 목적으로 사용되는 장소를
   말한다.

2. "선로전환기"란 철도차량의 16[진행방향을/운행선로를] 변경시키는 기기를 말한다.

[시행령 제3조(안전운행 또는 질서유지 철도종사자)] 「철도안전법」(이하 "법"이라 한다) 제2
조 제10호 사목에서 "대통령령으로 정하는 사람"이란 다음 각 호의 어느 하나에 해당하는 사람
을 말한다.

1. 철도사고, 철도준사고 및 운행장애(이하 "철도사고 등"이라 한다)가 발생한 현장에서 조사·
   수습·복구 등의 업무를 수행하는 사람

2. 철도차량의 운행선로 또는 그 인근에서 철도시설의 건설 또는 관리와 관련된 작업의 현장감
   독업무를 수행하는 사람

3. 철도시설 또는 철도차량을 17[제작/보호]하기 위한 순회점검업무 또는 경비업무를 수행하는 사람

4. 정거장에서 철도신호기·선로전환기 또는 조작판 등을 취급하거나 열차의 18[감시/조성]업무를 수행하는 사람

5. 철도에 공급되는 19[전력의/식사의] 원격제어장치를 운영하는 사람

6. 「사법경찰관리의 직무를 수행할 자와 그 직무범위에 관한 법률」 제5조 제11호에 따른 철도경찰 사무에 종사하는 국가공무원

7. 철도차량 및 철도시설의 점검·정비 업무에 종사하는 사람

[제3조의2(조약과의 관계)] 국제철도(대한민국을 20[제외/포함]한 둘 이상의 국가에 걸쳐 운행되는 철도를 말한다)를 이용한 화물 및 여객 운송에 관하여 대한민국과 외국 간 체결된 조약에 이 법과 다른 규정이 있는 때에는 그 조약의 규정에 따른다. 다만, 이 법의 규정내용이 조약의 안전기준보다 강화된 기준을 포함하는 때에는 그러하지 아니하다.

[제4조(국가 등의 책무)] ① 21[국가와 지방자치단체는/국토교통부장관은] 국민의 생명·신체 및 재산을 보호하기 위하여 철도안전시책을 마련하여 성실히 추진하여야 한다.
② 22[   ] 및 23[   ](이하 "철도운영자 등"이라 한다)는 철도운영이나 철도시설관리를 할 때에는 법령에서 정하는 바에 따라 철도안전을 위하여 필요한 조치를 하고, 국가나 지방자치단체가 시행하는 철도안전시책에 적극 협조하여야 한다.

제2장 철도안전 관리체계

[제5조(철도안전 종합계획)] ① 01[국가는/국토교통부장관은] 02[매년/5년마다] 철도안전에 관한 종합계획(이하 "철도안전 종합계획"이라 한다)을 수립하여야 한다.
② 철도안전 종합계획에는 다음 각 호의 사항이 포함되어야 한다.
1. 철도안전 종합계획의 추진 03[목표 및 방향/이유와 기대효과]
2. 철도안전에 관한 시설의 확충, 개량 및 점검 등에 관한 사항
3. 철도 04[차량/시설]의 정비 및 점검 등에 관한 사항
4. 철도안전 관계 법령의 정비 등 제도개선에 관한 사항
5. 철도안전 관련 전문 인력의 양성 및 수급관리에 관한 사항
6. 철도종사자의 안전 및 근무환경 향상에 관한 사항
7. 철도안전 관련 교육훈련에 관한 사항
8. 철도안전 관련 연구 및 기술개발에 관한 사항
9. 그 밖에 철도안전에 관한 사항으로서 국토교통부장관이 필요하다고 인정하는 사항

③ 국토교통부장관은 철도안전 종합계획을 수립할 때에는 미리 관계 중앙행정기관의 장 및 철도운영자등과 협의한 후 기본법 제6조 제1항에 따른 05[노동조합/철도산업위원회]의 심의를 거쳐야 한다. 수립된 철도안전 종합계획을 변경(06[대통령령/국토교통부령]으로 정하는 경미한 사항의 변경은 제외한다)할 때에도 또한 같다.

[제4조(철도안전 종합계획의 경미한 변경)]　법 제5조 제3항 후단에서 "대통령령으로 정하는 경미한 사항의 변경"이란 다음 각 호의 어느 하나에 해당하는 변경을 말한다.
1. 법 제5조 제1항에 따른 철도안전 종합계획(이하 "철도안전 종합계획"이라 한다)에서 정한 총사업비를 원래 계획의 07[100분의 10/100분의 1] 이내에서의 변경
2. 철도안전 종합계획에서 정한 시행기한 내에 단위사업의 시행시기의 변경
3. 법령의 개정, 행정구역의 변경 등과 관련하여 철도안전 종합계획을 변경하는 등 당초 수립된 철도안전 종합계획의 기본방향에 영향을 미치지 아니하는 사항의 변경

[제6조(시행계획)]　① 08[국토교통부장관, 시·도지사 및 철도운영자 등은/국가는] 철도안전 종합계획에 따라 소관별로 철도안전 종합계획의 단계적 시행에 필요한 연차별 시행계획(이하 "시행계획"이라 한다)을 수립·추진하여야 한다.
② 시행계획의 수립 및 시행절차 등에 관하여 필요한 사항은 09[대통령령/국토교통부령]으로 정한다.

[제5조(시행계획 수립절차 등)]　① 법 제6조에 따라 특별시장·광역시장·특별자치시장·도지사 또는 특별자치도지사(이하 "시·도지사"라 한다)와 철도운영자 및 철도시설관리자(이하 "철도운영자등"이라 한다)는 다음 연도의 시행계획을 10[매년 2월 말/매년 10월 말]까지 국토교통부장관에게 제출하여야 한다.
② 시·도지사 및 철도운영자등은 전년도 시행계획의 추진실적을 11[매년 2월 말/매년 10월 말]까지 국토교통부장관에게 제출하어아 한다.

[제6조의2(철도안전투자의 공시)]　① 12[국토교통부장관은/철도운영자는] 철도차량의 교체, 철도시설의 개량 등 철도안전 분야에 투자(이하 이 조에서 "철도안전투자"라 한다)하는 예산 규모를 13[매년/5년마다] 공시하여야 한다.
② 제1항에 따른 철도안전투자의 공시 기준, 항목, 절차 등에 필요한 사항은 14[대통령령/국토교통부령]으로 정한다.

[제7조(안전관리체계의 승인)]　① 철도운영자 등(전용철도의 운영자15[를 포함/는 제외]한다. 이하 이 조 및 제8조에서 같다)은 철도운영을 하거나 철도시설을 관리하려는 경우에는 인력, 시설, 차량, 장비, 운영절차, 교육훈련 및 비상대응계획 등 철도 및 철도시설의 안전관리에 관한

유기적 체계(이하 "안전관리체계"라 한다)를 갖추어 16[국토교통부장관/철도산업위원회]의 승인을 받아야 한다.

② 전용철도의 운영자는 자체적으로 안전관리체계를 갖추고 지속적으로 유지하여야 한다.

③ 철도운영자 등은 제1항에 따라 승인받은 안전관리체계를 변경하려는 경우에는 국토교통부장관의 변경승인을 받아야 한다. 다만, 국토교통부령으로 정하는 경미한 사항을 변경하려는 경우에는 국토교통부장관에게 17[보고/신고]하여야 한다.

⑤ 국토교통부장관은 철도안전경영, 위험관리, 사고 조사 및 보고, 내부점검, 비상대응계획, 비상대응훈련, 교육훈련, 안전정보관리, 운행안전관리, 차량·시설의 유지관리(차량의 기대수명에 관한 사항18[을 포함/은 제외]한다) 등 철도운영 및 철도시설의 안전관리에 필요한 기술기준을 정하여 고시하여야 한다.

⑥ 제1항부터 제5항까지의 규정에 따른 승인절차, 승인방법, 검사기준, 검사방법, 신고절차 및 고시방법 등에 관하여 필요한 사항은 19[대통령령/국토교통부령]으로 정한다.

[제9조(승인의 취소 등)]　① 국토교통부장관은 안전관리체계의 승인을 받은 철도운영자 등이 다음 각 호의 어느 하나에 해당하는 경우에는 그 승인을 취소하거나 20[6개월/1년] 이내의 기간을 정하여 업무의 제한이나 정지를 명할 수 있다. 다만, 제1호에 해당하는 경우에는 그 승인을 취소하여야 한다.

1. 거짓이나 그 밖의 부정한 방법으로 승인을 받은 경우
2. 제7조 제3항을 위반하여 변경승인을 받지 아니하거나 변경신고를 하지 아니하고 안전관리체계를 변경한 경우
3. 제8조 제1항을 위반하여 안전관리체계를 지속적으로 유지하지 아니하여 철도운영이나 철도시설의 관리에 중대한 지장을 초래한 경우
4. 제8조 제3항에 따른 시정조치명령을 정당한 사유 없이 이행하지 아니한 경우

[제9조의2(과징금)]　① 21[대통령/국토교통부장관]은 제9조 제1항에 따라 철도운영자 등에 대하여 업무의 제한이나 정지를 명하여야 하는 경우로서 그 업무의 제한이나 정지가 철도 이용자 등에게 심한 불편을 주거나 그 밖에 공익을 해할 우려가 있는 경우에는 업무의 제한이나 정지를 갈음하여 22[1억 원/30억 원] 이하의 과징금을 부과할 수 있다.

② 제1항에 따라 과징금을 부과하는 위반행위의 종류, 과징금의 부과기준 및 징수방법, 그 밖에 필요한 사항은 23[국토교통부령/대통령령]으로 정한다.

③ 국토교통부장관은 제1항에 따른 과징금을 내야 할 자가 납부기한까지 과징금을 내지 아니하는 경우에는 국세 체납처분의 예에 따라 징수한다.

[시행령 제7조(과징금의 부과 및 납부)] ② 제1항에 따라 통지를 받은 자는 통지를 받은 날부터 24[1개월/20일] 이내에 국토교통부장관이 정하는 수납기관에 과징금을 내야 한다.

④ 과징금의 수납기관은 제2항에 따른 과징금을 받으면 지체 없이 그 사실을 25[대통령/국토교통부장관]에게 통보하여야 한다.

[제9조의5(우수운영자 지정의 취소)] 국토교통부장관은 제9조의4에 따라 철도안전 우수운영자 지정을 받은 자가 다음 각 호의 어느 하나에 해당하는 경우에는 그 지정을 26[취소/6개월 이내의 기간을 정하여 정지를 명]할 수 있다. 다만, 제1호 또는 제2호에 해당하는 경우에는 지정을 취소하여야 한다.

1. 거짓이나 그 밖의 부정한 방법으로 철도안전 우수운영자 지정을 받은 경우
2. 제9조에 따라 안전관리체계의 승인이 취소된 경우
3. 제9조의4 제5항에 따른 지정기준에 부적합하게 되는 등 그 밖에 국토교통부령으로 정하는 사유가 발생한 경우

제3장 ▶ 철도종사자의 안전관리

[제10조(철도차량 운전면허)] ① 철도차량을 운전하려는 사람은 01[경찰청장/국토교통부장관]으로부터 철도차량 운전면허(이하 "운전면허"라 한다)를 받아야 한다. 다만, 제16조에 따른 교육훈련 또는 제17조에 따른 운전면허시험을 위하여 철도차량을 운전하는 경우 등 02[대통령령/국토교통부령]으로 정하는 경우에는 그러하지 아니하다.

② 「도시철도법」 제2조 제2호에 따른 03[버스/노면전차]를 운전하려는 사람은 제1항에 따른 운전면허 외에 「도로교통법」 제80조에 따른 운전면허(연습운전면허04[를 포함/는 제외]한다)를 받아야 한다.

③ 제1항에 따른 운전면허는 05[대통령령/국토교통부령]으로 정하는 바에 따라 철도차량의 종류별로 받아야 한다.

[시행령 제10조(운전면허 없이 운전할 수 있는 경우)] ② 제1항 제1호 또는 제2호에 해당하는 경우에는 해당 철도차량에 운전교육훈련을 담당하는 사람이나 운전면허시험에 대한 평가를 담당하는 사람을 승차시켜야 하며, 06[대통령령/국토교통부령]으로 정하는 표지를 해당 철도차량의 앞면 유리에 붙여야 한다.

[시행령 제11조(운전면허 종류)] ② 제1항 각 호에 따른 운전면허(이하 "운전면허"라 한다)를 받은 사람이 운전할 수 있는 철도차량의 종류는 07[대통령령/국토교통부령]으로 정한다.

[제11조(운전면허의 결격사유 등)] ① 다음 각 호의 어느 하나에 해당하는 사람은 운전면허를 받을 수 없다.

1. 08[19세 이상/19세 미만]인 사람
2. 철도차량 운전상의 위험과 장해를 일으킬 수 있는 정신질환자 또는 뇌전증환자로서 대통령령으로 정하는 사람
3. 철도차량 운전상의 위험과 장해를 일으킬 수 있는 약물(「마약류 관리에 관한 법률」 제2조 제1호에 따른 마약류 및 「화학물질관리법」 제22조 제1항에 따른 환각물질을 말한다. 이하 같다) 또는 알코올 중독자로서 대통령령으로 정하는 사람
4. 두 09[손/귀의 청력] 또는 두 눈의 시력을 완전히 상실한 사람
5. 운전면허가 취소된 날부터 10[1년/2년]이 지나지 아니하였거나 운전면허의 효력정지기간 중인 사람

③ 제2항에 따라 요청하는 대상기관과 개인정보의 내용 및 제공방법 등에 필요한 사항은 11[대통령령/국토교통부령]으로 정한다

[제12조(운전면허의 신체검사)] ① 운전면허를 받으려는 사람은 철도차량 운전에 적합한 신체상태를 갖추고 있는지를 판정받기 위하여 12[국가가/국토교통부장관이] 실시하는 신체검사에 합격하여야 한다.

③ 제1항에 따른 신체검사의 합격기준, 검사방법 및 절차 등에 관하여 필요한 사항은 13[대통령령/국토교통부령]으로 정한다.

[제15조(운전적성검사)] ① 운전면허를 받으려는 사람은 철도차량 운전에 적합한 적성을 갖추고 있는지를 판정받기 위하여 14[국토교통부장관이/철도운영자가] 실시하는 적성검사(이하 "운전적성검사"라 한다)에 합격하여야 한다.

② 운전적성검사에 불합격한 사람 또는 운전적성검사 과정에서 부정행위를 한 사람은 다음 각 호의 구분에 따른 기간 동안 운전적성검사를 받을 수 없다.

1. 운전적성검사에 불합격한 사람 : 검사일부터 15[3개월/1년]
2. 운전적성검사 과정에서 부정행위를 한 사람 : 검사일부터 16[3개월/1년]

⑤ 운전적성검사기관의 지정기준, 지정절차 등에 관하여 필요한 사항은 17[대통령령/국토교통부령]으로 정한다.

[시행령 제14조(운전적성검사기관 지정기준)] ① 운전적성검사기관의 지정기준은 다음 각 호와 같다.

1. 운전적성검사 업무의 통일성을 유지하고 운전적성검사 업무를 원활히 수행하는데 필요한 상설 전담조직을 갖출 것

2. 운전적성검사 업무를 수행할 수 있는 전문검사인력을 [18][1명/3명] 이상 확보할 것

3. 운전적성검사 시행에 필요한 사무실, 검사장과 검사 장비를 갖출 것

4. 운전적성검사기관의 운영 등에 관한 업무규정을 갖출 것

[시행령 제15조(운전적성검사기관의 변경사항 통지)] ① 운전적성검사기관은 그 명칭·대표자·소재지나 그 밖에 운전적성검사 업무의 수행에 중대한 영향을 미치는 사항의 변경이 있는 경우에는 해당 사유가 발생한 날부터 [19][지체 없이/15일 이내에] 국토교통부장관에게 그 사실을 알려야 한다.

[제15조의2(운전적성검사기관의 지정취소 및 업무정지)] ① 국토교통부장관은 운전적성검사기관이 다음 각 호의 어느 하나에 해당할 때에는 지정을 취소하거나 [20][6개월/2년] 이내의 기간을 정하여 업무의 정지를 명할 수 있다. 다만, 제1호 및 제2호에 해당할 때에는 지정을 취소하여야 한다.

1. 거짓이나 그 밖의 부정한 방법으로 지정을 받았을 때

2. 업무정지 명령을 위반하여 그 정지기간 중 운전적성검사 업무를 하였을 때

3. 제15조 제5항에 따른 지정기준에 맞지 아니하게 되었을 때

4. 제15조 제6항을 위반하여 정당한 사유 없이 운전적성검사 업무를 거부하였을 때

5. 제15조 제6항을 위반하여 거짓이나 그 밖의 부정한 방법으로 운전적성검사 판정서를 발급하였을 때

③ 국토교통부장관은 제1항에 따라 지정이 취소된 운전적성검사기관이나 그 기관의 설립·운영자 및 임원이 그 지정이 취소된 날부터 [21][6개월/2년]이 지나지 아니하고 설립·운영하는 검사기관을 운전적성검사기관으로 지정하여서는 아니 된다.

[제16조(운전교육훈련)] ① 운전면허를 받으려는 사람은 철도차량의 안전한 운행을 위하여 [22][교육부장관/국토교통부장관]이 실시하는 운전에 필요한 지식과 능력을 습득할 수 있는 교육훈련(이하 "운전교육훈련"이라 한다)을 받아야 한다.

④ 운전교육훈련기관의 지정기준, 지정절차 등에 관하여 필요한 사항은 [23][대통령령/국토교통부령]으로 정한다.

[제17조(운전면허시험)] ① 운전면허를 받으려는 사람은 [24][한국산업인력공단/국토교통부장관]이 실시하는 철도차량 운전면허시험(이하 "운전면허시험"이라 한다)에 합격하여야 한다.

③ 운전면허시험의 과목, 절차 등에 관하여 필요한 사항은 [25][대통령령/국토교통부령]으로 정한다.

[제19조(운전면허의 갱신)]　① 운전면허의 유효기간은 26[5년/10년]으로 한다.

③ 국토교통부장관은 제2항 및 제5항에 따라 운전면허의 갱신을 신청한 사람이 다음 각 호의 어느 하나에 해당하는 경우에는 운전면허증을 갱신하여 발급하여야 한다.

1. 운전면허의 갱신을 신청하는 날 전 27[1년/10년] 이내에 국토교통부령으로 정하는 철도차량의 운전업무에 종사한 경력이 있거나 국토교통부령으로 정하는 바에 따라 이와 같은 수준 이상의 경력이 있다고 인정되는 경우

2. 28[대통령령/국토교통부령]으로 정하는 교육훈련을 받은 경우

⑤ 제4항에 따라 운전면허의 효력이 정지된 사람이 29[6개월/2년]의 범위에서 대통령령으로 정하는 기간 내에 운전면허의 갱신을 신청하여 운전면허의 갱신을 받지 아니하면 그 기간이 만료되는 날의 다음 날부터 그 운전면허는 효력을 잃는다.

⑦ 국토교통부장관은 제5항에 따라 운전면허의 효력이 실효된 사람이 운전면허를 다시 받으려는 경우 30[대통령령/국토교통부령]으로 정하는 바에 따라 그 절차의 일부를 면제할 수 있다.

[시행령 제20조(운전면허 취득절차의 일부 면제)]　법 제19조 제7항에 따라 운전면허의 효력이 실효된 사람이 운전면허가 31[실효/정지]된 날부터 32[3년/10년] 이내에 실효된 운전면허와 동일한 운전면허를 취득하려는 경우에는 다음 각 호의 구분에 따라 운전면허 취득절차의 일부를 면제한다.

1. 법 제19조 제3항 각 호에 해당하지 아니하는 경우 : 운전교육훈련 면제

2. 법 제19조 제3항 각 호에 해당하는 경우 : 법 제16조에 따른 운전교육훈련과 법 제17조에 따른 운전면허시험 중 33[필기시험/기능시험] 면제

[제20조(운전면허의 취소·정지 등)]　① 국토교통부장관은 운전면허 취득자가 다음 각 호의 어느 하나에 해당할 때에는 운전면허를 취소하거나 34[6개월/1년] 이내의 기간을 정하여 운전면허의 효력을 정지시킬 수 있다. 다만, 제1호부터 제4호까지의 규정에 해당할 때에는 운전면허를 취소하여야 한다.

1. 거짓이나 그 밖의 부정한 방법으로 운전면허를 받았을 때

2. 제11조 제1항 제2호부터 제4호까지의 규정에 해당하게 되었을 때

3. 운전면허의 효력정지기간 중 철도차량을 운전하였을 때

4. 제19조의2를 위반하여 운전면허증을 다른 사람에게 빌려주었을 때

7. 제41조 제2항을 위반하여 술을 마시거나 약물을 사용한 상태에서 업무를 하였다고 인정할 만한 상당한 이유가 있음에도 불구하고 35[경찰/국토교통부장관 또는 시·도지사]의 확인 또는 검사를 거부하였을 때

8. 이 법 또는 이 법에 따라 철도의 안전 및 보호와 질서유지를 위하여 한 명령·처분을 위반하였을 때

③ 제2항에 따른 운전면허의 취소 또는 효력정지 통지를 받은 운전면허 취득자는 그 통지를 받은 날부터 36[7일/15일] 이내에 운전면허증을 37[국토교통부장관/철도운영자]에게 반납하여야 한다.

⑤ 제1항에 따른 취소 및 효력정지 처분의 세부기준 및 절차는 그 위반의 유형 및 정도에 따라 38[대통령령/국토교통부령]으로 정한다.

[제21조의2(무자격자의 운전업무 금지 등)]   39[국토교통부장관/철도운영자 등]은 운전면허를 받지 아니하거나(제20조에 따라 운전면허가 취소되거나 그 효력이 정지된 경우를 포함한다) 제21조에 따른 실무수습을 이수하지 아니한 사람을 철도차량의 운전업무에 종사하게 하여서는 아니 된다.

[제21조의7(관제교육훈련)]   ① 관제자격증명을 받으려는 사람은 관제업무의 안전한 수행을 위하여 국토교통부장관이 실시하는 관제업무에 필요한 지식과 능력을 습득할 수 있는 교육훈련(이하 "관제교육훈련"이라 한다)을 받아야 한다. 다만, 다음 각 호의 어느 하나에 해당하는 사람에게는 국토교통부령으로 정하는 바에 따라 관제교육훈련의 일부를 면제할 수 있다.

1. 「고등교육법」 제2조에 따른 학교에서 국토교통부령으로 정하는 관제업무 관련 교과목을 이수한 사람
2. 다음 각 목의 어느 하나에 해당하는 업무에 대하여 40[3년/5년] 이상의 경력을 취득한 사람
   가. 철도차량의 운전업무
   나. 철도신호기·선로전환기·조작판의 취급업무
3. 관제자격증명을 받은 후 제21조의3 제2항에 따른 다른 종류의 관제자격증명을 받으려는 사람
④ 관제교육훈련기관의 지정기준 및 지정절차 등에 필요한 사항은 41[대통령령/국토교통부령]으로 정한다.

[제21조의8(관제자격증명시험)]   ③ 국토교통부장관은 나음 각 호의 어느 하나에 해당하는 사람에게는 42[대통령령/국토교통부령]으로 정하는 바에 따라 관제자격증명시험의 일부를 면제할 수 있다.

1. 43[교육이수증을/운전면허를] 받은 사람
2. 삭제
3. 관제자격증명을 받은 후 제21조의3 제2항에 따른 다른 종류의 관제자격증명에 필요한 시험에 응시하려는 사람

[제23조(운전업무종사자 등의 관리)]   ① 철도차량 운전·관제업무 등 44[대통령령/국토교통부령]으로 정하는 업무에 종사하는 철도종사자는 정기적으로 신체검사와 적성검사를 받아야 한다.

② 제1항에 따른 신체검사·적성검사의 시기, 방법 및 합격기준 등에 관하여 필요한 사항은 45[대통령령/국토교통부령]으로 정한다.

[시행령 제21조(신체검사 등을 받아야 하는 철도종사자)] 법 제23조 제1항에서 "대통령령으로 정하는 업무에 종사하는 철도종사자"란 다음 각 호의 어느 하나에 해당하는 철도종사자를 말한다.
1. 운전업무종사자
2. 관제업무종사자
3. 46[여객역무원/정거장에서 철도신호기·선로전환기 및 조작판 등을 취급하는 업무를 수행하는 사람]

[제24조(철도종사자에 대한 안전 및 직무교육)] ① 철도운영자 등 또는 철도운영자등과의 계약에 따라 철도운영이나 철도시설 등의 업무에 종사하는 사업주(이하 이 조에서 "사업주"라 한다)는 자신이 고용하고 있는 철도종사자에 대하여 정기적으로 47[철도사고/철도안전]에 관한 교육을 실시하여야 한다.

[제24조의2(철도차량정비기술자의 인정 등)] ① 철도차량정비기술자로 인정을 받으려는 사람은 48[대통령/국토교통부장관]에게 자격 인정을 신청하여야 한다.
② 국토교통부장관은 제1항에 따른 신청인이 49[대통령령/국토교통부령]으로 정하는 자격, 경력 및 학력 등 철도차량정비기술자의 인정 기준에 해당하는 경우에는 철도차량정비기술자로 인정하여야 한다.

[시행령 제21조의3(정비교육훈련 실시기준)] ① 법 제24조의4 제1항에 따른 정비교육훈련(이하 "정비교육훈련"이라 한다)의 실시기준은 다음 각 호와 같다.
1. 교육내용 및 교육방법 : 철도차량정비에 관한 법령, 기술기준 및 정비기술 등 실무에 관한 이론 및 실습 교육
2. 교육시간: 철도차량정비업무의 수행기간 50[매년/5년마다] 35시간 이상

[제24조의5(철도차량정비기술자의 인정취소 등)] ② 국토교통부장관은 철도차량정비기술자가 다음 각 호의 어느 하나에 해당하는 경우 51[6개월/1년]의 범위에서 철도차량정비기술자의 인정을 정지시킬 수 있다.
1. 다른 사람에게 철도차량정비경력증을 빌려 준 경우
2. 철도차량정비 업무 수행 중 중과실로 철도사고의 원인을 제공한 경우

[제39조(철도차량의 운행)]　열차의 편성, 철도차량 운전 및 신호방식 등 철도차량의 안전운행에 필요한 사항은 01 [철도운영자가/국토교통부령으로] 정한다.

[제39조의2(철도교통관제)]　① 철도차량을 운행하는 자는 02 [국토교통부장관이/철도운영자가] 지시하는 이동·출발·정지 등의 명령과 운행 기준·방법·절차 및 순서 등에 따라야 한다.

② 03 [국토교통부장관은/관제업무종사자는] 철도차량의 안전하고 효율적인 운행을 위하여 철도시설의 운용상태 등 철도차량의 운행과 관련된 조언과 정보를 철도종사자 또는 철도운영자 등에게 제공할 수 있다.

③ 04 [국토교통부장관은/철도운영자는] 철도차량의 안전한 운행을 위하여 철도시설 내에서 사람, 자동차 및 철도차량의 운행제한 등 필요한 안전조치를 취할 수 있다.

[제39조의3(영상기록장치의 설치·운영 등)]　① 철도운영자 등은 철도차량의 운행상황 기록, 교통사고 상황 파악, 안전사고 방지, 범죄 예방 등을 위하여 다음 각 호의 철도차량 또는 철도시설에 영상기록장치를 설치·운영하여야 한다. 이 경우 영상기록장치의 설치 기준, 방법 등은 05 [대통령령/국토교통부령]으로 정한다.

1. 철도차량 중 대통령령으로 정하는 동력차 및 객차

2. 승강장 등 대통령령으로 정하는 안전사고의 우려가 있는 역 구내

3. 대통령령으로 정하는 차량정비기지

4. 변전소 등 대통령령으로 정하는 안전확보가 필요한 철도시설

5. 「건널목 개량촉진법」 제2조 제3호에 따른 건널목으로서 대통령령으로 정하는 안전확보가 필요한 건널목

③ 철도운영자 등은 설치 목적과 다른 목적으로 영상기록장치를 임의로 조작하거나 다른 곳을 비추어서는 아니 되며, 운행기간 외에는 영상기록(06 [음성기록은 제외한다/음성기록을 포함한다]을 하여서는 아니 된다.

⑤ 철도운영자 등은 영상기록장치에 기록된 영상이 분실·도난·유출·변조 또는 훼손되지 아니하도록 07 [대통령령/국토교통부령]으로 정하는 바에 따라 영상기록장치의 운영·관리 지침을 마련하여야 한다.

⑦ 제4항에 따른 영상기록의 제공과 그 밖에 영상기록의 보관 기준 및 보관 기간 등에 필요한 사항은 08 [대통령령/국토교통부령]으로 정한다.

[시행령 제30조(영상기록장치 설치대상)]　① 법 제39조의3 제1항 제1호에서 "대통령령으로 정하는 동력차 및 객차"란 다음 각 호의 동력차 및 객차를 말한다.

1. 열차의 맨 09 [앞/뒤]에 위치한 동력차로서 운전실 또는 운전설비가 있는 동력차

2. 승객 설비를 갖추고 여객을 수송하는 10[객차/화차]

③ 법 제39조의3 제1항 제3호에서 "대통령령으로 정하는 차량정비기지"란 다음 각 호의 차량정비기지를 말한다.

1. 「철도사업법」 제4조의2 제1호에 따른 11[전철/고속철도차량]을 정비하는 차량정비기지

2. 철도차량을 12[경정비/중정비]하는 차량정비기지

3. 대지면적이 13[1천/3천]제곱미터 이상인 차량정비기지

④ 법 제39조의3 제1항 제4호에서 "변전소 등 대통령령으로 정하는 안전확보가 필요한 철도시설"이란 다음 각 호의 철도시설을 말한다.

1. 변전소(구분소를 포함한다), 무인기능실(전철전력설비, 정보통신설비, 신호 또는 열차 제어 설비 운영과 관련된 경우만 해당한다)

2. 노선이 분기되는 구간에 설치된 분기기(선로전환기를 포함한다), 역과 역 사이에 설치된 건 넘선

3. 「통합방위법」 제21조 제4항에 따라 국가중요시설로 지정된 교량 및 터널

4. 「철도의 건설 및 철도시설 유지관리에 관한 법률」 제2조 제2호에 따른 14[고속/일반]철도에 설치된 길이 15[1/10]킬로미터 이상의 터널

⑤ 법 제39조의3 제1항 제5호에서 "대통령령으로 정하는 안전확보가 필요한 건널목"이란 「건널목 개량촉진법」 제4조 제1항에 따라 개량건널목으로 지정된 건널목(같은 법 제6조에 따라 입체교차화 또는 구조 개량된 건널목16[을 포함/은 제외]한다)을 말한다.

[시행령 제31조(영상기록장치 설치 안내)] 철도운영자 등은 법 제39조의3 제2항에 따라 운전업무종사자 및 여객 등 「개인정보 보호법」 제2조 제3호에 따른 정보주체가 쉽게 인식할 수 있는 17[역 입구 및 승차권/운전실 및 객차 출입문] 등에 다음 각 호의 사항이 표시된 안내판을 설치해야 한다.

1. 영상기록장치의 설치 목적

2. 영상기록장치의 설치 위치, 촬영 범위 및 촬영 시간

3. 영상기록장치 관리 책임 부서, 관리책임자의 성명 및 연락처

4. 그 밖에 철도운영자 등이 필요하다고 인정하는 사항

[제40조(열차운행의 일시 중지)] ① 18[국토교통부장관은/철도운영자는] 다음 각 호의 어느 하나에 해당하는 경우로서 열차의 안전운행에 지장이 있다고 인정하는 경우에는 열차운행을 19[일시/무기한] 중지할 수 있다.

1. 지진, 태풍, 폭우, 폭설 등 천재지변 또는 악천후로 인하여 재해가 발생하였거나 재해가 발생할 것으로 예상되는 경우

2. 그 밖에 열차운행에 중대한 장애가 발생하였거나 발생할 것으로 예상되는 경우

② 철도종사자는 철도사고 및 운행장애의 징후가 발견되거나 발생 위험이 높다고 판단되는 경우에는 20[국토교통부장관/철도운영자/관제업무종사자]에게 열차운행을 일시 중지할 것을 요청할 수 있다. 이 경우 요청을 받은 자는 특별한 사유가 없으면 즉시 열차운행을 중지하여야 한다.

[제40조의2(철도종사자의 준수사항)] ① 운전업무종사자는 철도차량의 운전업무 수행 중 다음 각 호의 사항을 준수하여야 한다.

1. 철도차량 출발 21[전/후] 국토교통부령으로 정하는 조치 사항을 이행할 것
2. 22[대통령/국토교통부령]으로 정하는 철도차량 운행에 관한 안전 수칙을 준수할 것

③ 작업책임자는 철도차량의 운행선로 또는 그 인근에서 철도시설의 건설 또는 관리와 관련된 작업 수행 중 다음 각 호의 사항을 준수하여야 한다.

1. 국토교통부령으로 정하는 바에 따라 작업 수행 전에 작업원을 대상으로 23[직무교육/안전교육]을 실시할 것
2. 국토교통부령으로 정하는 작업안전에 관한 조치 사항을 이행할 것

④ 철도운행안전관리자는 철도차량의 운행선로 또는 그 인근에서 철도시설의 건설 또는 관리와 관련된 작업 수행 중 다음 각 호의 사항을 준수하여야 한다.

1. 작업일정 및 열차의 운행일정을 작업수행 24[전/후]에 조정할 것
2. 제1호의 작업일정 및 열차의 운행일정을 작업과 관련하여 관할 역의 관리책임자(정거장에서 철도신호기·선로전환기 또는 조작판 등을 취급하는 사람25[은 제외한다/을 포함한다]) 및 관제업무종사자와 협의하여 조정할 것
3. 국토교통부령으로 정하는 열차운행 및 작업안전에 관한 조치 사항을 이행할 것

[제40조의3(철도종사자의 흡연 금지)] 철도종사자(제21조에 따른 운전업무 실무수습을 하는 사람26[을 포함한다/은 제외한다])는 업무에 종사하는 동안에는 열차 내에서 27[금연/흡연]을 하여서는 아니 된다.

제41조(철도종사자의 음주 제한 등) ③ 제2항에 따른 확인 또는 검사 결과 철도종사자가 술을 마시거나 약물을 사용하였다고 판단하는 기준은 다음 각 호의 구분과 같다.

1. 술 : 혈중 알코올농도가 28[0.02퍼센트/0.03퍼센트](제1항 제4호부터 제6호까지의 철도종사자는 29[0.02퍼센트/0.03퍼센트]) 이상인 경우
2. 약물 : 양성으로 판정된 경우

④ 제2항에 따른 확인 또는 검사의 방법·절차 등에 관하여 필요한 사항은 30[대통령령/국토교통부령]으로 정한다.

[시행령 제43조의2(철도종사자의 음주 등에 대한 확인 또는 검사)] ② 법 제41조 제2항에 따른 술을 마셨는지에 대한 확인 또는 검사는 31[혈액 채취/호흡측정기] 검사의 방법으로 실시하고, 검사 결과에 불복하는 사람에 대해서는 그 철도종사자의 동의를 받아 32[혈액 채취/소변 검사] 등의 방법으로 다시 측정할 수 있다.
④ 제2항 및 제3항에 따른 확인 또는 검사의 세부절차와 방법 등 필요한 사항은 33[대통령/국토교통부장관]이 정한다.

[제42조(위해물품의 휴대 금지)] ① 누구든지 무기, 화약류, 허가물질, 제한물질, 금지물질, 유해화학물질 또는 인화성이 높은 물질 등 공중(公衆)이나 여객에게 위해를 끼치거나 끼칠 우려가 있는 물건 또는 물질(이하 "위해물품"이라 한다)을 열차에서 휴대하거나 적재(積載)할 수 없다. 다만, 34[대통령/국토교통부장관 또는 시·도지사]의 허가를 받은 경우 또는 국토교통부령으로 정하는 특정한 직무를 수행하기 위한 경우에는 그러하지 아니하다.
② 위해물품의 종류, 휴대 또는 적재 허가를 받은 경우의 안전조치 등에 관하여 필요한 세부사항은 35[대통령령/국토교통부령]으로 정한다.

[제43조(위험물의 운송위탁 및 운송 금지)] 누구든지 점화류(點火類) 또는 점폭약류(點爆藥類)를 붙인 폭약, 니트로글리세린, 건조한 기폭약(起爆藥), 뇌홍질화연(雷汞窒化鉛)에 속하는 것 등 36[대통령령/국토교통부령]으로 정하는 위험물의 운송을 위탁할 수 없으며, 철도운영자는 이를 철도로 운송할 수 없다.

[시행령 제44조(운송위탁 및 운송 금지 위험물 등)] 법 제43조에서 "점화류 또는 점폭약류를 붙인 폭약, 니트로글리세린, 건조한 기폭약, 뇌홍질화연에 속하는 것 등 대통령령으로 정하는 위험물"이란 다음 각 호의 위험물을 말한다.
1. 점화 또는 점폭약류를 붙인 폭약
2. 니트로글리세린
3. 건조한 기폭약
4. 뇌홍질화연에 속하는 것
5. 그 밖에 사람에게 위해를 주거나 물건에 손상을 줄 수 있는 물질로서 37[대통령령/국토교통부장관]이 정하여 고시하는 위험물

[제44조(위험물의 운송 등)] ① 대통령령으로 정하는 위험물(이하 "위험물"이라 한다)의 운송을 위탁하여 철도로 운송하려는 자와 이를 운송하는 철도운영자(이하 "위험물취급자"라 한다)는 38[대통령령/국토교통부령]으로 정하는 바에 따라 철도운행상의 위험 방지 및 인명(人命) 보호를 위하여 위험물을 안전하게 포장·적재·관리·운송(이하 "위험물취급"이라 한다)하여야 한다.

② 위험물의 운송을 위탁하여 철도로 운송하려는 자는 위험물을 안전하게 운송하기 위하여 39 [대통령/국토교통부장관/철도운영자]의 안전조치 등에 따라야 한다.

[시행령 제45조(운송취급주의 위험물)] 법 제44조 제1항에서 "대통령령으로 정하는 위험물" 이란 다음 각 호의 어느 하나에 해당하는 것으로서 40 [대통령령/국토교통부령]으로 정하는 것을 말한다.

1. 철도운송 중 41 [기화/폭발]할 우려가 있는 것
2. 마찰·충격·흡습 등 주위의 상황으로 인하여 발화할 우려가 있는 것
3. 인화성·산화성 등이 강하여 그 물질 자체의 성질에 따라 발화할 우려가 있는 것
4. 용기가 파손될 경우 내용물이 누출되어 철도차량·레일·기구 또는 다른 화물 등을 부식시키거나 침해할 우려가 있는 것
5. 유독성 가스를 발생시킬 우려가 있는 것
6. 그 밖에 화물의 성질상 철도시설·철도차량·철도종사자·여객 등에 위해나 손상을 끼칠 우려가 있는 것

[제44조의2(위험물 포장 및 용기의 검사 등)] ① 위험물을 철도로 운송하는 데 사용되는 포장 및 용기(부속품을 포함한다. 이하 이 조에서 같다)를 제조·수입하여 판매하려는 자 또는 이를 소유하거나 임차하여 사용하는 자는 42 [대통령령/국토교통부장관]이 실시하는 포장 및 용기의 안전성에 관한 검사에 합격하여야 한다.
⑥ 국토교통부장관은 위험물 포장·용기검사기관이 다음 각 호의 어느 하나에 해당하는 경우에는 그 지정을 취소하거나 43 [6개월/1년] 이내의 기간을 정하여 그 업무의 전부 또는 일부의 정지를 명할 수 있다. 다만, 제1호 또는 제2호에 해당하는 경우에는 그 지정을 취소하여야 한다.
1. 거짓이나 그 밖의 부정한 방법으로 위험물 포장·용기검사기관으로 지정받은 경우
2. 업무정지 기간 중에 제1항에 따른 검사 업무를 수행한 경우
3. 제2항에 따른 포장 및 용기의 검사방법·합격기준 등을 위반하여 제1항에 따른 검사를 한 경우
4. 제5항에 따른 지정기준에 맞지 아니하게 된 경우

[제44조의3(위험물취급에 관한 교육 등)] ① 위험물취급자는 자신이 고용하고 있는 종사자(철도로 운송하는 44 [위험물을 취급하는 종사자에 한정한다/위험물을 취급하지 않는 종사자도 포함한다])가 위험물취급에 관하여 국토교통부장관이 실시하는 교육(이하 "위험물취급안전교육" 이라 한다)을 받도록 하여야 한다. 다만, 종사자가 다음 각 호의 어느 하나에 해당하는 경우에는 위험물취급안전교육의 전부 또는 일부를 면제할 수 있다.

[제45조(철도보호지구에서의 행위제한 등)]　① 철도경계선(가장 바깥쪽 궤도의 끝선을 말한다)으로부터 45[10미터/30미터] 이내[「도시철도법」 제2조 제2호에 따른 도시철도 중 노면전차(이하 "노면전차"라 한다)의 경우에는 46[10미터/30미터] 이내]의 지역(이하 "철도보호지구"라 한다)에서 다음 각 호의 어느 하나에 해당하는 행위를 하려는 자는 47[대통령령/국토교통부령]으로 정하는 바에 따라 국토교통부장관 또는 시·도지사에게 신고하여야 한다.

1. 토지의 형질변경 및 굴착(掘鑿)

2. 토석, 자갈 및 모래의 채취

3. 건축물의 신축·개축(改築)·증축 또는 인공구조물의 설치

4. 나무의 식재(48[대통령령/국토교통부령]으로 정하는 경우만 해당한다)

5. 그 밖에 철도시설을 파손하거나 철도차량의 안전운행을 방해할 우려가 있는 행위로서 대통령령으로 정하는 행위

② 노면전차 철도보호지구의 바깥쪽 경계선으로부터 49[10미터/20미터] 이내의 지역에서 굴착, 인공구조물의 설치 등 철도시설을 파손하거나 철도차량의 안전운행을 방해할 우려가 있는 행위로서 대통령령으로 정하는 행위를 하려는 자는 50[대통령령/국토교통부령]으로 정하는 바에 따라 국토교통부장관 또는 시·도지사에게 신고하여야 한다.

③ 51[국토교통부장관 또는 시·도지사는/철도운영자 등은] 철도차량의 안전운행 및 철도 보호를 위하여 필요하다고 인정할 때에는 제1항 또는 제2항의 행위를 하는 자에게 그 행위의 금지 또는 제한을 명령하거나 대통령령으로 정하는 필요한 조치를 하도록 명령할 수 있다.

④ 52[국토교통부장관 또는 시·도지사는/철도운영자 등은] 철도차량의 안전운행 및 철도 보호를 위하여 필요하다고 인정할 때에는 토지, 나무, 시설, 건축물, 그 밖의 공작물(이하 "시설 등"이라 한다)의 소유자나 점유자에게 다음 각 호의 조치를 하도록 명령할 수 있다.

1. 시설 등이 시야에 장애를 주면 그 장애물을 제거할 것

2. 시설 등이 붕괴하여 철도에 위해(危害)를 끼치거나 끼칠 우려가 있으면 그 위해를 제거하고 필요하면 방지시설을 할 것

3. 철도에 토사 등이 쌓이거나 쌓일 우려가 있으면 그 토사 등을 제거하거나 방지시설을 할 것

⑤ 53[대통령/철도운영자 등]은 철도차량의 안전운행 및 철도 보호를 위하여 필요한 경우 국토교통부장관 또는 시·도지사에게 제3항 또는 제4항에 따른 해당 행위 금지·제한 또는 조치 명령을 할 것을 요청할 수 있다.

[시행령 제47조(철도보호지구에서의 나무 식재)]　법 제45조 제1항 제4호에서 "대통령령으로 정하는 경우"란 다음 각 호의 어느 하나에 해당하는 경우를 말한다.

1. 54[철도차량 운전자/작업자]의 전방 시야 확보에 지장을 주는 경우

2. 나뭇가지가 전차선이나 신호기 등을 침범하거나 침범할 우려가 있는 경우

3. 호우나 태풍 등으로 나무가 쓰러져 철도시설물을 훼손시키거나 열차의 운행에 지장을 줄 우
   려가 있는 경우

[제47조(여객열차에서의 금지행위)]　① 여객(55[무임승차자는 제외한다/무임승차자를 포함한
다])은 여객열차에서 다음 각 호의 어느 하나에 해당하는 행위를 하여서는 아니 된다.
1. 정당한 사유 없이 국토교통부령으로 정하는 여객출입 금지장소에 출입하는 행위
2. 정당한 사유 없이 운행 중에 비상정지버튼을 누르거나 철도차량의 옆면에 있는 승강용 출입
   문을 여는 등 철도차량의 장치 또는 기구 등을 조작하는 행위
3. 여객열차 56[안/밖]에 있는 사람을 위험하게 할 우려가 있는 물건을 던지는 행위
4. 흡연하는 행위
5. 철도종사자와 여객 등에게 57[폭언/성적 수치심을 일으키는] 행위
6. 술을 마시거나 약물을 복용하고 다른 사람에게 위해를 주는 행위
7. 그 밖에 공중이나 여객에게 위해를 끼치는 행위로서 국토교통부령으로 정하는 행위
③ 운전업무종사자, 여객승무원 또는 여객역무원은 제1항 또는 제2항의 금지행위를 한 사람에
대하여 필요한 경우 다음 각 호의 조치를 할 수 있다.
1. 금지행위의 제지
2. 금지행위의 녹음·녹화 또는 촬영
④ 철도운영자는 58[대통령령/국토교통부령]으로 정하는 바에 따라 제1항 각 호 및 제2항에 따
른 여객열차에서의 금지행위에 관한 사항을 여객에게 안내하여야 한다.

[제48조(철도 보호 및 질서유지를 위한 금지행위)]　① 누구든지 정당한 사유 없이 철도 보호
및 질서유지를 해치는 다음 각 호의 어느 하나에 해당하는 행위를 하여서는 아니 된다.
3. 궤도의 중심으로부터 양측으로 폭 59[3미터/30미터] 이내의 장소에 철도차량의 안전 운행에
   지장을 주는 물건을 방치하는 행위
4. 철도교량 등 국토교통부령으로 정하는 시설 또는 구역에 60[대통령령/국토교통부령]으로 정
   하는 폭발물 또는 인화성이 높은 물건 등을 쌓아 놓는 행위
5. 선로 61[(철도와 교차된 도로는 제외한다/철도와 교차된 도로를 포함한다)] 또는 국토교통부
   령으로 정하는 철도시설에 62[철도운영자 등/국토교통부장관]의 승낙 없이 출입하거나 통행
   하는 행위. 다만, 「도로교통법」 제5조에 따른 신호 또는 지시에 따라 63[　　]의 선로를 통행
   하는 경우는 제외한다.

[제48조의2(여객 등의 안전 및 보안)]　① 국토교통부장관은 철도차량의 안전운행 및 철도시
설의 보호를 위하여 필요한 경우에는 「사법경찰관리의 직무를 수행할 자와 그 직무범위에 관한
법률」 제5조제11호에 규정된 사람(이하 "철도특별사법경찰관리"라 한다)으로 하여금 여객열차

에 승차하는 사람의 신체·휴대물품 및 수하물에 대한 64[보안검색을/약물검사를] 실시하게 할 수 있다.

② 국토교통부장관은 제1항의 보안검색 정보 및 그 밖의 철도보안·치안 관리에 필요한 정보를 효율적으로 활용하기 위하여 65[안전관리체계/철도보안정보체계]를 구축·운영하여야 한다.

[제48조의3(보안검색장비의 성능인증 등)] ② 제1항에 따른 성능인증을 위한 기준·방법·절차 등 운영에 필요한 사항은 66[대통령령/국토교통부령]으로 정한다.

[제48조의4(시험기관의 지정 등)] ③ 국토교통부장관은 제1항에 따라 시험기관으로 지정받은 법인이나 단체가 다음 각 호의 어느 하나에 해당하는 경우에는 그 지정을 취소하거나 67[1년/6개월] 이내의 기간을 정하여 그 업무의 전부 또는 일부의 정지를 명할 수 있다. 다만, 제1호 또는 제2호에 해당하는 때에는 그 지정을 취소하여야 한다.

1. 거짓이나 그 밖의 부정한 방법을 사용하여 시험기관으로 지정을 받은 경우
2. 업무정지 명령을 받은 후 그 업무정지 기간에 성능시험을 실시한 경우
④ 국토교통부장관은 인증업무의 전문성과 신뢰성을 확보하기 위하여 제48조의3에 따른 보안검색장비의 성능 인증 및 점검 업무를 68[대통령령/국토교통부령]으로 정하는 기관(이하 "인증기관"이라 한다)에 위탁할 수 있다.

[시행령 제50조의2(인증업무의 위탁)] 국토교통부장관은 법 제48조의4 제4항에 따라 법 제48조의3에 따른 보안검색장비의 성능 인증 및 점검 업무를 69[   ]에 위탁한다.

[제48조의5(직무장비의 휴대 및 사용 등)] ③ 철도특별사법경찰관리가 제1항에 따라 직무수행 중 직무장비를 사용할 때 사람의 생명이나 신체에 위해를 끼칠 수 있는 직무장비(70[   ]를 말한다)를 사용하는 경우에는 사전에 필요한 안전교육과 안전검사를 받은 후 사용하여야 한다.
④ 제2항 및 제3항에 따른 직무장비의 사용기준, 안전교육과 안전검사 등에 관하여 필요한 사항은 국토교통부령으로 정한다.

[제49조(철도종사자의 직무상 지시 준수)] ① 열차 또는 철도시설을 이용하는 사람은 이 법에 따라 철도의 안전·보호와 질서유지를 위하여 하는 71[국토교통부장관/철도종사자]의 직무상 지시에 따라야 한다.

[시행령 제51조(철도종사자의 권한표시)] ② 72[국토교통부장관/철도운영자 등]은 철도종사자가 제1항에 따른 표시를 할 수 있도록 복장·모자·완장·증표 등의 지급 등 필요한 조치를 하여야 한다.

[**제50조(사람 또는 물건에 대한 퇴거 조치 등)**]　73[국토교통부장관은/철도운영자는/철도종사자는] 다음 각 호의 어느 하나에 해당하는 사람 또는 물건을 열차 밖이나 대통령령으로 정하는 지역 밖으로 퇴거시키거나 철거할 수 있다.

1. 제42조를 위반하여 여객열차에서 위해물품을 휴대한 사람 및 그 위해물품
2. 제43조를 위반하여 운송 금지 위험물을 운송위탁하거나 운송하는 자 및 그 위험물
3. 제45조 제3항 또는 제4항에 따른 행위 금지·제한 또는 조치 명령에 따르지 아니하는 사람 및 그 물건
4. 제47조 제1항 또는 제2항을 위반하여 금지행위를 한 사람 및 그 물건
5. 제48조 제1항을 위반하여 금지행위를 한 사람 및 그 물건
6. 제48조의2에 따른 보안검색에 따르지 아니한 사람
7. 제49조를 위반하여 철도종사자의 직무상 지시를 따르지 아니하거나 직무집행을 방해하는 사람

제6장　철도사고조사·처리

[**제60조(철도사고 등의 발생 시 조치)**]　① 01[국토교통부장관/철도운영자 등]은 철도사고 등이 발생하였을 때에는 사상자 구호, 유류품(遺留品) 관리, 여객 수송 및 철도시설 복구 등 인명피해 및 재산피해를 최소화하고 열차를 정상적으로 운행할 수 있도록 필요한 조치를 하여야 한다.
② 철도사고 등이 발생하였을 때의 사상자 구호, 여객 수송 및 철도시설 복구 등에 필요한 사항은 02[대통령령/국토교통부령]으로 정한다.

[**제61조(철도사고등 의무보고)**]　① 철도운영자 등은 사상자가 많은 사고 등 03[대통령령/국토교통부령]으로 정하는 철도사고등이 발생하였을 때에는 04[대통령령/국토교통부령]으로 정하는 바에 따라 즉시 05[대통령/국토교통부상관]에게 보고하여야 한다.

[**시행령 제57조(국토교통부장관에게 즉시 보고하여야 하는 철도사고 등)**]　법 제61조 제1항에서 "사상자가 많은 사고 등 대통령령으로 정하는 철도사고 등"이란 다음 각 호의 어느 하나에 해당하는 사고를 말한다.

1. 열차의 충돌이나 탈선사고
2. 철도차량이나 열차에서 화재가 발생하여 운행을 중지시킨 사고
3. 철도차량이나 열차의 운행과 관련하여 06[3명/5명] 이상 사상자가 발생한 사고
4. 철도차량이나 열차의 운행과 관련하여 07[1천만 원/5천만 원] 이상의 재산피해가 발생한 사고

[제73조(보고 및 검사)]　①　01[국토교통부장관이나 관계 지방자치단체는/철도운영자 등은] 다음 각 호의 어느 하나에 해당하는 경우 02[대통령령/국토교통부령]으로 정하는 바에 따라 철도관계기관등에 대하여 필요한 사항을 보고하게 하거나 자료의 제출을 명할 수 있다.

1. 철도안전 종합계획 또는 시행계획의 수립 또는 추진을 위하여 필요한 경우

1의2. 제6조의2 제1항에 따른 철도안전투자의 공시가 적정한지를 확인하려는 경우

2. 제8조 제2항에 따른 점검·확인을 위하여 필요한 경우

2의2. 제9조의3 제1항에 따른 안전관리 수준평가를 위하여 필요한 경우

3. 운전적성검사기관, 관제적성검사기관, 운전교육훈련기관, 관제교육훈련기관, 안전전문기관, 정비교육훈련기관, 정밀안전진단기관, 인증기관, 시험기관, 위험물 포장·용기검사기관 및 위험물취급전문교육기관의 업무 수행 또는 지정기준 부합 여부에 대한 확인이 필요한 경우

[제75조(청문)]　국토교통부장관은 다음 각 호의 어느 하나에 해당하는 처분을 하는 경우에는 03[관계기관에 통보를/청문을] 하여야 한다.

1. 제9조 제1항에 따른 안전관리체계의 승인 취소

2. 제15조의2에 따른 운전적성검사기관의 지정취소(제16조 제5항, 제21조의6 제5항, 제21조의7 제5항, 제24조의4 제5항 또는 제69조 제7항에서 준용하는 경우를 포함한다)

3. 삭제

4. 제20조 제1항에 따른 운전면허의 취소 및 효력정지

4의2. 제21조의11 제1항에 따른 관제자격증명의 취소 또는 효력정지

4의3. 제24조의5 제1항에 따른 철도차량정비기술자의 인정 취소

[제78조(벌칙)]　②　제48조 제1항 제1호를 위반하여 철도시설 또는 철도차량을 파손하여 철도차량 운행에 위험을 발생하게 한 사람은 01[7년 이하의 징역/10년 이하의 징역] 또는 1억 원 이하의 벌금에 처한다.

③ 과실로 제1항의 죄를 지은 사람은 02[1년 이하의 징역 또는 1천만 원 이하/2년 이하의 징역 또는 2천만 원 이하]의 벌금에 처한다.

④ 과실로 제2항의 죄를 지은 사람은 1천만 원 이하의 03[벌금/과태료]에 처한다.

⑤ 업무상 과실이나 중대한 과실로 제1항의 죄를 지은 사람은 04[2년 이하의 징역 또는 2천만 원 이하/3년 이하의 징역 또는 3천만 원 이하]의 벌금에 처한다.

⑥ 업무상 과실이나 중대한 과실로 제2항의 죄를 지은 사람은 ⁰⁵[2년 이하의 징역 또는 2천만 원 이하/3년 이하의 징역 또는 3천만 원 이하]의 벌금에 처한다.

⑦ 제1항 및 제2항의 미수범은 처벌한다.

[제79조(벌칙)]　① 제49조 제2항을 위반하여 폭행·협박으로 철도종사자의 직무집행을 방해한 자는 ⁰⁶[7년 이하의 징역 또는 7천만 원 이하/5년 이하의 징역 또는 5천만 원 이하/3년 이하의 징역 또는 3천만 원 이하]의 벌금에 처한다.

⑤ 제47조 제1항 제5호(철도종사자에게 성적수치심이 들게 하는 행위)를 위반한 자는 ⁰⁷[1천만 원/500만 원] 이하의 벌금에 처한다

[제80조(형의 가중)]　③ 제79조 제3항 제16호 또는 제17호의 죄를 범하여 사람을 사상에 이르게 한 자는 ⁰⁸[무기징역 또는 사형/5년 이하의 징역 또는 5천만 원 이하의 벌금]에 처한다.

[제82조(과태료)]　① 다음 각 호의 어느 하나에 해당하는 자에게는 ⁰⁹[5천만 원/1천만 원] 이하의 과태료를 부과한다.

1. 제7조 제3항(제26조의8 및 제27조의2 제4항에서 준용하는 경우를 포함한다)을 위반하여 안전관리체계의 변경승인을 받지 아니하고 안전관리체계를 변경한 자

③ 다음 각 호의 어느 하나에 해당하는 자에게는 ¹⁰[300만 원/100만 원] 이하의 과태료를 부과한다.

1. 제9조의4 제3항을 위반하여 우수운영자로 지정되었음을 나타내는 표시를 하거나 이와 유사한 표시를 한 자

⑥ 제1항부터 제5항까지에 따른 과태료는 ¹¹[대통령령/국토교통부령]으로 정하는 바에 따라 국토교통부장관 또는 시·도지사(이 조 제1항제14호·제16호 및 제17호, 제2항 제8호부터 제10호까지, 제4항 제1호·제2호 및 제5항제1호·제2호만 해당한다)가 부과·징수한다.

01 다음 중 「철도안전법」의 구성으로 옳은 것은?

① 8장 81조 64령
② 8장 83조 96령
③ 9장 81조 64령
④ 9장 83조 96령
⑤ 9장 83조 64령

해설

9장 법 83조, 시행령 64조로 구성되어 있다.

02 다음 중 「철도안전법」에서 정하는 용어의 뜻으로 틀린 것은?

① 철도라 함은 여객 또는 화물을 운송하는 데 필요한 철도시설과 철도차량 및 이와 관련된 운영·지원체계가 유기적으로 구성된 운송체계를 말한다.
② 철도차량이라 함은 선로를 운행할 목적으로 제작된 동력차·객차·화차 및 특수차를 말한다.
③ 철도용품이란 철도시설 및 철도차량 등에 사용되는 부품·기기·장치 등을 말한다.
④ 선로란 철도차량을 운행하기 위한 레일을 말한다.
⑤ 열차란 선로를 운행할 목적으로 철도운영자가 편성하여 열차번호를 부여한 철도차량을 말한다.

해설 **제2조(정의)**

7. "선로"란 철도차량을 운행하기 위한 궤도와 이를 받치는 노반(路盤) 또는 인공구조물로 구성된 시설을 말한다.

03 다음 중 철도종사자에 해당되지 않는 자는?

① 관제업무에 종사하는 사람
② 여객승무원
③ 여객역무원
④ 시설관리원
⑤ 철도에 공급되는 전력의 원격제어장치를 운영하는 사람

해설

• **제2조(정의)** 10. "철도종사자"란 다음 각 목의 어느 하나에 해당하는 사람을 말한다.

> 가. 철도차량의 운전업무에 종사하는 사람(이하 "운전업무종사자"라 한다)
> 나. 철도차량의 운행을 집중 제어·통제·감시하는 업무(이하 "관제업무"라 한다)에 종사하는 사람
> 다. 여객에게 승무(乘務) 서비스를 제공하는 사람(이하 "여객승무원"이라 한다)
> 라. 여객에게 역무(驛務) 서비스를 제공하는 사람(이하 "여객역무원"이라 한다)
> 마. 철도차량의 운행선로 또는 그 인근에서 철도시설의 건설 또는 관리와 관련한 작업의 협의·지휘·감독·안전관리 등의 업무에 종사하도록 철도운영자 또는 철도시설관리자가 지정한 사람(이하 "작업책임자"라 한다)
> 바. 철도차량의 운행선로 또는 그 인근에서 철도시설의 건설 또는 관리와 관련한 작업의 일정을 조정하고 해당 선로를 운행하는 열차의 운행일정을 조정하는 사람(이하 "철도운행안전관리자"라 한다)
> 사. 그 밖에 철도운영 및 철도시설관리와 관련하여 철도차량의 안전운행 및 질서유지와 철도차량 및 철도시설의 점검·정비 등에 관한 업무에 종사하는 사람으로서 **대통령령**으로 정하는 사람

• **시행령 제3조(안전운행 또는 질서유지 철도종사자)** 「철도안전법」(이하 "법"이라 한다) 제2조 제10호 사목에서 "대통령령으로 정하는 사람"이란 다음 각 호의 어느 하나에 해당하는 사람을 말한다.

1. 철도사고, 철도준사고 및 운행장애(이하 "철도사고 등"이라 한다)가 발생한 현장에서 조사·수습·복구 등의 업무를 수행하는 사람

01 ⑤ **02** ④ **03** ④ **정답**

2. 철도차량의 운행선로 또는 그 인근에서 철도시설
   의 건설 또는 관리와 관련된 작업의 현장감독업무
   를 수행하는 사람
3. 철도시설 또는 철도차량을 보호하기 위한 순회점
   검업무 또는 경비업무를 수행하는 사람
4. 정거장에서 철도신호기·선로전환기 또는 조작판
   등을 취급하거나 열차의 조성업무를 수행하는 사람
5. 철도에 공급되는 전력의 원격제어장치를 운영하는
   사람
6. 「사법경찰관리의 직무를 수행할 자와 그 직무범위
   에 관한 법률」 제5조 제11호에 따른 철도경찰 사
   무에 종사하는 국가공무원
7. 철도차량 및 철도시설의 점검·정비 업무에 종사하
   는 사람

04 다음 중 「철도안전법」의 목적으로 옳은 것은?

① 공익성
② 철도산업 개발
③ 철도안전의 기반 확립
④ 공공안전에 이바지
⑤ 철도안전 확보

해설 제1조(목적)

이 법은 철도안전을 확보하기 위하여 필요한 사항을 규
정하고 철도안전 관리체계를 확립함으로써 공공복리의
증진에 이바지함을 목적으로 한다.

05 다음 중 「철도안전법」의 정의 내용으로 틀린 것은?

① 철도사고란 철도운영 또는 철도시설관
   리와 관련하여 사람이 죽거나 다치거나
   물건이 파손되는 사고로 국토교통부령
   으로 정하는 것을 말한다.
② 철도준사고란 철도안전에 중대한 위해
   를 끼쳐 철도사고로 이어질 수 있었던
   것으로 국토교통부령으로 정하는 것을
   말한다.

③ 운행장애란 철도사고 및 철도준사고 외
   에 철도차량의 운행에 지장을 주는 것
   으로서 국토교통부령으로 정하는 것을
   말한다.
④ 철도차량정비란 철도차량(철도차량을
   구성하는 부품·기기·장치를 포함한다)
   을 점검·검사, 교환 및 수리하는 행위를
   말한다.
⑤ 정거장이란 여객의 승하차를 위하여 사
   용되는 장소로 신호기와 플랫폼이 구비
   된 곳을 말한다.

해설 시행령 제2조(정의)

이 영에서 사용하는 용어의 뜻은 다음 각 호와 같다.
1. "정거장"이란 여객의 승하차(여객 이용시설 및 편의
   시설을 포함한다), 화물의 적하(積荷), 열차의 조성
   (組成 : 철도차량을 연결하거나 분리하는 작업을 말
   한다), 열차의 교차통행 또는 대피를 목적으로 사용
   되는 장소를 말한다.

제2장 철도안전 관리체계

06 다음 중 국토교통부장관의 철도안전 종합 계획 수립 주기로 옳은 것은?

① 1년　　　　② 2년
③ 3년　　　　④ 4년
⑤ 5년

해설 제5조(철도안전 종합계획)

① **국토교통부장관**은 **5년**마다 철도안전에 관한 종합계
획(이하 "철도안전 종합계획"이라 한다)을 수립하여야
한다.

07 다음 중 철도안전 종합계획에 포함되어야 하는 사항으로 틀린 것은?

① 철도안전 종합계획의 추진 목표 및 방향

② 철도차량의 정비 및 점검 등에 관한 사항

③ 철도안전 관계 법령의 정비 등 제도개선에 관한 사항

④ 철도안전 정책과 기대효과에 관한 사항

⑤ 철도종사자의 안전 및 근무환경 향상에 관한 사항

해설 제5조(철도안전 종합계획)

① **국토교통부장관**은 **5년**마다 철도안전에 관한 종합계획(이하 "철도안전 종합계획"이라 한다)을 수립하여야 한다.

② 철도안전 종합계획에는 다음 각 호의 사항이 포함되어야 한다.

1. 철도안전 종합계획의 추진 목표 및 방향
2. 철도안전에 관한 시설의 확충, 개량 및 점검 등에 관한 사항
3. 철도차량의 정비 및 점검 등에 관한 사항
4. 철도안전 관계 법령의 정비 등 제도개선에 관한 사항
5. 철도안전 관련 전문 인력의 양성 및 수급관리에 관한 사항
6. 철도종사자의 안전 및 근무환경 향상에 관한 사항
7. 철도안전 관련 교육훈련에 관한 사항
8. 철도안전 관련 연구 및 기술개발에 관한 사항
9. 그 밖에 철도안전에 관한 사항으로서 **국토교통부장관**이 필요하다고 인정하는 사항

08 다음 중 빈칸에 들어갈 말로 알맞은 것은?

> 시·도지사 및 철도운영자 등은 전년도 시행계획의 추진실적을 매년 (　　) 까지 국토교통부장관에게 제출하여야 한다.

① 1월 말　　　　② 2월 말

③ 5월 말　　　　④ 10월 말

⑤ 12월 말

해설 시행령 제5조(시행계획 수립절차 등)

② 시·도지사 및 철도운영자등은 전년도 시행계획의 추진실적을 **매년 2월 말**까지 **국토교통부장관**에게 제출하여야 한다.

09 다음 중 안전관리체계의 승인에 대하여 틀린 것은?

① 전용철도 운영자를 포함한 철도시설관리자는 철도시설을 관리하려는 경우에는 인력, 시설, 차량, 장비, 운영절차, 교육훈련 및 비상대응계획 등 철도 및 철도시설의 안전관리에 관한 유기적 체계를 갖추어 국토교통부장관의 승인을 받아야 한다.

② 전용철도의 운영자는 자체적으로 안전관리체계를 갖추고 지속적으로 유지하여야 한다.

③ 철도운영자 등은 승인받은 안전관리체계를 변경하려는 경우에는 국토교통부장관의 변경승인을 받아야 한다.

④ 국토교통부령으로 정하는 경미한 사항을 변경하려는 경우에는 국토교통부장관에게 신고하여야 한다.

⑤ 국토교통부장관은 안전관리체계의 승인 또는 변경승인의 신청을 받은 경우에는 해당 안전관리체계가 안전관리기준에 적합한지를 검사한 후 승인 여부를 결정하여야 한다.

해설

• **전용철도** : 자체적으로 안전관리체계를 갖추고 유지하므로 제외이다. 전용철도는 일반적인 코레일, 부산교통공사와 다르게 회사의 사유철도(예 포스코, 시멘트 회사 등)로서 회사의 목적에 맞춰져 있으므로 공익을 위한 철도가 아니다.

07 ④　**08** ②　**09** ① **정답**

- 제7조(안전관리체계의 승인) ① 철도운영자 등(**전용 철도의 운영자는 제외**한다. 이하 이 조 및 제8조에서 같다)은 철도운영을 하거나 철도시설을 관리하려는 경우에는 인력, 시설, 차량, 장비, 운영절차, 교육훈련 및 비상대응계획 등 철도 및 철도시설의 안전관리에 관한 유기적 체계(이하 "안전관리체계"라 한다)를 갖추어 **국토교통부장관**의 승인을 받아야 한다.

10 다음 중 빈칸에 들어갈 단어로 옳지 않은 것은?

> 국토교통부장관은 (　　　) 등 철도운영 및 철도시설의 안전관리에 필요한 기술기준을 정하여 고시하여야 한다.

① 철도안전경영
② 위험관리
③ 재해대책방안
④ 내부점검
⑤ 비상대응훈련

해설 제7조(안전관리체계의 승인)
⑤ **국토교통부장관**은 철도안전경영, 위험관리, 사고 조사 및 보고, 내부점검, 비상대응계획, 비상대응훈련, 교육훈련, 안전정보관리, 운행안전관리, 차량·시설의 유지관리(**차량의 기대수명에 관한 사항을 포함**한다) 등 철도운영 및 철도시설의 안전관리에 필요한 기술기준을 정하여 고시하여야 한다.

11 다음 중 빈칸에 들어갈 수 있는 단어로 옳지 않은 것은?

> 안전관리체계의 (　　　) 등에 관하여 필요한 사항은 국토교통부령으로 정한다.

① 승인절차
② 승인방법

③ 검사기준
④ 검사방법
⑤ 검사인원

해설 제7조(안전관리체계의 승인)
⑥ 제1항부터 제5항까지의 규정에 따른 승인절차, 승인방법, 검사기준, 검사방법, 신고절차 및 고시방법 등에 관하여 필요한 사항은 **국토교통부령**으로 정한다.

12 다음 중 보기의 내용에 해당되는 검사로 옳은 것은?

> 철도운영자 등이 철도사고 및 운행장애 등을 발생시키거나 발생시킬 우려가 있는 경우에 안전관리체계 위반사항 확인 및 안전관리체계 위해요인 사전예방을 위해 수행하는 검사

① 정기검사
② 특별검사
③ 사전검사
④ 수시검사
⑤ 예비검사

해설 제8조(안전관리체계의 유지 등)
② **국토교통부장관**은 안전관리체계 위반 여부 확인 및 철도사고 예방 등을 위하여 철도운영자등이 제1항에 따른 안전관리체계를 지속적으로 유지하는지 다음 각 호의 검사를 통해 국토교통부령으로 정하는 바에 따라 점검·확인할 수 있다.
2. 수시검사 : 철도운영자등이 철도사고 및 운행장애 등을 발생시키거나 발생시킬 우려가 있는 경우에 안전관리체계 위반사항 확인 및 안전관리체계 위해요인 사전예방을 위해 수행하는 검사

정답 10 ③　11 ⑤　12 ④

13 다음 중 안전관리체계의 승인을 취소하여야 하는 경우로 옳은 것은?

① 거짓이나 그 밖의 부정한 방법으로 승인을 받은 경우

② 변경승인을 받지 아니하거나 변경신고를 하지 아니하거나 안전관리체계를 변경한 경우

③ 안전관리체계를 지속적으로 유지하지 아니하여 철도운영이나 철도시설의 관리에 중대한 지장을 초래한 경우

④ 시정조치명령을 정당한 사유 없이 이행하지 아니한 경우

⑤ 안전관리체계의 정기검사 결과 승인기준에 적합하지 않은 경우

해설 제9조(승인의 취소 등)

① **국토교통부장관**은 안전관리체계의 승인을 받은 철도운영자 등이 다음 각 호의 어느 하나에 해당하는 경우에는 그 승인을 취소하거나 **6개월 이내**의 기간을 정하여 업무의 제한이나 정지를 명할 수 있다. 다만, **제1호에 해당하는 경우에는 그 승인을 취소**하여야 한다.
1. 거짓이나 그 밖의 부정한 방법으로 승인을 받은 경우

14 다음 중 국토교통부장관이 부과할 수 있는 과징금의 범위로 옳은 것은?

① 1억 원 이하

② 5억 원 이하

③ 10억 원 이하

④ 20억 원 이하

⑤ 30억 원 이하

해설 제9조의2(과징금)

① **국토교통부장관**은 제9조제1항에 따라 철도운영자 등에 대하여 업무의 제한이나 정지를 명하여야 하는 경우로서 그 업무의 제한이나 정지가 철도 이용자 등에게 심한 불편을 주거나 그 밖에 공익을 해할 우려가 있는 경우에는 업무의 제한이나 정지를 갈음하여 **30억 원 이하**의 과징금을 부과할 수 있다. 즉, 과징금의 상한 금액은 30억 원이다.

15 다음 중 변경승인을 받지 않고 안전관리체계를 변경한 경우 1차 위반 과징금으로 옳은 것은?

① 120만 원

② 1,200만 원

③ 1억 2천만 원

④ 12억 원

⑤ 경고

해설 시행령 [별표 1] 안전관리체계 관련 과징금의 부과기준(제6조 관련) 중 2. 개별기준

(단위 : 백만 원)

위반행위	근거 법조문	과징금 금액
가. 법 제7조제3항을 위반하여 변경승인을 받지 않고 안전관리체계를 변경한 경우	법 제9조 제1항 제2호	
1) 1차 위반		120
2) 2차 위반		240
3) 3차 위반		480
4) 4차 이상 위반		960

※ 단위가 백만 원이므로 1억 2천이 맞다.

16 다음 중 과징금 통지를 받은 자는 언제까지 과징금을 내야 하는가?

① 3일 이내

② 7일 이내

③ 10일 이내

④ 20일 이내

⑤ 30일 이내

해설 시행령 제7조(과징금의 부과 및 납부)

② 제1항에 따라 통지를 받은 자는 통지를 받은 날부터 **20일 이내**에 국토교통부장관이 정하는 수납기관에 과징금을 내야 한다.

13 ① **14** ⑤ **15** ③ **16** ④ **정답**

17 다음 중 안전관리체계가 지속적으로 유지되지 않아 시정조치를 받았음에도 불구하고 이행하지 않은 경우 과징금으로 옳은 것은? (단, 4차 위반 시라고 가정한다.)

① 1억 8천만 원

② 2억 4천만 원

③ 3억 6천만 원

④ 1억 9천 2백만 원

⑤ 2억 1천 6백만 원

 시행령 [별표 1] 안전관리체계 관련 과징금의 부과기준(제6조 관련) 중 2. 개별기준

(단위 : 백만 원)

위반행위	근거 법조문	과징금 금액
라. 법 제8조 제3항에 따른 시정조치명령을 정당한 사유 없이 이행하지 않은 경우	법 제9조 제1항제4호	
1) 1차 위반		240
2) 2차 위반		480
3) 3차 위반		960
4) 4차 이상 위반		1,920

18 다음 중 안전관리체계를 지속적으로 유지하지 않아 발생한 철도사고로 사망자가 30명 이상인 경우 과징금 금액은 얼마인가?

① 1억 8천만 원

② 3억 6천만 원

③ 7억 2천만 원

④ 14억 4천만 원

⑤ 21억 6천만 원

 시행령 [별표 1] 안전관리체계 관련 과징금의 부과기준(제6조 관련) 중 2. 개별기준

(단위 : 백만 원)

위반행위	근거 법조문	과징금 금액
다. 법 제8조 제1항을 위반하여 안전관리체계를 지속적으로 유지하지 않아 철도운영이나 철도시설의 관리에 중대한 지장을 초래한 경우	법 제9조 제1항제3호	
1) 철도사고로 인한 사망자 수		
가) 1명 이상 3명 미만		360
나) 3명 이상 5명 미만		720
다) 5명 이상 10명 미만		1,440
라) 10명 이상		2,160

19 다음 중 철도안전 우수운영자에 대한 내용이 아닌 것은?

① 국토교통부장관은 안전관리 수준평가 결과에 따라 철도운영자 등을 대상으로 철도안전 우수운영자를 지정할 수 있다.

② 철도안전 우수운영자로 지정을 받은 자는 철도차량, 철도시설이나 관련 문서 등에 철도안전 우수운영자로 지정되었음을 나타내는 표시를 할 수 있다.

③ 철도안전 우수운영자로 지정을 받은 자가 아니면 철도차량, 철도시설이나 관련 문서 등에 우수운영자로 지정되었음을 나타내는 표시를 하거나 이와 유사한 표시를 하여서는 아니 된다.

④ 국토교통부장관은 우수운영자로 지정되었음을 나타내는 표시를 하거나 이와 유사한 표시를 한 자에 대하여 해당 표시를 제거하게 하는 등 필요한 시정조치를 명할 수 있다.

 17 ④ **18** ⑤ **19** ⑤

⑤ 국토교통부장관은 철도안전 우수운영자로 지정을 받은 자에 대하여 포상할 수 있다.

해설 **제9조의4(철도안전 우수운영자 지정)**
① **국토교통부장관**은 제9조의3에 따른 안전관리 수준 평가 결과에 따라 철도운영자등을 대상으로 철도안전 우수운영자를 지정할 수 있다.
② 제1항에 따른 철도안전 우수운영자로 지정을 받은 자는 철도차량, 철도시설이나 관련 문서 등에 철도안전 우수운영자로 지정되었음을 나타내는 표시를 할 수 있다.
③ 제1항에 따른 지정을 받은 자가 아니면 철도차량, 철도시설이나 관련 문서 등에 우수운영자로 지정되었음을 나타내는 표시를 하거나 이와 유사한 표시를 하여서는 아니 된다.
④ **국토교통부장관**은 제3항을 위반하여 우수운영자로 지정되었음을 나타내는 표시를 하거나 이와 유사한 표시를 한 자에 대하여 해당 표시를 제거하게 하는 등 필요한 시정조치를 명할 수 있다.
⑤ 제1항에 따른 철도안전 우수운영자 지정의 대상, 기준, 방법, 절차 등에 필요한 사항은 **국토교통부령**으로 정한다.

제3장 **철도종사자의 안전관리**

20 다음 중 철도차량 운전면허는 누구한테 받아야 하는가?

① 대통령
② 국토교통부장관
③ 행정안전부장관
④ 시·도지사
⑤ 경찰청장

해설 **제10조(철도차량 운전면허)**
① 철도차량을 운전하려는 사람은 **국토교통부장관**으로부터 철도차량 운전면허(이하 "운전면허"라 한다)를 받아야 한다. 다만, 제16조에 따른 교육훈련 또는 제17조에 따른 운전면허시험을 위하여 철도차량을 운전하는 경우 등 **대통령령**으로 정하는 경우에는 그러하지 아니하다.

21 다음 중 운전면허 종류에 해당하지 않는 것은?

① 고속철도차량 운전면허
② 디젤차량 운전면허
③ 철도장비 운전면허
④ 전기기관차 운전면허
⑤ 노면전차 운전면허

해설 **시행령 제11조(운전면허 종류)**
① 법 제10조 제3항에 따른 철도차량의 종류별 운전면허는 다음 각 호와 같다.
1. 고속철도차량 운전면허
2. 제1종 전기차량 운전면허
3. 제2종 전기차량 운전면허
4. 디젤차량 운전면허
5. 철도장비 운전면허
6. 노면전차(路面電車) 운전면허

22 다음 중 운전면허의 결격사유로 틀린 것은?

① 미성년자
② 철도차량 운전상의 위험과 장해를 일으킬 수 있는 정신질환자 또는 뇌전증환자로서 대통령령으로 정하는 사람
③ 두 귀의 청력 또는 두 눈의 시력을 완전히 상실한 사람
④ 운전면허가 취소된 날부터 2년이 지나지 아니하였거나 운전면허의 효력정지 기간 중인 사람
⑤ 두 손을 상실하여 운전을 할 수 없는 사람

해설 **제11조(운전면허의 결격사유 등)**
① 다음 각 호의 어느 하나에 해당하는 사람은 운전면허를 받을 수 없다.
1. **19세 미만인** 사람
2. 철도차량 운전상의 위험과 장해를 일으킬 수 있는 정신질환자 또는 뇌전증환자로서 **대통령령**으로 정하는 사람
3. 철도차량 운전상의 위험과 장해를 일으킬 수 있는 약물(「마약류 관리에 관한 법률」 제2조 제1호에 따른 마약류 및 「화학물질관리법」 제22조 제1항에 따른

환각물질을 말한다. 이하 같다) 또는 알코올 중독자로서 **대통령령**으로 정하는 사람
4. 두 귀의 청력 또는 두 눈의 시력을 완전히 상실한 사람
5. 운전면허가 취소된 날부터 2년이 지나지 아니하였거나 운전면허의 효력정지기간 중인 사람

23 다음 중 운전면허의 신체검사 실시자로 옳은 것은?

① 대통령
② 국토교통부장관
③ 보건복지부장관
④ 국민건강보험공단
⑤ 철도운영자

해설 **제12조(운전면허의 신체검사)**
① 운전면허를 받으려는 사람은 철도차량 운전에 적합한 신체상태를 갖추고 있는지를 판정받기 위하여 **국토교통부장관**이 실시하는 신체검사에 합격하여야 한다.

24 다음 중 운전적성검사에 불합격한 사람은 검사일부터 얼마 동안 운전적성검사를 받을 수 없는가?

① 1개월
② 3개월
③ 6개월
④ 1년
⑤ 2년

해설 **제15조(운전적성검사)**
② 운전적성검사에 불합격한 사람 또는 운전적성검사 과정에서 부정행위를 한 사람은 다음 각 호의 구분에 따른 기간 동안 운전적성검사를 받을 수 없다.
1. 운전적성검사에 불합격한 사람 : 검사일부터 **3개월**

25 다음 중 빈칸에 들어갈 단어로 옳은 것은?

> 운전적성검사기관은 그 명칭·대표자·소재지나 그 밖에 운전적성검사 업무의 수행에 중대한 영향을 미치는 사항의 변경이 있는 경우에는 해당 사유가 발생한 날부터 (   ) 이내에 국토교통부장관에게 그 사실을 알려야 한다.

① 3일　　　　② 7일
③ 15일　　　④ 1개월
⑤ 3개월

해설 **시행령 제15조(운전적성검사기관의 변경사항 통지)**
① 운전적성검사기관은 그 명칭·대표자·소재지나 그 밖에 운전적성검사 업무의 수행에 중대한 영향을 미치는 사항의 변경이 있는 경우에는 해당 사유가 발생한 날부터 **15일 이내**에 **국토교통부장관**에게 그 사실을 알려야 한다.

26 다음 중 운전적성검사기관의 지정을 취소하여야 하는 경우로 옳은 것은?

① 거짓이나 그 밖의 부정한 방법으로 지정을 받았을 때
② 업무정지 명령을 위반하여 그 정지기간 중 운전적성검사 업무를 하였을 때
③ 운전적성검사기관 지정기준에 맞지 아니하게 되었을 때
④ 운전적성검사기관이 검사 비용을 추가로 요구하였을 때
⑤ 거짓이나 그 밖의 부정한 방법으로 운전적성검사 판정서를 발급하였을 때

정답 **23** ②　**24** ②　**25** ③　**26** ④

해설 제15조의2(운전적성검사기관의 지정취소 및 업무정지)

① **국토교통부장관**은 운전적성검사기관이 다음 각 호의 어느 하나에 해당할 때에는 지정을 취소하거나 6개월 이내의 기간을 정하여 업무의 정지를 명할 수 있다. 다만, 제1호 및 제2호에 해당할 때에는 지정을 취소하여야 한다.

1. 거짓이나 그 밖의 부정한 방법으로 지정을 받았을 때
2. 업무정지 명령을 위반하여 그 정지기간 중 운전적성검사 업무를 하였을 때
3. 제15조 제5항에 따른 지정기준에 맞지 아니하게 되었을 때
4. 제15조 제6항을 위반하여 정당한 사유 없이 운전적성검사 업무를 거부하였을 때
5. 제15조 제6항을 위반하여 거짓이나 그 밖의 부정한 방법으로 운전적성검사 판정서를 발급하였을 때

27 다음 중 운전교육훈련기관을 지정하는 자는?

① 국가
② 대통령
③ 국토교통부장관
④ 철도운영자
⑤ 지방자치단체

해설 제16조(운전교육훈련)

③ **국토교통부장관**은 철도차량 운전에 관한 전문 교육훈련기관(이하 "운전교육훈련기관"이라 한다)을 지정하여 운전교육훈련을 실시하게 할 수 있다.

28 다음 중 운전면허의 유효기간으로 옳은 것은?

① 5년
② 10년
③ 20년
④ 30년
⑤ 없음

해설 제19조(운전면허의 갱신)

① 운전면허의 유효기간은 **10년**으로 한다.

29 다음 중 빈칸에 들어갈 단어로 옳은 것은?

> 국토교통부장관은 운전면허를 취소하거나 ( ) 이내의 기간을 정하여 운전면허의 효력을 정지시킬 수 있다.

① 1개월
② 3개월
③ 6개월
④ 1년
⑤ 2년

해설 제20조(운전면허의 취소·정지 등)

① **국토교통부장관**은 운전면허 취득자가 다음 각 호의 어느 하나에 해당할 때에는 운전면허를 취소하거나 **1년** 이내의 기간을 정하여 운전면허의 효력을 정지시킬 수 있다.

30 다음 보기 중에서 대통령령으로 정하는 관제자격증명을 모두 고른 것은?

> ㉠ 철도 관제자격증명
> ㉡ 전용철도 관제자격증명
> ㉢ 도시철도 관제자격증명
> ㉣ 연습 관제자격증명

① ㉠, ㉡
② ㉠, ㉢
③ ㉡, ㉢
④ ㉡, ㉣
⑤ ㉢, ㉣

해설 시행령 제20조의2(관제자격증명의 종류)

법 제21조의3 제1항에 따른 철도교통관제사 자격증명(이하 "관제자격증명"이라 한다)은 같은 조 제2항에 따라 다음 각 호의 구분에 따른 관제업무의 종류별로 받아야 한다.

1. 「도시철도법」 제2조 제2호에 따른 도시철도 차량에 관한 관제업무 : 도시철도 관제자격증명
2. 철도차량에 관한 관제업무(제1호에 따른 도시철도 차량에 관한 관제업무를 포함한다) : 철도 관제자격증명

27 ③ **28** ② **29** ④ **30** ② 정답

31 다음 중 빈칸에 들어갈 단어로 알맞은 것은?

> 관제교육훈련의 일부를 면제할 수 있는 자는 다음과 같다.
> [중략]
> 다음 각 목의 어느 하나에 해당하는 업무에 대하여 (   ) 이상의 경력을 취득한 사람
> 가. 철도차량의 운전업무
> 나. 철도신호기·선로전환기·조작판의 취급업무

① 6개월　　　　② 1년
③ 3년　　　　　④ 5년
⑤ 10년

① 관제자격증명을 받으려는 사람은 관제업무의 안전한 수행을 위하여 **국토교통부장관**이 실시하는 관제업무에 필요한 지식과 능력을 습득할 수 있는 교육훈련(이하 "관제교육훈련"이라 한다)을 받아야 한다. 다만, 다음 각 호의 어느 하나에 해당하는 사람에게는 **국토교통부령**으로 정하는 바에 따라 관제교육훈련의 일부를 면제할 수 있다.

> 2. 다음 각 목의 어느 하나에 해당하는 업무에 대하여 **5년 이상**의 경력을 취득한 사람
> 가. 철도차량의 운전업무
> 나. 철도신호기·선로전환기·조작판의 취급업무

32 다음 중 관제자격증명시험의 구성으로 옳은 것은?

① 필기시험, 기능시험
② 필기시험, 실기시험
③ 학과시험, 기능시험
④ 학과시험, 실기시험
⑤ 필답평가, 실무능력평가

① 관제자격증명을 받으려는 사람은 관제업무에 필요한 지식 및 실무역량에 관하여 **국토교통부장관**이 실시하는 학과시험 및 실기시험(이하 "관제자격증명시험"이라 한다)에 합격하여야 한다.

33 다음 중 신체검사를 받아야 하는 철도종사자로 옳은 것을 모두 고르면?

> ㉠ 운전업무종사자
> ㉡ 여객역무원
> ㉢ 철도차량을 정비하는 사람
> ㉣ 관제업무종사자
> ㉤ 정거장에서 철도신호기·선로전환기 및 조작판 등을 취급하는 업무를 수행하는 사람

① ㉠, ㉡, ㉢
② ㉠, ㉡, ㉣
③ ㉠, ㉢, ㉣
④ ㉠, ㉣, ㉤
⑤ ㉡, ㉣, ㉤

법 제23조 제1항에서 "대통령령으로 정하는 업무에 종사하는 철도종사자"란 다음 각 호의 어느 하나에 해당하는 철도종사자를 말한다.
1. 운전업무종사자
2. 관제업무종사자
3. 정거장에서 철도신호기·선로전환기 및 조작판 등을 취급하는 업무를 수행하는 사람

정답 31 ④　32 ④　33 ④

34 다음 중 철도차량정비기술자의 내용으로 틀린 것은?

① 철도차량정비기술자로 인정받으려면 국토교통부장관에게 자격 인정 신청하여야 한다.

② 철도차량정비기술자의 자격, 경력 및 학력 등 철도차량정비기술자의 인정 기준은 대통령이 정한다.

③ 철도차량정비기술자는 자기의 성명을 사용하여 다른 사람에게 철도차량정비업무를 수행하게 하거나 철도차량정비경력증을 빌려 주어서는 아니 된다.

④ 철도차량정비기술자는 대통령령으로 정하는 바에 따라 정비교육훈련을 받아야 한다.

⑤ 국토교통부장관은 철도차량정비 업무 수행 중 고의로 철도사고의 원인을 제공한 경우 철도차량정비기술자의 인정을 정지시킬 수 있다.

해설 제24조의5(철도차량정비기술자의 인정취소 등)

① **국토교통부장관**은 철도차량정비기술자가 다음 각 호의 어느 하나에 해당하는 경우 그 인정을 취소하여야 한다.

1. 거짓이나 그 밖의 부정한 방법으로 철도차량정비기술자로 인정받은 경우
2. 제24조의2 제2항에 따른 자격기준에 해당하지 아니하게 된 경우
3. 철도차량정비 업무 수행 중 고의로 철도사고의 원인을 제공한 경우

② 국토교통부장관은 철도차량정비기술자가 다음 각 호의 어느 하나에 해당하는 경우 **1년**의 범위에서 철도차량정비기술자의 인정을 정지시킬 수 있다.

1. 다른 사람에게 철도차량정비경력증을 빌려 준 경우
2. 철도차량정비 업무 수행 중 중과실로 철도사고의 원인을 제공한 경우

35 다음 중 빈칸에 들어갈 단어를 순서대로 나열한 것은?

> 정비교육훈련 교육시간 : 철도차량정비업무의 수행기간 (　)마다 (　)시간 이상

① 반기, 6　　　　② 1년, 10
③ 3년, 20　　　　④ 5년, 35
⑤ 10년, 60

해설 시행령 제21조의3(정비교육훈련 실시기준)

① 법 제24조의4 제1항에 따른 정비교육훈련(이하 "정비교육훈련"이라 한다)의 실시기준은 다음 각 호와 같다.

1. 교육내용 및 교육방법 : 철도차량정비에 관한 법령, 기술기준 및 정비기술 등 실무에 관한 이론 및 실습 교육
2. 교육시간 : 철도차량정비업무의 수행기간 **5년마다 35시간 이상**

36 다음 중 1등급 철도차량정비기술자의 역량지수로 옳은 것은?

① 90점 이상
② 80점 이상
③ 60점 이상 80점 미만
④ 40점 이상 60점 미만
⑤ 10점 이상 40점 미만

해설 시행령 [별표 1의3] 철도차량정비기술자의 인정 기준(제21조의2 관련) 중

1. 철도차량정비기술자는 자격, 경력 및 학력에 따라 등급별로 구분하여 인정하되, 등급별 세부기준은 다음 표와 같다.

등급구분	역량지수
1등급 철도차량정비기술자	80점 이상
2등급 철도차량정비기술자	60점 이상 80점 미만
3등급 철도차량정비기술자	40점 이상 60점 미만
4등급 철도차량정비기술자	10점 이상 40점 미만

34 ⑤　**35** ④　**36** ②　정답

37 다음 중 철도교통관제 및 철도차량의 운행과 관련하여 틀린 것은?

① 열차의 편성, 철도차량 운전 및 신호방식 등 철도차량의 안전운행에 필요한 사항은 국토교통부령으로 정한다.

② 철도차량을 운행하는 자는 국토교통부장관이 지시하는 이동·출발·정지 등의 명령과 운행 기준·방법·절차 및 순서 등에 따라야 한다.

③ 국토교통부장관은 철도차량의 안전하고 효율적인 운행을 위하여 철도시설의 운용상태 등 철도차량의 운행과 관련된 조언과 정보를 철도종사자 또는 철도운영자등에게 제공할 수 있다.

④ 국토교통부장관은 철도차량의 안전한 운행을 위하여 철도시설 내에서 사람, 자동차 및 철도차량의 운행제한 등 필요한 안전조치를 취할 수 있다.

⑤ 국토교통부장관이 행하는 철도교통관제 업무의 대상, 내용 및 절차 등에 관하여 필요한 사항은 대통령령으로 정한다.

> **해설** 제39조의2(철도교통관제)
> ① 철도차량을 운행하는 자는 **국토교통부장관**이 지시하는 이동·출발·정지 등의 명령과 운행 기준·방법·절차 및 순서 등에 따라야 한다.
> ② **국토교통부장관**은 철도차량의 안전하고 효율적인 운행을 위하여 철도시설의 운용상태 등 철도차량의 운행과 관련된 조언과 정보를 철도종사자 또는 철도운영자 등에게 제공할 수 있다.
> ③ **국토교통부장관**은 철도차량의 안전한 운행을 위하여 철도시설 내에서 사람, 자동차 및 철도차량의 운행제한 등 필요한 안전조치를 취할 수 있다.
> ④ 제1항부터 제3항까지의 규정에 따라 **국토교통부장관**이 행하는 업무의 대상, 내용 및 절차 등에 관하여 필요한 사항은 **국토교통부령**으로 정한다.

38 다음 중 철도운영자 등이 영상기록장치를 설치·운영하여야 하는 장소로 옳은 것은?

① 변전소

② 승객 설비를 갖추고 여객을 수송하는 객차

③ 열차의 맨 앞에 위치한 동력차로서 운전실 또는 운전설비가 있는 동력차

④ 승강장, 대합실 및 승강설비

⑤ 철도차량을 경정비하는 차량정비기지

> **해설** 시행령 제30조(영상기록장치 설치대상)
> ① 법 제39조의3 제1항 제1호에서 "대통령령으로 정하는 동력차 및 객차"란 다음 각 호의 동력차 및 객차를 말한다.
> 1. 열차의 맨 앞에 위치한 동력차로서 운전실 또는 운전설비가 있는 동력차
> 2. 승객 설비를 갖추고 여객을 수송하는 객차
> ② 법 제39조의3 제1항 제2호에서 "승강장 등 대통령령으로 정하는 안전사고의 우려가 있는 역 구내"란 승강장, 대합실 및 승강설비를 말한다.
> ③ 법 제39조의3 제1항 제3호에서 "대통령령으로 정하는 차량정비기지"란 다음 각 호의 차량정비기지를 말한다.
> 1. 「철도사업법」 제4조의2 제1호에 따른 고속철도차량을 정비하는 차량정비기지
> 2. 철도차량을 **중정비**(철도차량을 완전히 분해하여 검수·교환하거나 탈선·화재 등으로 중대하게 훼손된 철도차량을 정비하는 것을 말한다)하는 차량정비기지
> 3. 대지면적이 **3천제곱미터** 이상인 차량정비기지
> ④ 법 제39조의3 제1항 제4호에서 "변전소 등 대통령령으로 정하는 안전확보가 필요한 철도시설"이란 다음 각 호의 철도시설을 말한다.
> 1. 변전소(**구분소를 포함**한다), 무인기능실(전철전력설비, 정보통신설비, 신호 또는 열차 제어설비 운영과 관련된 경우만 **해당**한다)
> 2. 노선이 분기되는 구간에 설치된 분기기(**선로전환기를 포함**한다), 역과 역 사이에 설치된 건넘선
> 3. 「통합방위법」 제21조 제4항에 따라 국가중요시설로 지정된 교량 및 터널
> 4. 「철도의 건설 및 철도시설 유지관리에 관한 법률」 제2조 제2호에 따른 고속철도에 설치된 길이 1킬로미터 이상의 터널

정답 37 ⑤ 38 ⑤

39 다음 보기에서 영상기록을 다른 자에게 제공할 수 있는 경우의 개수로 옳은 것은?

> Ⓐ 교통사고 상황 파악을 위하여 필요한 경우
> Ⓑ 업무 상 재해방지를 위해 필요한 경우
> Ⓒ 범죄의 수사와 공소의 제기 및 유지에 필요한 경우
> Ⓓ 법원의 재판업무수행을 위하여 필요한 경우
> Ⓔ 업무의 적절성 및 효율적인 인력 운용을 위하여 감사를 위해 필요한 경우

① 1개 ② 2개
③ 3개 ④ 4개
⑤ 5개

해설 제39조의3(영상기록장치의 설치·운영 등)
④ 철도운영자 등은 다음 각 호의 어느 하나에 해당하는 경우 외에는 영상기록을 이용하거나 다른 자에게 제공하여서는 아니 된다.
1. 교통사고 상황 파악을 위하여 필요한 경우
2. 범죄의 수사와 공소의 제기 및 유지에 필요한 경우
3. 법원의 재판업무수행을 위하여 필요한 경우

40 다음 중 영상기록장치 설치 안내판 표시 사항으로 아닌 것은?

① 영상기록장치의 설치 목적
② 영상기록장치의 모델명 및 제작사
③ 영상기록장치의 설치 위치, 촬영 범위 및 촬영 시간
④ 영상기록장치 관리 책임 부서, 관리책임자의 성명 및 연락처
⑤ 그 밖에 철도운영자 등이 필요하다고 인정하는 사항

해설 시행령 제31조(영상기록장치 설치 안내)
철도운영자등은 법 제39조의3 제2항에 따라 운전업무종사자 및 여객 등 「개인정보 보호법」 제2조 제3호에 따른 정보주체가 쉽게 인식할 수 있는 운전실 및 객차 출입문 등에 다음 각 호의 사항이 표시된 안내판을 설치해야 한다.
1. 영상기록장치의 설치 목적
2. 영상기록장치의 설치 위치, 촬영 범위 및 촬영 시간
3. 영상기록장치 관리 책임 부서, 관리책임자의 성명 및 연락처
4. 그 밖에 철도운영자등이 필요하다고 인정하는 사항

41 다음 중 철도운영자가 열차의 안전운행에 지장이 있다고 인정하는 경우 열차운행을 일시 중지할 수 있는 경우가 아닌 것은?

① 지진 ② 태풍
③ 폭우 ④ 가뭄
⑤ 폭설

42 다음 중 관제업무종사자의 준수사항으로 옳은 것은?

① 철도차량 출발 전 국토교통부령으로 정하는 조치 사항을 이행할 것
② 국토교통부령으로 정하는 철도차량 운행에 관한 안전 수칙을 준수할 것
③ 철도사고등 발생 시 국토교통부령으로 정하는 조치 사항을 이행할 것
④ 작업일정 및 열차의 운행일정을 작업수행 전에 조정할 것
⑤ 국토교통부령으로 정하는 열차운행 및 작업안전에 관한 조치 사항을 이행할 것

 제40조의2(철도종사자의 준수사항)

① 운전업무종사자는 철도차량의 운전업무 수행 중 다음 각 호의 사항을 준수하여야 한다.
1. 철도차량 출발 전 **국토교통부령**으로 정하는 조치 사항을 이행할 것
2. **국토교통부령**으로 정하는 철도차량 운행에 관한 안전 수칙을 준수할 것

② 관제업무종사자는 관제업무 수행 중 다음 각 호의 사항을 준수하여야 한다.
1. **국토교통부령**으로 정하는 바에 따라 운전업무종사자 등에게 열차 운행에 관한 정보를 제공할 것
2. 철도사고, 철도준사고 및 운행장애(이하 "철도사고 등"이라 한다) 발생 시 **국토교통부령**으로 정하는 조치 사항을 이행할 것

③ 작업책임자는 철도차량의 운행선로 또는 그 인근에서 철도시설의 건설 또는 관리와 관련된 작업 수행 중 다음 각 호의 사항을 준수하여야 한다.
1. **국토교통부령**으로 정하는 바에 따라 작업 수행 전에 작업원을 대상으로 안전교육을 실시할 것
2. **국토교통부령**으로 정하는 작업안전에 관한 조치 사항을 이행할 것

④ 철도운행안전관리자는 철도차량의 운행선로 또는 그 인근에서 철도시설의 건설 또는 관리와 관련된 작업 수행 중 다음 각 호의 사항을 준수하여야 한다.
1. 작업일정 및 열차의 운행일정을 작업수행 전에 조정할 것
2. 제1호의 작업일정 및 열차의 운행일정을 작업과 관련하여 관할 역의 관리책임자(정거장에서 철도신호기·선로전환기 또는 조작판 등을 취급하는 사람을 포함한다. 이하 이 조에서 같다) 및 관제업무종사자와 협의하여 조정할 것
3. **국토교통부령**으로 정하는 열차운행 및 작업안전에 관한 조치 사항을 이행할 것

④ 정거장에서 철도신호기·선로전환기 및 조작판 등을 취급하거나 열차의 조성업무를 수행하는 사람
⑤ 철도차량 및 철도시설의 점검·정비 업무에 종사하는 사람

 제41조(철도종사자의 음주 제한 등)

① 다음 각 호의 어느 하나에 해당하는 철도종사자(실무 수습 중인 사람을 포함한다)는 술(「주세법」 제3조 제1호에 따른 주류를 말한다. 이하 같다)을 마시거나 약물을 사용한 상태에서 업무를 하여서는 아니 된다.
1. 운전업무종사자
2. 관제업무종사자
3. 여객승무원
4. 작업책임자
5. 철도운행안전관리자
6. 정거장에서 철도신호기·선로전환기 및 조작판 등을 취급하거나 열차의 조성(組成 : 철도차량을 연결하거나 분리하는 작업을 말한다)업무를 수행하는 사람
7. 철도차량 및 철도시설의 점검·정비 업무에 종사하는 사람

---

43 다음 중 술을 마시거나 약물을 사용한 상태에서 업무를 하여서는 안 되는 철도종사자가 아닌 것은?

① 운전업무종사자
② 관제업무종사자
③ 여객역무원

---

44 다음 중 음주 검사 결과에 불복하는 사람에 대한 측정방법으로 옳은 것은?

① 호흡측정기   ② 소변 검사
③ 모발 채취   ④ 혈액 채취
⑤ 공기측정기

 시행령 제43조의2(철도종사자의 음주 등에 대한 확인 또는 검사)

② 법 제41조 제2항에 따른 술을 마셨는지에 대한 확인 또는 검사는 호흡측정기 검사의 방법으로 실시하고, 검사 결과에 불복하는 사람에 대해서는 그 철도종사자의 동의를 받아 혈액 채취 등의 방법으로 다시 측정할 수 있다.
③ 법 제41조 제2항에 따른 약물을 사용하였는지에 대한 확인 또는 검사는 소변 검사 또는 모발 채취 등의 방법으로 실시한다.

 43 ③   **44** ④

45 다음 중 혈중 알코올 농도가 0.03 퍼센트 이상인 경우 음주상태로 판단하는 철도종사자가 아닌 것은?

① 철도운행안전관리자
② 여객승무원
③ 작업책임자
④ 정거장에서 철도신호기·선로전환기 및 조작판 등을 취급하는 사람
⑤ 열차의 조성업무를 수행하는 사람

> **해설** 제41조(철도종사자의 음주 제한 등)
> ① 다음 각 호의 어느 하나에 해당하는 철도종사자(실무수습 중인 사람을 포함한다)는 술(「주세법」 제3조 제1호에 따른 주류를 말한다. 이하 같다)을 마시거나 약물을 사용한 상태에서 업무를 하여서는 아니 된다.
> 1. 운전업무종사자
> 2. 관제업무종사자
> 3. 여객승무원
> 4. 작업책임자
> 5. 철도운행안전관리자
> 6. 정거장에서 철도신호기·선로전환기 및 조작판 등을 취급하거나 열차의 조성(組成 : 철도차량을 연결하거나 분리하는 작업을 말한다)업무를 수행하는 사람
> 7. 철도차량 및 철도시설의 점검·정비 업무에 종사하는 사람
> ③ 제2항에 따른 확인 또는 검사 결과 철도종사자가 술을 마시거나 약물을 사용하였다고 판단하는 기준은 다음 각 호의 구분과 같다.
> 1. 술 : 혈중 알코올농도가 **0.02퍼센트**(제1항 제4호부터 제6호까지의 철도종사자는 **0.03퍼센트**) 이상인 경우

46 다음 중 운송 위탁 및 운송 금지 위험물은 누가 정하는가?

① 대통령
② 국토교통부장관
③ 행정안전부장관
④ 시·도지사
⑤ 철도운영자

> **해설** 제43조(위험물의 운송위탁 및 운송 금지)
> 누구든지 점화류(點火類) 또는 점폭약류(點爆藥類)를 붙인 폭약, 니트로글리세린, 건조한 기폭약(起爆藥), 뇌홍질화연(雷汞窒化鉛)에 속하는 것 등 **대통령령**으로 정하는 위험물의 운송을 위탁할 수 없으며, 철도운영자는 이를 철도로 운송할 수 없다.

47 다음 중 위해물품을 열차에서 휴대하거나 적재하려는 경우 누구의 허락을 받아야 하는가?

① 대통령
② 국토교통부장관
③ 행정안전부장관
④ 철도운영자
⑤ 철도시설관리자

> **해설** 제42조(위해물품의 휴대 금지)
> ① 누구든지 무기, 화약류, 허가물질, 제한물질, 금지물질, 유해화학물질 또는 인화성이 높은 물질 등 공중(公衆)이나 여객에게 위해를 끼치거나 끼칠 우려가 있는 물건 또는 물질(이하 "위해물품"이라 한다)을 열차에서 휴대하거나 적재(積載)할 수 없다. 다만, **국토교통부장관** 또는 **시·도지사**의 허가를 받은 경우 또는 **국토교통부령**으로 정하는 특정한 직무를 수행하기 위한 경우에는 그러하지 아니하다.

45 ② **46** ① **47** ② 정답

48 다음 중 운송위탁 및 운송 금지 위험물이 아닌 것은?

① 점화 또는 점폭약류를 붙인 폭약

② 니트로글리세린

③ 철도운송 중 폭발할 우려가 있는 것

④ 건조한 기폭약

⑤ 뇌홍질화연에 속하는 것

해설

- **시행령 제44조(운송위탁 및 운송 금지 위험물 등)**
  법 제43조에서 "점화류(點火類) 또는 점폭약류(點爆藥類)를 붙인 폭약, 니트로글리세린, 건조한 기폭약(起爆藥), 뇌홍질화연(雷汞窒化鉛)에 속하는 것 등 대통령령으로 정하는 위험물"이란 다음 각 호의 위험물을 말한다.
  1. 점화 또는 점폭약류를 붙인 폭약
  2. 니트로글리세린
  3. 건조한 기폭약
  4. 뇌홍질화연에 속하는 것
  5. 그 밖에 사람에게 위해를 주거나 물건에 손상을 줄 수 있는 물질로서 **국토교통부장관**이 정하여 고시하는 위험물

- **시행령 제45조(운송취급주의 위험물)**
  법 제44조 제1항에서 "**대통령령**으로 정하는 위험물"이란 다음 각 호의 어느 하나에 해당하는 것으로서 **국토교통부령**으로 정하는 것을 말한다.
  1. 철도운송 중 폭발할 우려가 있는 것
  2. 마찰·충격·흡습(吸濕) 등 주위의 상황으로 인하여 발화할 우려가 있는 것
  3. 인화성·산화성 등이 강하여 그 물질 자체의 성질에 따라 발화할 우려가 있는 것
  4. 용기가 파손될 경우 내용물이 누출되어 철도차량·레일·기구 또는 다른 화물 등을 부식시키거나 침해할 우려가 있는 것
  5. 유독성 가스를 발생시킬 우려가 있는 것
  6. 그 밖에 화물의 성질상 철도시설·철도차량·철도종사자·여객 등에 위해나 손상을 끼칠 우려가 있는 것

49 다음 중 위험물 포장·용기검사기관의 업무 전부 또는 일부의 정지를 명할 수 있는 최대의 기간으로 옳은 것은?

① 1개월 　② 3개월

③ 6개월 　④ 1년

⑤ 2년

해설 제44조의2(위험물 포장 및 용기의 검사 등)

⑥ **국토교통부장관**은 위험물 포장·용기검사기관이 다음 각 호의 어느 하나에 해당하는 경우에는 그 지정을 취소하거나 6개월 이내의 기간을 정하여 그 업무의 전부 또는 일부의 정지를 명할 수 있다. 다만, 제1호 또는 제2호에 해당하는 경우에는 그 지정을 취소하여야 한다.

50 다음 중 위험물 포장 및 용기의 안전성에 관한 검사를 실시하는 사람으로 옳은 것은?

① 대통령

② 국토교통부장관

③ 행정안전부장관

④ 시·도지사

⑤ 철도운영자

해설 제44조의2(위험물 포장 및 용기의 검사 등)

① 위험물을 철도로 운송하는 데 사용되는 포장 및 용기(부속품을 포함한다. 이하 이 조에서 같다)를 제조·수입하여 판매하려는 자 또는 이를 소유하거나 임차하여 사용하는 자는 **국토교통부장관**이 실시하는 포장 및 용기의 안전성에 관한 검사에 합격하여야 한다.

51 다음 중 위험물취급안전교육의 전부 또는 일부를 면제할 수 있는 경우로 옳은 것은?

① 철도안전에 관한 교육을 통하여 위험물 취급에 관한 교육을 이수한 철도종사자

② 유해화학물질 안전교육을 이수한 유해화학물질 취급 담당자

③ 안전교육을 이수한 위험물의 안전관리
와 관련된 업무를 수행하는 자

④ 안전교육을 이수한 운반책임자

⑤ 그 밖에 철도운영자가 정하는 경우

해설 **제44조의3(위험물취급에 관한 교육 등)**

① 위험물취급자는 자신이 고용하고 있는 종사자(철도로 운송하는 위험물을 취급하는 종사자에 한정한다)가 위험물취급에 관하여 **국토교통부장관**이 실시하는 교육(이하 "위험물취급안전교육"이라 한다)을 받도록 하여야 한다. 다만, 종사자가 다음 각 호의 어느 하나에 해당하는 경우에는 위험물취급안전교육의 전부 또는 일부를 면제할 수 있다.

1. 제24조 제1항에 따른 철도안전에 관한 교육을 통하여 위험물취급에 관한 교육을 이수한 철도종사자
2. 「화학물질관리법」 제33조에 따른 유해화학물질 안전교육을 이수한 유해화학물질 취급 담당자
3. 「위험물안전관리법」 제28조에 따른 안전교육을 이수한 위험물의 안전관리와 관련된 업무를 수행하는 자
4. 「고압가스 안전관리법」 제23조에 따른 안전교육을 이수한 운반책임자
5. 그 밖에 **국토교통부령**으로 정하는 경우

52 다음 중 빈칸에 들어갈 말로 옳은 것은?

> 철도경계선으로부터 (   ) 이내를 철도보호지구라 하며, 특정 행위 시 국토교통부장관 또는 시·도지사에게 신고하여야 한다.

① 10미터

② 20미터

③ 30미터

④ 50미터

⑤ 100미터

53 다음 중 철도보호지구에서 국토교통부장관 또는 시·도지사에게 신고하여야 하는 행위로 틀린 것은?

① 토지의 형질변경 및 굴착

② 토석, 자갈 및 모래의 채취

③ 건축물의 신축·개축·증축 또는 인공구조물의 설치

④ 나무의 식재(국토교통부령으로 정하는 경우만 해당한다)

⑤ 그 밖에 철도시설을 파손하거나 철도차량의 안전운행을 방해할 우려가 있는 행위로서 대통령령으로 정하는 행위

해설 **제45조(철도보호지구에서의 행위제한 등)**

① 철도경계선(가장 바깥쪽 궤도의 끝선을 말한다)으로부터 **30미터** 이내[「도시철도법」 제2조제2호에 따른 도시철도 중 노면전차(이하 "노면전차"라 한다)의 경우에는 **10미터** 이내]의 지역(이하 "철도보호지구"라 한다)에서 다음 각 호의 어느 하나에 해당하는 행위를 하려는 자는 **대통령령**으로 정하는 바에 따라 **국토교통부장관** 또는 **시·도지사**에게 신고하여야 한다.

1. 토지의 형질변경 및 굴착(掘鑿)
2. 토석, 자갈 및 모래의 채취
3. 건축물의 신축·개축(改築)·증축 또는 인공구조물의 설치
4. 나무의 식재(**대통령령**으로 정하는 경우만 해당한다)
5. 그 밖에 철도시설을 파손하거나 철도차량의 안전운행을 방해할 우려가 있는 행위로서 **대통령령**으로 정하는 행위

54 다음 보기에서 대통령령으로 정하는 철도보호지구에서의 나무 식재에 해당되는 경우의 개수로 옳은 것은?

> ㉠ 철도차량 운전자의 전방 시야 확보에 지장을 주는 경우
> ㉡ 정거장에서 승객이 승하차 하는데 불편함이나 부상이 우려되는 경우
> ㉢ 나뭇가지가 전차선이나 신호기 등을 침범하거나 침범할 우려가 있는 경우
> ㉣ 호우나 태풍 등으로 나무가 쓰러져 철도시설물을 훼손시키거나 열차의 운행에 지장을 줄 우려가 있는 경우

① 없음
② 1개
③ 2개
④ 3개
⑤ 4개

해설 시행령 제47조(철도보호지구에서의 나무 식재)
법 제45조 제1항 제4호에서 "대통령령으로 정하는 경우"란 다음 각 호의 어느 하나에 해당하는 경우를 말한다.
1. 철도차량 운전자의 전방 시야 확보에 지장을 주는 경우
2. 나뭇가지가 전차선이나 신호기 등을 침범하거나 침범할 우려가 있는 경우
3. 호우나 태풍 등으로 나무가 쓰러져 철도시설물을 훼손시키거나 열차의 운행에 지장을 줄 우려가 있는 경우

55 다음 중 빈칸에 들어갈 단어로 옳은 것은?

> 노면전차 철도보호지구의 바깥쪽 경계선으로부터 (   )미터 이내의 지역에서 굴착, 인공구조물의 설치 등 철도시설을 파손하거나 철도차량의 안전운행을 방해할 우려가 있는 행위로서 대통령령으로 정하는 행위를 하려는 자는 대통령령으로 정하는 바에 따라 국토교통부장관 또는 시·도지사에게 신고하여야 한다.

① 10
② 20
③ 30
④ 50
⑤ 100

해설 제45조(철도보호지구에서의 행위제한 등)
② 노면전차 철도보호지구의 바깥쪽 경계선으로부터 20미터 이내의 지역에서 굴착, 인공구조물의 설치 등 철도시설을 파손하거나 철도차량의 안전운행을 방해할 우려가 있는 행위로서 **대통령령**으로 정하는 행위를 하려는 자는 **대통령령**으로 정하는 바에 따라 **국토교통부장관** 또는 **시·도지사**에게 신고하여야 한다.

56 다음 중 철도보호지구에서의 안전운행 저해행위로 틀린 것은?
① 폭발물이나 인화물질 등 위험물을 제조·저장하거나 전시하는 행위
② 철도차량 운전자 등이 선로나 신호기를 확인하는 데 지장을 주거나 줄 우려가 있는 시설이나 설비를 설치하는 행위

③ 철도차량 운전자의 전방 시야 확보에 지장을 주는 행위

④ 전차선로에 의하여 감전될 우려가 있는 시설이나 설비를 설치하는 행위

⑤ 시설 또는 설비가 선로의 위나 밑으로 횡단하거나 선로와 나란히 되도록 설치하는 행위

해설 **시행령 제48조(철도보호지구에서의 안전운행 저해행위 등)**

법 제45조 제1항 제5호에서 "대통령령으로 정하는 행위"란 다음 각 호의 어느 하나에 해당하는 행위를 말한다.

1. 폭발물이나 인화물질 등 위험물을 제조·저장하거나 전시하는 행위
2. 철도차량 운전자 등이 선로나 신호기를 확인하는 데 지장을 주거나 줄 우려가 있는 시설이나 설비를 설치하는 행위
3. 철도신호등(鐵道信號燈)으로 오인할 우려가 있는 시설물이나 조명 설비를 설치하는 행위
4. 전차선로에 의하여 감전될 우려가 있는 시설이나 설비를 설치하는 행위
5. 시설 또는 설비가 선로의 위나 밑으로 횡단하거나 선로와 나란히 되도록 설치하는 행위
6. 그 밖에 열차의 안전운행과 철도 보호를 위하여 필요하다고 인정하여 **국토교통부장관**이 정하여 고시하는 행위

---

57 다음 중 빈칸에 들어갈 주체가 아닌 것은?

> 철도보호지구의 규정에 따른 손실보상은 (   )이 그 손실을 입은 자와 협의하여야 한다.

① 대통령
② 국토교통부장관
③ 시·도지사
④ 철도운영자
⑤ 철도시설관리자

해설 **제46조(손실보상)**

① **국토교통부장관, 시·도지사** 또는 **철도운영자 등**은 제45조 제3항 또는 제4항에 따른 행위의 금지·제한 또는 조치 명령으로 인하여 손실을 입은 자가 있을 때에는 그 손실을 보상하여야 한다.

② 제1항에 따른 손실의 보상에 관하여는 **국토교통부장관, 시·도지사** 또는 **철도운영자 등**이 그 손실을 입은 자와 협의하여야 한다.

---

58 다음 중 여객열차에서의 금지행위로 틀린 것은?

① 정당한 사유 없이 국토교통부령으로 정하는 여객출입 금지장소에 출입하는 행위
② 흡연하는 행위
③ 직원을 사칭하는 행위
④ 철도종사자와 여객 등에게 성적 수치심을 일으키는 행위
⑤ 술을 마시거나 약물을 복용하고 다른 사람에게 위해를 주는 행위

해설 **제47조(여객열차에서의 금지행위)**

① 여객(**무임승차자를 포함**한다. 이하 이 조에서 같다)은 여객열차에서 다음 각 호의 어느 하나에 해당하는 행위를 하여서는 아니 된다.

1. 정당한 사유 없이 **국토교통부령**으로 정하는 여객출입 금지장소에 출입하는 행위
2. 정당한 사유 없이 운행 중에 비상정지버튼을 누르거나 철도차량의 옆면에 있는 승강용 출입문을 여는 등 철도차량의 장치 또는 기구 등을 조작하는 행위
3. 여객열차 밖에 있는 사람을 위험하게 할 우려가 있는 물건을 여객열차 밖으로 던지는 행위
4. 흡연하는 행위
5. 철도종사자와 여객 등에게 성적(性的) 수치심을 일으키는 행위
6. 술을 마시거나 약물을 복용하고 다른 사람에게 위해를 주는 행위
7. 그 밖에 공중이나 여객에게 위해를 끼치는 행위로서 **국토교통부령**으로 정하는 행위

59 다음 중 여객승무원이 여객열차에서의 금지행위를 한 사람에 대하여 취할 수 있는 조치가 아닌 것은?

① 금지행위의 제지
② 금지행위의 촬영
③ 금지행위의 녹음
④ 금지행위의 녹화
⑤ 금지행위의 유도

[해설] 제47조(여객열차에서의 금지행위)

③ 운전업무종사자, 여객승무원 또는 여객역무원은 제1항 또는 제2항의 금지행위를 한 사람에 대하여 필요한 경우 다음 각 호의 조치를 할 수 있다.
1. 금지행위의 제지
2. 금지행위의 녹음·녹화 또는 촬영

60 다음 중 철도 보호 및 질서유지를 해치는 행위가 아닌 것은?

① 철도시설 또는 철도차량을 파손하여 철도차량 운행에 위험을 발생하게 하는 행위
② 철도차량을 향하여 돌이나 그 밖의 위험한 물건을 던져 철도차량 운행에 위험을 발생하게 하는 행위
③ 철도종사자와 여객 등에게 성적수치심을 일으키는 행위
④ 역시설 등 공중이 이용하는 철도시설 또는 철도차량에서 폭언 또는 고성방가 등 소란을 피우는 행위
⑤ 철도운영자등의 승낙 없이 선로에 출입하거나 통행하는 행위

[해설]

• 3번 선지는 여객열차 금지행위이다.
• **제47조(여객열차에서의 금지행위)** 5. 철도종사자와 여객 등에게 성적(性的) 수치심을 일으키는 행위

61 다음 중 철도 보호 및 질서유지를 위한 금지 행위로 옳지 않은 것은?

① 역시설 또는 철도차량에서 노숙하는 행위
② 열차운행 중에 타고 내리거나 정당한 사유 없이 승강용 출입문의 개폐를 방해하여 열차운행에 지장을 주는 행위
③ 정당한 사유 없이 열차 승강장의 비상 정지버튼을 작동시켜 열차운행에 지장을 주는 행위
④ 철도교량 등 국토교통부령으로 정하는 시설 또는 구역에 국토교통부령으로 정하는 폭발물 또는 인화성이 높은 물건 등을 쌓아 놓는 행위
⑤ 신호 또는 지시에 따라 노면전차의 선로를 통행하는 행위

[해설] 제48조(철도 보호 및 질서유지를 위한 금지행위)

① 누구든지 정당한 사유 없이 철도 보호 및 질서유지를 해치는 다음 각 호의 어느 하나에 해당하는 행위를 하여서는 아니 된다.
1. 철도시설 또는 철도차량을 파손하여 철도차량 운행에 위험을 발생하게 하는 행위
2. 철도차량을 향하여 돌이나 그 밖의 위험한 물건을 던져 철도차량 운행에 위험을 발생하게 하는 행위
3. 궤도의 중심으로부터 양측으로 폭 3미터 이내의 장소에 철도차량의 안전 운행에 지장을 주는 물건을 방치하는 행위
4. 철도교량 등 **국토교통부령**으로 정하는 시설 또는 구역에 국토교통부령으로 정하는 폭발물 또는 인화성이 높은 물건 등을 쌓아 놓는 행위
5. 선로(철도와 교차된 도로는 제외한다) 또는 **국토교통부령**으로 정하는 철도시설에 **철도운영자 등**의 승낙 없이 출입하거나 통행하는 행위. 다만, 「도로교통법」 제5조에 따른 신호 또는 지시에 따라 노면전차의 선로를 통행하는 경우는 제외한다.
6. 역시설 등 공중이 이용하는 철도시설 또는 철도차량에서 폭언 또는 고성방가 등 소란을 피우는 행위
7. 철도시설에 **국토교통부령**으로 정하는 유해물 또는 열차운행에 지장을 줄 수 있는 오물을 버리는 행위
8. 역시설 또는 철도차량에서 노숙(露宿)하는 행위

[정답] **59** ⑤ **60** ③ **61** ⑤

9. 열차운행 중에 타고 내리거나 정당한 사유 없이 승강용 출입문의 개폐를 방해하여 열차운행에 지장을 주는 행위
10. 정당한 사유 없이 열차 승강장의 비상정지버튼을 작동시켜 열차운행에 지장을 주는 행위
11. 그 밖에 철도시설 또는 철도차량에서 공중의 안전을 위하여 질서유지가 필요하다고 인정되어 **국토교통부령**으로 정하는 금지행위

62 다음 중 국토교통부장관이 보안검색을 실시하게 할 수 있는 자로 옳은 것은?

① 철도운영자
② 철도시설관리자
③ 여객승무원
④ 여객역무원
⑤ 철도특별사법경찰관리

해설 제48조의2(여객 등의 안전 및 보안)
① **국토교통부장관**은 철도차량의 안전운행 및 철도시설의 보호를 위하여 필요한 경우에는 「사법경찰관리의 직무를 수행할 자와 그 직무범위에 관한 법률」 제5조 제11호에 규정된 사람(이하 "철도특별사법경찰관리"라 한다)으로 하여금 여객열차에 승차하는 사람의 신체·휴대물품 및 수하물에 대한 보안검색을 실시하게 할 수 있다.

63 다음 중 직무장비가 아닌 것은?

① 수갑
② 포승
③ 가스분사기
④ 호루라기
⑤ 경비봉

해설 제48조의5(직무장비의 휴대 및 사용 등)
② 제1항에서의 "직무장비"란 철도특별사법경찰관리가 휴대하여 범인검거와 피의자 호송 등의 직무수행에 사용하는 수갑, 포승, 가스분사기, 가스발사총(고무탄 발사 겸용인 것을 포함한다. 이하 같다), 전자충격기, 경비봉을 말한다.

64 다음 보기의 설명에 해당되는 단어로 옳은 것은?

> 보안검색장비의 성능을 평가하는 시험을 실시하는 기관

① 성능기관
② 시험기관
③ 장비기관
④ 인증기관
⑤ 검사기관

해설 제48조의4(시험기관의 지정 등)
① **국토교통부장관**은 제48조의3에 따른 성능인증을 위하여 보안검색장비의 성능을 평가하는 시험(이하 "성능시험"이라 한다)을 실시하는 기관(이하 "시험기관"이라 한다)을 지정할 수 있다.

65 다음 중 철도종사자의 권한 표시 수단이 아닌 것은?

① 복장
② 모자
③ 완장
④ 증표
⑤ 명찰

해설 시행령 제51조(철도종사자의 권한표시)
① 법 제49조에 따른 철도종사자는 복장·모자·완장·증표 등으로 그가 직무상 지시를 할 수 있는 사람임을 표시하여야 한다.

62 ⑤   63 ④   64 ②   65 ⑤   정답

66 다음 중 퇴거 조치를 할 수 있는 사람 또는 물건으로 틀린 것은?

① 여객열차에서 위해물품을 휴대한 사람 및 그 위해물품

② 운송 금지 위험물을 운송위탁하거나 운송하는 자 및 그 위험물

③ 보안검색에 따르지 아니한 사람

④ 철도종사자의 직무상 지시를 따르지 아니하거나 직무집행을 방해하는 사람

⑤ 역 시설 또는 철도차량에서 노숙하는 행위를 하는 사람

> **해설** 제50조(사람 또는 물건에 대한 퇴거 조치 등)
>
> 철도종사자는 다음 각 호의 어느 하나에 해당하는 사람 또는 물건을 열차 밖이나 대통령령으로 정하는 지역 밖으로 퇴거시키거나 철거할 수 있다.
> 1. 제42조를 위반하여 여객열차에서 위해물품을 휴대한 사람 및 그 위해물품
> 2. 제43조를 위반하여 운송 금지 위험물을 운송위탁하거나 운송하는 자 및 그 위험물
> 3. 제45조제3항 또는 제4항에 따른〈**철도보호지구에서 안전을 저해하는**〉 행위 금지·제한 또는 조치 명령에 따르지 아니하는 사람 및 그 물건
> 4. 제47조제1항〈**정당한 사유 없이 국토교통부령으로 정하는 여객출입 금지장소에 출입하는 행위**〉또는 제2항〈**정당한 사유 없이 운행 중에 비상정지버튼을 누르거나 철도차량의 옆면에 있는 승강용 출입문을 여는 등 철도차량의 장치 또는 기구 등을 조작하는 행위**〉을 위반하여 금지행위를 한 사람 및 그 물건
> 5. 제48조제1항〈**철도시설 또는 철도차량을 파손하여 철도차량 운행에 위험을 발생하게 하는 행위**〉을 위반하여 금지행위를 한 사람 및 그 물건
> 6. 제48조의2에 따른 보안검색에 따르지 아니한 사람
> 7. 제49조를 위반하여 철도종사자의 직무상 지시를 따르지 아니하거나 직무집행을 방해하는 사람

67 다음 중 퇴거지역이 아닌 것을 모두 고르면?

> ㉠ 정거장
> ㉡ 철도차량 정비시설
> ㉢ 철도운전용 급유시설물이 있는 장소
> ㉣ 철도신호기·철도차량정비소·통신기기·전력설비 등의 설비가 설치되어 있는 장소의 담장이나 경계선 안의 지역
> ㉤ 화물을 적하하는 장소의 담장이나 경계선 안의 지역

① ㉠, ㉣

② ㉡, ㉢

③ ㉡, ㉣

④ ㉢, ㉤

⑤ ㉣, ㉤

> **해설** 시행령 제52조(퇴거지역의 범위)
>
> 법 제50조 각 호 외의 부분에서 "대통령령으로 정하는 지역"이란 다음 각 호의 어느 하나에 해당하는 지역을 말한다.
> 1. 정거장
> 2. 철도신호기·철도차량정비소·통신기기·전력설비 등의 설비가 설치되어 있는 장소의 담장이나 경계선 안의 지역
> 3. 화물을 적하하는 장소의 담장이나 경계선 안의 지역

정답 66 ⑤ 67 ②

68 다음 중 철도사고 등의 발생 시 철도운영자 등이 준수하여야 하는 사항으로 틀린 것은?

> ㉠ 사고수습이나 복구작업을 하는 경우에는 인명의 구조와 보호에 가장 우선순위를 둘 것
> ㉡ 사상자가 발생한 경우에는 비상대응절차에 따라 응급처치, 의료기관으로 긴급이송, 유관기관과의 협조 등 필요한 조치를 신속히 할 것
> ㉢ 후속열차에게 멈춤 지시를 하는 등 방호조치를 할 것
> ㉣ 2차 사고 방지를 위한 관계처 통보 등 협조요청을 할 것

① ㉠, ㉡
② ㉠, ㉢
③ ㉡, ㉢
④ ㉡, ㉣
⑤ ㉢, ㉣

해설 **시행령 제56조(철도사고 등의 발생 시 조치사항)**

법 제60조 제2항에 따라 철도사고등이 발생한 경우 철도운영자 등이 준수하여야 하는 사항은 다음 각 호와 같다.

1. 사고수습이나 복구작업을 하는 경우에는 인명의 구조와 보호에 가장 우선순위를 둘 것
2. 사상자가 발생한 경우에는 법 제7조 제1항에 따른 안전관리체계에 포함된 비상대응계획에서 정한 절차(이하 "비상대응절차"라 한다)에 따라 응급처치, 의료기관으로 긴급이송, 유관기관과의 협조 등 필요한 조치를 신속히 할 것
3. 철도차량 운행이 곤란한 경우에는 비상대응절차에 따라 대체교통수단을 마련하는 등 필요한 조치를 할 것

69 다음 중 국토교통부장관에게 즉시 보고하여야 하는 철도사고 등이 아닌 것은?

① 열차의 충돌이나 탈선사고
② 철도차량이나 열차에서 화재가 발생하여 운행을 중지시킨 사고
③ 철도차량이나 열차의 운행과 관련하여 3명 이상 사상자가 발생한 사고
④ 철도차량이나 열차의 운행과 관련하여 5천만 원 이상의 재산피해가 발생한 사고
⑤ 운행 중에 객차가 분리되어 운행을 중단한 사고

해설 **시행령 제57조(국토교통부장관에게 즉시 보고하여야 하는 철도사고등)**

법 제61조 제1항에서 "사상자가 많은 사고 등 대통령령으로 정하는 철도사고 등"이란 다음 각 호의 어느 하나에 해당하는 사고를 말한다.

1. 열차의 충돌이나 탈선사고
2. 철도차량이나 열차에서 화재가 발생하여 운행을 중지시킨 사고
3. 철도차량이나 열차의 운행과 관련하여 **3명 이상** 사상자가 발생한 사고
   ※ 암기법 : 3명 이상 사상 → 삼사
4. 철도차량이나 열차의 운행과 관련하여 **5천만 원 이상**의 재산피해가 발생한 사고
   ※ 암기법 : 오천만 원 재산 → 오산

70 다음 중 철도차량 등에 발생한 고장 등은 누구에게 보고하여야 하는가?

① 대통령
② 국토교통부장관
③ 행정안전부장관
④ 시·도지사
⑤ 철도운영자등

68 ⑤　**69** ⑤　**70** ② **정답**

① 제26조 또는 제27조에 따라 철도차량 또는 철도용품에 대하여 형식승인을 받거나 제26조의3 또는 제27조의2에 따라 철도차량 또는 철도용품에 대하여 제작자승인을 받은 자는 그 승인받은 철도차량 또는 철도용품이 설계 또는 제작의 결함으로 인하여 **국토교통부령**으로 정하는 고장, 결함 또는 기능장애가 발생한 것을 알게 된 경우에는 **국토교통부령**으로 정하는 바에 따라 **국토교통부장관**에게 그 사실을 보고하여야 한다.

71 다음 보기에서 설명하는 단어로 옳은 것은?

> 철도안전위험요인을 발생시켰거나 철도안전위험요인이 발생할 것이라고 예상된다고 판단하는 사람이 국토교통부장관에게 보고하는 것

① 철도안전 예상보고
② 철도안전 자율보고
③ 사고예방보고
④ 안전필수보고
⑤ 특수안전보고

해설 **제61조의3(철도안전 자율보고)**

① 철도안전을 해치거나 해칠 우려가 있는 사건·상황·상태 등(이하 "철도안전위험요인"이라 한다)을 발생시켰거나 철도안전위험요인이 발생한 것을 안 사람 또는 철도안전위험요인이 발생할 것이 예상된다고 판단하는 사람은 **국토교통부장관**에게 그 사실을 보고할 수 있다.
② **국토교통부장관**은 제1항에 따른 보고(이하 "철도안전 자율보고"라 한다)를 한 사람의 의사에 반하여 보고자의 신분을 공개해서는 아니 되며, 철도안전 자율보고를 사고예방 및 철도안전 확보 목적 외의 다른 목적으로 사용해서는 아니 된다.

정답 **71** ② **72** ③

제8장 보칙

72 다음 중 국토교통부장관이 철도관계기관 등에 대하여 필요한 사항을 보고하게 하거나 자료의 제출을 명할 수 있는 경우로 틀린 것은?

① 안전관리 수준평가를 위하여 필요한 경우
② 철도안전 종합계획 또는 시행계획의 수립 또는 추진을 위하여 필요한 경우
③ 철도종사자의 권한표시 확인 등이 필요한 경우
④ 철도운영자가 열차운행을 일시 중지한 경우로서 그 결정 근거 등의 적정성에 대한 확인이 필요한 경우
⑤ 철도사고등 의무보고와 관련하여 사실 확인 등이 필요한 경우

해설 **제73조(보고 및 검사)**

① **국토교통부장관**이나 **관계 지방자치단체**는 다음 각 호의 어느 하나에 해당하는 경우 **대통령령**으로 정하는 바에 따라 철도관계기관등에 대하여 필요한 사항을 보고하게 하거나 자료의 제출을 명할 수 있다.
1. 철도안전 종합계획 또는 시행계획의 수립 또는 추진을 위하여 필요한 경우
1의2. 제6조의2제1항에 따른 철도안전투자의 공시가 적정한지를 확인하려는 경우
2. 제8조 제7항(안전관리 수준평가)에 따른 점검·확인을 위하여 필요한 경우
2의2. 제9조의3 제1항에 따른 안전관리 수준평가를 위하여 필요한 경우
3. 운전적성검사기관, 관제적성검사기관, 운전교육훈련기관, 관제교육훈련기관, 안전전문기관, 정비교육훈련기관, 정밀안전진단기관, 인증기관, 시험기관, 위험물 포장·용기검사기관 및 위험물취급전문교육기관의 업무 수행 또는 지정기준 부합 여부에 대한 확인이 필요한 경우
4. 철도운영자등의 제21조의2, 제22조의2 또는 제23조 제3항에 따른 철도종사자 관리의무 준수 여부에 대한 확인이 필요한 경우
4의2. 제31조 제4항에 따른 조치의무 준수 여부를 확인하려는 경우

5. 제38조 제2항에 따른 검토를 위하여 필요한 경우
5의2. 제38조의9에 따른 준수사항 이행 여부를 확인하려는 경우
6. 제40조에 따라 **철도운영자**가 열차운행을 일시 중지한 경우로서 그 결정 근거 등의 적정성에 대한 확인이 필요한 경우
7. 제44조 제2항에 따른 철도운영자의 안전조치 등이 적정한지에 대한 확인이 필요한 경우
7의2. 제44조의2 제1항에 따라 위험물 포장 및 용기의 안전성에 대한 확인이 필요한 경우
7의3. 제44조의3 제1항에 따른 철도로 운송하는 위험물을 취급하는 종사자의 위험물취급안전교육 이수 여부에 대한 확인이 필요한 경우
8. 제61조에 따른 보고와 관련하여 사실 확인 등이 필요한 경우
9. 제68조, 제69조 제2항 또는 제70조에 따른 시책을 마련하기 위하여 필요한 경우
10. 제72조의2 제1항에 따른 비용의 지원을 결정하기 위하여 필요한 경우

73 다음 중 교육훈련의 수수료를 정하는 자로 옳은 것은?

① 대통령
② 국토교통부장관
③ 재정경제부장관
④ 국세청
⑤ 지방자치단체

해설 **제74조(수수료)**

① 이 법에 따른 교육훈련, 면허, 검사, 진단, 성능인증 및 성능시험 등을 신청하는 자는 **국토교통부령**으로 정하는 수수료를 내야 한다. 다만, 이 법에 따라 **국토교통부장관**의 지정을 받은 운전적성검사기관, 관제적성검사기관, 운전교육훈련기관, 관제교육훈련기관, 정비교육훈련기관, 정밀안전진단기관, 인증기관, 시험기관, 안전전문기관, 위험물 포장·용기검사기관 및 위험물취급전문교육기관(이하 이 조에서 "대행기관"이라 한다) 또는 제77조 제2항에 따라 업무를 위탁받은 기관(이하 이 조에서 "수탁기관"이라 한다)의 경우에는 대행기관 또는 수탁기관이 정하는 수수료를 대행기관 또는 수탁기관에 내야 한다.

74 다음 중 국토교통부장관이 청문하여야 되는 경우로 틀린 것은?

① 안전관리체계의 승인 취소
② 운전적성검사기관의 지정취소
③ 철도보호지구에서의 안전 저해 행위에 대한 제재
④ 인증정비조직의 인증 취소
⑤ 위험물취급전문교육기관의 지정취소

해설 **제75조(청문)**

국토교통부장관은 다음 각 호의 어느 하나에 해당하는 처분을 하는 경우에는 청문을 하여야 한다.
1. 제9조 제1항에 따른 안전관리체계의 승인 취소
2. 제15조의2에 따른 운전적성검사기관의 지정취소(제16조 제5항, 제21조의6 제5항, 제21조의7 제5항, 제24조의4 제5항 또는 제69조 제7항에서 준용하는 경우를 포함한다)
3. 삭제
4. 제20조 제1항에 따른 운전면허의 취소 및 효력정지
4의2. 제21조의11 제1항에 따른 관제자격증명의 취소 또는 효력정지
4의3. 제24조의5 제1항에 따른 철도차량정비기술자의 인정 취소
5. 제26조의2 제1항(제27조 제4항에서 준용하는 경우를 포함한다)에 따른 형식승인의 취소
6. 제26조의7(제27조의2 제4항에서 준용하는 경우를 포함한다)에 따른 제작자승인의 취소
7. 제38조의10 제1항에 따른 인증정비조직의 인증 취소
8. 제38조의13 제3항에 따른 정밀안전진단기관의 지정 취소
8의2. 제44조의2 제6항에 따른 위험물 포장·용기검사기관의 지정 취소 또는 업무정지
8의3. 제44조의3 제5항에 따른 위험물취급전문교육기관의 지정 취소 또는 업무정지
9. 제48조의4 제3항에 따른 시험기관의 지정 취소
10. 제69조의5 제1항에 따른 철도운행안전관리자의 자격 취소
11. 제69조의5 제2항에 따른 철도안전전문기술자의 자격 취소

75 다음 중 사람이 탑승하여 운행 중인 철도차량에 불을 놓아 소훼한 사람의 벌칙으로 옳은 것은?

① 10년 이하의 징역 또는 1억 원 이하의 벌금

② 5년 이하의 징역 또는 5천만 원 이하의 벌금

③ 3년 이하의 징역 또는 3천만 원 이하의 벌금

④ 무기징역 또는 5년 이상의 징역

⑤ 사형, 무기징역 또는 7년 이상의 징역

해설 **제78조(벌칙)**
① 다음 각 호의 어느 하나에 해당하는 사람은 **무기징역 또는 5년 이상**의 징역에 처한다.
1. 사람이 탑승하여 운행 중인 철도차량에 불을 놓아 소훼(燒燬)한 사람
2. 사람이 탑승하여 운행 중인 철도차량을 탈선 또는 충돌하게 하거나 파괴한 사람

76 다음 중 과실로 철도시설 또는 철도차량을 파손하여 철도차량 운행에 위험을 발생하게 한 사람의 벌칙으로 옳은 것은?

① 10년 이하의 징역 또는 1억 원 이하의 벌금

② 5년 이하의 징역 또는 5천만 원 이하의 벌금

③ 3년 이하의 징역 또는 3천만 원 이하의 벌금

④ 무기징역 또는 5년 이상의 징역

⑤ 사형, 무기징역 또는 7년 이상의 징역

해설 **제78조(벌칙)**
② 제48조 제1항 제1호를 위반하여 철도시설 또는 철도차량을 파손하여 철도차량 운행에 위험을 발생하게 한 사람은 **10년 이하의 징역 또는 1억 원 이하**의 벌금에 처한다.

77 다음 중 폭행·협박으로 철도종사자의 직무집행을 방해한 자의 벌칙으로 옳은 것은?

① 10년 이하의 징역 또는 1억 원 이하의 벌금

② 5년 이하의 징역 또는 5천만 원 이하의 벌금

③ 3년 이하의 징역 또는 3천만 원 이하의 벌금

④ 무기징역 또는 5년 이상의 징역

⑤ 사형, 무기징역 또는 7년 이상의 징역

해설 **제79조(벌칙)**
① 제49조 제2항을 위반하여 폭행·협박으로 철도종사자의 직무집행을 방해한 자는 **5년 이하의 징역 또는 5천만 원 이하의** 벌금에 처한다.

78 다음 중 500만 원 이하의 벌금에 처하는 위반행위로 옳은 것은?

① 안전관리체계의 변경신고를 하지 아니하고 안전관리체계를 변경한 자

② 위험물취급의 절차를 따르지 아니하고 위험물취급을 한 자

③ 철도종사자의 준수사항을 위반한 자

④ 여객열차에서의 금지행위에 관한 사항을 안내하지 아니한 자

⑤ 여객에게 성적수치심을 일으키는 행위를 한 자

정답 75 ② 76 ① 77 ② 78 ⑤

- 과태료와 벌금을 헷갈리지 말 것.
- **제79조(벌칙)** ⑤ 제47조 제1항 제5호〈철도종사자와 여객 등에게 성적(性的) 수치심을 일으키는 행위〉를 위반한 자는 **500만 원 이하**의 벌금에 처한다.

79 다음 중 300만 원 이하의 과태료를 부과하는 위반 행위자로 옳은 것은?

① 여객열차에서 흡연을 한 사람
② 여객출입 금지장소에 출입한 사람
③ 안전교육 실시 여부를 확인하지 않은 철도운영자등
④ 보안검색장비의 성능인증을 위한 방법을 위반한 인증기관
⑤ 운전면허증이 취소됐음에도 불구하고 반납하지 아니한 사람

해설 **제82조(과태료)**
③ 다음 각 호의 어느 하나에 해당하는 자에게는 **300만 원 이하**의 과태료를 부과한다.
1. 제9조의4 제3항을 위반하여 우수운영자로 지정되었음을 나타내는 표시를 하거나 이와 유사한 표시를 한 자
2. 삭제
3. 삭제
4. 제20조 제3항(제21조의11 제2항에서 준용하는 경우를 포함한다)을 위반하여 운전면허증을 반납하지 아니한 사람
④ 다음 각 호의 어느 하나에 해당하는 자에게는 **100만 원 이하**의 과태료를 부과한다.
1. 제40조의3을 위반하여 업무에 종사하는 동안에 열차 내에서 흡연을 한 사람
2. 제47조 제1항 제4호를 위반히여 여객열차에서 흡연을 한 사람
3. 제48조 제1항 제5호를 위반하여 선로에 승낙 없이 출입하거나 통행한 사람
4. 제48조 제1항 제6호를 위반하여 폭언 또는 고성방가 등 소란을 피우는 행위를 한 사람

80 다음 중 업무에 종사하는 동안에 열차 내에서 흡연을 한 경우 1차 위반 시 과태료로 옳은 것은?

① 15만 원
② 30만 원
③ 90만 원
④ 150만 원
⑤ 300만 원

해설 시행령 [별표 6] 과태료 부과기준(제64조 관련) 중 2. 개별기준

(단위 : 만 원)

위반행위	근거 법조문	과태료 금액		
		1회 위반	2회 위반	3회 이상 위반
퍼. 법 제40조의3을 위반하여 업무에 종사하는 동안에 열차 내에서 흡연을 한 경우	법 제82조 제4항 제1호	30	60	90

79 ⑤ **80** ② **정답**

01 다음 중 「철도안전법」에서 정하는 용어의 정의로 옳은 것은?

① 철도사고란 철도운영 또는 철도시설관리와 관련하여 사람이 죽거나 다치거나 물건이 파손되는 사고로 대통령령으로 정하는 것을 말한다.

② 철도준사고란 철도안전에 중대한 위해를 끼쳐 철도사고로 이어질 수 있었던 것으로 대통령령으로 정하는 것을 말한다.

③ 운행장애란 철도사고 및 철도준사고 외에 철도차량의 운행에 지장을 주는 것으로서 대통령령으로 정하는 것을 말한다.

④ 철도차량정비란 철도차량(철도차량을 구성하는 부품·기기·장치를 포함한다)을 점검·검사, 교환 및 수리하는 행위에 관한 자격, 경력 및 학력 등을 갖추어 대통령의 인정을 받은 사람을 말한다.

⑤ 정거장이란 여객의 승하차(여객 이용시설 및 편의시설을 포함한다), 화물의 적하, 열차의 조성, 열차의 교차통행 또는 대피를 목적으로 사용되는 장소를 말한다.

해설 제2조(정의) 및 시행령 제2조(정의)

② 철도안전에 관하여 다른 법률에 특별한 규정이 있는 경우를 제외하고는 이 법에서 정하는 바에 따른다.

③ 국제철도를 이용한 화물 및 여객 운송에 관하여 대한민국과 외국 간 체결된 조약에 이 법과 다른 규정이 있는 때에는 안전에 관한 규정에 한하여 철도안전법에 따른다.

④ 국가와 지방자치단체는 국민의 생명·신체 및 재산을 보호하기 위하여 철도안전시책을 마련하여 성실히 추진하여야 한다.

⑤ 철도운영자 등은 국가나 지방자치단체가 시행하는 철도안전시책에 적극 협조하여야 한다.

해설 제3조의2(조약과의 관계)

체결된 조약을 따르며, 규정내용이 조약의 안전기준보다 강화된 기준을 포함하는 경우만예외이다.

02 다음 중 「철도안전법」 내용으로 틀린 것은?

① 철도에 공급되는 전력의 원격제어장치를 운영하는 사람은 대통령령으로 정하는 철도종사자다.

03 다음 중 철도안전 종합계획의 내용으로 틀린 것은?

① 국토교통부장관은 5년마다 철도안전 종합계획을 수립하여야 한다.

정답 **01** ⑤ **02** ③ **03** ③

② 국토교통부장관은 철도안전 종합계획을 수립할 때에는 미리 관계 중앙행정기관의 장 및 철도운영자등과 협의한 후 기본법 제6조제1항에 따른 철도산업위원회의 심의를 거쳐야 한다.

③ 수립된 철도안전 종합계획을 변경할 때에는 신고하여야 한다.

④ 국토교통부장관은 철도안전 종합계획을 수립하거나 변경하기 위하여 필요하다고 인정하면 관계 중앙행정기관의 장 또는 시·도지사에게 관련 자료의 제출을 요구할 수 있다. 자료 제출 요구를 받은 관계 중앙행정기관의 장 또는 시·도지사는 특별한 사유가 없으면 이에 따라야 한다.

⑤ 국토교통부장관은 철도안전 종합계획을 수립하거나 변경하였을 때에는 이를 관보에 고시하여야 한다.

해설 **제5조(철도안전 종합계획) 3항**
변경 시 위원회의 심의를 거쳐야 하며, 경미한 사항 변경 시에는 예외이다.

04 **다음 중 철도안전 종합계획에 포함되어야 하는 사항으로 틀린 것은?**

① 철도안전 종합계획의 실현가능성 및 방향성

② 철도안전에 관한 시설의 확충, 개량 및 점검 등에 관한 사항

③ 철도안전 관련 전문 인력의 양성 및 수급관리에 관한 사항

④ 철도안전 관련 교육훈련에 관한 사항

⑤ 철도안전 관련 연구 및 기술개발에 관한 사항

해설 **제5조(철도안전 종합계획)**

05 **다음 중 대통령령으로 정하는 철도안전 종합계획의 경미한 변경사항에 해당되는 개수로 옳은 것은?**

> ㉠ 철도안전 종합계획에서 정한 총사업비를 원래 계획의 100분의 5 변경
> ㉡ 철도안전 종합계획에서 정한 내용의 제목 변경
> ㉢ 철도안전 종합계획에서 정한 시행기한 내에 단위사업의 시행시기의 변경
> ㉣ 법령의 개정, 행정구역의 변경 등과 관련하여 철도안전 종합계획을 변경하는 등 당초 수립된 철도안전 종합계획의 기본방향에 영향을 미치지 아니하는 사항의 변경

① 1개 ② 2개
③ 3개 ④ 4개
⑤ 없다.

해설 **시행령 제4조(철도안전 종합계획의 경미한 변경)**

04 ① **05** ③ **정답**

06 다음 중 시행계획에 관하여 옳은 것은?

① 국토교통부장관, 시·도지사 및 철도운영자등은 철도안전 종합계획에 따라 소관별로 철도안전 종합계획의 단계적 시행에 필요한 연차별 시행계획을 매년 12월 31일 까지 수립·추진하여야 한다.

② 시행계획의 수립 및 시행절차 등에 관하여 필요한 사항은 국토교통부령으로 정한다.

③ 시·도지사와 철도운영자등은 다음 연도의 시행계획을 매년 2월 말까지 국토교통부장관에게 제출하여야 한다.

④ 시·도지사 및 철도운영자등은 전년도 시행계획의 추진실적을 매년 10월 말까지 국토교통부장관에게 제출하여야 한다.

⑤ 국토교통부장관은 시·도지사 및 철도운영자등이 제출한 다음 연도의 시행계획이 철도안전 종합계획에 위반되거나 철도안전 종합계획을 원활하게 추진하기 위하여 보완이 필요하다고 인정될 때에는 시·도지사 및 철도운영자등에게 시행계획의 수정을 요청할 수 있다.

해설 세6조(시행계획) 및 시행령 제5조(시행계획 수립절차 등)

07 다음 중 철도안전투자 및 안전관리체계에 관한 내용으로 옳은 것은?

① 철도운영자는 철도차량의 교체, 철도시설의 개량 등 철도안전 분야에 투자하는 예산 규모를 5년마다 공시하여야 한다.

② 철도안전투자의 공시 기준, 항목, 절차 등에 필요한 사항은 국토교통부령으로 정한다.

③ 철도운영자 등은 안전관리기준의 변경에 따른 안전관리체계의 변경하려는 경우 국토교통부장관에게 신고하여야 한다.

④ 국토교통부장관은 철도안전경영, 위험관리, 사고 조사 및 보고, 내부점검, 비상대응계획, 비상대응훈련, 교육훈련, 안전정보관리, 운행안전관리, 차량·시설의 차량의 기대수명에 관한 사항을 제외한 유지관리 등 철도운영 및 철도시설의 안전관리에 필요한 기술기준을 정하여 고시하여야 한다.

⑤ 국토교통부장관은 안전관리체계의 승인 또는 변경승인의 신청을 받은 경우에는 특별한 사유가 없는 한 이를 승인하여야 한다.

해설 제6조의2(철도안전투자의 공시), 제7조(안전관리체계의 승인)

08 다음 중 안전관리체계 유지에 대하여 틀린 것은?

① 철도운영자등은 철도운영을 하거나 철도시설을 관리하는 경우에는 제7조에 따라 승인받은 안전관리체계를 지속적으로 유지하여야 한다.

② 국토교통부장관은 안전관리체계 위반 여부 확인 및 철도사고 예방 등을 위하여 철도운영자등이 제1항에 따른 안전관리체계를 지속적으로 유지하는지 검사를 통해 국토교통부령으로 정하는 바에 따라 점검·확인할 수 있다.

③ 국토교통부장관은 검사 결과 안전관리체계가 지속적으로 유지되지 아니하거나 그 밖에 철도안전을 위하여 필요하다고 인정하는 경우에는 6개월 이내의 기간을 정하여 업무의 제한이나 정지를 명할 수 있다.

④ 정기검사란 철도운영자등이 국토교통부장관으로부터 승인 또는 변경승인 받은 안전관리체계를 지속적으로 유지하는지를 점검·확인하기 위하여 정기적으로 실시하는 검사를 말한다.

⑤ 수시검사란 철도운영자등이 철도사고 및 운행장애 등을 발생시키거나 발생시킬 우려가 있는 경우에 안전관리체계 위반사항 확인 및 안전관리체계 위해요인 사전예방을 위해 수행하는 검사를 말한다.

09 다음 중 과징금 부과기준에 대한 내용으로 틀린 것은?

① 사망자란 철도사고가 발생한 날에 그 사고로 사망한 사람을 말한다.

② 중상자란 철도사고로 인해 부상을 입은 날부터 7일 이내 실시된 의사의 최초 진단결과 24시간 이상 입원 치료가 필요한 상해를 입은 사람(의식불명, 시력상실을 포함)를 말한다.

③ 재산피해액이란 시설피해액, 차량피해액, 운임환불 등을 포함한 직접손실액을 말한다.

④ 과징금을 부과하는 경우에 사망자, 중상자, 재산피해가 동시에 발생한 경우는 각각의 과징금을 합산하여 부과한다. 다만, 합산한 금액이 과징금 금액의 상한을 초과하는 경우에는 상한금액을 과징금으로 부과한다.

⑤ 과징금 금액이 해당 철도운영자등의 전년도(위반행위가 발생한 날이 속하는 해의 직전 연도를 말한다) 매출액의 100분의 4를 초과하는 경우에는 전년도 매출액의 100분의 4에 해당하는 금액을 과징금으로 부과한다.

해설

• 부과기준에도 나와 있듯이 과징금의 상한금액인 30억 원을 넘을 수 없다. 과징금을 아무리 많이 발생해도 상한을 초과할 수 없으므로 30억 원이다.

10 다음 중 안전관리체계를 지속적으로 유지하지 않아 철도사고로 인한 사망자와 중상자 수가 각각 5명인 경우 과징금 금액으로 옳은 것은? (단, 단위는 백만 원이다.)

① 540
② 720
③ 900
④ 1,440
⑤ 1,620

해설
- 시행령 [별표 1] 안전관리체계 관련 과징금의 부과기준(제6조 관련)
- 1440+180=1620

11 다음 중 철도안전 관리평가 및 우수운영자에 대한 내용으로 틀린 것은?

① 국토교통부장관은 철도운영자 등의 자발적인 안전관리를 통한 철도안전 수준의 향상을 위하여 철도운영자등의 안전관리 수준에 대한 평가를 실시할 수 있다.

② 철도안전 우수운영자로 지정을 받은 자는 철도차량, 철도시설이나 관련 문서 등에 철도안전 우수운영자로 지정되었음을 나타내는 표시를 할 수 있다.

③ 철도안전 우수운영자로 지정을 받은 자가 아니면 철도차량, 철도시설이나 관련 문서 등에 우수운영자로 지정되었음을 나타내는 표시를 하거나 이와 유사한 표시를 하여서는 아니 된다.

④ 국토교통부장관은 우수운영자로 지정되었음을 나타내는 표시를 하거나 이와 유사한 표시를 한 자에 대하여 해당 표시를 제거하게 하는 등 필요한 시정조치를 명할 수 있다.

⑤ 지정기준에 부적합하게 되는 등 그 밖에 국토교통부령으로 정하는 사유가 발생한 경우 우수운영자 지정을 취소하여야 한다.

해설 제9조의5(우수운영자 지정의 취소)
취소할 수 있는 경우와 취소하여야 하는 경우를 구분하는 문제이다.

제3장   철도종사자의 안전관리

12 다음 중 운전면허 없이 운전할 수 있는 경우로 틀린 것은?

① 운전교육훈련기관에서 실시하는 운전교육훈련을 받기 위하여 철도차량을 운전하는 경우

② 운전면허시험을 치르기 위하여 철도차량을 운전하는 경우

③ 철도차량을 제작·조립·정비하기 위한 공장 안의 선로에서 철도차량을 운전하여 이동하는 경우

④ 철도차량을 시험운행을 위하여 승객들이 없는 비영업시간에 운전하는 경우

⑤ 철도사고등을 복구하기 위하여 열차운행이 중지된 선로에서 사고복구용 특수차량을 운전하여 이동하는 경우

해설 시행령 제10조(운전면허 없이 운전할 수 있는 경우) 1항

정답   10 ⑤   11 ⑤   12 ④

13 다음 중 국토교통부장관이 결격사유 관련 개인정보의 제공 요청을 할 수 있는 자가 아닌 것은?

① 보건복지부장관
② 국민건강보험공단
③ 병무청장
④ 시·도지사 또는 시장·군수·구청장
⑤ 육군참모총장, 해군참모총장, 공군참모총장 또는 해병대사령관

> **해설** 시행령 제12조의2(운전면허의 결격사유 관련 개인정보의 제공 요청)

14 다음 중 운전적성검사에 대한 내용으로 틀린 것은?

① 운전적성검사기관의 지정기준, 지정절차 등에 관하여 필요한 사항은 대통령령으로 정한다.
② 운전적성검사 과정에서 부정행위를 한 사람은 검사일부터 3개월 동안 운전적성검사를 받을 수 없다.
③ 국토교통부장관은 운전적성검사에 관한 전문기관을 지정하여 운전적성검사를 하게 할 수 있다.
④ 운전적성검사기관은 운전적성검사 업무를 수행할 수 있는 전문검사인력을 3명 이상 확보해야 한다.
⑤ 철도운영자등은 신체검사, 적성검사에 불합격한 종사자가 있는 경우 그 업무에 종사하게 하여서는 아니 된다.

> **해설**
> • 제15조(운전적성검사), 시행령 제14조(운전적성검사기관 지정기준), 제23조(운전업무종사자 등의 관리)
> • **불합격** : 3개월, **부정행위** : 1년
> ※ **암기법 : 일부불쌍**[일년 부정행위, 불합격 쌍(쌈)개월]

15 다음 중 운전면허 등의 대한 내용으로 옳은 것은?

① 운전면허시험은 결격사유에 해당하지 아니하는 사람으로서 신체검사 및 운전적성검사에 합격한 후 운전교육훈련 여부와 상관없이 응시할 수 있다.
② 국토교통부장관은 운전면허의 효력이 실효된 사람이 6개월 이내에 운전면허를 다시 받으려는 경우 대통령령으로 정하는 바에 따라 그 절차의 전부를 면제할 수 있다.
③ 운전면허 취득자가 운전면허의 유효기간 만료 전에 운전면허의 갱신을 받지 아니하면 그 운전면허의 유효기간이 만료되는 날의 다음 날부터 그 운전면허의 효력이 정지된다.
④ 운전면허의 효력이 실효된 자는 15일 이내에 운전면허증을 국토교통부장관에게 반납하여야 한다.
⑤ 효력이 실효된 자는 6개월 내 운전면허 갱신을 하지 않으면 효력이 정지된다.

> **해설** 제17조(운전면허시험), 시행령 제19조(운전면허의 갱신)

16 다음 중 관제자격증명에 대한 내용으로 틀린 것은?

① 운전면허를 받은 사람은 관제자격증명시험의 일부를 면제할 수 있다.

② 관제자격증명시험의 과목, 방법 및 절차 등에 필요한 사항은 국토교통부령으로 정한다.

③ 관제업무에 종사하려는 사람은 국토교통부령으로 정하는 바에 따라 실무수습을 이수하여야 한다.

④ 운전면허 적성검사 결과로 관제자격증명 적성검사를 대신할 수 있다.

⑤ 철도운영자 등은 관제자격증명의 효력이 정지된 사람을 관제업무에 종사하게 하여서는 아니 된다.

해설 제21조의8(관제자격증명)

17 다음 중 철도차량 정비기술자의 인정기준으로 틀린 것은?

① 역량지수의 계산식은 자격별 경력점수와 학력점수의 합이다.

② 국가기술자격증이 없는 경우에도 자격별 경력점수는 3점/년이다.

③ 경력점수는 월 단위까지 계산한다. 이 경우 월 단위의 기간으로 산입되지 않는 일수의 합이 30일 이상인 경우 1개월로 본다.

④ 국가기술자격의 종목은 대통령이 정하여 고시한다. 이 경우 둘 이상의 다른 종목 국가기술자격을 보유한 사람의 경우 그 중 점수가 높은 종목의 경력점수만 인정한다.

⑤ 고등학교 졸업 학력점수는 철도차량정비 관련 학과 여부 상관없이 5점이다.

해설 시행령 [별표 1의3] 철도차량정비기술자의 인정 기준(제21조의2 관련)

제5장 **철도차량 운행안전 및 철도 보호**

18 다음 중 영상기록장치를 설치·운영해야 되는 철도차량 또는 철도시설로 옳은 것은?

① 철도차량 중 대통령령으로 정하는 동력차, 객차 및 화차

② 고속철도차량을 정비하는 차량정비기지

③ 유류를 저장해놓는 철도차량 유류저장시설

④ 개량건널목으로 지정된 건널목(입체교차화 된 건널목을 포함)

⑤ 1킬로미터 이상의 터널

해설 제39조의3(영상기록장치의 설치·운영 등) 1항, 시행령 제30조(영상기록장치 설치대상)

정답 16 ④ 17 ④ 18 ②

19 다음 중 영상기록장치 운영·관리 지침에 포함되어야 하는 사항으로 옳은 것은?

① 영상기록장치의 설치 근거 및 설치 목적
② 영상기록장치의 설치 대수, 설치 위치 및 촬영 범위
③ 영상기록의 촬영 시간, 보관기간, 보관 장소 및 처리방법
④ 영상기록에 대한 보안프로그램의 설치 및 갱신
⑤ 영상기록의 저장기간, 삭제주기

해설 시행령 제32조(영상기록장치의 운영·관리 지침)

20 다음 중 열차운행의 일시 중지에 관하여 틀린 것은?

① 철도종사자는 열차운행에 중대한 장애가 발생하였거나 발생할 것으로 예상되는 경우로서 열차의 안전운행에 지장이 있다고 인정하는 경우에는 열차운행을 일시 중지할 수 있다.
② 철도종사자는 철도사고 및 운행장애의 징후가 발견되거나 발생 위험이 높다고 판단되는 경우에는 관제업무종사자에게 열차운행을 일시 중지할 것을 요청할 수 있다.
③ 요청을 받은 관제업무종사자는 특별한 사유가 없으면 즉시 열차운행을 중지하여야 한다.
④ 철도종사자는 열차운행의 중지 요청과 관련하여 고의 또는 중대한 과실이 없는 경우에는 민사상 책임을 지지 아니한다.

⑤ 누구든지 열차운행의 중지를 요청한 철도종사자에게 이를 이유로 불이익한 조치를 하여서는 아니 된다.

해설 제40조(열차운행의 일시 중지)

21 다음 중 술을 마셨다고 판단하는 기준이 혈중 알코올 농도가 0.02퍼센트 이상인 철도종사자가 아닌 것은?

① 운전업무종사자
② 관제업무종사자
③ 작업책임자
④ 철도차량 및 철도시설의 점검·정비 업무에 종사하는 사람
⑤ 여객승무원

해설 제41조(철도종사자의 음주 제한 등) 1항

22 다음 중 운송취급위험물이 아닌 것은?

① 철도운송 중 폭발할 우려가 있는 것
② 마찰·충격·흡습(吸濕) 등 주위의 상황으로 인하여 발화할 우려가 있는 것
③ 인화성·산화성 등이 강하여 그 물질 자체의 성질에 따라 발화할 우려가 있는 것
④ 유독성 가스를 발생시킬 우려가 있는 것
⑤ 그 밖에 사람에게 위해를 주거나 물건에 손상을 줄 수 있는 물질로서 국토교통부장관이 정하여 고시하는 위험물

해설 시행령 제45조(운송취급주의 위험물)

19 ⑤ **20** ① **21** ③ **22** ⑤ 정답

23 다음 중 위해물품 및 위험물 운송과 관련한 내용으로 틀린 것은?

① 누구든지 무기, 화약류, 허가물질, 제한 물질, 금지물질, 유해화학물질 또는 인화성이 높은 물질 등 공중이나 여객에게 위해를 끼치거나 끼칠 우려가 있는 물건 또는 물질을 열차에서 휴대하거나 적재할 수 없다.

② 국토교통부장관 또는 시·도지사의 허가를 받은 경우 또는 국토교통부령으로 정하는 특정한 직무를 수행하기 위한 경우에는 위해물품을 열차에 휴대하거나 적재할수 있다.

③ 누구든지 점화류 또는 점폭약류를 붙인 폭약, 니트로글리세린, 건조한 기폭약, 뇌홍질화연에 속하는 것 등 대통령령으로 정하는 위험물의 운송을 위탁할 수 없으며, 철도운영자는 이를 철도로 운송할 수 없다.

④ 대통령령으로 정하는 위험물취급자는 국토교통부령으로 정하는 바에 따라 철도운행상의 위험 방지 및 인명 보호를 위하여 위험물을 안전하게 포장·적재·관리·운송하여야 한다.

⑤ 위험물의 운송을 위탁하여 철도로 운송하려는 자는 위험물을 안전하게 운송하기 위하여 국토교통부장관의 안전조치 등에 따라야 한다.

> **해설** 제42조(위해물품의 휴대 금지), 제43조(위험물의 운송위탁 및 운송 금지), 제44조(위험물의 운송 등)

24 다음 중 위험물 포장 및 용기의 안전성에 관한 검사의 전부 또는 일부를 면제할 수 있는 경우로 틀린 것은?

① 「고압가스 안전관리법」에 따른 검사에 합격하거나 검사가 생략된 경우

② 「선박안전법」에 따른 검사에 합격한 경우

③ 「항공안전법」에 따른 검사에 합격한 경우

④ 대한민국이 체결한 협정 또는 대한민국이 가입한 협약에 따라 검사하여 외국 정부 등이 발행한 증명서가 있는 경우

⑤ 그 밖에 대통령령으로 정하는 경우

> **해설** 제44조의2(위험물 포장 및 용기의 검사 등) 3항

25 다음 중 노면전차의 안전운행 저해행위가 아닌 것은?

① 깊이 10미터 이상의 굴착

② 건설기계 중 최대높이기 10미터 이상인 건설기계를 설치하는 행위

③ 높이가 10미터 이상인 인공구조물을 설치하는 행위

④ 전차선로에 의하여 감전될 우려가 있는 시설이나 설비를 설치하는 행위

⑤ 위험물을 지정수량 이상 제조·저장하거나 전시하는 행위

> **해설**
> • 4번 선지는 철도보호지구에서의 안전운행 저해행위다.
> • 시행령 제48조의2(노면전차의 안전운행 저해행위 등)

26 다음 중 국토교통부장관이 명할 수 있는 철도 보호를 위한 안전조치로 틀린 것은?

① 공사로 인하여 약해질 우려가 있는 지반에 대한 보강대책 수립·시행
② 선로 옆의 제방 등에 대한 흙막이공사 시행
③ 철도차량 안전한 운행을 위한 공사의 중단
④ 시설물의 구조 검토·보강
⑤ 신호기를 가리거나 신호기를 보는데 지장을 주는 시설이나 설비 등의 철거

해설 시행령 제49조(철도 보호를 위한 안전조치)

27 다음 중 여객열차에서의 금지 행위로 틀린 것은?

① 정당한 사유 없이 대통령령으로 정하는 여객출입 금지장소에 출입하는 행위
② 정당한 사유 없이 운행 중에 비상정지버튼을 누르거나 철도차량의 옆면에 있는 승강용 출입문을 여는 등 철도차량의 장치 또는 기구 등을 조작하는 행위
③ 여객열차 밖에 있는 사람을 위험하게 할 우려가 있는 물건을 여객열차 밖으로 던지는 행위
④ 흡연하는 행위
⑤ 다른 사람을 폭행하여 열차운행에 지장을 초래하는 행위

해설 제47조(여객열차에서의 금지행위)

28 다음 중 철도 보호 및 질서유지를 위한 금지행위로 틀린 것은?

① 열차운행 중에 타고 내리거나 정당한 사유 없이 승강용 출입문의 개폐를 방해하여 열차운행에 지장을 주는 행위
② 궤도의 중심으로부터 양측으로 폭 10미터 이내의 장소에 철도차량의 안전 운행에 지장을 주는 물건을 방치하는 행위
③ 정당한 사유 없이 열차 승강장의 비상정지버튼을 작동시켜 열차운행에 지장을 주는 행위
④ 철도차량을 향하여 돌이나 그 밖의 위험한 물건을 던져 철도차량 운행에 위험을 발생하게 하는 행위
⑤ 철도시설 또는 철도차량을 파손하여 철도차량 운행에 위험을 발생하게 하는 행위

29 다음 중 보안검색 등에 관한 내용으로 틀린 것은?

① 국토교통부장관은 철도특별사법경찰관리로 하여금 여객열차에 승차하는 사람의 신체, 휴대물품 및 수하물에 대한 보안검색을 실시하게 할 수 있다.
② 국토교통부장관은 철도보안·치안을 위하여 필요하다고 인정하는 경우에는 차량 운행정보 등을 철도운영자에게 요구할 수 있고, 철도운영자는 정당한 사유 없이 그 요구를 거절할 수 없다.

26 ③ **27** ① **28** ② **29** ⑤ **정답**

③ 보안검색을 하는 경우에는 한국철도기
술연구원으로부터 성능인증을 받은 보
안검색장비를 사용하여야 한다.
④ 성능인증을 받은 보안검색장비가 운영
중에 계속하여 성능을 유지하고 있는지
를 확인하기 위하여 국토교통부령으로
정하는 바에 따라 정기적으로 또는 수
시로 점검을 실시하여야 한다.
⑤ 국토교통부장관은 보안검색장비가 성
능인증 기준에 적합하지 아니하게 된
경우 그 인증을 취소하여야 한다.

- 거짓이나 부정한 방법 시 취소하여야 하며, 2호의 경우 취소할 수 있는 경우다.
- **제48조의3(보안검색장비의 성능인증 등) ⑤ 국토교통부장관**은 제1항에 따른 성능인증을 받은 보안검색장비가 다음 각 호의 어느 하나에 해당하는 경우에는 그 인증을 취소할 수 있다. 다만, 제1호에 해당하는 때에는 그 인증을 **취소하여야 한다.**
  1. 거짓이나 그 밖의 부정한 방법으로 인증을 받은 경우
  2. 보안검색장비가 제2항에 따른 성능인증 기준에 적합하지 아니하게 된 경우

해설 제48조의5(직무장비의 휴대 및 사용 등)
③ 철도특별사법경찰관리가 제1항에 따라 직무수행 중 직무장비를 사용할 때 사람의 생명이나 신체에 위해를 끼칠 수 있는 직무장비(가스분사기, 가스발사총 및 전자충격기를 말한다)를 사용하는 경우에는 사전에 필요한 안전교육과 안전검사를 받은 후 사용하여야 한다.

31 다음 중 퇴거지역의 범위로 옳은 것은?

> ㉠ 화물을 적하하는 장소의 담장이나 경계선 안의 지역
> ㉡ 위험물을 적하하거나 보관하는 장소
> ㉢ 철도신호기·철도차량정비소·통신기기·전력설비 등의 설비가 설치되어 있는 장소의 담장이나 경계선 안의 지역
> ㉣ 철도 교량

① ㉠, ㉡   ② ㉠, ㉢
③ ㉡, ㉢   ④ ㉡, ㉣
⑤ ㉢, ㉣

해설 시행령 제52조(퇴거지역의 범위)

30 다음 보기에서 신체에 위해를 끼칠 수 있는 직무장비로 옳은 것은?

> ㉠ 수갑
> ㉡ 전자충격기
> ㉢ 가스분사기
> ㉣ 경비봉

① ㉠, ㉡   ② ㉠, ㉢
③ ㉡, ㉢   ④ ㉡, ㉣
⑤ ㉢, ㉣

제6장 철도사고조사·처리

32 다음 중 철도사고 등 발생 시 조치로 틀린 것은?
① 철도운영자 등은 철도사고등이 발생하였을 때에는 사상자 구호, 유류품관리, 여객 수송 및 철도시설 복구 등 인명피해 및 재산피해를 최소화하고 열차를 정상적으로 운행할 수 있도록 필요한 조치를 하여야 한다.

정답 30 ③ 31 ② 32 ⑤

② 철도사고등이 발생하였을 때의 사상자 구호, 여객 수송 및 철도시설 복구 등에 필요한 사항은 대통령령으로 정한다.

③ 국토교통부장관은 제61조에 따라 사고 보고를 받은 후 필요하다고 인정하는 경우에는 철도운영자등에게 사고 수습 등에 관하여 필요한 지시를 할 수 있다.

④ 지시를 받은 철도운영자등은 특별한 사유가 없으면 지시에 따라야 한다.

⑤ 철도사고등이 발생한 경우 국토교통부장관은 철도차량 운행이 곤란한 경우에는 비상대응절차에 따라 대체교통수단을 마련하는 등 필요한 조치를 하여야 된다.

해설 시행령 제56조(철도사고 등의 발생 시 조치사항)

33 다음 중 사상자가 많은 사고 등 대통령령으로 정하는 철도사고 등으로 틀린 것은?

① 열차의 충돌사고

② 철도차량이나 열차에서 화재가 발생하여 운행을 중지시킨 사고

③ 철도차량이나 열차의 운행과 관련하여 부상자가 발생한 사고

④ 철도차량이나 열차의 운행과 관련하여 5천만 원의 재산피해가 발생한 사고

⑤ 열차의 탈선사고

해설 시행령 제57조(국토교통부장관에게 즉시 보고하여야 하는 철도사고 등)

34 다음 중 보칙에 대한 내용으로 틀린 것은?

① 국토교통부장관은 술을 마셨거나 약물을 사용하였는지에 대한 확인 또는 검사 권한을 경찰청장에게 위임한다.

② 국토교통부장관 또는 관계 지방자치단체의 장은 보고 또는 자료의 제출을 명할 때에는 7일 이상의 기간을 주어야 한다. 다만, 공무원이 철도사고등이 발생한 현장에 출동하는 등 긴급한 상황인 경우에는 그러하지 아니하다.

③ 수수료를 정하려는 대행기관 또는 수탁기관은 그 기준을 정하여 국토교통부장관의 승인을 받아야 한다. 승인받은 사항을 변경하려는 경우에도 또한 같다.

④ 국토교통부장관은 이 법 등 철도안전과 관련된 법규의 위반에 따른 범죄혐의가 있다고 인정할 만한 상당한 이유가 있을 때에는 관할 수사기관에 그 내용을 통보할 수 있다.

⑤ 국토교통부장관은 이 법 등 철도안전과 관련된 법규의 위반에 따라 사고가 발생했다고 인정할 만한 상당한 이유가 있을 때에는 사고에 책임이 있는 사람을 징계할 것을 해당 철도운영자등에게 권고할 수 있다. 이 경우 권고를 받은 철도운영자등은 이를 존중하여야 하며 그 결과를 국토교통부장관에게 통보하여야 한다.

해설 시행령 제62조(권한의 위임) 2항

33 ③ 34 ① **정답**

35 다음 중 한국교통안전공단에 위착하는 업무로 틀린 것은?

① 안전관리기준에 대한 적합 여부 검사
② 철도운영자등에 대한 안전관리 수준평가
③ 운전면허시험의 실시
④ 철도보안정보체계의 구축·운영
⑤ 철도안전 자율보고의 접수

해설 시행령 제63조(업무의 위탁)

제9장　벌칙

36 다음 중 철도차량을 파손하여 철도차량 운행에 위험을 발생하게 한 사람의 처벌로 옳은 것은?

① 10년 이하의 징역 또는 1억 원 이하의 벌금
② 5년 이하의 징역 또는 5천만 원 이하의 벌금
③ 3년 이하의 징역 또는 3천만 원 이하의 벌금
④ 무기징역 또는 5년 이상의 징역
⑤ 사형, 무기징역 또는 7년 이상의 징역

해설 제78조(벌칙)
② 제48조 제1항 제1호를 위반하여 철도시설 또는 철도차량을 파손하여 철도차량 운행에 위험을 발생하게 한 사람은 **10년 이하의 징역 또는 1억 원 이하의 벌금**에 처한다.

37 다음 중 1년 이하의 징역 또는 1천만 원 이하의 벌금에 해당하는 자가 아닌 것은?

① 거짓이나 그 밖의 부정한 방법으로 운전면허를 받은 사람
② 영상기록을 목적 외의 용도로 이용하거나 다른 자에게 제공한 자
③ 거짓이나 그 밖의 부정한 방법으로 안전관리체계의 승인을 받은 자
④ 실무수습을 이수하지 아니하고 관제업무에 종사한 사람
⑤ 술을 마시거나 약물을 복용하고 다른 사람에게 위해를 주는 행위를 한 사람

해설
• 거짓이나 부정한 방법으로 면허, 관제자격증명 같은 자격을 얻은 경우 1년/1천만 원, 안전관리체계는 자격(면허)같은 게 아니므로 2년/2천만 원에 해당된다.
• 음주 검사에 불응하면 2년/2천만 원, 복용하고 위해를 주면 1년/1천만 원이다.
• 제79조(벌칙) 3항, 4항

38 다음 중 사람이 탑승하여 운행 중인 철도차량에 불을 놓아 소훼하여 사람을 사망에 이르게 한 자의 벌칙으로 옳은 것은?

① 10년 이하의 징역 또는 1억 원 이하의 벌금
② 5년 이하의 징역 또는 5천만 원 이하의 벌금
③ 3년 이하의 징역 또는 3천만 원 이하의 벌금
④ 무기징역 또는 5년 이상의 징역
⑤ 사형, 무기징역 또는 7년 이상의 징역

해설 제80조(형의 가중)
① 제78조 제1항의 죄(사람이 탑승하여 운행 중인 철도차량에 불을 놓아 소훼하거나 탈선 또는 충돌하게 하거나 파괴한 사람)를 지어 사람을 사망에 이르게 한 자는 **사형, 무기징역 또는 7년 이상**의 징역에 처한다.

정답 35 ④　36 ①　37 ③　38 ⑤

39 다음 중 1천만 원 이하의 과태료를 부과하는 경우가 아닌 것은?

① 안전관리체계의 변경신고를 하지 아니하고 안전관리체계를 변경한 자
② 국토교통부장관의 성능인증을 받은 보안검색장비를 사용하지 아니한 자
③ 영상기록장치를 설치·운영하지 아니한 자
④ 철도종사자의 직무상 지시에 따르지 아니한 사람
⑤ 국토교통부장관의 안전조치를 따르지 아니한 자

해설
변경승인을 받지 않고 변경 시 1천만 원 이하 과태료, 변경신고의 경우는 500만 원 이하의 과태료이다.

40 다음 중 50만 원 이하의 과태료를 부과하는 위반행위로 옳은 것은?

① 업무에 종사하는 동안에 열차 내에서 흡연을 한 사람
② 여객열차에서 흡연을 한 사람
③ 여객열차에서 공중이나 여객에게 위해를 끼치는 행위를 한 사람
④ 여객열차에서 폭언 또는 고성방가 등 소란을 피우는 행위를 한 사람
⑤ 철도시설에 오물을 버린 사람

해설 제82조(과태료) 5항

41 다음 중 철도종사자의 준수사항을 3차 위반한 경우 과태료로 옳은 것은?

① 45만 원
② 90만 원
③ 150만 원
④ 300만 원
⑤ 450만 원

해설 시행령 [별표 6] 과태료 부과기준(제64조 관련) 중 2. 개별기준
(단위 : 만 원)

위반행위	근거 법조문	과태료 금액		
		1회 위반	2회 위반	3회 이상위반
터. 법 제40조의2에 따른 (철도종사자의)준수사항을 위반한 경우	법 제82조제2항 제7호	150	300	450

memo

memo

부산
교통공사

2026
-최신판-

관계법령

부산
교통공사

국내 최초
철도취업커뮤니티
드림레일 편저

지방공기업법 + 도시철도법 + 철도안전법

관계법령

- **최신 개정법령 완벽반영** [2026. 3. 3. 시행]
- 시험범위에 해당하는 **법 및 시행령 핵심이론**
- 핵심 법조문 암기를 위한 **OX 퀴즈 및 빈칸 문제**
- 난이도에 따른 **2단계 예상 및 기출문제**
- 실전모의고사 **3회** + 최신 기출복원문제 **2회**

다락원

부록 I

01 다음 중 공동설립 시 규약에 포함되어야 하는 사항으로 틀린 것은?

① 공동 처리 사항
② 의결기관 대표자의 선임 방법
③ 출자 방법
④ 주된 사무소의 위치
⑤ 공사의 명칭

02 다음 중 공사 사장의 연임 단위로 맞는 것은?

① 6개월
② 1년
③ 2년
④ 3년
⑤ 5년

03 다음 중 시·도가 설립한 공사로서 대통령령으로 정하는 규모 이상의 신규 투자사업에 해당되는 조건으로 맞는 것은?

① 총사업비 100억 원 이상의 신규 투자사업
② 총사업비 200억 원 이상의 신규 투자사업
③ 총사업비 300억 원 이상의 신규 투자사업
④ 총사업비 400억 원 이상의 신규 투자사업
⑤ 총사업비 500억 원 이상의 신규 투자사업

04 다음 중 지정된 검사기일에 재산검사 수검자가 출석하지 않은 경우 1차 위반 시 과태료로 옳은 것은?

① 15만 원
② 25만 원
③ 30만 원
④ 45만 원
⑤ 50만 원

05 다음 중 도시철도의 건설 및 운영에 필요한 자금의 조달 재원 및 방법으로 아닌 것은?

① 도시철도건설자 또는 도시철도운영자의 자기자금

② 도시철도를 건설·운영하여 생긴 수익금

③ 국가 또는 지방자치단체로부터의 차입 및 보조

④ 사채의 발행

⑤ 역세권개발사업으로 생긴 수익금

06 다음 중 도시철도시설에 해당되지 않는 것은?

① 도시철도 기술의 개발·시험 및 연구를 위한 시설

② 도시철도의 선로

③ 도시철도 이용객을 위한 편의시설

④ 선로 및 도시철도차량을 보수·정비하기 위한 선로보수기지

⑤ 도시철도의 신호 및 열차제어설비

07 다음 중 도시철도운송사업자가 결격사유에 해당하는 경우 과징금 금액으로 맞는 것은?

① 100만 원 ② 200만 원

③ 300만 원 ④ 400만 원

⑤ 500만 원

08 다음 중 〈보기〉의 빈칸에 들어갈 단어로 맞는 것은?

[철도안전법 제11조 (운전면허의 결격사유 등)]
① 다음 각 호의 어느 하나에 해당하는 사람은 운전면허를 받을 수 없다.

[중략]

5. 운전면허가 취소된 날부터 (　　)이 지나지 아니하였거나 운전면허의 효력정지기간 중
인 사람

① 6개월　　　　　　　　　　　　　② 1년
③ 2년　　　　　　　　　　　　　　④ 5년
⑤ 10년

09 다음 중 〈보기〉에서 대통령령으로 정하는 나무 식재에 해당되는 경우로 모두 고른 것은?

㉠ 호우나 태풍 등으로 나무가 쓰러져 철도시설물을 훼손시키거나 열차의 운행에 지장을
줄 우려가 있는 경우
㉡ 철도신호등으로 오인할 우려가 있는 경우
㉢ 철도차량 운전자의 전방 시야 확보에 지장을 주는 경우
㉣ 철도차량 운전자 등이 선로나 신호기를 확인하는 데 지장을 주는 경우

① ㉠, ㉡　　　　　　　　　　　　② ㉠, ㉢
③ ㉡, ㉢　　　　　　　　　　　　④ ㉡, ㉣
⑤ ㉢, ㉣

10 다음 중 운전면허의 효력정지기간 중 철도차량을 운전하였을 때 국토교통부장관이 할 수 있는
조치로 맞는 것은?
① 2년 이하의 징역 또는 2천만 원 이하의 벌금
② 운전면허 취소
③ 운전면허 실효
④ 운전면허를 취소하거나 2년 이내의 기간 운전면허의 효력을 정지
⑤ 운전면허를 취소하거나 1년 이내의 기간 운전면허의 효력을 정지

01 다음 중 공사의 업무, 회계 및 재산에 관한 사항을 검사할 수 있는 자로 맞는 것은?

① 감사
② 지방자치단체의 장
③ 행정안전부장관
④ 이사회
⑤ 지방공기업정책위원회

02 다음 중 부산교통공사가 행정안전부장관이 정하여 고시하는 금액 이상인 조달계약을 체결하는 경우의 방법으로 맞는 것은?

① 국제입찰의 방법
② 일반경쟁의 방법
③ 수의계약의 방법
④ 무상계약의 방법
⑤ 채권계약의 방법

03 다음 중 공사의 사장이 신규 투자사업에 대하여 기록·관리하여야 되는 사항이 아닌 것은?

① 사업명
② 주요 사업내용
③ 담당자의 소속
④ 사업금액
⑤ 사업기간

04 다음 중 「도시철도법」에서 징수한 과징금의 사용 용도로 잘못된 것은?

① 도시철도 관련 시설의 확충 및 정비
② 도시철도기술의 연구개발
③ 도시철도 이용자의 서비스 개선사업
④ 도시철도운송사업의 사채 상환
⑤ 도시철도종사자의 양성·교육훈련이나 그 밖에 자질 향상을 위한 교육훈련시설의 건설 및 운영

05 다음 중 도시철도망계획의 타당성 재검토 주기로 맞는 것은?

① 1년
② 2년
③ 3년
④ 5년
⑤ 10년

06 다음 중 도시철도차량에 폐쇄회로 텔레비전을 설치하지 아니한 자의 과태료는 얼마 이하로 부과하는가?

① 50만 원
② 100만 원
③ 200만 원
④ 300만 원
⑤ 500만 원

07 다음 중 대통령령으로 정하는 운송위탁 및 운송 금지 위험물이 아닌 것은?

① 니트로글리세린
② 점화 또는 점폭약류를 붙인 폭약
③ 건조한 기폭약
④ 황산, 염산, 석유 등 가연성이 있는 화기 주의 물
⑤ 뇌홍질화연에 속하는 것

08 다음 중 안전관리체계 변경 신고를 하지 않고 변경한 경우 3차 위반 시 과징금 금액으로 옳은 것은?

① 경고
② 1억 2천만 원
③ 2억 4천만 원
④ 3억 6천만 원
⑤ 4억 8천만 원

09 다음 중 정비교육훈련기관의 대표자의 성명이 변경된 때 며칠 이내로 국토교통부장관에게 통지해야 하는가?

① 3일
② 7일
③ 10일
④ 15일
⑤ 30일

10 다음 중 여객승무원이 음주 검사에 불응한 경우 벌칙으로 옳은 것은?

① 1년 이하의 징역 또는 1천만 원 이하의 벌금
② 2년 이하의 징역 또는 2천만 원 이하의 벌금
③ 3년 이하의 징역 또는 3천만 원 이하의 벌금
④ 5년 이하의 징역 또는 5천만 원 이하의 벌금
⑤ 10년 이하의 징역 또는 1억 원 이하의 벌금

01 다음 중 사업연도의 사업계획 및 예산을 편성하는 자로 맞는 것은?

① 기획예산처장관   ② 재정경제부장관

③ 지방자치단체의 장   ④ 공사의 사장

⑤ 이사회

02 다음 중 공사의 설립등기 사항이 아닌 것은?

① 명칭   ② 대리인의 성명과 주소

③ 공고의 방법   ④ 주된 사무소의 소재지

⑤ 자본금

03 다음 중 공사의 이익금 처리 순서로 맞는 것은?

> ㉠ 남은 이익금의 10분의 1 이상을 자본금의 2분의 1에 달할 때까지 이익준비금으로 적립
>
> ㉡ 이익을 배당하거나 정관으로 정하는 바에 따라 적립
>
> ㉢ 남은 이익금의 10분의 5 이상을 감채적립금으로 적립
>
> ㉣ 전 사업연도로부터 이월된 결손금이 있으면 결손금을 보전

① ㉠ → ㉢ → ㉡ → ㉣   ② ㉡ → ㉠ → ㉢ → ㉣

③ ㉡ → ㉢ → ㉠ → ㉣   ④ ㉣ → ㉠ → ㉢ → ㉡

⑤ ㉣ → ㉢ → ㉠ → ㉡

04 다음 중 노선별 도시철도기본계획의 경미한 사항으로 맞는 것은?

① 노선 연장을 100분의 5 범위에서 변경하는 것

② 노선 연장을 100분의 10 범위에서 변경하는 것

③ 노선 연장을 100분의 15 범위에서 변경하는 것

④ 노선 연장을 100분의 20 범위에서 변경하는 것

⑤ 노선 연장을 100분의 30 범위에서 변경하는 것

05 다음 중 국가가 도시철도채권을 발행할 때 명시하여야 되는 사항이 아닌 것은?

① 발행 목적　　　　　　　　　　② 발행 조건

③ 발행 방법　　　　　　　　　　④ 발행 금액

⑤ 상환 방법 및 절차

06 다음 중 도시철도운송사업을 법인에 위탁할 수 있는 도시철도운영자로 옳은 것은?

① 국가　　　　　　　　　　　　② 민자철도사업자

③ 민자도시철도운영자　　　　　④ 국토교통부

⑤ 국가철도공단

07 다음 중 설치목적과 다른 목적으로 폐쇄회로 텔레비전을 임의로 조작한 자의 벌칙으로 옳은 것은?

① 5년 이하의 징역 또는 5천만 원 이하의 벌금

② 3년 이하의 징역 또는 3천만 원 이하의 벌금

③ 2년 이하의 징역 또는 2천만 원 이하의 벌금

④ 1년 이하의 징역 또는 1천만 원 이하의 벌금

⑤ 1천만 원 이하의 벌금

08 다음 중 「철도안전법」에서 정하는 영상기록장치 안내판에 표시하여야 하는 사항이 아닌 것은?

① 영상기록장치의 설치 목적
② 영상기록장치의 설치 위
③ 영상기록에 대한 접근 통제 및 접근 권한의 제한 여부
④ 촬영 범위 및 촬영 시간
⑤ 영상기록장치 관리책임자의 성명 및 연락처

09 다음 중 여객열차에서의 금지행위가 아닌 것은?

① 정당한 사유 없이 운행 중에 비상정지버튼을 누르거나 철도차량의 옆면에 있는 승강용 출입문을 여는 등 철도차량의 장치 또는 기구 등을 조작하는 행위
② 여객열차 밖에 있는 사람을 위험하게 할 우려가 있는 물건을 여객열차 밖으로 던지는 행위
③ 철도종사자와 여객 등에게 성적수치심을 일으키는 행위
④ 술을 마시거나 약물을 복용하고 다른 사람에게 위해를 주는 행위
⑤ 열차운행 중에 타고 내리거나 정당한 사유 없이 승강용 출입문의 개폐를 방해하여 열차운행에 지장을 주는 행위

10 다음 중 선로에 무단으로 침입한 자의 과태료로 맞는 것은? (단, 가중 및 경감 사항 없이 1차 위반 시 금액을 말한다.)

① 15만 원   ② 30만 원
③ 45만 원   ④ 50만 원
⑤ 150만 원

[2025년 상반기]

01 다음 중 지방공기업 설립 시 지양해야 되는 것으로 아닌 것은?
① 민간경제 위축
② 공정한 경제질서 해침
③ 지자체의 이익추구
④ 자유로운 경제질서 해침
⑤ 환경의 훼손

02 다음 중 공사가 주된 사무소를 이전등기 시 기간으로 맞는 것은?
① 1주일
② 10일
③ 2주일
④ 3주일
⑤ 1개월

03 다음 중 다른 지방자치단체와 공동으로 공사를 설립하는 경우 규약에 포함되어야 하는 사항으로 틀린 것은?
① 공사의 명칭
② 사무소의 위치
③ 설립 지방자치단체
④ 출자 방법
⑤ 자본금

04 다음 중 도시철도채권 발행 시 명시하여야 하는 내용으로 틀린 것은?
① 채권의 수령인
② 발행 금액
③ 발행 조건
④ 상환 절차
⑤ 발행 방법

05 다음 중 도시철도건설자가 도시철도건설사업을 위하여 필요한 경우 할 수 있는 행위로 틀린 것은?
① 타인의 토지에 출입하는 행위
② 타인의 토지를 일시 사용하는 행위
③ 나무의 위치를 변경하는 행위
④ 돌을 제거하는 행위
⑤ 땅을 파는 행위

06 다음 중 도시철도운송사업으로 맞는 것은?

① 도시철도차량의 개조사업
② 도시철도와 다른 교통수단의 연계운송사업
③ 도시철도시설의 유지, 보수 사업
④ 도시철도 차량의 임대사업
⑤ 도시철도차량의 정비사업

07 다음 중 「도시철도법」에서 폐쇄회로 텔레비전 설치와 관련된 내용으로 틀린 것은?

① 도시철도운영자는 도시철도 역사에 폐쇄회로 텔레비전을 설치하여야 한다.
② 폐쇄회로 텔레비전은 도시철도차량 내에 사각지대가 없도록 설치하여야 한다.
③ 도시철도운영자는 승객이 도시철도차량 내 폐쇄회로 텔레비전의 설치를 쉽게 인식할 수 있도록 안내판을 설치하여야 한다.
④ 도시철도운영자는 도시철도차량에 폐쇄회로 텔레비전이 설치되었다는 사실을 주기적인 안내방송 등을 통하여 승객에게 알려야 한다.
⑤ 도시철도운영자는 설치 목적과 다른 목적으로 폐쇄회로 텔레비전을 임의로 조작하거나 다른 곳을 비춰서는 아니 된다.

08 다음 중 철도종사자가 아닌 것은?

① 철도운영자
② 철도시설관리자
③ 여객역무원
④ 안전운행관리자
⑤ 건널목관리원

09 다음 중 운전면허를 받을 수 있는 사람은?

① 두 귀의 청력을 상실한 사람
② 두 눈의 시력을 완전히 상실한 사람
③ 운전면허가 취소된 날부터 2년이 지나지 않은 사람
④ 19세 이상인 사람
⑤ 운전면허의 효력정지기간 중인 사람

10 다음 중 정거장의 사용목적으로 맞지 않는 것은?

① 여객의 승하차
② 화물의 적하
③ 열차의 조성
④ 열차의 정비
⑤ 열차의 대피

[2025년 하반기]

01 다음 중 감채적립금의 사용 목적으로 맞는 것은?

① 공사의 적자 상환   ② 공사의 사채 상환

③ 공사의 이익준비금 적립   ④ 공사의 손실 보상

⑤ 공사의 사업 개선

02 다음 예산종류 중 수익적 수입과 지출에 관한 예정으로 맞는 것은?

① 자본예산   ② 사업예산

③ 출자예산   ④ 적자예산

⑤ 통합예산

03 다음 중 지방자치단체가 도시철도 채권 발행 시 이율로 맞는 것은?

① 연 5퍼센드   ② 연 10퍼센트

③ 연 15퍼센트   ④ 연 20퍼센트

⑤ 연 25퍼센트

04 다음 중 구분지상권의 존속기간으로 옳은 것은?

① 도시철도 사업기간 종료 시까지   ② 매각 및 양여 시까지

③ 대법원 규칙으로 정하는 날까지   ④ 등기가 설립되는 날까지

⑤ 도시철도시설 존속 시까지

05 다음 중 도시철도망구축계획 수립 단위로 맞는 것은?

① 1년   ② 3년
③ 5년   ④ 10년
⑤ 15년

06 다음 중 폐쇄회로 텔레비전 안내판에 포함되어야 하는 사항이 아닌 것은?

① 책임자   ② 촬영 시간
③ 설치 장소   ④ 설치 범위
⑤ 설치 목적

07 다음 중 사장이 매년 9월 30일까지 중장기재무관리계획을 제출하여야 되는 공사로 맞는 것은?

① 직전 회계연도 말일을 기준으로 부채규모가 1천억 원 이상인 공사
② 직전 회계연도 말일을 기준으로 부채규모가 2천억 원 이상인 공사
③ 직전 회계연도 말일을 기준으로 부채규모가 3천억 원 이상인 공사
④ 직전 회계연도 말일을 기준으로 부채규모가 4천억 원 이상인 공사
⑤ 직전 회계연도 말일을 기준으로 부채규모가 5천억 원 이상인 공사

08 다음 중 철도차량 운전면허 종류로 아닌 것은?

① 고속철도차량 운전면허   ② 제1종 전기차량 운전면허
③ 제2종 전기차량 운전면허   ④ 제3종 전기차량 운전면허
⑤ 디젤차량 운전면허

09 다음 중 적성검사 부정행위 시 응시제한 기간으로 맞는 것은?

① 1개월   ② 3개월

③ 6개월   ④ 1년

⑤ 2년

10 다음 중 국토교통부장관이나 관계 지방자치단체의 공무원이 철도관계기관 등의 사무소에 출입 시 할 수 있는 조치로 할 수 있는 것은?

① 서류 검사   ② 압수수색

③ 업무 정지 명령   ④ 자료의 제출 명령

⑤ 필요한 내용 보고 명령

11 다음 중 다른 지방자치단체와 공동으로 공사가 정관을 변경하려는 경우 어떻게 해야 하는가?

① 지방자치단체의 장의 인가를 받아야 한다.

② 이사회의 의결로 정한다.

③ 지방공기업심의위원회의 심의를 거쳐야 한다.

④ 지방자치단체 간의 규약으로 정하는 바에 따른다.

⑤ 행정안전부장관의 인가를 받아야 한다.

부록Ⅱ

제1장 총칙

01	지방자치단체가	02	주민복리	03	대통령령으로	04	마을상수도 사업은 제외	05	도시철도 사업을 포함
06	유료도로 사업만 해당	07	대통령령	08	50	09	여행업 및 카지노업은 제외	10	50
11	30	12	3	13	지방자치단체는	14	6월	15	경제성
16	공공복리를	17	환경						

제3장 지방공사 - 제1절 설립

01	행정안전부장관	02	조례로	03	대통령령	04	사업성	05	행정안전부장관
06	행정안전부장관	07	적정성	08	복리증진	09	지방자치단체의 장	10	2분의 1 이상은
11	3년	12	5년	13	2명	14	3년	15	위치
16	법인으로	17	정관으로	18	지방자치단체의 장	19	전액을	20	지방자치단체
21	현금 또는 현물	22	2분의 1	23	외국인 및 외국법인을 포함한다	24	조례로	25	공사
26	지방자치단체의 장	27	대통령령	28	지방자치단체의 장	29	지방자치단체의 장과 의회	30	예비 타당성

31	에 한정 한다	32	대통령령으로	33	지방자치 단체의 장	34	행정안전부 장관	35	5억 원
36	행정안전부 장관	37	고시할 수 있다	38	100분의 10	39	지방자치 단체의 장 또는 지방자치 단체의 장 이 지정하는 소속 공무원	40	대통령령 으로
41	주식	42	지방자치 단체의 장	43	3주일	44	2주일	45	사장
46	대통령령	47	행정안전부 장관						

번호	답	번호	답	번호	답	번호	답	번호	답
01	상임이사와 비상임이사	02	정관으로	03	대통령령으로	04	지방자치단체의 장	05	대통령령으로
06	사장	07	지방자치단체의 장	08	공개모집	09	사장을 포함한	10	상승
11	하락	12	지방공기업정책위원회	13	행정안전부장관	14	4명	15	3명
16	2명	17	3명	18	2명	19	비상임이사	20	재적위원
21	행정안전부장관	22	15일	23	지방자치단체의 장	24	행정안전부령	25	3년
26	1년	27	감사가	28	3년	29	2년	30	지방자치단체의 장
31	사장	32	이사회	33	포함	34	2주일	35	2주일
36	행정안전부장관	37	5배	38	를 포함	39	5배	40	지방자치단체의 장
41	3년	42	5년	43	지방자치단체의 장	44	행정안전부장관	45	지방자치단체의 장
46	대통령령	47	포함	48	15명	49	2년	50	1년
51	지방자치단체의 장	52	공사의 사장	53	10일	54	공사의 사장	55	지방자치단체의 장이

01	분야	02	일반경쟁	03	수의계약	04	2년	05	2년
06	행정안전부장관	07	로 한정한다.	08	이사회의 의결을	09	의회	10	9월 30일
11	3천억 원	12	대통령령으로	13	20일	14	1억 원	15	공사의 사장
16	지방자치단체의 장	17	30일	18	지방자치단체의 장	19	의회의 의결을	20	추진
21	행정안전부장관	22	500억 원	23	300억 원	24	행정안전부장관	25	지방자치단체의 장
26	공사의 사장	27	대통령령	28	2개월	29	결산서	30	대통령령으로
31	행정안전부장관	32	지방자치단체의 장	33	6월 30일	34	이익준비금	35	감채적립금
36	10분의 1	37	10분의 5	38	행정안전부장관	39	지방자치단체	40	사채
41	원금	42	이자	43	4배	44	2배	45	3년
46	공사의 사장	47	공사는	48	위탁계약	49	국가 또는 지방자치단체	50	지방자치단체는
51	조달청장	52	공사						

제3장 지방공사 - 제4절 감독, 제5절 보칙

01	지방자치 단체의 장	02	행정안전부 장관	03	사장	04	지방자치 단체의 장	05	공사의 사장
06	설립등기	07	재정경제부 장관	08	지방자치 단체의 장				

제5장 보칙

01	행정안전부 장관은	02	능률성, 공익성, 고객서비스	03	공익성	04	지방공기업 정책위원회의 심의를	05	지방자치 단체의 장
06	매년	07	행정안전부 장관	08	4개월	09	1개월	10	행정안전부 장관
11	3개	12	감소	13	행정안전부 장관	14	60일	15	5년
16	해체	17	지방공기업 정책위원회의 심의	18	전액이	19	1명	20	12명
21	행정안전부 장관	22	3년	23	7월 31일	24	8월 31일	25	잉여금
26	이사회의 의결을 거쳐	27	2개월 이내	28	1명을 포함한 15명	29	행정안전부 차관	30	행정안전부 장관
31	한 차례 만 연임 할 수 있다.	32	제척	33	기피	34	거치지 않고	35	회피
36	재적위원	37	출석위원	38	분과위원회	39	정책위원 회의 위원장 (행정안전부 차관)	40	과장

41	공무원	42	행정안전부 장관	43	심의위원회	44	주민공청회	45	60
46	주민공청회	47	지방자치 단체의 장	48	15일	49	행정안전부 장관에게	50	10일
51	시·도지사	52	지방공기업 보고서	53	3개월	54	국가	55	시·도지사
56	지방자치 단체의 장	57	의회의 의결을	58	20일	59	3주	60	대통령령
61	10일								

제6장 벌칙

01	5년 이하의 징역 또는 5천만 원 이하	02	3년 이하의 징역 또는 3천만 원 이하	03	3년 이하의 징역 또는 3천만 원 이하	04	2년 이하의 징역 또는 2천만 원 이하	05	3년 이하의 징역 또는 3천만 원 이하
06	5배	07	500만 원	08	200만 원	09	행정안전부 장관		

제1장 총칙

01	도시철도의 건설	02	도시철도 차량	03	도시교통 이용자	04	부지를 포함	05	도시철도 운송사업
06	민자도시 철도운영자를 포함한다	07	국토교통부 장관	08	카지노업은 제외한다	09	국가가	10	도시철도 사업계획
11	국가 및 지방자치 단체는	12	철도안전법						

제2장 도시철도의 건설

01	시·도지사와	02	10년	03	국토교통부령	04	국토교통부 장관	05	관보
06	대통령령	07	국가 교통위원회	08	5년마다	09	2월 말일	10	국토교통부 장관
11	100분의 10	12	3년	13	관계 행정기관의 장	14	시·도지 사가	15	국토교통부 장관
16	국토교통 부장관과	17	국토교통부 장관	18	1년	19	국토교통부 장관	20	사본
21	20일	22	의견서	23	신청서	24	시·도지사	25	해당 지역에서 발간되는 일간신문

26	법인의 명칭·주소와 대표자의 성명·주소를 말한다	27	7일	28	7일	29	5일	30	국토교통부 장관 또는 시·도지사
31	도시철도 건설자가	32	대통령령	33	일시불	34	관할 지방자치 단체의 장	35	국가나 지방자치 단체
36	무상양여	37	수의계약	38	땅을 파거나 뚫는	39	도시철도 건설자는	40	도시철도 건설자
41	토지수용 위원회	42	규모와 같은 크기의	43	국토교통부령	44	전용도로	45	전용차로
46	혼용차로	47	자기자금	48	수익금	49	채권	50	포함
51	지방자치 단체의 장은	52	행정안전부 장관	53	관계 지방자치 단체의 장 및 국토교통부 장관	54	5년	55	포함
56	국가	57	재정경제 부장관 및 기획예산처 장관	58	금액	59	방법	60	조건
61	국가·지방자치 단체 또는 도시철도 공사가	62	행정안전부 장관	63	국토교통부 장관	64	도시철도공사	65	국토교통부 장관과
66	10	67	도시철도공사	68	해당 도시철도 공사의 규칙으로	69	국가가	70	한국예탁 결제원
71	전자적으로	72	금액	73	이율	74	정부	75	대통령령

76	지방자치 단체는	77	민자도시 철도	78	도시철도 운영자	79	지방자치 단체의 장	80	지방자치 단체의 장
81	도시철도 건설자	82	정부는	83	법인	84	국토교통부 장관	85	대통령령
86	포함	87	국가 또는 지방자치 단체의	88	준공검사	89	지방자치 단체	90	국가

제3장 도시철도운송사업 등

01	국토교통부령	02	시·도지사	03	국토교통부 장관이	04	국토교통부 장관	05	국토교통부 장관과
06	국토교통부령	07	2년	08	2년	09	시·도지사	10	국토교통부 령으로
11	국토교통부 장관	12	시·도지사가	13	국토교통부 장관	14	시·도지사	15	국토교통부 령으로
16	도시철도 운영자는	17	1주일	18	운임조정 위원회	19	2분의 1 이상	20	한국철도공사
21	재정경제부 장관, 국토교통부 장관 및 기획 예산처장관	22	도시철도 운영자는	23	국토교통부령	24	시·도지사	25	국토교통부 장관에게 알려야 한다
26	국토교통부 장관이	27	국토교통부 장관이	28	30일	29	시·도지사	30	국토교통부 장관과
31	국토교통부령	32	시·도지사	33	국토교통부 장관	34	6개월	35	시·도지사
36	대통령령	37	5일	38	도시철도운송 사업자가	39	시·도지사는	40	6개월
41	국토교통부령	42	시·도지사는	43	시·도지사는	44	2천만 원	45	대통령령

46	2분의 1	47	20일	48	시·도지사	49	시·도지사는	50	도시철도 운영자는
51	도시철도차량	52	안내판	53	녹음	54	함께	55	목적
56	장소	57	범위						

제4장 보칙 및 제5장 벌칙

01	국가는 제외한다	02	국토교통부 장관	03	국토교통부 장관	04	2년 이하의 징역 또는 2천만 원 이하	05	1천만 원 이하
06	500만 원	07	300만 원	08	100만 원	09	50만 원		

제1장 총칙

01	철도안전 관리체계를	02	공공복리의 증진	03	철도사업법	04	철도운영자가	05	열차번호
06	궤도	07	제어·통제·감시	08	대통령령	09	국토교통부령	10	국토교통부령
11	국토교통부령	12	국토교통부 장관	13	적하	14	조성	15	교차통행 또는 대피를
16	운행선로를	17	보호	18	조성	19	전력의	20	포함
21	국가와 지방자치 단체는	22	철도운영자	23	철도시설 관리자				

제2장 철도안전 관리체계

01	국토교통부 장관은	02	5년마다	03	목표 및 방향	04	차량	05	철도산업 위원회
06	대통령령	07	100분의 10	08	국토교통부 장관, 시·도지사 및 철도운영자 등은	09	대통령령	10	내년 10월 말
11	매년 2월 말	12	철도운영자는	13	매년	14	국토교통부령	15	는 제외
16	국토교통부 장관	17	신고	18	을 포함	19	국토교통부령	20	6개월
21	국토교통부 장관	22	30억 원	23	대통령령	24	20일	25	국토교통부 장관
26	취소								

No.	정답	No.	정답	No.	정답	No.	정답	No.	정답
01	국토교통부장관	02	대통령령	03	노면전차	04	는 제외	05	대통령령
06	국토교통부령	07	국토교통부령	08	19세 미만	09	귀의 청력	10	2년
11	대통령령	12	국토교통부장관이	13	국토교통부령	14	국토교통부장관이	15	3개월
16	1년	17	대통령령	18	3명	19	15일 이내에	20	6개월
21	2년	22	국토교통부장관	23	대통령령	24	국토교통부장관	25	국토교통부령
26	10년	27	10년	28	국토교통부령	29	6개월	30	대통령령
31	실효	32	3년	33	필기시험	34	1년	35	국토교통부장관 또는 시·도지사
36	15일	37	국토교통부장관	38	국토교통부령	39	철도운영자 등	40	5년
41	대통령령	42	국토교통부령	43	운전면허를	44	대통령령	45	국토교통부령
46	정거장에서 철도신호기·선로전환기 및 조작판 등을 취급하는 업무를 수행하는 사람	47	철도안전	48	국토교통부장관	49	대통령령	50	5년마다
51	1년								

제5장 철도차량 운행안전 및 철도 보호

01	국토교통부령으로	02	국토교통부장관이	03	국토교통부장관은	04	국토교통부장관은	05	대통령령
06	음성기록을 포함한다	07	대통령령	08	국토교통부령	09	앞	10	객차
11	고속철도차량	12	중정비	13	3천	14	고속	15	1
16	은 제외	17	운전실 및 객차 출입문	18	철도운영자는	19	일시	20	관제업무 종사자
21	전	22	국토교통부령	23	안전교육	24	전	25	을 포함한다
26	을 포함한다	27	흡연	28	0.02퍼센트	29	0.03퍼센트	30	대통령령
31	호흡측정기	32	혈액 채취	33	국토교통부장관	34	국토교통부장관 또는 시·도지사	35	국토교통부령
36	대통령령	37	국토교통부장관	38	국토교통부령	39	철도운영자	40	국토교통부령
41	폭발	42	국토교통부장관	43	6개월	44	위험물을 취급하는 종사자에 한정한다	45	30미터
46	10미터	47	대통령령	48	대통령령	49	20미터	50	대통령령
51	국토교통부장관 또는 시·도지사는	52	국토교통부장관 또는 시·도지사는	53	철도운영자 등	54	철도차량·운영자	55	무임승차자를 포함한다
56	밖	57	성적 수치심을 일으키는	58	국토교통부령	59	3미터	60	국토교통부령
61	철도와 교차된 도로는 제외한다	62	철도운영자 등	63	노면전차	64	보안검색을	65	철도보안 정보체계

66	국토교통부령	67	1년	68	대통령령	69	한국철도 기술연구원	70	가스분사기, 가스발사총 및 전자충격기
71	철도종사자	72	철도운영자 등	73	철도종사자는	74			

제6장 철도사고조사 · 처리

01	철도운영자 등	02	대통령령	03	대통령령	04	국토교통부령	05	국토교통부 장관
06	3명	07	5천만 원						

제8장 보칙

01	국토교통부 장관이나 관계 지방자치 단체는	02	대통령령	03	청문을				

제9장 벌칙

01	10년 이하의 징역	02	1년 이하의 징역 또는 1천만 원 이하	03	벌금	04	3년 이하의 징역 또는 3천만 원 이하	15	2년 이하의 징역 또는 2천만 원 이하
06	5년 이하의 징역 또는 5천만 원 이하	07	500만 원	08	5년 이하의 징역 또는 5천만 원 이하의 벌금	09	1천만 원	10	300만 원
11	대통령령								

빠른	01	④	02	②	03	⑤	04	②	05	④
정답	06	③	07	⑤	08	③	09	②	10	②

01 「지방공기업법」 제50조(공동설립)

① 지방자치단체는 상호 규약을 정하여 다른 지방자치단체와 공동으로 공사를 설립할 수 있다.

② 삭제

③ 제1항의 규약에는 다음 각 호의 사항이 포함되어야 한다.

1. 공사의 명칭　　　2. 사무소의 위치　　　3. 설립 지방자치단체

4. 사업 내용　　　5. 공동 처리 사항　　　6. 의결기관 대표자의 선임 방법

7. 출자 방법　　　8. 그 밖에 필요한 사항

주된 사무소의 위치는 정관으로 정하고 규약에서는 사무소의 위치가 포함되어야 한다.

02

• 임기가 3년, 연임은 1년 단위.

※ 암기법 : 인삼일연복용(임기 삼, 일년 연임)

03 「지방공기업법」 제58조의2(신규 투자사업의 타당성 검토)

① 법 제65조의3 제1항에서 "대통령령으로 정하는 규모 이상의 신규 투자사업"이란 다음 각 호의 구분에 따른 투자사업을 말한다.

1. 시·도가 설립한 공사 : 총사업비 500억 원 이상의 신규 투자사업

2. 시·군·구가 설립한 공사 : 총사업비 300억 원 이상의 신규 투자사업

04 「지방공기업법 시행령」 [별표 2]

위반행위	근거 법조문	과태료 금액		
		1차	2차	3차 이상
다. 법 제73조 제2항(법 제76조 제2항에서 준용하는 경우를 포함한다)에 따른 재산검사를 거부·방해 또는 기피한 경우 5) 지정된 검사기일에 수검자가 출석하지 않은 경우	법 제82조 제1항	25만 원	50만 원	100만 원

05 「도시철도법」 제19조(도시철도의 건설 및 운영을 위한 자금조달)

도시철도의 건설 및 운영에 필요한 자금은 다음 각 호의 재원 및 방법으로 조달한다.

1. 도시철도건설자 또는 도시철도운영자의 자기자금(自己資金)

2. 도시철도를 건설·운영하여 생긴 수익금

3. 제20조에 따른 도시철도채권의 발행

4. 국가 또는 지방자치단체로부터의 차입 및 보조

5. 국가 및 지방자치단체 외의 자(외국 정부 및 외국인을 포함한다)로부터의 차입·출자 및 기부

6. 「역세권의 개발 및 이용에 관한 법률」에 따른 역세권개발사업으로 생긴 수익금

7. 도시철도부대사업으로 발생하는 수익금

06 「도시철도법」 제2조(정의)

3. "도시철도시설"이란 다음 각 목의 어느 하나에 해당하는 시설(부지를 포함한다)을 말한다.

가. 도시철도의 선로(線路), 역사(驛舍) 및 역 시설(물류시설, 환승시설 및 역사와 같은 건물에 있는 판매시설·업무시설·근린생활시설·숙박시설·문화 및 집회시설 등을 포함한다)

나. 선로 및 도시철도차량을 보수·정비하기 위한 선로보수기지, 차량정비기지, 차량유치시설, 창고시설 및 기지시설

다. 도시철도의 전철전력설비, 정보통신설비, 신호 및 열차제어설비

라. 도시철도 기술의 개발·시험 및 연구를 위한 시설

마. 도시철도 경영연수 및 철도전문인력을 양성하기 위한 교육훈련시설

바. 그 밖에 도시철도의 건설, 유지보수 및 운영을 위한 시설로서 대통령령으로 정하는 시설

07 「도시철도법 시행령」 [별표 3]

위반행위	근거 법조문	과징금
2. 도시철도운송사업자가 법 제28조의 결격사유에 해당하는 경우. 다만, 법인의 임원 중에 그 사유에 해당하는 사람이 있는 경우로서 3개월 이내에 그 임원을 개임(改任)하였을 때에는 제외한다.	법 제37조 제1항 제3호	500만 원

08 「철도안전법」 제11조(운전면허의 결격사유 등)

① 다음 각 호의 어느 하나에 해당하는 사람은 운전면허를 받을 수 없다.

5. 운전면허가 취소된 날부터 2년이 지나지 아니하였거나 운전면허의 효력정지기간 중인 사람

09 「철도안전법 시행령」 제47조(철도보호지구에서의 나무 식재)

법 제45조 제1항 제4호에서 "대통령령으로 정하는 경우"란 다음 각 호의 어느 하나에 해당하는 경우를 말한다.

1. 철도차량 운전자의 전방 시야 확보에 지장을 주는 경우

2. 나뭇가지가 전차선이나 신호기 등을 침범하거나 침범할 우려가 있는 경우

3. 호우나 태풍 등으로 나무가 쓰러져 철도시설물을 훼손시키거나 열차의 운행에 지장을 줄 우려가 있는 경우

10 「철도안전법」 제20조 및 제79조

- 「철도안전법」 제20조(운전면허의 취소·정지 등) ① 국토교통부장관은 운전면허 취득자가 다음 각 호의 어느 하나에 해당할 때에는 운전면허를 취소하거나 1년 이내의 기간을 정하여 운전면허의 효력을 정지시킬 수 있다. 다만, 제1호부터 제4호까지의 규정에 해당할 때에는 운전면허를 취소하여야 한다.

  3. 운전면허의 효력정지기간 중 철도차량을 운전하였을 때

- 「철도안전법」 제79조 (벌칙) ④ 다음 각 호의 어느 하나에 해당하는 자는 1년 이하의 징역 또는 1천만 원 이하의 벌금에 처한다.

  1. 제10조 제1항을 위반하여 운전면허를 받지 아니하고(제20조에 따라 운전면허가 취소되거나 그 효력이 정지된 경우를 포함한다) 철도차량을 운전한 사람

빠른	01	③	02	①	03	④	04	④	05	④
정답	06	④	07	④	08	②	09	④	10	②

01 「지방공기업법」 제73조

- 감독은 지방자치단체의 장, 검사는 행정안전부
- 지방공기업법 제73조(감독 등) ① 지방자치단체의 장은 공사의 설립·운영 등 공사의 업무를 관리·감독한다.

② 행정안전부장관은 공사의 업무, 회계 및 재산에 관한 사항을 검사할 수 있으며, 공사에 필요한 보고를 명할 수 있다.

02 「지방공기업법 시행령」 제57조의9(국제입찰 대상 도시철도공사의 조달계약의 범위)

① 제57조의8에도 불구하고 별표 1에 따른 공사(이하 "도시철도공사"라 한다)는 정부가 가입하거나 체결한 정부조달에 관한 협정 및 이에 근거한 국제규범(이하 "정부조달협정 등"이라 한다)에 따라 행정안전부장관이 정하여 고시하는 금액 이상인 조달계약을 체결하는 경우에는 국제입찰의 방법으로 해야 한다.

03 「지방공기업법」 제58조의3(사업의 실명 관리 및 공개)

① 공사의 사장은 법 제65조의4 제1항 본문에 따라 신규 투자사업에 대하여 다음 각 호의 사항을 기록·관리하여야 한다.

1. 사업명   2. 사업기간   3. 주요 사업내용   4. 담당자의 소속, 직급 및 성명

5. 그 밖에 행정안전부장관이 정하는 사항

※ 암기법 : 성급한 내기명소

04 「도시철도법」 제38조

- 사채의 상환 목적으로 사용하는 것은 「지방공기업법」에 나오는 공사의 감채적립금
- 「도시철도법」 제38조(과징금의 부과) ③ 제1항과 제2항에 따라 징수한 과징금은 다음 각 호의 용도로만 사용하여야 한다.
  1. 도시철도 관련 시설의 확충 및 정비
  2. 도시철도기술의 연구개발
  3. 도시철도 이용자의 서비스 개선사업

    4. 도시철도종사자의 양성·교육훈련이나 그 밖에 자질 향상을 위한 교육훈련시설의 건설
      및 운영

    5. 도시철도운송사업의 경영개선이나 그 밖에 도시철도운송사업의 발전을 위하여 필요한
      사항

05 「도시철도법」 제5조(도시철도망구축계획의 수립 등)

① 특별시장·광역시장·특별자치시장·도지사 및 특별자치도지사(이하 "시·도지사"라 한다)는 관할 도시교통권역에서 도시철도를 건설·운영하려면 관계 시·도지사와 협의하여 10년 단위의 도시철도망구축계획(이하 "도시철도망계획"이라 한다)을 수립하여야 한다. 이를 변경하려는 경우에도 또한 같다.

⑥ 시·도지사는 도시철도망계획이 수립된 날부터 5년마다 도시철도망계획의 타당성을 재검토하여 필요한 경우 이를 변경하여야 한다.

06 「도시철도법」 제49조(과태료)

① 제43조에 따라 준용되는 「철도사업법」 제32조 제1항 또는 제2항을 위반하여 회계를 구분하여 경리하지 아니한 자에게는 500만 원 이하의 과태료를 부과한다.

② 제41조 제1항을 위반하여 도시철도차량에 폐쇄회로 텔레비전을 설치하지 아니한 자에게는 300만 원 이하의 과태료를 부과한다.

07 「철도안전법 시행령」 제44조(운송위탁 및 운송 금지 위험물 등)

법 제43조에서 "점화류 또는 점폭약류를 붙인 폭약, 니트로글리세린, 건조한 기폭약, 뇌홍질화연에 속하는 것 등 대통령령으로 정하는 위험물"이란 다음 각 호의 위험물을 말한다.

1. 점화 또는 점폭약류를 붙인 폭약   2. 니트로글리세린

3. 건조한 기폭약   4. 뇌홍질화연에 속하는 것

5. 그 밖에 사람에게 위해를 주거나 물건에 손상을 줄 수 있는 물질로서 국토교통부장관이
    정하여 고시하는 위험물

08 「철도안전법 시행령」 [별표 1] 안전관리체계 관련 과징금의 부과기준(제6조 관련)

2. 개별기준

(단위 : 백만 원)

위반행위	근거 법조문	과징금 금액
나. 법 제7조 제3항을 위반하여 변경신고를 하지 않고 안전관리체계를 변경한 경우	법 제9조 제1항 제2호	

위반행위	근거 법조문	과징금 금액
1) 1차 위반	법 제9조 제1항 제2호	경고
2) 2차 위반		120
3) 3차 이상 위반		240

09 「철도안전법 시행령」 제21조의4, 제21조의 5

- 「철도안전법 시행령」 제21조의4(정비교육훈련기관 지정기준 및 절차) ④ 국토교통부장관은 정비교육훈련기관을 지정한 때에는 다음 각 호의 사항을 관보에 고시해야 한다.
  1. 정비교육훈련기관의 명칭 및 소재지
  2. 대표자의 성명
  3. 그 밖에 정비교육훈련에 중요한 영향을 미친다고 국토교통부장관이 인정하는 사항
- 「철도안전법 시행령」 제21조의5(정비교육훈련기관의 변경사항 통지 등) ① 정비교육훈련기관은 제21조의4 제4항 각 호의 사항이 변경된 때에는 그 사유가 발생한 날부터 15일 이내에 국토교통부장관에게 그 내용을 통지해야 한다.

10 「철도안전법」 제79조(벌칙)

③ 다음 각 호의 어느 하나에 해당하는 자는 2년 이하의 징역 또는 2천만 원 이하의 벌금에 처한다.

15. 제41조 제2항에 따른〈철도종사자의 음주 또는 약물〉확인 또는 검사에 불응한 자

빠른	01	④	02	②	03	④	04	②	05	①
정답	06	①	07	④	08	③	09	⑤	10	②

01 「지방공기업법」 제65조(예산)

① 공사의 사장은 매 사업연도의 사업계획 및 예산을 해당 사업연도가 시작되기 전까지 편성하여야 한다.

② 제1항에 따라 편성된 예산은 이사회의 의결로 확정된다. 예산이 확정된 후에 생긴 불가피한 사유로 예산을 변경하는 경우에도 또한 같다.

02 「지방공기업법 시행령」 제49조(설립등기)

공사는 자본금의 납입이 있은 날부터 3주일 이내에 다음 각호의 사항을 등기하여야 한다.

1. 목적   2. 명칭   3. 주된 사무소의 소재지   4. 자본금

5. 출자의 방법을 정한 때에는 그 방법   6. 임원의 성명과 주소   7. 공고의 방법

03 「지방공기업법」 제67조, 「지방공기업법 시행령」 제61조

- 「지방공기업법」 제67조(손익금의 처리) ① 공사는 결산 결과 이익이 생긴 경우에는 그 이익금을 다음 각 호의 순서에 따라 처리한다.

  1. 전 사업연도로부터 이월된 결손금이 있으면 결손금을 보전

  2. 대통령령으로 정하는 바에 따라 이익준비금으로 적립

  3. 대통령령으로 정하는 바에 따라 감채적립금으로 적립

  4. 이익을 배당하거나 정관으로 정하는 바에 따라 적립

- 「지방공기업법 시행령」 제61조(이익금의 처리) ① 공사는 법 제67조 제1항 제1호에 따른 이월결손금을 보전하고 남은 이익금의 10분의 1 이상을 자본금의 2분의 1에 달할 때까지 이익준비금으로 적립하여야 하고, 이익준비금으로 적립하고 남은 이익금의 10분의 5 이상을 감채적립금으로 적립하여야 한다. 다만, 매 회계연도의 말일을 기준으로 공사채 미상환 잔액이 없는 경우에는 감채적립금을 적립하지 아니할 수 있다.

04 「도시철도법 시행령」 제6조(기본계획 중 경미한 사항 변경)

① 법 제6조 제3항 단서에서 "대통령령으로 정하는 경미한 사항을 변경하려는 경우" 및 같은 조 제5항 단서에서 "대통령령으로 정하는 경미한 사항의 변경"이란 각각 다음 각 호의 어느 하나에 해당하는 변경을 말한다.

1. 노선 연장을 100분의 10 범위에서 변경하는 것

2. 사업기간을 1년의 범위에서 변경하는 것

3. 총사업비를 100분의 10 범위에서 변경하는 것

05 「도시철도법 시행령」 제12조(도시철도채권의 발행절차)

① 국가가 법 제20조 제1항에 따라 도시철도채권을 발행하려면 국토교통부장관이 다음 각
호의 사항을 명시하여 그 발행을 재정경제부장관 및 기획예산처장관에게 요청하여야 한다.

1. 발행 금액　　　　　　2. 발행 방법

3. 발행 조건　　　　　　4. 상환 방법 및 절차

5. 그 밖에 도시철도채권의 발행을 위하여 필요한 사항

※ 암기법 : 금방조상

06 「도시철도법」 제42조(도시철도운송사업의 위탁)

① 국가나 지방자치단체가 도시철도운영자인 경우에는 도시철도운송사업을 법인에 위탁할
수 있다.

07 「도시철도법」 제47조(벌칙)

② 다음 각 호의 어느 하나에 해당하는 자는 1년 이하의 징역 또는 1천만 원 이하의 벌금에
처한다.

1. 제41조 제3항을 위반하여 설치 목적과 다른 목적으로 폐쇄회로 텔레비전을 임의로 조작
   하거나 다른 곳을 비춘 자 또는 녹음기능을 사용한 자

2. 제41조 제4항을 위반하여 영상기록을 목적 외의 용도로 이용하거나 다른 자에게 제공한 자

08 「철도안전법 시행령」 제31조 및 제32조

- 3번 선지는 영상기록장치 운영, 관리 지침이다.
- 「철도안전법 시행령」 제31조(영상기록장치 설치 안내) 철도운영자 등은 법 제39조의3 제
  2항에 따라 운전업무종사자 및 여객 등 「개인정보 보호법」 제2조제3호에 따른 정보주체
  가 쉽게 인식할 수 있는 운전실 및 객차 출입문 등에 다음 각 호의 사항이 표시된 안내판
  을 설치해야 한다.
  1. 영상기록장치의 설치 목적
  2. 영상기록장치의 설치 위치, 촬영 범위 및 촬영 시간
  3. 영상기록장치 관리 책임 부서, 관리책임자의 성명 및 연락처
  4. 그 밖에 철도운영자등이 필요하다고 인정하는 사항
- 「철도안전법 시행령」 제32조(영상기록장치의 운영·관리 지침) 철도운영자등은 법 제39

조의 3 제5항에 따라 영상기록장치에 기록된 영상이 분실·도난·유출·변조 또는 훼손되지 않도록 다음 각 호의 사항이 포함된 영상기록장치 운영·관리 지침을 마련해야 한다.

7. 영상기록에 대한 접근 통제 및 접근 권한의 제한 조치

09 「철도안전법」 제47조 및 제48조

- 5번 선지는 철도 보호 및 질서유지를 위한 금지행위 중 하나다.
- 「철도안전법」 제48조(철도 보호 및 질서유지를 위한 금지행위) ① 누구든지 정당한 사유 없이 철도 보호 및 질서유지를 해치는 다음 각 호의 어느 하나에 해당하는 행위를 하여서는 아니 된다.

9. 열차운행 중에 타고 내리거나 정당한 사유 없이 승강용 출입문의 개폐를 방해하여 열차운행에 지장을 주는 행위

- 「철도안전법」 제47조(여객열차에서의 금지행위) ① 여객(무임승차자를 포함한다. 이하 이 조에서 같다)은 여객열차에서 다음 각 호의 어느 하나에 해당하는 행위를 하여서는 아니 된다.

1. 정당한 사유 없이 국토교통부령으로 정하는 여객출입 금지장소에 출입하는 행위
2. 정당한 사유 없이 운행 중에 비상정지버튼을 누르거나 철도차량의 옆면에 있는 승강용 출입문을 여는 등 철도차량의 장치 또는 기구 등을 조작하는 행위
3. 여객열차 밖에 있는 사람을 위험하게 할 우려가 있는 물건을 여객열차 밖으로 던지는 행위
4. 흡연하는 행위
5. 철도종사자와 여객 등에게 성적(性的) 수치심을 일으키는 행위
6. 술을 마시거나 약물을 복용하고 다른 사람에게 위해를 주는 행위
7. 그 밖에 공중이나 여객에게 위해를 끼치는 행위로서 국토교통부령으로 정하는 행위

10 「철도안전법 시행령」 [별표 6] 과태로 부과기준(제64조 관련)

(단위 : 만 원)

위반행위	근거 법조문	과태료 금액		
		1차 위반	2차 위반	3회 이상위반
오. 법 제48조 제1항제5호를 위반하여 철도시설(선로는 제외한다)에 승낙 없이 출입하거나 통행한 경우	법 제82조 제2항 제9호	150	300	450
조. 법 제48조제1항제5호를 위반하여 선로에 승낙 없이 출입하거나 통행한 경우	법 제82조 제4항 제3호	30	60	90

[2025년 상반기]

빠른 정답	01	③	02	③	03	⑤	04	①	05	⑤
	06	⑤	07	①	08	⑤	09	④	10	④

01 「지방공기업법」 제3조(경영의 기본원칙)

① 지방직영기업, 지방공사 및 지방공단(이하 "지방공기업"이라 한다)은 항상 기업의 경제성과 공공복리를 증대하도록 운영하여야 한다.

② 지방자치단체는 지방공기업을 설치·설립 또는 경영할 때에 민간경제를 위축시키거나, 공정하고 자유로운 경제질서를 해치거나, 환경을 훼손시키지 아니하도록 노력하여야 한다.

02 「지방공기업법 시행령」 제51조(이전등기)

① 공사는 주된 사무소를 이전한 경우에는 이전 후 2주일 이내에 종전 소재지 또는 새 소재지에서 새 소재지와 이전 연월일을 등기해야 한다.

03 「지방공기업법」 제50조(공동설립)

① 지방자치단체는 상호 규약을 정하여 다른 지방자치단체와 공동으로 공사를 설립할 수 있다.

② 삭제

③ 제1항의 규약에는 다음 각 호의 사항이 포함되어야 한다.

1. 공사의 명칭　　　　　2. 사무소의 위치

3. 설립 지방자치단체　　4. 사업 내용

5. 공동 처리 사항　　　6. 의결기관 대표자의 선임 방법

7. 출자 방법. 그 밖에 필요한 사항

04 「지방공기업법 시행령」 제62조(사채발행)

① 공사는 법 제68조 제1항의 규정에 의하여 사채를 발행하고자 하는 때에는 다음 각호의 사항을 기재한 신청서를 그 지방자치단체의 장에게 제출하여야 한다. 지방자치단체의 장이 법 제68조 제3항의 규정에 의하여 행정안전부장관의 승인을 신청하는 때에도 또한 같다.

1. 사채의 발행목적　　　2. 사채의 발행시기

3. 발행총액(사채의 권면액을 수종으로 하여 발행하는 경우에는 각 권종별 발행총액)

4. 이율　　　　　　　　5. 원금의 상환방법 및 기한

6. 이자의 지급방법 및 기한　7. 모집 및 인수방법

05 「도시철도법」 제13조 및 제14조

- 「도시철도법」 제14조(토지에의 출입 등) ① 도시철도건설자는 도시철도건설사업을 위하여 필요하면 다음 각 호에 해당하는 행위를 할 수 있다.

  1. 타인의 토지에 출입하는 행위

  2. 타인의 토지를 일시 사용하는 행위

  3. 나무·흙·돌 또는 그 밖의 장애물을 변경하거나 제거하는 행위

- 「도시철도법」 제13조(행위 제한) 도시철도건설자가 지하부분 사용에 대하여 보상을 한 후에는 소유자등은 보상받은 지하부분의 범위에서 도시철도시설의 안전을 해칠 우려가 있는 다음 각 호의 행위를 할 수 없다.

  1. 인공구조물의 신축(新築)·개축(改築) 또는 증축(增築)

  2. 땅을 파거나 뚫는 행위

06 「도시철도법」 제2조(정의)

- 5. "도시철도건설사업"이란 새로운 도시철도시설의 건설, 기존 도시철도시설의 성능 및 기능 향상을 위한 개량, 도시철도시설의 증설 및 도시철도시설의 건설 시 수반되는 용역업무 등에 해당하는 사업을 말한다.

- 1~4번 선지는 도시철도부대사업에 해당된다.

07 「도시철도법」 제41조(폐쇄회로 텔레비전의 설치·운영)

① 도시철도운영자는 범죄 예방 및 교통사고 상황 파악을 위하여 도시철도차량에 대통령령으로 정하는 기준에 따라 폐쇄회로 텔레비전을 설치하여야 한다.

08 「철도안전법」 제2조(정의)

10. "철도종사자"란 다음 각 목의 어느 하나에 해당하는 사람을 말한다.

가. 철도차량의 운전업무에 종사하는 사람(이하 "운전업무종사자"라 한다)

나. 철도차량의 운행을 집중 제어·통제·감시하는 업무(이하 "관제업무"라 한다)에 종사하는 사람

다. 여객에게 승무(乘務) 서비스를 제공하는 사람(이하 "여객승무원"이라 한다)

라. 여객에게 역무(驛務) 서비스를 제공하는 사람(이하 "여객역무원"이라 한다)

마. 철도차량의 운행선로 또는 그 인근에서 철도시설의 건설 또는 관리와 관련한 작업의 협의·지휘·감독·안전관리 등의 업무에 종사하도록 철도운영자 또는 철도시설관리자가 지정한 사람(이하 "작업책임자"라 한다)

바. 철도차량의 운행선로 또는 그 인근에서 철도시설의 건설 또는 관리와 관련한 작업의 일정을 조정하고 해당 선로를 운행하는 열차의 운행일정을 조정하는 사람(이하 "철도운행안전관리자"라 한다)

사. 그 밖에 철도운영 및 철도시설관리와 관련하여 철도차량의 안전운행 및 질서유지와 철도차량 및 철도시설의 점검·정비 등에 관한 업무에 종사하는 사람으로서 대통령령으로 정하는 사람

09 「철도안전법」 제11조(운전면허의 결격사유 등)

① 다음 각 호의 어느 하나에 해당하는 사람은 운전면허를 받을 수 없다.

1. 19세 미만인 사람
2. 철도차량 운전상의 위험과 장해를 일으킬 수 있는 정신질환자 또는 뇌전증환자로서 대통령령으로 정하는 사람
3. 철도차량 운전상의 위험과 장해를 일으킬 수 있는 약물(「마약류 관리에 관한 법률」 제2조 제1호에 따른 마약류 및 「화학물질관리법」 제22조 제1항에 따른 환각물질을 말한다. 이하 같다) 또는 알코올 중독자로서 대통령령으로 정하는 사람
4. 두 귀의 청력 또는 두 눈의 시력을 완전히 상실한 사람
5. 운전면허가 취소된 날부터 2년이 지나지 아니하였거나 운전면허의 효력정지기간 중인 사람

10 「철도안전법 시행령」 제2조(정의)

이 영에서 사용하는 용어의 뜻은 다음 각 호와 같다.

1. "정거장"이란 여객의 승하차(여객 이용시설 및 편의시설을 포함한다), 화물의 적하(積荷), 열차의 조성(組成: 철도차량을 연결하거나 분리하는 작업을 말한다), 열차의 교차통행 또는 대피를 목적으로 사용되는 장소를 말한다.

[2025년 하반기]

빠른 정답	01	②	02	②	03	②	04	⑤	05	④
	06	④	07	③	08	④	09	④	10	①
	11	④								

01 「지방공기업법」 제67조(손익금의 처리)

② 제1항 제3호의 감채적립금은 공사의 사채를 상환하는 목적 외에는 사용할 수 없다.

02 「지방공기업법」 제25조(예산의 내용)

지방직영기업의 예산은 예산총칙과 해당 지방직영기업의 사업운영계획에 따라 작성한 다음 각 호의 사항을 내용으로 한다.

1. 해당 사업연도의 수익·비용에 관한 수익적(收益的) 수입과 지출에 관한 예정(이하 "사업예산"이라 한다)
2. 해당 사업연도의 자산·부채·자본의 신규 증감액에 관한 자본적 수입과 지출에 관한 예정(이하 "자본예산"이라 한다)

※ 시험범위가 아닌 곳에서 출제되어 전원 정답처리 되었다.

03 「도시철도법」 시행령 제13조(도시철도채권의 발행 방법 및 이율)

② 도시철도채권의 이율은 다음 각 호와 같다.

1. 국가가 발행하는 경우 : 재정경제부장관 및 기획예산처장관이 국토교통부장관과 협의하여 정하는 이율
2. 지방자치단체가 발행하는 경우 : 연 10퍼센트의 범위에서 해당 지방자치단체의 조례로 정하는 이율
3. 도시철도공사가 발행하는 경우 : 연 10퍼센트의 범위에서 관계 지방자치단체의 장과 협의하여 해당 도시철도공사의 규칙으로 정하는 이율

04 「도시철도법」 제12조(구분지상권의 설정등기 등)

④ 제1항과 제2항에 따른 구분지상권의 존속기간은 민법 제281조에도 불구하고 도시철도시설이 존속하는 날까지로 한다.

05 「도시철도법」 제5조(도시철도망구축계획의 수립 등)

① 특별시장·광역시장·특별자치시장·도지사 및 특별자치도지사(이하 "시·도지사"라 한다)는 관할 도시교통권역에서 도시철도를 건설·운영하려면 관계 시·도지사와 협의하여 10년 단위의 도시철도망구축계획(이하 "도시철도망계획"이라 한다)을 수립하여야 한다. 이를 변경하려는 경우에도 또한 같다.

06 「도시철도법 시행령」 제26조(폐쇄회로 텔레비전의 안내판 설치 등)

① 도시철도운영자는 법 제41조 제2항에 따라 승객이 도시철도차량 내 폐쇄회로 텔레비전의 설치를 쉽게 인식할 수 있도록 폐쇄회로 텔레비전이 설치된 위치 부근에 다음 각 호의 사항이 포함된 안내판을 설치하여야 한다. 이 경우 안내판에는 한글과 영문을 함께 표기하여야 한다.

1. 설치 목적
2. 설치 장소
3. 촬영 범위
4. 촬영 시간
5. 담당 부서, 책임자 및 연락처
6. 그 밖에 도시철도운영자가 필요하다고 인정하는 사항

07 「도시철도법 시행령」 제57조의11(중장기재무관리계획의 수립)

다음 각 호의 어느 하나에 해당하는 공사의 사장은 법 제64조의3 제1항에 따라 중장기재무관리계획을 매년 9월 30일까지 지방자치단체의 장과 의회에 제출하여야 한다.

1. 직전 회계연도 말일을 기준으로 부채규모가 3천억 원 이상인 공사

08 「철도안전법 시행령」 제11조(운전면허 종류)

① 법 제10조 제3항에 따른 철도차량의 종류별 운전면허는 다음 각 호와 같다.

1. 고속철도차량 운전면허
2. 제1종 전기차량 운전면허
3. 제2종 전기차량 운전면허
4. 디젤차량 운전면허
5. 철도장비 운전면허
6. 노면전차(路面電車) 운전면허

09 「철도안전법」 제15조(운전적성검사)

① 운전면허를 받으려는 사람은 철도차량 운전에 적합한 적성을 갖추고 있는지를 판정받기 위하여 국토교통부장관이 실시하는 적성검사(이하 "운전적성검사"라 한다)에 합격하여야 한다.

② 운전적성검사에 불합격한 사람 또는 운전적성검사 과정에서 부정행위를 한 사람은 다음 각 호의 구분에 따른 기간 동안 운전적성검사를 받을 수 없다.

1. 운전적성검사에 불합격한 사람 : 검사일부터 3개월
2. 운전적성검사 과정에서 부정행위를 한 사람 : 검사일부터 1년

10 「철도안전법」 제73조(보고 및 검사)

① 국토교통부장관이나 관계 지방자치단체는 다음 각 호의 어느 하나에 해당하는 경우 대통령령으로 정하는 바에 따라 철도관계기관등에 대하여 필요한 사항을 보고하게 하거나 자료의 제출을 명할 수 있다.

② 국토교통부장관이나 관계 지방자치단체는 제1항 각 호의 어느 하나에 해당하는 경우 소속 공무원으로 하여금 철도관계기관 등의 사무소 또는 사업장에 출입하여 관계인에게 질문하게 하거나 서류를 검사하게 할 수 있다.

11 「지방공기업법」 제56조(정관)

③ 공사는 정관을 변경하려는 경우 지방자치단체의 장의 인가를 받아야 한다. 다만, 제50조 제1항〈상호 규약을 정하여 다른 지방자치단체와 공동으로〉 설립된 공사의 경우에는 지방자치단체 간의 규약으로 정하는 바에 따른다.

원큐패스 부산교통공사 관계법령

지은이 드림레일
펴낸이 정규도
펴낸곳 (주)다락원

1판1쇄 발행 2026년 4월 15일

기획 권혁주, 김태광
편집장 이후춘
편집 윤성미, 박소영

디자인 김나경, 황미연

다락원 경기도 파주시 문발로 211
내용문의 : (02)736-2031 내선 291~296
구입문의 : (02)736-2031 내선 250~252
Fax : (02)732-2037
출판등록 1977년 9월 16일 제406-2008-000007호

ISBN 978-89-277-7578-2 13360